纪念薛时雨诞辰二百周年学术研讨会文集

政协全椒县委员会 编

国家图书馆出版社

图书在版编目（CIP）数据

纪念薛时雨诞辰二百周年学术研讨会文集 / 政协全椒县委员会编 .
— 北京 : 国家图书馆出版社 , 2020.2
　　ISBN 978-7-5013-6879-2

　　Ⅰ . ①纪… Ⅱ . ①政… Ⅲ . ①薛时雨（1818-1885）—纪念文集
Ⅳ . ① K825.6-53

　　中国版本图书馆 CIP 数据核字（2019）第 258921 号

书　　　名　纪念薛时雨诞辰二百周年学术研讨会文集
著　　　者　政协全椒县委员会编
责任编辑　张爱芳　　陈莹莹
责任校对　王若舟
封面设计　翁　涌

出版发行　国家图书馆出版社（北京市西城区文津街 7 号　　100034）
　　　　　　（原书目文献出版社　北京图书馆出版社）
　　　　　　010-66114536　63802249　nlcpress@nlc.cn（邮购）
网　　　址　http://www.nlcpress.com
排　　　版　九章文化
印　　　装　北京金康利印刷有限公司
版次印次　2020 年 2 月第 1 版　2020 年 2 月第 1 次印刷

开　　　本　710×1000　1/16
印　　　张　25.75
字　　　数　323 千字

书　　　号　ISBN 978-7-5013-6879-2
定　　　价　68.00 元

◀县政协主席董光林在研讨会
上致欢迎辞

▶中国人民大学教授、博士生导
师、中国《儒林外史》学会会长
朱万曙致辞

◀县政协副主席张华主持研讨会

⚫薛时雨嫡孙、苏州大学教授薛企荧（左）与宝钢集团苏州冶金机械厂高级工程师薛肇煌参加研讨会

⚫薛时雨嫡孙、苏州大学艺术学院教授薛企荧（右）向县政协文史委赠送其费时一年时间亲笔创作的"薛氏三兄弟油画像"

◀北京大学中文系教授、博士生导师张剑主持点评第一场报告会

▶南京大学文学院教授、博士生导师徐雁平主持点评第二场报告会

◀研讨会上还举行了《全椒古代典籍丛书》首批成果——《薛时雨集》发布仪式

◀第一场报告会会场

▶第二场报告会会场

◀武汉大学文学院教授、博士生导师陈水云发表演讲

▶武汉大学文学院教授、博士生导师鲁小俊发表演讲

⛰研讨会现场

⛰研讨会现场

▲ "纪念薛时雨诞辰 200 周年学术研讨会"与会人员合影（金明摄影）

编纂委员会

名誉主任　朱大纲　杨　光

主　　任　董光林

副 主 任　姚本山　张　华　姜志山　宇庆忠

　　　　　马宣传　李　敬

委　　员（按姓氏笔画排列）

　　　　　许　立　陆　锋　张　平　林如玉

　　　　　周锦狮　宣　扬　柴发华　靳　军

编纂办公室

主　　编　董光林

副 主 编　张　华　陆　锋

执行主编　宣　扬

序　言

——让文化自信具有更坚实基础

朱万曙

　　有文化自信的民族才能精神抖擞地走向未来——这需要让每个中国人都对中华文化有更为全面、更为深入的了解,从而将文化自信厚植于每个人的心里。

　　相较而言,文化自信是更基础、更广泛、更深厚的自信,是更基本、更深沉、更持久的力量。中华文化源远流长、迭代积累,正是其内在的文化精神让中华民族生生不息,巍然屹立于世界东方。那么,如何才能真正树立文化自信?

　　首先,要知晓文化。中国地大物博,各区域都有自己的文化特色和文化底蕴。树立文化自信要以知晓自身的文化家底为基础。现在,我们对自己的文化家底还知之不深。举一个例子来说,许多人从课本和老师那里知道了安徽省全椒县有个吴敬梓,却不知道全椒县还有个薛时雨。吴敬梓因为创作了《儒林外史》而成为文学史上的重要作家,但薛时雨的作品因为没有进入课本和课堂而不为人知。薛时雨既是一位官员,还是一位诗人,写了不少诗词,有《藤香馆诗删存》《藤香馆词》等留存于世。类似薛时雨这样的历史人物以及他们留存的作品还有很多,需要我们去了解、盘点。事实上,还有很多文化内容,包括物质文化和非物质文化,都需要我们去认真了解,摸清家底。只有知晓中华文化是如此丰富多彩、博大精深,我们的文化自信才会更有底气。

　　其次,要挖掘文化。从一定意义上说,现在我们关于中华文化的知识系统,只是建立在已经发现、知晓的文化遗产基础之上的,还有很多文化遗产未被发现。比如,甲骨文和简帛作为重要文化遗产,虽然已经发现和收集了不少,但还有深埋地下、尚未被发掘的。现在,我们对思想史的认识主要依据的是历代思想家留存的著作,但民间也留存有不少思想史的材料,如家规族训,它们呈现了思想史的另外一面。还有一些少数民族的文化遗产,也需要我们去深入挖掘。2008 年,云南就发现了彝族文字的旧抄本《董永记》,将其翻译成汉语后发现,它在情节上与汉语唱本有一定区别,对于研究彝族孝的伦理具有一定意义。类似的文化遗产还有很多,需要我们去深入挖掘。只有做好文化挖掘工作,中华文化的丰富性才能得到充分彰显,我们才能更具文化自信。

最后,要研究文化。推动中华优秀传统文化创造性转化、创新性发展是新时代我们对待中华优秀传统文化的基本态度和方针,也是树立文化自信的必然途径。当下,很多地方都非常重视对本地区传统文化的挖掘,出版了不少丛书、全集等。但是,对这些传统文化的研究还是不够。又如,对于已经发现的甲骨文和简帛,需要对其文字进行深入解读。清华简被发现之后,不少学者都在持续不断地识读其文字,虽然已经取得很大进展,但还有一些疑难文字需要识读。可见,树立文化自信,需要沉下心来研究我们的文化。只有对中华优秀传统文化进行深入研究之后,才能进行创造性转化和创新性发展,更好树立文化自信。

"纪念薛时雨诞辰 200 周年学术研讨会"不但对全椒来说意义重大,而且对研究中华文化来说也是意义非凡。这次研讨会让更多的人了解薛时雨,让更多的人知道全椒不仅有吴敬梓、憨山大师,还有薛时雨这样的历史文化名家。希望全椒一点一滴地、扎扎实实地挖掘历史文化遗产,然后深入认识与研究,不断增强我们的文化自信,这样我们才能从历史走向未来,为中华民族伟大复兴做出我们力所能及的贡献。

（作者为中国人民大学文学院教授、教育部长江学者特聘教授）

目　录

一、学术交流

一、学术交流

日常生活中的薛时雨

张　剑（北京大学中文系）

摘要：薛时雨是晚清官员、诗人和著名教育家，以往研究多着重其政绩和培育人才方面，其实根据相关日记、书札等资料，能够呈现出薛时雨嗜于酒、深于情、懒于文、妙于联等日常生活的一面，展现出薛时雨光风霁月的人格和廓然无累的胸襟，增进对薛时雨的全面了解。

关键词：薛时雨；日常生活；人格

基金项目：国家社科基金重大项目（18ZDA259）"中国近代日记文献叙录、整理与研究"

薛时雨（1818—1885），字慰农，一字澍生，晚号桑根老人。安徽全椒人，清咸丰三年（1853）进士。其生平事迹，谭献《皇清诰授资政大夫二品衔署浙江粮储道杭州府知府薛先生墓志铭》（以下简称《薛先生墓志铭》）、顾云《桑根先生行状》及[民国]《全椒县志》卷十《儒林》载之已详，但多着意其护惜民生、振兴文教等循吏和教育家的一面，而对于其他方面记述较少。今据相关日记、书札等资料，对薛时雨日常生活的一面予以勾画，以更全面地展现薛时雨的形象。

嗜于酒

杜甫《壮游》诗自云："性豪业嗜酒，嫉恶怀刚肠。"薛时雨同样如此，不仅性刚情豪，而且嗜饮善饮，堪称酒中之仙。但各种传记材料对此多讳而不言，仅谭献《薛先生墓志铭》中提过一句："文酒之会,一饮数斗不沾醉。"不过谭献的出发点可能不在于描绘薛的酒量之大,而在于描绘其"唯酒无量,不及乱"(《论语》)的儒者风度。不过,在谭献私人日记里①,对薛的好酒却有大量记录,兹略举数例:

同治四年

闰五月望日……薛师招饮,力疾赴之。

九月望日……同仲英过慰农师,同人咸在,遂同赴闲福居酒楼会饮。集者薛师、仲英、芍洲、呈甫、子虞、蒙叔、颂芝、玉珊、朱亮生、许子曼与予十一人。酒酣,薛师题壁。

同治五年

六月初七日……遂同上湖船,陪薛师饮荷花深处久之。

七月十一日,携子再至涌金门,约韵梅、仁甫、呈甫、敬甫、春江、薛师湖舫清集。风日清佳,吟啸甚适。一念此集为离筵,不禁凄切。饮于巢居阁下,既罢矣。放鹤亭有酒人张坐,薛师不通名氏,径与拇战,同人继之。脱略形骸,想见六朝风致也。

同治六年

三月朔,赴慰师招饮,集于仰山楼,

三月廿二日……是日姚季眉大令招江浙文士宴于湖舫,集文会,请慰师为主盟。……会饮至暮。

六月初五日……是日慰师觞客第一楼,饮至未罢。昼寝,客去不知也。

六月十八日……慰师招同韵梅、呈甫、抑孙、兰艇夜泛,饮至四鼓始罢。

十二月廿一日……灯上谒薛师,适归自上海,遂与蒙叔、子长诸君共饮,聚谈至三鼓始归。

同治七年

七月朔日……暮至东城讲舍,慰师饯高伯平丈,同集者为典三、仲英、凯

---

① 据南京图书馆藏《复堂日记》稿本,本文所引谭献日记均据此,稿本日记资料为吴钦根博士提供,谨此致谢。

斋、松生、蓝洲及高丈父子也。畅谈至二鼓归。

十一月初七日……暮偕仲英、蓝洲、子虞、子社觞秦观察、羊心楣于桑根寓庐，薛师出名酒醨客，真如接公瑾也。

同治八年

正月廿四日……是日同人饯慰师于皋园……桑根先生文采高逸，辉映泉石，不必问来者为谁也。同集杭嘉湖严之士卅六人。

七月初五日……同人饯慰师于仰山楼，即以落薛庐也，集者廿九人。

这只是就薛时雨在杭州的生活撷取出来的几个饮酒片断，就有招饮、陪饮、宴饮、饯饮、集饮等不同形式。对于爱饮能饮，薛时雨自己倒不讳言，他给学生的信中曾云："贱躯顽健如昨，酒兴亦尚不衰。"[1] 他的侄婿袁昶也回忆："薛师丈多蓄美酿，更送相酌。风窗雪阁，相语欣然。"[2] 最能见出人物面目是同治五年薛时雨至放鹤亭，居然与素不相识的张姓酒徒"径与拇战"，真有六朝人物放浪形骸的风流气质。其实饮酒不但无损薛时雨的形象，反而增加了其可亲可近之感。

同治七年（1868）七月五日的饯饮，还揭示出了杭州薛庐落成的准确时间。只不过七月十二日薛时雨即赴南京，在杭州薛庐居住的日子可谓寥寥无几。袁昶《秣陵小西湖薛庐记》："桑根先生有惠政于杭，既解郡符，去杭之日，士民歌咏不忘，卜筑湖上，榜曰薛庐，以志去思。"亦可为证。

深于情

顾云《桑根先生行状》曾载薛时雨对学生的爱护之情："家非饶于财，人士贫不自存者，辄分所入以赡，其或辞弗受，至与造其家赍之。光绪十年冬，病几革矣，犹念所从游无以卒岁，出金命其友婉致焉。"对于家人，薛时雨更表现得情意绻缱，如对亡妾沈氏的态度就是明显的例子。

① 薛时雨同治十二年致谭献、张预、陈豪信，见钱基博整理编纂：《复堂师友手札菁华》，人民文学出版社 2015 年版，第 1214 页。

② 清光绪二年十二月日记，见袁昶著，孙之梅整理：《袁昶日记》，凤凰出版社 2018 年版，第 246 页。

沈氏咸丰八年被薛纳为侧室，咸丰十一年病卒，年仅十八岁，薛时雨曾作挽联："助筹仅三年，可怜萍梗飘流，巾帕相随，细数欢娱曾有几？和颜承大妇，才到荔枝年纪，幺弦忽断，伤心病状竟无名。"（《藤香馆小品》卷下）。不仅有挽联，薛时雨还在诗词中反复致意，计有《惆怅行悼沈姬作》《李婿景卿，令鄱阳，延余校阅观风试卷。适余抱绛桃之痛，藉此排遣。遂作饶州之游，得诗四首》《舟中追悼沈姬四首》《出进贤门诣仲兄殡宫拜别，顺过沈姬墓，感赋二首》《奉仲兄灵輀登舟附载樟侄侄妇郭亡妾沈之枢各哭以诗四首》《薄幸·追悼沈姬》《一萼红·题曹梅庵茂才葬花图》《南浦（烟水衬平芜）》《金缕曲·舟抵章门书痛》《水龙吟·奉仲兄灵輀登舟，樟侄、侄妇郭、亡妾沈附载。仿竹山效稼轩体招魂》等，数量之夥，令人惊讶。

其中《惆怅行悼沈姬作》系近千字的七言长篇，对沈氏的家世、才艺、性情都有书写，如"东阳世泽今贫贱，小家但解纫针线。裙布羞争时世妆，蓬门不碍春风面"，知沈氏是东阳人，家道衰落，但精女红，美姿容。"大妇窥妆劝画眉，小星知命甘承睫。讼庭花落鼓冬冬，纱帽清闲燕寝中。知我微吟先蘸墨，背人识字学题红"，知沈氏对薛的正室低眉顺眼，又偷学作诗，以投薛所好。"三条烛尽警吟魂，辛苦怜才是病根。禅榻风凄秋黯淡，药炉烟袅夜黄昏。瑶姬亲奉鱼轩至，茶汤苓术殷勤侍。绣佛私拈一瓣香，沾巾暗洒双行泪"，知咸丰九年薛时雨再充乡试同考官，认真选拔人才，以致辛苦致病，而沈氏对薛奉侍汤药，照顾无微不至。"苏堤偶说朝云墓，灵心慧舌工参悟。宦迹相传并乐天，香魂何处栖樊素。……荏弱无辞跋涉艰，流离常恐恩情绝。赭宽相向海门深，蜃气浮空日影沈。"知沈氏十五岁嫁与薛氏，灵心慧舌，与苏轼之妾朝云相似，又似白居易的宠妾樊素，沈氏跟随薛时雨宦海飘泊，无惧跋涉之苦，但咸丰十年，太平军陷杭州、嘉善，薛时雨不得回任，只好暂避于江西南昌。"一病仓皇永别离，颟因絮果问谁知……繁华粉黛三千界，荏苒光阴十八年"，知沈氏病故时年仅十八岁。"重泉若解韦皋痛，再世因缘续玉箫"，知薛时雨对亡妾情深难忘，愿意来世再续姻缘。诗作于咸丰十一年流寓南昌时，沈氏即葬于此，薛时雨是年四十四岁。《福星薛氏家谱》和《桑根先生行状》，均只言沈氏为侧室，不详其他，墓志甚至根本没有提及沈氏，赖薛时雨此诗，我们方能对沈氏的情况有所了解。

《奉仲兄灵辆登舟附载樟侄侄妇郭亡妾沈之枢各哭以诗四首》之四也是写给沈氏的,全诗及注释如下:

衰龄作哀诗,下笔皆苦语。星小更无光,渺渺逝何所。我来频入梦(余至西江,沈姬频频见梦)。形色增惨沮。改敛启攒宫,一面缘留汝(沈姬枢生白蚁,因为改敛,面如生)。今兹携汝去,遗蜕归黄土。生前昧故乡(姬从未回全),死后魂谁抚。诗成老泪竭,磷火集江浒。

诗作于同治五年,距离沈氏亡故已近六年,可薛时雨梦中仍是频频见之,足见情深;因沈氏枢生白蚁,薛时雨遂将其改敛运回全椒安葬。《薄幸·追悼沈姬》系悼亡词:

烟波江上。旧曾共、桃根打桨。记王粲、客游无绪,累尔伶仃相向。争兰桡、双载人来,经年不载人同往。叹逝水无情,罡风太恶,人与落花并葬。

生就了、聪明性,应悟彻、尘因俗障。梦中传幽怨,声声诉出,夜台多少凄凉况(余至西江,沈姬频频见梦,音容惨淡,若有所苦。启攒果见蚁穴,因为改敛载归)。一灵无恙。趁归帆安稳,玉箫重侍韦皋帐。吟成楚些,付与秋坟鬼唱。

其中所述,颇似《惆怅行》与《奉仲兄灵辆登舟附载樟侄侄妇郭亡妾沈之枢各哭以诗四首》之四的缩微版。薛时雨原配杨氏,无子;娶妾即沈,病故;又纳妾汪氏,生子葆楏。对于一名侧室,薛时雨能倾注如此多的笔墨表示怀念,即使在已经步入近代社会的晚清,也是难能可贵的吧。

当然,对于其他亲人,薛时雨同样情深义重,《桑根先生行状》载其为照顾母亲叶太夫人,"积四科弗上";《福星薛氏家谱》载学者称其为"桑根先生,私谥孝惠";薛时雨之兄薛暄黍(字艺农)卒时,还留有两个年纪尚幼的女儿,薛时雨遂"抚艺农公二女曰葆橼、曰葆棣者为女"[①],从中皆能看出薛时雨深于情的个性。

懒于文

薛时雨虽有诗词集刊刻传世,但并无文集流传,这一现象值得人们重视。究其

---

① 薛荫桢、薛葆枟等纂修:[民国]《福星薛氏家谱》卷二《时雨公》传,民国十六年(1927)铅印本。

原因,一方面可能由于其为官时公务繁忙,执掌书院时也课业繁重;一方面也可能与他的性格有关,薛氏对文章写作的喜爱程度明显远逊于诗词创作,即使是实用类的书札,薛氏流传下来的数量亦不丰富。《复堂师友手札菁华》所收两封薛时雨信,一云"老懒日甚,举笔之难,难于举鼎,以至久未裁答",一云"久未致书,老懒之过,计邀原谅",不难体味一些其懒于为文的姿态。

薛时雨对全椒乃至全国的一大文化贡献是重建了欧阳修的醉翁亭,该亭于光绪七年(1881)完成工程,薛时雨作《重修醉翁亭记》并勒碑,碑尚存,碑文亦载[光绪]《滁州志》卷三①:

山水之气象,历数千载;贤人君子之气象,则数十年耳。而宇内名胜之地,气象映发,若有藉于贤人君子者焉。焦山以孝然名,粟里以元亮名,永嘉以灵运名,柳州以子厚名。数君子以前,山川流峙而无闻焉者,待贤人君子而后传,传而后永。醉翁当宋全盛,治滁不三年,滁之山水遂托于醉翁而气象始发。唐之韦公燕寝之盛集,煮石之遐寄,犹若让美焉。

时雨幼读东坡诗云:"醉翁行乐处,草木亦可敬。"桑根蔽庐,去滁山五十里而近,往来策蹇,凭欧梅之亭,拓子瞻之碑,悠然有怀当日宾客之游,太守之醉,不知平山堂下,颍(川)[州]西湖,又当何如?但觉衣冠谈笑,若斯亭所独留,以予后人之尚友。

时雨忝冒缨绂,作吏廿年,浩然青山,仰企醉翁归田之录,重寻旧游,而醉翁亭已鞠为茂草。大兵之后,宇内名胜芜废十七八。时雨滁人言滁,惄焉伤之,拙宦退耕,莫慰其修复之志。盱眙吴勤惠公时任蜀帅,方将移家为滁寓公。时雨雅故,以书干之,慨乎同心。使相曾文正公,学欧公之学者也,题名首倡,于是鄂帅李公诘弟节相继之。皖大府英果敏公,今浙闽制府何小宋方伯,皖人督师刘省三军门以下,各分俸畀。时雨乐观厥成,顾斯亭旧观未尽还也。

时雨养疴石城讲院,蓄此耿耿又七年矣。今年复布书问当路巨公,得裕寿山中丞、卢艺圃方伯、胡履平廉访提挈群贤,再畀兼金。时雨缮完之志,至是而

---

① 此信息经宣扬先生提示,特此致谢。

始遂。其所以孳孳十余年，不惜以退废之身，数数于当轴公卿，若干以身家之私者，而诸公之应之者先后如响，岂徒以山林寂寥中增此流连觞咏之区，付诸丹青、发以诗歌云尔，亦愿宰治良吏皆观感欧公之流风善政。而疆域乂安，民物殷盛，天下之太平，长若醉翁之世，于是乎酒甘泉冽，啸咏名山，气象如斯，不亦美乎？

时雨老矣，抚滁山之草木，有生敬于昔贤，且生敬于诸公之好古乐善，曷敢轻言尚友也哉。醵资并依汉人碑阴之例，具题名于贞石焉。

圣清光绪七年龙集辛巳十一月。

然而这篇洋洋洒洒的《重修醉翁亭记》，却并非薛时雨所作，而是由其高足谭献代撰。检《复堂日记》光绪七年八月二十日，赫然有"代薛先生撰《重建醉翁亭记》"的记载①。复检南京图书馆藏谭献《文馀》稿本，亦收有此篇，文字如下：

山水之气象，历数千载；贤人君子之气象，数十年耳。何以宇内名胜之地，若藉贤人君子而后映发其气象，若焦山以孝然名，栗里以元亮名，永嘉以灵运名，数君子以前，山川流峙而无闻焉者，待贤人君子而后传，传而后永。醉翁当宋全盛，治滁不三年，滁之山水遂讬醉翁而气象始发。唐之韦公燕寝之盛集，煮石之退寄，尤若让美焉。

某幼读东坡诗云："醉翁行乐处，草木皆可敬。"桑根敝庐，去滁山五十里而近，往来策蹇。凭欧梅之亭，读子瞻之碑，悠然有怀。当日宾客之游，太守之醉，不知平山堂下，颍州西湖，又当何如。但觉衣冠谈笑，若斯亭所独留，以予后人之尚友。

某忝冒缨绂，作吏廿年，浩然青山，仰企醉翁归田之录，策蹇以寻旧游，而醉翁亭已鞠为茂草。大兵之后，宇内名胜芜废十七八。某滁人言滁，怒焉伤之，拙宦退耕，莫慰其修复之志。盱眙吴勤惠公，时任蜀帅，方将移家为滁寓公。某雅故，以书干之。慨乎同心。使相曾文正公学欧公之学者也，题名首倡于是。

---

① 此十一字稿本与刻本《复堂日记》文字相同。另下引南京图书馆藏稿本谭献《文馀》中之文字系吴钦根博士赐示，谨谢。

鄂帅李公哲弟节相继之。皖大府英果敏公、何小宋方伯、皖人督师刘省三爵帅以下各分俸畀，某乐观厥成，顾斯亭旧观未尽还也。

某养疴石城讲院，蓄此耿耿又十年矣。今年复布书问当路巨公，得寿山中丞、卢艺圃方伯、胡履平廉访，再畀兼金，某缮完之志，至是始遂。其所以孳孳十余年，不惜以退废之身，数数于当轴公卿，若干以身家之私者，而诸公之应之也如响，岂徒以山林寥寂中增此流连觞咏之区。付诸丹青，发以诗歌云尔。亦愿宰治良吏皆观感于欧公之流风善政，而疆域乂安，名物殷盛，天下之太平，长若醉翁之世。于是乎酒甘泉洌，啸咏名山，气象如新，不亦美乎。

某老矣，抚滁山之草木，有生敬于昔贤，且生敬于诸公之好古乐善，曷敢轻言尚友也哉。诸公醵资并依汉人碑阴之例，具题名于贞石焉。

与《滁州志》所载文比较，字句小有差异，当系薛时雨后来修改所致。同样，亦载于《滁州志》署名薛时雨的《重修丰乐亭碑》（下署"圣清光绪九年岁五月既望也"）亦是谭献代拟，因为《复堂日记》光绪七年十一月廿六日有载："撰《重建丰乐亭记》。"中国传统社会中，臣代君、子代父、徒代师、幕僚代幕主撰制事属常例，毫无足怪。薛时雨对谭献非常器重，故应酬文字乃至批改试卷多有请其代劳者，《复堂日记》中频见记录：

同治七年

十一月初一日，代薛师校讲舍课卷四十，至申。

十一月初三日，代薛师校课卷廿四。

同治八年

二月廿三日，代慰师撰《周南卿抱玉堂集序》。

光绪元年

八月初三日，代薛师撰《诗序》一篇。

八月十一日，《丁节妇诗》（代薛先生作）

八月廿四日，代薛先生作《盐城刘节妇》一律。

九月初二日挑灯代薛先生作七言诗三，不录。

光绪七年

九月朔日,桑根先生以《褚二梅遗文》属代叙,

十一月初十日,作寄薛先生函,代撰《范月槎观察诗序》。

光绪八年

正月二十日又代薛先生撰《熊子容城南小识叙》。

薛时雨才思敏捷,文采高华,他如此频繁地请谭献代笔,并不是自己不能写,而是不愿写;另外也反映出他对谭献的高度信任和师生之间情感的融洽无间。

不过,这一现象也提醒我们,在搜罗前人佚文时,特别是面对实用应酬类文体时,一定要小心谨慎,凡未经本人或亲近之人认定者,虽可辑佚,但宜注明出处,并在引用时持审慎态度为佳。

妙于联

薛时雨是晚清的联语大家,他留有《藤香馆小品》二卷,是友人杨晓岚代为收集的薛时雨的对联撰制,其中精妙之联不胜枚举:

形胜古临安,领是郡者,宣上德,舒下情,方寸中著半点尘埃,争对得十里湖光,四围山色;

劫余新缔造,登斯堂也,缓催科,勤抚字,凋敝后尽几分心力,期永保六桥遗泽,三竺慈云。

这是《题杭州府大堂》联,当作于薛时雨同治三年知杭州时,上联从形胜说到为官,为官者有私心贪念便对不起美丽纯净的湖光山色;下联从现实说到民生,杭州经太平军之乱,民生凋敝,为官者须缓催勤抚,始能永保此地繁华祥和,简直就是自己施政的纲领和宣言。

白社论交,留此间香火因缘,割半壁栖霞,暂归结十六年尘迹;

青山有约,期他日烟云供养,挈一肩行李,重来听百八记钟声。

这是《题凤林寺后薛庐》联,薛时雨卸任崇文书院山长离开杭州往南京时,谭献等弟子为其在西湖凤林寺后建成薛庐,期待他归来居住。此联潇洒出尘,恰切反映出作者的心胸气度。

五夜弦歌双桨月；

一帘花气满船灯。

这是《题秦淮画舫》联，桨声弦歌相和，月色灯影相映，花气脂香相袭，短短十四字，勾画出秦淮河画舫夜游的活色生香，不觉奢靡，但觉陶醉。

薛时雨深于情，所作挽联格外绵邈哀婉。薛时雨的兄长薛春黎，字淮生，曾任监察御史，咸丰年间上章弹劾载垣、端华等亲贵，直声震朝野，同治元年病故于江西考差任上，薛时雨与兄长手足情深，作《挽先仲兄淮生侍御》：

棘院病弥留，忧负君，忧负士，忧负寅僚，卅一朝医药沉绵，忍死论文，绝口不谈家室事；

荆株中忽断，失我兄，失我师，失我族望，三千里京华迢递，羁魂恋阙，伤心无复对扬时。

上联刻画薛春黎病中仍忧心国事的忠荩，下联刻画自己痛失良师益兄之悲痛，句式长短相杂，反映出自己情感的起伏不宁。

一个臣休休有容，频年燮理，余闲小队出郊坰，惯向山中招魏野；

万户侯绵绵弗替，当代元勋，佐命大名垂宇宙，岂徒江左颂夷吾。

这是挽曾国藩联，上联"休休有容"出自《尚书·秦誓》，用来形容曾国藩的心胸宽广，治国有术；"小队出郊坰"出自杜甫《严中丞枉驾见过》"元戎小队出郊坰，问柳寻花到野亭"，形容曾国藩平易近人，常微服简从，寻访魏野那样的逸才隐士；下联用夷吾（管仲）比喻曾国藩，认为非仅功在江南，而是功在全国，大名必将随宇宙而流传无穷，"大名垂宇宙"亦化自杜甫《咏怀古迹》"诸葛大名垂宇宙"，虽用典较多，但并不晦涩，足见其联中用典的功夫已入化境。

另如《题暖阁》《题梧月松风厅事》《题金陵清凉山寺》《题莫愁湖》《题莫愁湖曾文正公遗像》《题滁州醉翁亭》《题滁州丰乐亭》《挽何廉昉太守》等，也都是传颂一时的名联。如果说诗歌是高雅的艺术，对联则是与日用联系密切的艺术，薛时雨的联语更能反映出其日常生活。薛时雨还有不少对联《藤香馆小品》失收，这些对联也不乏佳制，陈方镛《楹联新话》中就记载了一些，薛时雨日记中也常有著录，如其同治二年正月廿二日记：

汪轶麟明府殁于赣郡，作联挽之："故里擅豪情，记列岫楼开，诗酒纵横，迟我未登名士席；阳城书下考，怅双江路隔，老成凋谢，哭君新罢上元灯。"又作一联，虽戏谑之词，然轶麟实录也："潭水具深情，一曲韦弦，名士班中推绝调；关楼栖旧好，三生梦影，美人老去哭春风。"

前联《藤香馆小品》收入，后联则失收，其实后联形象更呈现出汪氏的名士风流和多艺多情。再如二月二十日记亦载一联：

上年孙觉亭嘱作挽某僧官联，偶忆及之："僧亦居官，可知我辈尘劳，非关堕落；佛云不死，为问吾师法相，何处销沉。"

僧的出世与官的入世，僧官的去世与佛法的永恒，本来具有一定的矛盾性，薛时雨通过揭示这种矛盾，表明了入仕的价值，也消解了对死亡的畏惧，可谓是一副妙联，但是可能由于带有调侃戏谑之意，最终没有收入《藤香馆小品》。幸运的是，这些对联并没有全部消失于天壤之间，它使我们领略到薛时雨幽默风趣的一面。

清风明月我，青山白云人

光绪元年，薛时雨在给自己得意门生谭献的一封信中，谈到了人生的出处问题：

吾辈穷措大，处亦穷出亦穷，志在处不必更言出，志在出不必更言处，况既已出矣，惟有循分守素，坚忍待时，汲汲焉仰贵人之鼻息，营谋钻干，诚所不屑，嚚嚚然以浮沉为耻，以饥饿为忧，甫经出场即欲偃旗息鼓，裂袍毁笏，息影穷庐，委巷之中，誓生平不再作登场伎俩，恐亦非士君子致用之本心也。①

薛时雨认为若志在隐就不必多说仕的问题，但既然出仕，就应发扬"士君子致用之本心""循分守素、坚忍待时"，不可稍不如意即欲挂冠而去。其《五十自述》之一云："宦途争事业，名山讲学问。"又云："翻然谢簪组，肆志甘肥遁。风月足逍遥，湖山供泮奂。即此终天年，长啸我何恨。"《六十自述十二章》之三云："心香一瓣别有托，文章政绩俱风流。"在薛时雨看来，做官时就要力争做出一番事业，退隐时也

---

① 《复堂师友手札菁华》，第4—5页。

要好好读书育人、享受山林逍遥之乐。其《藤香馆小品》卷下收有《六十自寿》联云:"事功学问两无成,也曾逐队戎行,滥竽官守,扬镳艺苑,厕席名山,行谊寸心知,任世途标榜倾排,不争门户;富贵神仙能有几,差幸天间云净,人海尘清,鸥鹭身闲,江湖梦稳,年华中寿届,历多少平陂往复,自葆桑榆。""事功学问两无成",这当然是谦虚的表示。同治十二年薛时雨给谭献、张预、陈豪的信里自信地表示:"好在心中空洞无物,不至有怨老伤贫之况,此则可为爱我者告耳。"[①] 这种提得起、放得下,不累于外物的人生境界,实非一般俗吏或假名士所能及,它使薛时雨的政功、文教俱现一种光明俊伟之气。袁昶在跋《藤香馆诗删存》时就云:"吾师桑根夫子,累典符竹,政成俗美。晚隐祠禄,多士辐凑。史事之精勤,家家以为去苛虎,归慈父;坛宇之乐易,人人以为仰青云,睹白日。"[②] 袁昶还曾集联赞美云:"明月清风我,青山白云人。"[③] 很好地表达了薛时雨光风霁月的人格和廓然无累的胸襟。

薛时雨去世后,谭献做有挽联:"循吏儒林同列传,许我从游函丈,湖舫论久,由来无虑事师,有如昨日;离群索居又三年,方期再坐春风,薛庐请益,岂料临江不渡,此恨千秋。"[④] 指出薛时雨在政事上堪入循吏传,在文教上堪入儒林传,但未涉及薛的性情人格,这可能由于下笔仓促兼情至无文,但以薛、谭二人的深厚情谊而论,不能不说多少有一点遗憾。

① 《复堂师友手札菁华》,第 1214 页。

② 袁昶:《书后一》,见薛时雨:《藤香馆诗删存》卷末,清光绪五年(1879)刻本。

③ 袁昶清光绪二十一年九月日记:"往者为桑根丈集句云:'明月清风我(东坡词),青山白云人(傅奕语)。'今永今堂池南小阁榜尚存,而桑根风流遂往矣。岂胜慨然!"见《袁昶日记》,第 1156 页。

④ 据南京图书馆藏《复堂日记》稿本。

薛时雨杭州、金陵文教活动考述

徐雁平(南京大学文学院)

摘要:薛时雨在咸丰同治年间通过书院讲学等活动,对杭州、金陵两地的文教活动产生较重要影响,留下诸如书院课艺等文献和其他活动记录,形成较有规模的文人群体,其余波延至民国初年;其中薛氏在金陵的文教活动可视为他在杭州活动的延续。

关键词:薛时雨;书院讲学;杭州;金陵

引　言

最近出版的邓洪波主编《中国书院文献丛刊》(第一辑,共100册。国家图书馆出版社2018年版)中收录薛时雨编选书院课艺六种:

《尊经书院课艺》不分卷,清同治九年(1870)刻本;

《尊经书院课艺二刻》不分卷,清光绪八年(1882)刻本;

《尊经书院课艺三刻》不分卷,清同治十二年刻本;

《尊经书院课艺四刻》六卷,清光绪五年刻本;

《尊经书院课艺五刻》不分卷,清光绪九年刻本;

《尊经书院课艺六刻》不分卷,清光绪间刻本

由此可略见薛时雨在清同治至光绪间于南京书院的讲学活动,以这些文献为基础,本文试图对薛氏在杭州、金陵的文教活动作梳理,以展现他对两地人文风气的贡献。

一、杭州湖舫会课

薛时雨为咸丰三年（1853）进士，后任浙江嘉兴知县。六年值大旱，下令停征赋，置大府催科檄于不问，被免调。同治三年为左宗棠荐补杭州知府，后署粮储道，代行布政、按察两司事，因为上官所忌，遂于五年告病辞官①。此年薛时雨四十九岁，已近晚年。官场上既无法有所作为，遂投身于文教，历主杭州崇文书院、金陵尊经书院、惜阴书院凡二十一年。他以集句方式题崇文书院寓斋云："青鞋布袜从此始，湖月风林相与清。"②"鱼鸟情还亲故吏，湖山倒合住诗人"③，书院教书生活是其书生本色的开始，故心境清朗，其诗亦得"湖月风林"之助，"如西湖山水，清而华，秀而苍，往往引人入胜，趋向固不外白苏二家。"④薛时雨振兴杭州文教，应从同治三年起，先创办东城讲舍，恢复诂经精舍、敷文书院、崇文书院、紫阳书院；又重启别开生面的"舫课"。

（薛时雨）用明蒋侍御故事，月课士湖上，命舟十数，茶鼎酒铛悉具，日出发题，讫，各鼓棹去，挥洒六桥三竺间，自亦棹一舟主之。日入鸣钲，集诸舟，纳所课。浙东西知名士无弗与者。时以文物之盛，虽经寇乱，无异承平时，微先生不及此。已而端敏公聘主崇文书院，凡三年，先生爱才若性，当其在官，以宏奖为己任，所号通人多注籍门下，至是益加拔擢，一时掇魏科、跻显仕者，中朝内外，遽数之不能终，而退择所学，以其著述自寿于名山者，亦所在多有。教士之暇，与名流觞咏湖上，一篇之出，争相传诵。⑤

赵铭是诂经精舍的弟子，曾参加过湖舫会课，有诗句云："名士文章成画舫，先生风月伴吟窝（薛慰农师举湖舫会课馆于西湖第一楼）。"⑥张预亦是诂经弟子，所

————————

①　梁淑安主编：《中国文学家大辞典·近代卷》，中华书局 1997 年版，第 480 页。

②　薛时雨：《藤香馆小品》卷上，清光绪三年（1877）刻本。

③　张预：《慰农师来寓湖上仰山楼（时大吏迎主崇文书院讲席）》，《崇兰堂诗初存》卷三，清光绪二十年（1894）刻本。

④　陈钟英：《藤香馆诗钞序》，见《藤香馆诗钞》卷首，清同治七年（1868）刻本。

⑤　顾云：《桑根先生行状》，见缪荃孙纂录：《续碑传集》卷八十，《清代传记丛刊》第 119 册，台北明文书局 1985 年版。

⑥　赵铭：《琴鹤山房残稿》卷上，民国元年（1911）国光印刷所铅印本。

作《送慰农师主讲金陵尊经书院次留别原韵》中有句云："侯生问字五年游，离索从今动别愁。讲席人犹尊社稿（丙寅丁卯间同学诸子结文社于湖舫，每艺成师为点定，授之剞劂，遂广流传），诗筒地要接津邮。"①

书院肄业生徒因舫课而结文社，此文社，即"湖舫文会"，据谭献日记，此文会以薛时雨为主，与会者有史鼎、周炳炎、袁建莘、费玉仑、沈荣、李宗庚、张鸣珂、钟受恬、王麟书、张预、董慎言、谭献、陆召南、沈景修、陈豪十五人，十五人中可考费玉仑、张鸣珂、王麟书、张预、陈豪、李宗庚、董慎言七人是诂经精舍弟子，谭献、张预皆得湖舫文会第一②，由此可推知这是一个由薛时雨指导的以书院弟子为主要成员的文社。而薛时雨因在此主讲书院，也有湖舫诗社，张预诗云："湖女能歌舫社诗（师与诸老辈为湖舫诗社，盛于一时）"，（引同前）"湖舫诗社"，也就是湖舫雅集，张预所加注解中所说的"诸老辈"值得特别留意，也就是此诗社与"湖舫文社"在与会者的年龄或者身份上有明显区别。秦缃业的诗作中记录了五次湖舫雅集的时间，如《三月二十五日薛慰农观察湖舫第一集分赋西湖饯春曲》《四月初十日王叔彝观察湖舫第二集迟薛慰农不至以座封车公不乐分韵得无字》，第三集是四月二十五日，第六集五月二十四日，第七集七月十二日③，由此五集时间推之，湖舫雅集大约半月一会；薛时雨的诗作中有第三至第八集会的记录，但每次集会未标明时间，如《湖舫第四集送王苇南观察荫棠之金衢严道新任余韵得从字》。合而观之，每次集会必赋诗是可以肯定的。而参与雅集者，薛、秦二人之外，紫阳书院山长孙衣言似在内，因为薛孙二人多有唱和；其他还有一些作为地方官的文士，薛时雨在湖舫雅集之外的灵隐之游，或许能提供一点线索，其诗作为《四月廿八日招吴和甫学使存义沈念农少司成祖懋沈菁士太守丙莹高伯平院长均儒谭仲修广文小集灵隐禅院学使有诗即和原韵二首》《迟孙琴西院长不至以诗见贻次韵戏答》④，吴存义、沈祖懋、

---

① 张预：《崇兰堂诗初稿》卷四。
② 《嘉兴得见登科诸生多获隽者喜赋》一诗自注，《藤香馆诗钞》卷四。
③ 秦缃业：《虹桥老屋遗稿》诗二，清光绪十五年（1889）刻本。
④ 《藤香馆诗钞》卷四。

沈丙莹、高均儒、谭仲修（献）、孙衣言诸人，皆有可能是湖舫诗社成员，数人中，高、孙其时正主书院讲席，而二沈及谭，亦先后主讲杭州之书院。

二、薛庐与清凉山文化圈

薛时雨与孙衣言的唱和从杭州转到金陵，同治七年，薛时雨应聘主讲尊经书院，其时孙衣言官金陵，二人与曾国藩幕府中的其他文士，共同营造金陵文化风气。薛时雨主讲崇文书院时，众弟子于湖滨筑薛庐；到主讲金陵书院，"当清凉山下，有盋山乌龙潭之胜，主讲十六年，人士蒸蒸，日劝于学，著弟子籍盛于浙江，更著薛庐，壮于西湖，乃拓为别墅，莳花药，储图史，将终老焉。"①

光绪十一年乡试试卷上，江宁府上元县孙启泰在履历上填写"书院受业师"：

薛慰农时雨	前主讲尊经、惜阴书院
孙渠田锵鸣	前主讲尊经、惜阴书院
林颖叔寿图	前主讲尊经、惜阴书院
鲍华潭源深	前主讲尊经、惜阴书院
江南春璧	前主讲尊经、惜阴书院
张文虎啸山	前主讲南菁书院
卢云谷鉴	现主讲尊经、惜阴书院②

道光年间，金陵一地书院的高才生如汪士铎、孙文川历劫后入曾氏幕府，其他则或凋逝或零落他方；同治初年经恢复，特别是李联琇（小湖）、薛时雨两山长的多年讲学，人文蔚起，上文提及的奎光书院山长秦际唐和尊经书院山长卢鉴（云谷），以及文正书院山长张謇即是李、薛二山长的弟子。江宁卢鉴，幼慧能诗赋尤工制艺，光绪辛未科进士改庶吉士，后督学云南，"任满三年乞养归，主讲尊经书院，君未达时肄业地也"；而年岁稍长的杨长年（朴庵），"乱定归里，肄业钟

---

① 谭献：《薛先生墓志铭》，见缪荃孙纂录：《续碑传集》卷八十，《清代传记丛刊》第119册，台北明文书局1985年版。

② 顾廷龙主编：《清代硃卷集成》第173册，台北成文出版社1992年版，第1116页。

山书院,李小湖师亟重之。……会试报罢归主上海敬业书院讲席,已而移席凤池,乡人士咸宗仰之。"① 书院山长以此种形式更替,已有薪尽火传之意;而就金陵一地被破坏的人文生态而言,经过书院以及书局的培育催发,已有旧貌换新颜的趋势。

李联琇光绪四年病逝,薛时雨光绪十一年卒,故而在精神层面上薛氏在一段时间内还是新文人群体的"中心";但从他的弟子的诗文集所作的记录来看,他似乎较少参加他们的雅集。光绪五年正月二十日白香山生日在江宁城南的愚园雅集,有十八人与会,赋诗作图,冯煦撰序,仿题名之例,列与会者名次:

> 温葆深字明叔上元人户部左侍郎年八十
>
> 韩印字介孙江浦人保安州知州年七十六
>
> 杨长年字朴庵江宁人同治庚午举人年六十九
>
> 赵彦脩字季梅丹徒人江宁府学教授年六十八
>
> 范志熙字月槎武昌人江苏候补道年六十五
>
> 薛时雨字慰农全椒人杭州府知府年六十二
>
> 孙文川字澂之上元人分发同知年五十九
>
> 韩弼元字叔起丹徒人刑部主事年五十八
>
> 张裕钊字廉卿武昌人内阁中书年五十七
>
> 钱应浦字子密嘉兴人吏部主事年五十六
>
> 胡恩燮字煦斋江宁人候选知府年五十五
>
> 吴韶生字子和吴县人江宁府训导年四十七
>
> 李璠字玉堂上元人候选训导年四十六
>
> 秦际唐字伯虞上元人同治丁卯举人年四十三
>
> 苏有炯字庆生德化人上元县典史年四十
>
> 王廷训字子钦会稽人江苏候补同知年三十九

---

① 见陈作霖:《可园文存》卷十一,顾廷龙主编:《续修四库全书》第1569册,上海古籍出版社2002年版,第423—424页。

冯煦字梦华金坛人光绪乙亥副贡年三十七

陈宗濂字幼莲闽县人工部主事年三十六①

十八人中有数位是曾国藩幕府宾僚,杨长年、薛时雨、韩叔起、张裕钊在此前后为金陵书院之山长,在这些年长者外,还有几位晚辈,其中就有薛时雨的弟子秦际唐和冯煦。晚辈已在这种重要的集会中露出头角,而且他们已有自己的雅集——人日雅集,今能查考的有同治十二年,光绪七年、九年、十一年、十二年、十三年的集会;还有上巳日雅集,可考者有光绪五年、光绪二十二年、光绪二十六年的雅集。李联琇、薛时雨弟子辈文人的集会,可用缪荃孙日记记录查考,其时文人交往之密切,历历可见,其中光绪二十五至二十六年的集会更是有规律,且有比较固定的文人参与。

文人之雅集,须得山水园墅之助。金陵在此方面,得天独厚,除前文提及的玄武湖、莫愁湖、秦淮河之外,城东之钟山、城西之清凉山、城南之愚园,皆是游栖佳处。薛时雨弟子顾云尝撰《盋山志》,从形胜、祠庙、园墅、人物、艺文五方面展现盋山一带山水之美、人文之厚。柳诒徵云:

> 道光以来,盋山四松擅丘壑之胜,而惜阴书舍主讲者,率多大师宿儒,俞理初、胡竹邨、冯林一诸先生倡学于前,李小湖、薛桑根诸先生讲艺于后,龙蟠里一隅遂为南京学术界之奥区,他书院莫之比也。②

薛时雨掌教尊经书院时,住惜阴书院,与李联琇轮校课卷,在诗作《下榻惜阴书院》二首其一中对书院景致颇为欣然:"山花香入舍,涧水引为池。地僻客来少,日长人起迟。邻僧贻苦荈,独坐品枪旗。"③光绪六年,薛时雨众弟子在盋山之麓为其筑薛庐,顾云于《盋山志》中于其形制有详尽描写,举其中之"冬荣春妍之室""山光潭影堂""半潭秋水一房山"即可想见薛庐环境之清美,薛庐是书院弟子的集会之处,据相关文献,光绪七年、九年、十一年、十三年、十七年的

---

① 冯煦:《愚园寿白图序》,《蒿庵类稿》卷十六,民国二年(1913)刻本。

② 柳诒徵编:《国立中央大学图书馆小史》,民国十七年(1928)铅印本,第57页。

③ 薛时雨:《藤香馆诗续钞》卷一。

雅集皆在此。秦际唐有诗云："冶城山色照精庐，一老婆娑此著书。有子传家新捧檄，诸生问字各停车。"① 薛庐在山林之中，常有人日挑菜之会，秦际唐有《癸未人日挑菜集薛庐分韵》，诗云："东风昨夜吹，雨后新绿重。乌龙潭水添，波活冰不壅。选胜城西隅，招邀素心共。花里排行厨，蔬笋似僧供。湖山好春阴，佐我诗料用。"② 在薛时雨过世之后，众弟子亦时来薛庐。陈作霖《庚寅除日访伯虞子鹏山中并悼善伯三首》其一云："小憩坐薛庐，夕照明钟阜。景物极清妍，尽收入窗牖。位置巧经营，突出吾师手。弹指几何时，门生皆白首。"③ 秦际唐和顾云（子鹏）似住在薛庐：

> 吾友秦伯虞主讲席奎光，而居惜阴书院，迤西数武为薛庐，则云所假馆。丁亥孟春月既晦，二人者于夕阳将下，循乌龙潭而步，而高柳数十百树，远仡梅花，近迟芳草，盈盈然始睇于雪消春涨间，与楼台俱靓。于是伯虞喟然叹曰，是即吾侪之绿野乎。④

据相关文献记载，清光绪二十三年七月十九日、二十四年二月廿五日、三月廿五日、六月廿八日薛庐犹有集会。

据张謇清同治十三年日记，有张謇拜见李联琇、薛时雨两山长以及得两山长赏识的记载，韩叔起同治十年主讲尊经书院，与山长薛时雨交善，有《答慰农同年》诗："相思三十年，头白始相见。想见胜相思，相看两弗厌。高论惬素心，抚掌共欢

---

① 秦际唐：《薛庐修禊兼寄赵季梅先生彦修即用自寿韵》，《南冈草堂诗选》卷上，光绪间刻《石城七子诗钞》本。

② 见秦际唐《南冈草堂诗选》卷下。

③ 见陈作霖：《可园诗存》卷二十一，顾廷龙主编：《续修四库全书》第 1569 册，第586 页。

④ 顾云：《游乌龙潭记》，《盋山文录》卷三，清光绪十五年（1889）刻本。据缪荃孙光绪二十二年三月八日记"拜戴子和（光）、倪莱山（世熙）、顾子鹏（云）、邹少枚（先举）、况夔笙、盛杏生、马子直（德彝）。子鹏在薛庐授读庐，背清凉山枕乌龙潭，一胜地也。"见《缪荃孙全集·日记》，凤凰出版社 2014 年版，第 831 页。

忾。"①薛时雨书院讲学,"不以屑意于后进之士,极口奖借,尤能容异量之美"②,追念薛时雨的诗文中有陈作霖的"夙有怜才癖,春风笑语温。"③邓嘉缉的"耆宿一丛悲电谢,寒林弥望失春温。"④两人不约而同地以"春""温"等字忆师恩,更可体会出薛时雨足为同光年间金陵书院中的精神典范。

余　波

薛庐乌龙潭西北侧,包括藤香馆、冬荣春妍室、双登瀛堂、吴砖书屋、夕好轩、抱膝室、蛰斋、小方壶亭、仰山楼、半壁池桥、美树轩、杏花湾、半潭秋水一房山、寐园等,临潭设有叟堂。光绪二十八年二月初八日江瀚乘船到南京,初十他与缪荃孙均在日记中有游山水记录:

筱珊、伯严同游清凉山,观南塘保大井栏,字已模糊,登扫叶楼,望莫愁湖,遂饮于此。复访顾石公广文于乌龙潭之深柳读书堂。过桥即薛庐,慰农年丈所筑也。石公豪于饮,坚留小酌,乃同至小仓山寻随园遗址,在简斋墓凭吊良久。午出西归。⑤(江瀚)

诣江叔瀣谈,与百年同登扫叶楼,访南唐井栏。再过薛庐,石公留小饮。后访随园先生墓道而归。(缪荃孙)

江瀚日记中的"石公"就是顾云。顾云对盋山有特别的感情,光绪八年刊印的《盋山志》八卷,就出自其手。薛庐在该书卷二"园墅"中有细致介绍,卷七"艺文上"中收录王士铎的《薛庐记》《薛庐第二记》,谭献《金陵小西湖薛庐记》,卷八"艺文下"收录韩弼元《金陵薛庐歌》《寄薛庐主人二首》,范志熙、冯煦、赵彦修《薛庐十咏》,吴宝恕《金陵薛庐歌用东坡石鼓韵》,杨晨《薛庐歌》,刘寿曾《己卯寒食同

①　韩叔起:《翠岩室诗钞》卷四,清光绪间刻本。
②　顾云:《桑根先生行状》,《盋山文录》卷四。
③　陈作霖:《薛桑根师挽词》四首其四,《可园诗存》卷十七,第 576 页。
④　邓嘉缉:《桑根先生服除集薛庐石公以见先生手书遗诗感赋之作见示因次其韵》,见《扁善斋诗存》卷上,清光绪二十七年(1901)刻本。
⑤　江瀚著,郑园整理:《江瀚日记》,凤凰出版社 2017 年版,第 172 页。

人清凉山谒一拂清忠祠已饭于四松庵饭讫复登翠微亭用昌黎寒食出游韵纪之》,张鸣珂《道经金陵桑根夫子留宿薛庐敬赋三律》,应宝时《读盋山志奉怀桑根先生用志中九日淡然招集葃檀林原韵》①。薛庐在薛时雨生前身后的吟咏中,已经成为人文景点。而顾云俨然是薛庐的守护者,光绪九年前后他应在薛庐,二十年后,薛庐中还有他的身影。

附录一
薛氏联姻

1.薛暄黍女【适】张保衡子张德霈(安徽全椒)。(《清代硃卷集成》第159册)

2.薛暄黍女【适】袁昶(浙江桐庐)。(《清代科举人物家传资料汇编》第39册)

3.薛时雨子【娶】刘铭传女(安徽合肥)。(《申报》光绪十七年十一月十五日)

4.薛时雨仲兄薛春黎【娶】王铸女(安徽全椒)。(《清代科举人物家传资料汇编》第39册)

5.薛时雨仲兄薛春黎【娶】吴鼐女(安徽全椒)。(《清代科举人物家传资料汇编》第39册)

附录二
《薛氏五种》

薛时雨辑。同治七年全椒薛氏藤香馆刻本。北京大学图书馆藏。目次:

《念鞠斋时文剩稿》一卷,全椒薛鑫(任杭)撰,收文40篇;

《味经得隽斋律赋》一卷,薛春黎(淮生)撰,收赋74篇;

《藤香馆诗钞》四卷,薛时雨(慰农)撰;

《藤香馆诗续钞》一卷,薛时雨撰;

《藤香馆词》一卷,薛时雨撰。

《念鞠斋时文剩稿》卷首有马新贻同治庚午序:"因得读赠公时文,而后知慰

---

① 顾云:《盋山志》,南京出版社2009年版,第18—19,70—71,105—113页。

农兄弟文字渊源之有本也。慰农为予言,赠公授徒乡里三十年,所作盖三千余篇,兵火之后,反存此小题数十篇而已。然予读此集,见其用思之精,措辞之雅,结体之高,运笔之敏,在本朝时文家几欲与方集虚□□皆为伯仲,绝非近时汩没声调者所能窥其崖略。"薛时雨同治己巳冬序云:"寒家累世舌耕,先大父赤轩公课徒文稿,时雨髫龄时犹及见之,嗣为同学攫去,遂失底本。先大夫坐皋比三十年,课徒作不下数千艺,其手录存稿者曰《念鞠斋时文》,皆课举业生徒所作;曰《思乐集》,皆课童试之文。岁庚戌,老屋灾,藏书尽毁,文稿亦散失。时雨兄弟三人少年袭祖父业,皆以舌耕为事,课徒文亦不少数千艺,顾不自珍惜,无存稿,散见于生徒录本中。通籍以后,故乡迭经兵燹,生徒录本亦罕见者。……适于楠侄案头得先大夫旧稿四十艺,为庚戌烬余,多小题文,盖《思乐集》中课童试作也。敬谨缮录成帙,原拟采辑时雨兄弟三人文附后,题曰《薛氏课徒草合存》,诚恐此四十艺再有散失,则先人手泽无复存者,不孝之罪滋大,爰亟付梓人行世。"文有圈点、评语。

《味经得隽斋律赋》由薛春黎子薛葆楗、婿袁振蟾同校字,同治壬申刊刻。卷首有薛时雨同治辛未序:"先仲兄淮生先生之殁,距今已十年矣。寒家以兄弟为师友,雨十五而孤,即随两兄讲艺,仲兄殁后,遗稿未及编辑,比岁庚午,伯兄又殁。……癸丑通籍后,雨兄弟分曹中外,踪迹遂暌,少年握手讲艺之乐,渺不可得。丁戊以后,时事多梗,通家问米盐外,不复能质辨经史疑义。……(仲兄)于十四经廿二史之外,若丙部、丁部,皆有是正谲字,于前贤王深宁、杨升庵诸人及我朝昆山顾氏、上海陆氏、余姚卢氏、高邮王氏校定之说,一一缮誊,字皆细瘦严密。……此册所编律赋,乃授徒时改诸生程作,从他处葺录者,又搜得岁科试及翰林馆课诸作,一并厘订成帙,其疏章论议之文,当续搜采开雕。"

《藤香馆诗钞》,同治七年刊刻,共收诗979首。卷首有陶继安摹"桑根山人小像",同治丁卯年秦绲业、陈钟英序,吴昆田、李慈铭题词等。《藤香馆诗续钞》收诗579首。

《藤香馆词》有李肇增序、杨叔怿序。钱恩棨跋云:"故能奄有众长,而于辛柳为尤近。"蒋敦复评曰:"以抑塞磊落之概,写缠绵悱恻之情,万感萦回,一气旋折,风格在于湖、石湖间,扫尽时下纤佻柔曼气习。"又有周闲评语,汪贵蓉、沈金藻、张端卿题诗,冯焯、金醍、谭献、沈景修、张预题词,同治五年张景祁跋,董慎言跋。

薛时雨与江浙书院

鲁小俊（武汉大学文学院）

摘要：薛时雨在担任地方官员期间，就积极参与地方书院事务，后来主讲杭州崇文书院，南京尊经、惜阴书院，长达二十年之久。他在书院史上的贡献，一是将书院景观与造士为文相联系，赋予书院景观以象征意义，在文学地理的微观理论方面独树一帜；二是有知人之鉴，培育人才众多，尤其是选拔了不少寒士，在晚清东南士林中享有很高的威望；三是编刊书院课艺总集达十种之多，这些总集保存了不少东南名士的书院习作，在书院文献方面具有重要价值。

关键词：薛时雨；崇文书院；尊经书院；惜阴书院

基金项目：教育部人文社会科学研究规划项目《〈清代人物生卒年表〉补正研究》（18YJA870008）、贵州省哲学社会科学规划国学单列课题《晚清书院文学活动编年史》（18GZGX06）

　　薛时雨（1818—1885），字慰农、一字澍生，晚号桑根老人，安徽全椒人。清道光二十三年（1843）举人，咸丰三年（1853）进士。官浙江嘉兴、嘉善知县，杭州知府兼督粮道，曾代行布政、按察使事。后主杭州崇文书院，南京尊经、惜阴书院凡二十年。著有《藤香馆诗钞》《藤香馆诗续钞》《藤香馆词》《藤香馆小品》等。生平见谭献《薛先生墓志铭》及顾云《桑根先生行状》（以下简称《行状》）[①]。他以诗词楹联名家，尤

---

① 　均见缪荃孙纂录：《续碑传集》卷八十，《清代传记丛刊》第119册，台北明文书局1985年版，第609—612页。

以词为世所重①。在晚清书院史上,薛时雨也是一位重要人物,而尚未有论文予以申述②。本文即考察他的书院经历,以揭示其在书院史上的独特贡献。

一、从地方官员到书院山长

咸丰八年,薛时雨四十一岁,由嘉兴知县署嘉善县事。"民习嘉兴之政,相庆得贤令。十余年积案,尤不可理,数月悉清厘。"③时雨不仅娴于治狱,也积极振兴文教。[光绪]《重修嘉善县志》云:"时书院课奉行不力,(时雨)振兴之,捐廉为倡。又于职思堂集文社,尊酒相属,论文不倦,有志者颇得师法。"④县志所载兴复书院之事,《藤香馆诗钞》卷二《魏塘书院课士偶述》可以参证。诗作于咸丰九年,其时魏塘书院"一废数十年,鸟鼠穿楹桷。"时雨"我来意慨然,耆老互商摧。捐金集同志,鸠工殊踊跃。"书院面貌焕然一新,考课、讲学活动也由此顺利开展:

> 清池泛芹藻,别馆罗花药。叠石成山丘,种树当帷幕。境幽心自静,艺林欣有托。遂订课士期,弗爽论文约。渊渊出金石,彬彬盛礼乐。昼永竹露研,夜静梅花嚼。俨然小邹鲁,相期绍濂洛。

---

① 徐世昌辑《晚晴簃诗汇》、丁绍仪辑《国朝词综补》、龙榆生选《近三百年名家词选》等皆录其作品。今人的研究有:严迪昌《清词史》第四编第二章第三节《薛时雨及其他词人》,江苏古籍出版社 1990 年版;朱德慈《近代词人行年考》第四篇《薛时雨行年考》,当代中国出版社 2004 年版;朱昌平、吴建伟主编《中国回族文学史》第四十五章《薛时雨的诗词》,宁夏人民出版社 2006 年版;张小华《风流蕴藉——读安徽联坛翘楚薛时雨的楹联》,《辽宁行政学院学报》2013 年第 12 期;李睿《薛时雨及其〈藤香馆词〉》,《词学》第二十七辑,华东师范大学出版社 2012 年版。

② 今有庄安正:《张謇甲戌年日记(节录)笺注》(《南通工学院学报》2001 年第 2 期)、程章灿:《晚清名人薛时雨》(《南京日报》2015 年 6 月 10 日 A09 版)、朱炳贵:《筑庐湖畔的薛时雨激流勇退,在南京执掌书院桃李芳满园》(《金陵晚报》2016 年 8 月 25 日 B17 版)等文简略述及薛氏的书院经历。

③ 顾云:《桑根先生行状》。

④ 江峰青修,顾福仁纂:[光绪]《重修嘉善县志》卷十五《官师志下·名宦》,清光绪二十年(1894)刻本。

兴学有效,时雨自己也很有成就感:"俗吏虽风尘,造就意良愨。聆兹雅颂音,怡然顾而乐。教养宰官职,士民无偏驳。琴堂重听察,鳣堂重磨琢。作诗遗后人,笙簧永酬酢。"①

同治三年(1864),经闽浙总督左宗棠奏补,时雨就任杭州知府。在知府任上,也以兴复书院为先务。顾云《行状》云:"会城新复,一切梦如,无端绪可理。于是抑强暴,抚流亡,先之以振兴文教。创东城讲舍,庇其人士。向之诂经精舍,敷文、崇文、紫阳三书院,亦以次复。"②时雨后来也有文章提到初任杭州时的情形,《东城讲舍课艺》序云:"予守杭州日,废浮屠之宫以为东城讲舍。时兵气初定,文学未昌,人士皆化离蕉萃,敝衣冠来揖庭下,犹喘喙茧足也。然而校其文章,乃昌昌愉愉而不失规矩,于以觇风教焉。百度初举,物力有不及,月试之日,无以为膏火之资,薄俸所分者有限。此邦人士,修饬学行,乐与砥厉,不懈益亲,文艺日进,每课辄改观。予方昕夕簿书,草创群政,而亦乐此不为疲也。复于其间进贤者,与之说经,兼及辞赋,皆彬彬有则矣。"③虽百事维艰,时雨乐在其中。

同治四年秋,时雨卸任杭州知府。顾云《行状》云:"四年充乡试提调官。自念大乱既平,进取者多,而己之政亦粗成,可以退。遂于闱中治告病文书,上之时年未五十。""于是以二品衔候选道解组杭州。"④五年岁末,浙江巡抚马新贻聘主杭州崇文书院。时雨《马谷山中丞招往杭州主讲崇文书院感赋》有云:"束帛来邱园,皋比为我设。讲舍筑湖滨,杞梓罗俊杰。学荒作人师,惭愧增面热。藉此住湖山,欣欣

---

①　薛时雨:《魏塘书院课士偶述》,《藤香馆诗钞》卷二,《清代诗文集汇编》编纂委员会编:《清代诗文集汇编》第671册,上海古籍出版社2010年版。

②　顾云:《桑根先生行状》。

③　《东城讲舍课艺》薛时雨序,清同治八年(1869)刻本。

④　见《桑根先生行状》。关于卸任一事,《行状》后面部分又云:"(曾文正公)尝欲疏荐于朝,(时雨)笑而谢曰:'昔者吴勤惠公厚意与公等,所伫多要人,其不堪世用亦明矣。'固辞乃止。"《藤香馆诗钞》卷三《挂冠二首》有云:"性情不宜官,勉强学官样。""责重思息肩,宦久防腾谤。"卷四《马谷山中丞招往杭州主讲崇文书院感赋》诗自注提到:"吴仲仙督部奏调赴闽,余力辞谢。"

转颜悦。"① 从此,开始了长达二十年的书院山长生涯。

时雨在崇文书院凡三年。同治八年已任两江总督的马新贻,又聘请时雨主讲江宁尊经书院,兼主惜阴书院,《藤香馆诗续钞》卷一《移主金陵尊经书院留别杭州同社二首》《清明节抵金陵遣兴二首》《下榻惜阴书院二首》等诗记其事。在江宁凡十七年,直至去世。杭州士子曾在西湖凤林寺后结庐,名曰"薛庐",以志不忘;江宁士子受其教泽甚久,亦在盋山乌龙潭畔为之结"薛庐"。时雨之名重士林,于兹可见一斑。

二、山水景观与造士为文

对于山水景观,薛时雨素有雅兴。任职杭州知府时,他的课士方式就别有意趣:"用明蒋侍御故事,月课士湖上:命舟十数,茶鼎酒铛悉具。日出发题,讫,各鼓棹去,挥洒六桥、三竺间,自亦棹一舟主之。日入鸣钲,集诸舟,纳所课。浙东西名士无弗与者。时以文物之盛,虽经寇乱,无异承平时,微先生不及此。"② 主讲崇文书院期间,时雨与同官开湖舫诗社,徜徉于六桥三竺之间。门下生徒能诗者见而羡之,求附入社。时雨以嘲风弄月非生徒所宜,遂另开湖舫文社,练习八股文写作。自春徂秋凡八集,"采湖莼,剥湖菱,折湖中碧荷行酒,酒不过量,权取发舒意兴,迹瀹性灵,使文气拂拂,从十指出。然后伸纸疾书,笔不加点,故其为文清而不滑,华而不溽,屏绝尘秽,吐纳云霞"③。据《湖舫文会课艺》,文会的参与者多为书院生徒,如史鼎、周炳炎、袁建莘、费玉崟、沈荣、李宗庚、张鸣珂、王麟书、张预、董慎言、谭献、陆召南、沈景修、陈豪等人。

时雨"天生好山水"④,幸运的是,其后半生的居住地杭州和南京,都有山水之胜。他在《尊经书院课艺序》中就说:"昔欧阳永叔有言,都会物盛人众,而又能兼

---

① 薛时雨:《马谷山中丞招往杭州主讲崇文书院感赋》,《藤香馆诗钞》卷四。
② 顾云:《桑根先生行状》。
③ 《湖舫会课》薛时雨序,清同治六年(1869)刻本。
④ 薛时雨:《杭人为余结庐于西湖凤林寺后颜曰薛庐》,《藤香馆诗续钞》卷一,《清代诗文集汇编》第671册。

有山水之美者,惟金陵、钱塘。""(诸生)所幸居都会之地,得山水之助。"① 至于杭州士人为他所结"薛庐",其景则是:"背庐山峨峨,面庐水悠悠。径曲树阴合,院静钟声幽。"时雨由此感到:"魂魄倦在兹,一笑轻王侯。冷毡足栖身,纱帽幸离头。"② 山水景观之于时雨,最直接的意义是消解宦情。他后期的诗中所偏爱的,也往往是冷色调。如"春色争如秋色好,繁华中自见萧疏"③,"寓公性僻耽幽寂,窗外梅花格更高"④云云。不过,这与传统的隐逸趣味没有什么区别;时雨诗文中的特殊贡献,在于他将书院景观与造士为文联系起来,从而赋予了书院景观以象征意义。具体而言有两个方面:

其一,景观与造士。与自然山水不同,书院景观是经人工营造而成的。时雨本人也时有参与,《书院秋卉极盛皆手植也小诗赏之》即云:"半弓荒径手亲锄,种得篱花锦样舒。"而栽培植物与培养人才之间,具有某种相似性。时雨由此引申出象喻之义,《院中新界竹篱杂莳花木并买菊数百本种之》就有句云:"培养根苗如造士。"⑤精心培育院中花木,一如谆谆教诲诸生;或者说,培育诸生亦如培植花木。

其二,景观与为文。时雨主讲尊经书院期间,诸生也在乌龙潭畔为其建"薛庐",筑永今堂。其地面山俯潭,景物明瑟。但因潭久不治,茭葑纵横,水浅盈寸。于是第二年,荡涤而疏浚之。其后又在潭西蛇山建诸葛忠武、陶靖节祠,杂莳梅竹松柏之属。既为胜境,春秋佳日,载酒从游者踵接。时雨在《尊经书院课艺五刻序》中,简述了构筑、疏浚、种植之事,并告诸生曰:

> 今夫蹄涔之水,不足以资灌溉也。必去其障,通其流,然后原泉混混,渣滓去而清光来。文之洁净犹是也;今夫濯濯之山,不足以快登眺也,必葱茏而绿缛,幽秀而深邃,然后明靓淡冶之态,顷刻万变。文之藻采犹是也。诸生能知

---

①　《尊经书院课艺》薛时雨序,清同治九年(1870)刻本。
②　薛时雨:《杭人为余结庐于西湖凤林寺后颜曰薛庐》,《藤香馆诗续钞》卷一。
③　薛时雨:《书院秋卉极盛皆手植也小诗赏之》,《藤香馆诗续钞》卷一。
④　薛时雨:《寓园梅开小诗赏之》,《藤香馆诗续钞》卷一。
⑤　以上引文均见《藤香馆诗续钞》卷一。

山水之乐,则文境当日进。由是而黄河泰岱,蔚为宇宙之大观,吾乌能测其所至哉!①

潭水经疏浚而清洁,山林经培植而多姿,人参与了景观之美的形成。文之洁净和藻采也是如此,离不开作者的劳动付出。同样是自然与文章的"物我合一",时雨此说多了一层创作论的意味,突出了主体性。白居易《白蘋洲五亭记》云:"大凡地有胜境,得人而后发;人有心匠,得物而后开。境心相遇,固有时耶?"②在时雨这里,书院之景可以慰藉心灵,又可以象征育材、启发文思,正是"境心相遇"的理想境界。

三、"吾培才,非用才也"

薛时雨有爱才之名。顾云《行状》称:"先生爱才若性,当其在官,以宏奖为己任,所号通人,多注籍门下。"③蒋敦复《芬陀利室词话》云:"朋辈中秦次游、应敏斋两司马,皆为余言:全椒薛慰农明府以名进士出宰百里,有古循吏风,爱才下士,宾至如归。"④时雨后来掌教书院,爱才之习一以贯之。可举两件事为例。

其一:同治六年秋,时任崇文书院山长的薛时雨,在嘉兴见到乡试登科录,名单中多有门生故旧。其中曾经他擢拔为第一者凡九人:解元朱彭年,东城讲舍月课第一;吴超、周鸣春、刘金赞,皆崇文书院月课第一;褚成亮,府试第一;丁家骏,魏塘书院甄别第一;谭献、张预,皆湖舫文会第一;陶模,吴江文会第一。又,"小门生钱鸿业以十四岁中式",巧的是,是科主考官张之洞"亦以十四龄领解"⑤。时雨为之心喜,有诗云:

---

① 《尊经书院课艺五刻》薛时雨序,清光绪九年(1883)刻本。
② 见白居易:《白居易全集》卷七十一,上海古籍出版社 1999 年版,第 984 页。
③ 顾云:《桑根先生行状》。
④ 蒋敦复:《芬陀利室词话》卷二《薛慰农词》,见唐圭璋编:《词话丛编》第 4 册,中华书局 1986 年版,第 3660 页。
⑤ 张之洞是咸丰二年(1852)顺天乡试解元,时年十六岁。此处所传有误差。

　　红旗摇漾出晴烟,帖写泥金驿路传。五色石占文字瑞,九茎芝耀榜花鲜。

欧梅校艺罗名士,和范传衣得少年。笑我宦情如水淡,长途偏盼祖生鞭。①

　　诗中"九茎芝耀榜花鲜""和范传衣得少年",即分别咏"九人"和"十四岁"之
事。此诗写成后,时雨发现名单中还有一位张王熙,也是曾经他拔为第一者。该生
是科乡试原定第一名,后改置十四名。时雨又作诗以表宽慰之意,愿张生"莫讶三
头偏失解,长安花放早扬鞭"②。对于落第诸生,时雨亦有诗慰之:

　　角艺如棋局外明,当场偶尔见输赢。名山可占千秋在,国士相期一第轻。

　　老辈渊源争著作,少年寒乞讲科名。菊花满放新篘熟,正好题襟续旧盟。③

　　既祝贺中式诸生,又对下第士子表示劝慰,时雨的师长仁心,由此可知。在《惜
阴书院西斋课艺序》中,时雨劝勉诸生通经学古,务为有用之学,不要囿于科举速
化之术,这样无论遇或不遇,人生境界将会广阔许多:"上之匡时弼教,郁为右文之
治;次亦出其所业,待诏阙下,备天子之顾问,国有大典礼,研京炼都,润色鸿业,亦
足张相如、子云之风;不幸而不遇,犹得键户述作,比烈雅颂,垂不朽于后世,使天下
知儒者之业有其远者大者,不同于刀笔筐箧之士。"④一个世纪前,全椒作家吴敬梓
笔下,寒儒倪霜峰感叹说:"我从二十岁上进学,到而今做了三十七年的秀才。就坏
在读了这几句死书,拿不得轻,负不得重,一日穷似一日。"⑤假如他是薛时雨的弟
子,也许不会有此叹息。

　　其二:同治十三年三月朔,张謇投考钟山书院,被校课韩弼元摈弃不录。张謇
负气投书,求示疵诟,无一人知。望课借他名再考,钟山山长李联琇取为第一。又

---

　　①　薛时雨:《嘉兴得见登科录诸生多获隽者喜赋》,《藤香馆诗钞》卷四。

　　②　薛时雨:《张生欣木(王熙)余宰嘉兴拔过鸳湖书院第一偶未计及读"九茎芝耀榜
花鲜"句似有憾词叠韵慰之》,《藤香馆诗钞》卷四。

　　③　薛时雨:《慰下第诸生》,《藤香馆诗钞》卷四。

　　④　《惜阴书院西斋课艺》薛时雨序,清光绪四年(1878)刻本。

　　⑤　吴敬梓著,李汉秋辑校:《儒林外史汇校汇评本》,上海古籍出版社1999年版,第
312页。

以他名考惜阴书院,时雨亦取为第一①。四月二日,"薛慰农山长招往,且已逢人延问矣。"这让张謇有感:"顾虚名囚实,忧之深也,敢不惕惕!"旋至清凉山拜谒薛山长,"见后逾格契赏"②。这是时雨赏识张謇的开始,此后二人交往甚多,张謇的日记中记载颇详。例如:

同年四月二十四日,"往惜阴见薛山长""返见馈'味经得鬲(隽)斋赋'"③。五月八日,"诣薛山长,极承激赏"④。光绪元年(1875)七月二十八日,张謇将赴乡试,"晚见慰师,甚相属望,坚嘱场前勿多访友,勿读闲书,一以凝文心、养文机为主。且谓于子期望最切,勉旃勉旃云云"。张謇感慨道:"噫!不才安得培九万里风,扶摇直上,报我生平知己耶!"⑤八月十八日,乡试结束后,张謇"以文呈慰师,谬承赏誉"⑥。二十四日,"李(联琇)师久谈,期望深至,感不可状,而慰师尤甚"⑦。二年闰五月二十日,"薛师赐欧阳文忠像、《丰乐醉翁亭解醒阁帖》及笔墨诸件"⑧。八月二十三日,乡试之后,张謇"见薛师,场作颇承奖赏,以为陵阳子三年抱璞,当不致以谩取罪矣"⑨。三年三月一日,"薛师招往询近状,欷歔者再。卒乃诏余曰:'谋生急于读书,张杨园之论,熟思无忽。但事皆有命,毋役于境,斯为养气之学耳'"⑩。五年九月十六日,"见薛师,谓'尔家贫亲老,依人非计,明年如得知县可就也。今时便得翰苑焉用耶?不如为令,实心行政,可作事也'"⑪。

---

① 《张謇全集》编委会编:《张謇全集》第八卷《啬翁自订年谱》,上海辞书出版社2012年版,第994页。

② 张謇研究中心、南通市图书馆编:《张謇全集》卷六《日记》,江苏古籍出版社1994年版,第23页。以下简称《日记》。

③ 《日记》,第25页。

④ 《日记》,第26页。

⑤ 《日记》,第65页。

⑥ 《日记》,第67页。

⑦ 《日记》,第68页。

⑧ 《日记》,第97页。

⑨ 《日记》,第106页。

⑩ 《日记》,第124页。

⑪ 《日记》,第183页。

诸如此类事实,皆可见出时雨对张謇的爱惜之情。[民国]《全椒县志》薛时雨本传云:"主崇文书院讲席三年,继主江宁尊经书院,注弟子籍数百人。或讽以人才宜鉴择,则曰:'吾培才,非用才也。用才宜严,培才宜宽。'闻者韪之。生平有知人鉴,冯煦、刘寿曾、顾云、张謇辈,皆于寒畯中一见决为通品。"①本传所言不虚,由张謇日记可知一斑。

四、主持考课与编刊课艺

清代书院重视考课,又有官课、师课(山长课)之分,师课的膏火费通常少于官课。薛时雨掌教书院时,于争取膏火之事多有所为。顾云《行状》云:"书院故事,月二日课于官,给膏火银颇厚。山长课以月十六日,十人外无所给。筹之郡绅,给始如官之半,士多资焉。"②而现存文献中,有关时雨主持书院考课的成就,主要体现为几种课艺总集,分别是:

1.《崇文书院课艺》。清同治六年(1867)十一月开雕,七年四月讫工。题"山长薛慰农先生鉴定,监院徐恩绶、高人骥、孙诒绅编次"。同治六年八月马新贻序,七年正月薛时雨序。凡制艺50题181篇,选文较多者,屠鑫、张景祁、吴承志、李宗庚、周鸣春、金毓麟、张岳锺等。

2.《崇文书院课艺续编》,同治七年冬月开雕。题"山长薛慰农先生鉴定,监院高人骥、孙诒绅编次"。凡制艺21题83篇,选文较多者,赵铭、王若济、屠鑫、施补华、黄以周、金毓秀等。

3.《尊经书院课艺》,同治九年两江督署刊订。题"山长薛慰农先生鉴定,肄业诸生编次"。同治八年十二月薛时雨序。凡制艺100题161篇。南京图书馆藏本仅一册,国家图书馆藏本六册,系全本。选文较多者,卢崟、秦际唐、姚兆颐、丁自求、朱绍亭、朱绍颐、王亮采、徐庆昌等。

---

① 张其溶修,江克让、汪文鼎纂:[民国]《全椒县志》卷十《人物志》,民国九年(1920)木活字本。

② 顾云:《桑根先生行状》,。

4.《尊经书院课艺二刻》,原刻本未见,有光绪八年八月"状元阁爵记李光明家"重刻本。题"山长薛慰农先生鉴定,肄业诸生编次"。凡制艺34题59篇。选文较多者,秦际唐、刘汝霖、姚兆颐、卢鋆、朱绍颐、李经文等。

5.《尊经书院课艺三刻》,同治十二年七月"金陵状元境口状元阁"印订发兑。题"山长薛慰农先生鉴定,肄业诸生编次"。同治十二年七月薛时雨序。凡制艺33题110篇,选文较多者,秦际唐、刘汝霖、姚兆颐、陈兆熙、李经文、甘元焕等。

6.《惜阴书院西斋课艺》,光绪四年十二月刊成。题"山长薛慰农先生鉴定,肄业诸生编次"。光绪四年十月薛时雨序。凡八卷:卷一至卷六赋61题208篇,卷七各体诗106题181首,卷八表、启、颂、策、议、考等杂文27题35篇。选文较多者,秦际唐、刘寿曾、冯煦、姚兆颐、刘汝霖、陈作霖、朱绍颐、陈兆熙、钱贻元等。

7.《尊经书院课艺四刻》,光绪五年七月刊成。题"山长薛慰农先生鉴定,肄业诸生编次"。光绪四年八月薛时雨序。凡六卷,制艺100题316篇。选文较多者,秦际唐、姚兆颐、刘汝霖、李经文、李青、陈兆熙、周其新、顾云等。

8.《尊经书院课艺五刻》,题"板存金陵状元境口,一得斋刻书铺刷印""山长薛慰农先生鉴定,及门诸子参校"。光绪九年十月薛时雨序。凡制艺65题217篇。选文较多者,秦际唐、陈光宇、顾云、刘汝霖、周其新、陆春官、陈作霖、李经文、姚兆颐等。

9.《尊经书院课艺六刻》,题"板存金陵状元境口,一得斋刻书铺刷印""山长薛慰农先生鉴定,及门诸子参校"。刊刻时间不详。凡制艺34题120篇。选文较多者,秦际唐、陈光宇、孙绶昌、陆春官、李经文、徐宗绩等。

此外,同治八年,薛时雨又曾参与编刊《东城讲舍课艺》。东城讲舍为薛时雨任太守时所创设,制艺之外兼课经解诗赋。同治四年乡试,"讲舍肄业者获隽至三四十人。学使者贡拔萃之士,尽出于讲舍"[①],科举成绩可谓不俗,而时雨即在当年卸任太守。后主讲崇文书院,与东城讲舍师生往来亦多。高均儒主讲东城三年,于同治八年夏去世。其时时雨已在江宁,东城士子以四年间(1865—1868)课艺邮寄选定。经时雨选编,是书凡制艺39题100篇,经艺13题18篇,经解、杂文28题

---

① 《东城讲舍课艺》薛时雨序,清同治八年(1869)刻本。

38篇。选文较多者,许诵禾、杨文杰、吴承志、陆召南、王若济、王同、许承绶、屠鑫、张景祁、黄以周、许郊等。

在以上课艺总集的序言中,时雨除了陈述编刊缘起、勉励士子向学之外,主要阐述了他对科举和制艺的看法。他说:"制艺一道,著作家辄鄙薄之,然实有根柢之学焉。外无所得于经史,内无所得于身心,其文必不能工。即工矣,或貌为先正,不古不今,则其道亦不能一轨于正。"[①]"文章行世,若舟车然,不必尽沿古式也。而其为轮为辕为楫为柁之用,则终古而不易。又必其材良而质坚,工精而制巧者,始适用焉。以是为经涂之轨,通津之筏,而无所碍。"又说:"国之元气与士气相消长,士气不振,则桀猾者无所放效以几于善;且豺虎所窟宅,其凶鸷痛毒之气,非鼓歌弦诵,不足渐祓而更新之。然一于科举速化之术,而不知通经学古,士亦日泊于禄利,无以广己而造于大。"[②]诸如此类言论,在义理方面虽无特别的发明,但对于诸生写作八股文、扩展眼界,当具有切实的指导意义。

小结

薛时雨晚年有联云:"作吏十六年,主讲十六年,壮志销磨,借一角溪山娱老;种竹数百本,植松数百本,岁寒苍翠,与满城桃李同春。"[③]事实上,作吏期间,时雨就积极参与地方书院事务;终其一生,主讲书院长达二十年。他在书院史上的贡献,一是将书院景观与造士为文相联系,赋予书院景观以象征意义,在文学地理的微观理论方面独树一帜;二是有知人之鉴,培育人才众多,尤其是选拔了不少寒士,在晚清东南士林中享有很高的威望;三是编刊书院课艺总集达十种之多,这些总集保存了不少东南名士的书院习作,在书院文献方面具有重要价值。

---

① 《崇文书院课艺》薛时雨序,清同治六年(1867)刻本。
② 《惜阴书院西斋课艺》薛时雨序,清光绪四年(1878)刻本。
③ 黄涵林编:《古今楹联名作选粹》卷二,广益书局1929年版,第3页。

《藤香馆词》中的世变、风景与人物

陈水云　　白玉雪（武汉大学文学院）

摘要:《藤香馆词》是晚清薛时雨的词集,收录了从 1854 年至 1866 年的词作。观其词作,以写世变、风景和人物为主。其词中写太平天国之变,多战后今昔对比之景,然在词人刻意的削弱个人情感的写作方式中,仍可感受到乱世中的私人化情绪;其词中风景则多为词人山水游历之实录,除了单纯的喜爱山水,写行游之中的闻见和情绪外,亦可见其退隐之思;至于其词中的人物交游,据其经历,可分为为官时期、避乱时期、退游时期以及和亲人的往来。

关键词:《藤香馆词》;薛时雨;太平天国;行游;交游

薛时雨(1818—1885),安徽全椒人,字慰农,一字澍生,晚号桑根老人。咸丰三年(1853)进士,官至杭州知府,署督粮道,代行布政、按察两司事。同治四年(1865)以疾归,后掌教杭州崇文书院,次年主持江宁尊经书院、惜阴书院。著有《藤香馆诗钞》《藤香馆诗续钞》《藤香馆词》等。薛时雨的词集《藤香馆词》,乃其自编于同治五年冬。据李睿所考,现存同治五年刻本与光绪五年(1879)刻本两种系列,前者题为《藤香馆词》,内容包含《江舟欸乃》一卷,后者为《藤香馆诗删存四卷词删存二卷》,包含《西湖橹唱》和《江舟欸乃》两卷,但在内容上经由弟子谭献删削①。今所见光绪

---

① 李睿:《薛时雨及其〈藤香馆词〉》,《词学》第二十七辑,华东师范大学出版社 2012年版,第 109—110 页。

五年本实际收词一百六十二首,其中《西湖橹唱》为八十二首,《江舟欸乃》为八十首。又,今所见同治五年本实际收词一百六十五首,对比光绪五年本中《江舟欸乃》一卷,共删八十五首。

在《藤香馆词》中,《西湖橹唱》一卷始作于咸丰四年其赴浙补嘉兴县知县之时,而可考的最迟写作时间为同治三年,依薛时雨自序:"余以甲寅抵浙,需次暇日,辄以长短句自遣,积久成册,题曰《西湖橹唱》。……嗣是两任剧邑,又奔走南北,间有所作,亦附入焉。……十年游迹,强半寄此,姑编存之,以志春梦。"可知此卷是于其十年仕宦生涯中所填。《江舟欸乃》一卷,始作于同治四年,可考的最迟时间为同治五年秋,至是年冬十一月则已汇辑成卷,此一年间薛时雨经历了告病辞官、扶柩归里、重游江浙之事,其间"往返七千里,舟中壹意倚声,积成一册"①,是为此卷。读其《藤香馆词》,其中所记不乏世变、风景与人物三方面,故本文即就此三方面详细论之。

一、世变之景:"六桥风月恁凋零"

薛时雨生活的咸丰、同治时期,正是太平天国运动在长江以南地区如火如荼开展的时期。从 1851 年广西金田村起义到 1853 年太平军攻克南京,宣布建都天京,太平天国以南京为中心,主要范围活动在江苏西南、安徽南部、湖北东部、江西北部,初期虽意图北扩,但 1853 年的北伐活动终以失败而告终。作为清政府官员的薛时雨,在他的《藤香馆诗钞》《藤香馆诗续钞》《藤香馆词》中对太平天国战争颇多实录之笔,而这也与他的经历相关。

薛时雨的家乡全椒与南京相近,待他 1854 年赴浙江任时,所行路线便是经由太平天国作战区域六合等地,再由苏州至杭州,薛时雨曾有诗《金陵陷后贼屡扑六合弗克,时有"纸金陵,铁六合"之谣,扁舟过此作是歌,以美温北平大令守御之绩》以记。而其抵浙后,仕宦生活大半时间在杭州、嘉兴度过,其间种种活动虽未

---

① 以上引文均见薛时雨:《藤香馆词序》,《藤香馆词》卷首,陈乃乾辑:《清名家词》第九卷,上海书店 1982 年版,第 8—9 页(本文中凡引自《清名家词》第九卷者,均不再标注出处)。

与战事直接关联,但相关战况及相关报道也未曾滞塞,如其作于 1855 年的《徽郡凯撒回杭途次杂纪四首》便是写皖南宣、歙的战事,而作于同年的《秋闱分校即事述怀六首》(其五)中则记录了江南因战争而停科的事件。至 1858 年末,薛时雨任职嘉善,因其家乡全椒失守,幸存乡人纷纷逃来投奔,薛时雨一连作《闻全椒失陷书愤》《伯兄自椒挈眷至善,备述故乡丧乱情形及山中避难之苦,闻之呜咽,连缀成篇得六十韵》《故乡避难来善者络绎不绝,衙卫之屡满矣,外及漕仓旅店半住椒人感赋二绝》以记之。而 1860 年时,因太平军相继占领杭州、嘉兴,进京归浙的薛时雨只好避行至南昌,这一时期诗作甚多,详细记录避乱之所见所闻所感,词作较少。1862 年至上海入李鸿章幕为参赞军事,是年薛时雨还乘小舟入嘉兴城劝降,未果。1864 年由左宗棠奏补为杭州知府,重建了乱后的杭州城,1865 年薛时雨告病卸任归乡,次年重游江浙。

1. 词中百废之景与战乱闻见

《藤香馆词》作于 1854 至 1866 十二年间,然而纵观现存的薛氏全部词作,与其直接用诗歌记录时事和心境不同,关于战乱的描写多以闲笔的方式在词中点出,或是托兴寄情,以物言事。在他的词中,有关战乱的写景与慨叹之作远远多于记事之作。但薛词中也并非没有直接记录战争情形的,如《满江红·感事用岳王韵》一阕:

> 虎据龙蟠,争一霎、繁华消歇。问谁启、东南门户,火炎冈烈。皖水先期归战舰,秦淮从此无风月。展吟笺、愁谱望江南,音凄切。虚声诮,谁能雪。家国恨,难磨灭。把金樽斟满,玉壶敲缺。斫地歌哀襟溅泪,忧天心赤腔凝血。问何人、遗世独遨游,朝仙阙。①

此写南京 1853 年被太平军占领一事。1853 年初,时任两江总督陆建瀛奉命带兵前往九江,以抵从武昌东下的太平军,然而陆建瀛见敌众已寡,巢湖战败后一路退回南京。太平军连克九江、安庆、芜湖,直逼南京城下并快速占领了南京。在这一事件中,薛时雨关注的是清军所守之江南要地迅速被太平军攻下,其词中道:"虎据龙蟠,争一霎、繁华消歇。"如此文化经济军事重镇,竟然在短短二十多天内易手

---

① 薛时雨:《藤香馆词序》,《藤香馆词》卷首,第 8 页。

他人,问其原因,则当归咎于清军防守之薄弱,正是因为"皖水先期归战舰",这才导致"秦淮从此无风月",导致了凝聚着浓浓家国悲恨的凄切之音、哀恸之歌以及"虚声诮"四处可闻。其言辞虽不着褒贬,但实则通过陈述切实发生的事件批评以陆建瀛为首的不作为之人。词中亦可见薛时雨自身的壮怀之情,其用王敦"缺壶歌"之典,明言"忧天心赤腔凝血",其间情感力透纸外。

但在此首词之外,薛词中关于太平天国战争的内容则更多表现在乱后景象描写上,且往往是由所见之景而诱发写作之意,记事之作甚少,且多"用凄切之笔,描述粤乱后城市、乡村的凋残,诉说词人凄凉的心绪"①。如《多丽·别西湖五载矣,甲子中元节,建盂兰盆会于湖上,礼佛云林寺,循岳坟、苏堤而归,老莳蔽天,湖流如线,荒凉景况,触目伤心,偶忆蜕岩旧词三复不能自已,用原拍韵书感》一阕,此词作于 1854 年,当时太平天国大势已去,清兵收回多处失地。薛时雨在作于同时的诗歌《盂兰盆会歌》的序言中道出该词写作背景:"同治甲子中元节,宫保左公大设盂兰盆会,荐礼阵亡将卒及官绅士庶之殉难者。分三坛,一设内城满洲营,一设西湖灵隐寺,一设吴山城隍庙,分班轮祭,余得赞助其间,作为是歌。"② 词中也自注"近日收买枯骨,建万人塚十座于湖上"一事。其词全作如下:

> 万燐青。压波烟雾冥冥。好湖山、鞠为茂草,晚钟咽断南屏。楚王宫、枯山啼鴂,精忠院、断甃栖萤。柳悴堤荒,梅薪鹤瘗,六桥风月恁凋零。更惨绝、千堆白骨,滞魄永难醒(近日收买枯骨,建万人塚十座于湖上)。空携得、一樽浊酒,浇上孤亭。　　忆当年、诗坛酒社,名流麇集西泠。七香车、艳招蛱蝶,百花舫、红引蜻蜓。劫过云飞,人来梦换,万家野哭不堪听。剩几个、湖乡旧侣,霜鬓各星星。沧桑感、一行泪雨,泪过前汀。③

———————————

① 莫立民:《近代词史》,人民文学出版社 2010 年版,第 423 页。

② 薛时雨:《藤香馆诗钞》卷三,《清代诗文集汇编》编纂委员会编:《清代诗文集汇编》第 671 册,上海古籍出版社 2010 年版,第 625 页。

③ 以上引文均见《藤香馆词》,第 25—26 页。

　　词题中所言"蜕岩旧词",是指元人张翥(一说为宋人石孝友)的《多丽·西湖泛舟夕归,施成大席上以"晚山青"为起句各赋一词》①,其词写西湖秀美景色,与薛时雨所见的战后西湖风景大异,故自言不能自已乃作此词。细数薛时雨于西湖所见之景,眼前是一片荒芜景色,建筑只剩断壁残垣,更有万人冢触目惊心,以示过去的激烈战况,其间萧条与荒凉无须赘言。即景生情,薛时雨便追忆起当年的繁盛,在今昔对比中感慨世事变迁的沧桑。可见即便在题中和词中有所自注,全词也并非一首真正意义上的记事之词,而是以其惯用的写景方式,通过今昔盛衰的对比来展现变乱之后的境况和感慨。

　　这种今昔对比在薛时雨的笔下是极为常见的表现手法,且其词中,今与昔之对比大抵有两种情形,一种是以今之破败比往日之繁盛,从中凸显出战争的毁坏性,以及乐景易逝之感,有"十里珠帘,而今一片沧桑。少年游迹寄处,猛回首,烟云劫一场"②"过眼繁华,惊心摇落,况更烽烟"③"沧桑劫后云烟幻,零落扇纨衫纻。谁付与。是往日、升平选胜高歌处"④"十里香尘不断,而今付与颓垣"⑤"依稀一星幽火,石头城下路,寻梦如昨。白社狂名,红楼绮习,画舫秦淮宵泊。惊天鼓角。叹六代莺花,幻成风鹤"⑥等句。而另一种则是以今之繁华秀美比昔日惨烈战况,比起前一种更不免有些沧桑变幻的意味,如"烟岚水黛天然好,惟有劫灰难变"⑦"暗神伤、半

---

　　① 全词为:晚山青。一川云树冥冥。正参差、烟凝紫翠,斜阳画出南屏。馆娃归、吴台游鹿,铜仙去、汉苑飞萤。怀古情多,凭高望极,且将尊酒慰飘零。自湖上、爱梅仙远,鹤梦几时醒。空留在、六桥疏柳,孤屿危亭。待苏堤歌声散尽,更须携妓西泠。藕花深雨凉翡翠,菰蒲软风弄蜻蜓。澄碧生秋,闹红驻景,采菱新唱最堪听。见一片、水天无际,渔火两三星。多情月,为人留照,未过前汀。
　　② 《藤香馆词》,第 6 页。
　　③ 《藤香馆词》,第 10 页。
　　④ 《藤香馆词》,第 23 页。
　　⑤⑨ 《藤香馆词》,第 49 页。
　　⑥ 《藤香馆词》,第 44 页。
　　⑦ 《藤香馆词》,第 27—28 页。

城灰劫,水光山色如故"①"黯黯离宫。劫后花开寂寞红"②"可怜遍地蓬蒿,辜负蹁跹双影"③"破碎湖山重点缀,繁华"④"鼛鼓声阑又管弦。江干无浪复无烟"⑤"青雀黄龙战舰分。而今花月也翻新。金戈铁甲倚红裙"⑥等句,均可见得。此外,亦有同一时间不同空间的对比,如"临街新绣春灯,隔江罢闻战鼓"⑦之句,即是写1866年春词人居于南昌时的所闻所见。

在这类今昔对比之中,薛时雨笔下更充满了对战后惨状的感伤以及对沧桑变化的喟叹。

如其《台城路·题随园图次陈实庵太史(元鼎)韵》中曾言:"亭台兴废谁主。……经年战鼓。……写入吟笺,望江南调苦。"⑧虽为题图之词,亦是感怀世变之中江南地区战乱中人民生活的苦涩之情。而随着战乱带来的,还有剧变,其《河满子·荷叶洲向无居民,粤匪难作避地者争来结茅,今且市声浩浩,十里不绝,成巨镇矣》一词,便写皖江附近荷叶洲因此世变而产生的巨大变化,词中亦谈:"曾见桑田成海,又看深谷为陵。暗里机缄天运转,可怜人自营营。试看朱甍碧瓦,向来冷月荒汀。"⑨可见词人陵谷之变的感慨。

2. 乱世中的个人情感体验

《藤香馆词》里涉及世变描写的词中,除却专门用以记事的几首词外,描写世变的笔触或多似闲笔,或通过比兴寄托来表达。究其原因,这与薛时雨的文体观有极大关系,薛氏自言填词原因是"需次日暇,辄以长短句自遣",又言"词翰小道"及"文字中最曲者莫如词。"⑩故其诗写变乱,于1858年至1863年尤多,以至于

---

① 《藤香馆词》,第30页。
③ 《藤香馆词》,第45页。
④ 《藤香馆词》,第51页。
⑤④ 《藤香馆词》,第53页。
⑦ 《藤香馆词》,第34页。
⑧ 《藤香馆词》,第50页。
⑨ 薛时雨:《藤香馆词》卷一,《清代诗文集汇编》编纂委员会编:《清代诗文集汇编》第671册,第714页。
⑩ 薛时雨:《藤香馆词序》,《藤香馆词》卷首,第8页。

读其诗集,可考其行踪与即时情感,其中不乏如"年来怕读兰成赋,蒿目东南泪满襟"①"俯仰念时事,忧来泪潸然"②之直言其情的句子。然其词集中则甚少提及这些直接经历战乱的经历,比于其他年份,这几年的词作数量甚至明显减少,而对于写世变的词而言,其中也显然淡化了表现在相同主题诗歌中的更为浓厚的个人忧愤之情。

然薛氏自云:"生平之非在直,居官涉世,获戾不少,思有以变化之。"故选择了文字中最为婉转、曲折的词。又其言:"自取读之……病根仍是犯一直字。噫,言者心之声,几者动之微。词翰小道,无足比数,顾能直不能曲,倪所谓习与性成耶。"③词是否是小道此不做多论,但薛词中的确在所谓的柔肠冶态、远韵深情中显现出了其个人的禀赋气质。因此,即便薛词多呈现出"自我形象则淡去"④的特点,或者说极力淡化相关情绪,但从词人的遣词造句中,仍然能够读出词人自己在经历世变后的情感体验,这与前文所述的其词中对战后惨状的伤怀和对沧桑变化的喟叹不同,战争之苦和沧桑变化是客观事实在情感上的投射,而这类个人情感体验则是更为私人化的、是个体在战乱后产生的应激情绪。

一是在政治上表达自己的不满,主要是对清廷战事决策中不作为倾向的抵触和批评。作为清廷官员,在太平天国事变中,薛时雨的立场无疑是站在清政府一方的,在其笔下,太平军是贼、盗、蛮人的角色,譬如其在《金缕曲·采石矶》中便借怀古言时事是"十年群盗纷如鼠"⑤。但在太平天国事变的前期,清廷中不作为的状况屡屡皆是,以至于太平军从广西一路北上长沙、武昌,再东下攻克了安庆、南京。上文提到《满江红·感事用岳王韵》中"皖水先期归战舰,秦淮从此无风月",便是言此类事件,此不赘述。

而在另一首词《望海潮·舟泊黄浦》中,这种不赞同的情绪则更强烈,此词上

---

① 《藤香馆诗钞》卷二,第 599 页。
② 《藤香馆诗钞》卷二,第 603 页。
③ 薛时雨:《藤香馆词序》,《藤香馆词》卷首,第 8 页。
④ 李睿:《薛时雨及其〈藤香馆词〉》,第 120 页。
⑤ 《藤香馆词》,第 43 页。

阕写黄浦江边壮阔风景和所见军舰,说:"念苍茫身世,寄与艨艟",下阕则言:"八蛮重译来同。算汉家长策,只是和戎。水驿驰轮,楼船激箭,海门百道能通。落日大旗红。叹藩篱久撤,谁靖边烽。聊把黄金,买醉歌舞向西风。"[1] 据朱德慈《薛时雨行年考》,此词作于 1866 年薛时雨于水路从南京过苏州经黄浦江至杭州的途中,约在该年夏季,太平军力量基本消灭,内乱暂时平歇[2]。词中所谓"汉家长策,只是和戎""叹藩篱久撤,谁靖边烽"二句,反语正语同时使用,凸显词人的不满之情。最后言"买醉歌舞向西风",既是言自己无力改变,又何尝不是讲时人大都如此,明明国家正面临危险,却都视而不见。

有趣的是,此词所用意象所感事件与薛时雨作于 1862 年的《浔阳感兴二首》(其一)一诗极为接近,该诗内容为:"满天烟雨系孤篷,九派江声到此雄。烽火未销诸将在,藩篱久撤八蛮通。风波驰骤夸人巧,楼阁高低斩鬼工。中外岂真无珍域,汉家长策是和戎。"结合此诗同题(其二)中所写的"如此江山沦浩劫,可怜花月黯销魂。居民野哭知多少,司马闲情且漫论。"[3] 则更能明白薛时雨在《满江红·感事用岳王韵》一词中所言的"忧天心赤腔凝血"。

除此之外,战乱给薛时雨还带去了生命忧患意识。在前文所提及的作于 1854 年的《多丽》一词中,词人提到"剩几个、湖乡旧侣,霜鬓各星星。"此是写自己与幸存的昔日友人,因动荡不得不四处避战逃亡,因为经年战乱和艰辛生活使得鬓发渐白,人也老去。在动荡的战争之中,个体的命运微不足道,生死存亡也不过是听天由命,如此才有"剩几个"之句。如薛时雨自言"避地相逢如梦寐,灯前各讶鬓毛苍"[4]。可见乱世之中,能够相见已是如梦寐般开心之事,而个体生命在此间遭受的困境,却是难以想象的。可是当战争阴影渐以消逝,一切繁华又相继展开的时候,言"劫过云飞,人来梦换",一切仿佛只是烟云劫难一场,但"万家野哭不堪听",又

---

① 以上均见《藤香馆词》,第 50 页。

② 见朱德慈:《近代词人行年考》,当代中国出版社 2004 年版,第 95 页。简称《行年考》。

③ 《藤香馆诗钞》卷三,第 619 页。

④ 《藤香馆诗钞》卷二,第 600 页。

将人从恍惚之中拉回现实,完成了时间上的更替与空间上的重叠,此中所感的人生无常与生命易逝,在词人那里也只能化作"一行泪雨,泪过前汀"了。

在薛时雨笔下,战争带给人的折磨,往往通过形体的变化而表现之,如其"别兄倏五年,面目惊憔悴"①"土民仅孑遗,形面如鸠鹄"②"腰系犊鼻身无裳,面目枯槁形体尪"③之句。这种摧残式的变化让人读之不由更感其中残酷与惨状。在这种恶劣的生存环境中,有无端遭难的人,有东躲西藏的人,有苟延残喘的人,亦有殉节就义的人。危难面前人的选择各异,极具复杂性,而在此间,薛时雨对人生选择的思考,却可从其词中读得。如其《一萼红·旧宅中阑天竹独存作此赏之》一词,以咏物的方式,将自己的情怀寄托于其中。词的上阕写作者1865年冬回乡见宅中独存的南天竹,言其"艳夺朱樱,珍逾绛蜡,色亚青松",下阕则写:"多少名园别馆,叹沧桑过眼,人去梁空。七尺珊瑚,千林锦绣,繁华都付狂烽。最难得、丹成粒粒,耐冰霜、节与此君同。一任蓬蒿没径,黄月濛濛。"④"繁华都付狂烽",季节物候如此,时事同样是如此,词人咏颂南天竹却在冬日茁壮成长、结成果实,实也颂赞气节高义之人,不惧生存环境的凝寒,持有气节和端正本性。

总的说来,薛时雨在《藤香馆词》中不可避免的涉及其时时事,尤其是太平天国之乱。虽然出于文体差异,比起其诗歌而言,其写世变之词多以写景、抒情为主,记事较少,但从中仍能够描摹出战后的乱象与生存的艰辛。他的视角主要放在战乱无常带来的生灵涂炭以及今昔盛衰对比的唏嘘之中,但其中也不乏流露出壮志豪情以及战后人生体验等私人化的情绪。但纵观其生活时代,清朝实则已经经历了第一、二次鸦片战争,此类外患却并没有成为词人的关注对象,或者说词中并没有明显体现,只有《望海潮·舟泊黄浦》一词,虽叹防守不足,却也极快地转移了视线。

---

① 《藤香馆诗钞》卷二,第592页。
② 《藤香馆诗钞》卷三,第625页。
③ 《藤香馆诗钞》卷三,第631页。
④ 以上均见《藤香馆词》,第31页。

二、山水游历:"老爱湖山兴有馀"

进行《藤香馆词》创作的这十二年,薛时雨的行迹俱可考之。他主要在浙江为官,1860 年由苏北避乱行至南昌,此后两年寓居江西,最后一年半的时间则告病离职,展开游历。观其几次规模较大的、可见于词作中的出行,为行役的有:(1)1854年从全椒抵杭州[①];(2)1854 年由杭州赴海宁[②];(3)1864 年由杭州赴绍兴,经余杭,回杭时过余姚[③];(4)1855 年末由杭州抵嘉兴[④];(5)1857 年经苏州、高邮、清河至天津,入北京,又返嘉兴[⑤];(6)1858 赴杭州,查验富春江防汛,过严州、兰溪、江山,返程过富阳、嘉兴[⑥];(7)1863 年抵上海[⑦];(8)1864 年抵杭州[⑧]。此外,在 1855 年秋辞官后的行游生涯中,薛时雨所经之处如其自言曰:"由之江买棹,出吴门,陟金焦,渡扬子江返里,复西上至皖江,过彭蠡湖,达章江度岁。丙寅自章江归,再经里门,泛秦淮,涉黄浦,重入钱塘。往返七千里。"[⑨]

读《藤香馆词》可知其词惯写湖山风景,除了对长住地点如杭州、嘉兴、南昌、全椒的风景描写之外,其余则多是他上述出行所见,如《江舟欸乃》一卷便是经辞官后的一年多畅游而集成。而其词中风景,无论自然与人物,大都是与浙、赣、皖、苏相关。

1. 行游中的各处各时风光

于薛时雨而言,在行游中所接触到的诸多风景,大抵都是"纸上湖山亲领略"[⑩]的过程。在刚从全椒抵达杭州之时,曾在记述自己游览西湖的《百字令·雨中游湖》

---

① 《行年考》,第 80 页。

② 《行年考》,第 81 页。

③ 《行年考》,第 81—82 页。

④ 《行年考》,第 82 页。

⑤ 《行年考》,第 84—85 页。

⑥ 《行年考》,第 85—86 页。

⑦ 《行年考》,第 87—88 页。

⑧ 《行年考》,第 88 页。

⑨ 薛时雨:《藤香馆词序》,《藤香馆词》卷首,第 8 页。

⑩ 《藤香馆词》,第 1 页。

中写道:"笑我卅载乡园,拳山勺水,到此胸襟开阔。"①也是自此始,山水之美成为其笔下的着墨重点。

西湖是薛时雨常游之处,在其词中也频频出现。薛词中至少有八首直接描写西湖景色的,分别是薛时雨在不同时间、季节游湖后所写,或是写西湖六月风光,如"水天无暑,柔橹荡处悠扬"②之句;或是写西湖秋色,言"一湖秋水澄鲜"③,有"水天一色,镜开清晓"④"波光浓似酒,人影淡于烟"⑤之景象;又或是从总体上谈西湖之美,说"曙色催人,山灵送客,过眼犹嫌暼"⑥。除却自然风景,词中也写湖边人物,如"酒榼茶篮随意挈,买个船儿小小"⑦,又如"箫鼓迎神笑语哗"⑧"灯火宵明卖酒家"⑨等等。甚至写到战乱后的西湖,上文已有论述。此外,当薛时雨离开杭州之后,甚至通过回忆来写西湖之美,如其《西子妆·忆西湖》一首,作于1866年春,其时薛时雨居于全椒,词中写道:"到如今、想浓妆淡抹,依然佳丽。……问山灵、别后相思知未。"⑩可见其对西湖美景的钟爱。

在薛时雨笔下,除了描摹杭州西湖,同样写到了嘉兴鸳鸯湖、烟雨楼、高邮露筋祠、桐庐严子陵钓台、杭州西溪茭芦庵、苏州枫桥、寒山寺以及昆山玉山草堂等名胜,均是其行游所经之处。除此之外,因词人大多乘舟而行,故而常常于词中记录舟中所见,如《唐多令·夜泊绍兴闻笛》《疏影·自二坝渡江至芜湖舟中赏雪》《江神子·繁昌芜湖道中山景明媚目不给赏》等,这类在舟行时所填之词在《藤香馆词》中不下三十首。

薛时雨对舟中行游之景的描写也极为丰富,或是写行舟日常,有"一声欸乃送

---

① ⑥　《藤香馆词》,第1页。

②　《藤香馆词》,第6页。

③　《藤香馆词》,第14页。

④ ⑦　《藤香馆词》,第11页。

⑤　《藤香馆词》,第14页。

⑧ ⑨　《藤香馆词》,第51页。

⑩　《藤香馆词》,第47—48页。

轻舟,行人渐入芦花里"①;或是写舟上所见的自然风光,有"蒲帆十幅翦江来,界断寒流影"②"天澹澹,水漫漫。隔江岚翠袭衣寒"③之句;又或是写长江之壮阔,如"浪拥江声,云浮海气,奔流之下吴淞。巨鳌腾蛟,危楼结蜃,遥天万里空濛"④。其词中亦可见行舟时的季节物候,春光盛时有"绿柳阴疏帆阁影。红杏烟笼莺唤暝"⑤之景,春去又写"春光去矣,江干丝柳,黯将成絮"⑥,冬夜听雪是"一夜响萧骚。玉碎珠跳。打篷声急浪花飘"⑦,而舟中观雪则是"彤云密结。看玉龙战罢,纷蜕鳞甲"⑧。此外,词中还记自己行游之状,如以"有客扁舟独倚,中流恣眺览,万象空阔"⑨,记自己赏景一事,也写行舟时所遇,如其《喝火令·舟泊姑苏》所写:"越是三更,越是冶游多。越是客舟停处,面面起笙歌。"⑩

　　总的来看,薛时雨无疑是极爱舟中风景的,如其自言:"不为看山不挂冠。布帆无恙度云关。"⑪其词中又道:"浓皴淡抹有无间。路弯弯。水潺潺。柔橹声中,看过又重看。"⑫然而词中除了欣赏湖山美景的愉悦心情之外,也有愁绪的存在。究其愁之缘由,一是因为所遇天气的阴冷,如"怪东风、不喜放晴,朝朝酿春阴。把春人滋味,酿成酸苦,都似秋心"⑬之句,是写"荒江晚泊,四无人烟,春风侵人"⑭之状。此种因物候风景而生的愁闷亦可见于其他词作,如《水龙吟·大风寒甚舟中闭塞如新妇倚此排闷》《凤凰台上忆吹箫·晚坐南道宫纳凉吊影凄然感而有作》等。但这种愁绪由景触发,若是景色变换,愁也作无影了,有如《南乡子·过彭蠡湖风和日暖一波不兴回忆去冬阻雪时光景顿异》,词人情绪则大有不同。二是有感于羁旅行役

---

① 《藤香馆词》,第 8 页。
② 《藤香馆词》,第 33 页。
③⑪⑫ 《藤香馆词》,第 42 页。
④ 《藤香馆词》,第 50 页。
⑤ 《藤香馆词》,第 40 页。
⑥ 《藤香馆词》,第 21 页。
⑦ 《藤香馆词》,第 31 页。
⑧⑨ 《藤香馆词》,第 32 页。
⑩ 《藤香馆词》,第 18 页。
⑬⑭ 《藤香馆词》,第 41 页。

之苦,由此产生了倦游之情,薛时雨曾在行役途中感叹:"愁与路同长,病与愁相倚。若问何时带病愁,客路三千里。"①但这类行役之旅,不仅仅是路途距离上的愁苦,其间往往持续奔波,如《陌上花·自江山回旋有富阳之役一年春事尽付江舟矣》一词,作于 1858 年,是时薛时雨奉命查富春江防汛,结束后又因事至富阳,词人言自己:"争芳尘未浣,征衫重著,又忽忽去。"②而紧接着,词人又被派往嘉兴,有《满庭芳·自富阳回又有嘉禾之役》一词以记之。三则是因为独自行舟、情难排遣的孤独感和闲愁,是"凄凉一叶孤舟,客怀已自伤萧瑟"③的落寞之状,也常常与热闹场景作对比,如《金缕曲·丹阳阻风小集云蓝室即席留别》中,写道:"歌声未了愁眉锁。趁今宵、酒阑烛跋,诉愁犹可。明日明宵当此际,寂寞孤舟独坐。只满目江枫渔火。"④又如"万斛闲愁载上船。灯黯离筵。筝咽离弦。酒阑人散奈何天"⑤等句,亦是如此。此外,其词中还有感时乱而写的凄凉心绪,前文已论及。

与之同时,因为四处游历,其中不免行脚。古迹遗址,故而《藤香馆词》中也不乏怀古咏史之篇。如《满江红·蟂矶怀古》《金缕曲·采石矶》《百字令·黄天荡用东坡赤壁韵》等词,充满豪气,乃是其"吐胸襟之块垒"⑥之作。以《百字令·黄天荡用东坡赤壁韵》为例:

> 长江千里,到黄天荡口、别开风物。水立云垂天异色,返照江翻石壁。大将楼船,美人桴鼓,千载涛驱雪。中流凭吊,古今有数人杰。记我小住西湖,荒坟拜岳,归棹迟迟发。末路英雄驴背稳,多少壮怀消减灭。狱底埋冤,亭边挹翠,生死争毫发。临江酾酒,江心涌起明月。⑦

此词用苏轼《念奴娇·赤壁怀古》一词原韵,写词人于黄天荡所感,黄天荡是长江下游的一段水域,在今南京东北位置,是宋建炎四年(1130)黄天荡之战的遗址。

---

① 《藤香馆词》,第 20 页。

② 《藤香馆词》,第 21 页。

③④ 《藤香馆词》,第 30 页。

⑤ 《藤香馆词》,第 25 页。

⑥ 薛时雨:《藤香馆词序》,《藤香馆词》卷首,第 8 页。

⑦ 《藤香馆词》,第 44 页。

时金兵南下,宋将韩世忠迎战金将完颜宗弼,阻截金兵相持于此处,后金兵突围。此战《宋史》《金史》记录有异,结果于宋而言损失了战力也未曾大败金兵,但因为阻拦了金兵的继续南下所以一般评价实褒。词之上阕即由壮阔景色写当年战事,更是提及韩世忠之妻梁红玉亲自擂鼓之事。而下阕则是由此战联想到同时期的岳飞,以及其被诬的千古之冤,故而壮怀之中又增了几分悲凉。

2. 投射于湖山中的退隐之思

上文提到,薛时雨词中曾自言"不为看山不挂冠"① 一句,将湖山之风景与仕宦生涯二者联系起来。字面上来看,词人将辞官的原因归结于自己对山水自然的喜爱,然实际上,这更应该被视作是一种投射的情绪,是词人将自己在仕宦中的退隐之思投射在湖山风景上的结果。但导致薛时雨产生退隐之思的,却不仅仅是自然风光,其既是复杂官场生活中词人因遭际之故产生的避离情绪,亦是薛时雨自己对于人生的思考与领悟,同时也是因为受到了文化氛围和历史人物的影响。

早在薛时雨作于 1854 年时的《多丽·暑夕思乡》一词中,即流露出一种对现实生活的无奈。其词上阕述"客窗愁思"②,谈到词人对未出任时在家生活的回忆,是"草堂旧署藤香。一庭花、芳馨徐送,满园竹、热恼俱忘。弱女移尊,娇儿搔背,山妻闲话伴疏狂"③ 之状。而下阕则言:"叹今生、未修清福,合教驰逐名场。日当天,衣冠苦著。尘满地、仆马纷忙。腰折眉摧,形劳神役,算来无地是清凉。"④ 此时薛时雨从家乡赴浙江任上尚不到半年,但其词中已流露出对仕宦生涯的疏离情绪来。

薛时雨对宦情之苦更深的体验则来自于其 1856 年任嘉兴令时被罢官的经历。据顾云《桑根先生行状》记载当年"岁大旱……因下令停征。既而催科檄屡下,置弗报……而大吏以停征乏军兴,檄代者至,于是先生官罢矣。"⑤ 因旱停征科税,既是

---

① 《藤香馆词》,第 42 页。

②③ 《藤香馆词》,第 4 页。

④ 《藤香馆词》,第 5 页。

⑤ 顾云:《桑根先生行状》,见缪荃孙纂录:《续碑传集》卷八十,《清代传记丛刊》第 119 册,台北明文书局 1985 年版。

出于实际状况的决策,也是对灾民的同情体恤,却因此未完成科税任务而被罢官,不可不说是一种职责的冲突。这件事虽为其赢得了浙之循吏的名声,但在薛时雨次年所作的《御街行·入都与淮生仲兄夜话》中,仍可见得词人的伤怀,其言:"夜阑剪烛话行藏,别久翻无头绪。乡愁旅恨,游踪宦迹,事事增凄楚。"①而在这一凄楚之情背后,薛时雨再一次表达了希望能够脱身其中的愿望,词中写道:"清高毕竟是词曹,太息风尘艰阻。何时摆脱,坡吟颖和,永听联床雨。"②此外,薛时雨在1858年查验富春江防汛措施之时,亦言自己:"我是江干倦羽。证禅心、早成泥絮。飘萧宦况,浮沉身世,凄凉愁绪。"③

　　然而事实上,薛时雨此时对归隐的态度还是有所保留,主要是他希望自己能够为平太平天国之变而出力,这种情绪可见其写于1860年的《答友人招隐》一诗,其回友人道:"尘中插脚谁能稳? 劫后浮家绝可怜。师惠全夷平日志,市朝村郭且随缘。"④也是因为如此,他在1863年时才会应李鸿章奏调,至上海入其幕下为军事参赞。写于此时的《李少荃中丞奏调赴沪留别章江诸同人二首》(其二)一诗中,可见薛时雨较为明显的积极出仕心绪,全诗如下:"琴囊笑解换弓弰,马影鸡声出近郊。乌鹊乍离三匝树,鹡鸰犹恋一枝巢。虚名谬负南州望,腾笑深防北蹑嘲。杀贼未能姑草檄,捷书他日报知交。"⑤任调东行后,薛时雨为实现平乱之志,曾自荐入嘉兴城劝降太平军,然未果而返。但从结果来看,这一次的任职并没有带给他太多的喜悦,其积极的心态也很快发生了变化,在作于同年的《戎幕杂兴四首》中,薛时雨写道:"罢官作幕宾,备书讲韬略。韬略亦空谈,老我毛锥讬。……古人重宾用,帷幕资绳削。今人讲虚声,尔我縻好爵。千人皆唯唯,一士谁谔谔。"⑥是而亦有"众醉何堪我独醒,眼前风月作逢迎"⑦之叹,又生"吾生真措大,欢会独悲凉"⑧之感。

---

① ② 《藤香馆词》,第19页。

③ 《藤香馆词》,第21页。

④ 《藤香馆诗钞》卷二,第604页。

⑤ 《藤香馆诗钞》卷三,第621页。

⑥ 《藤香馆诗钞》卷三,第622—623页。

⑦ ⑧ 《藤香馆诗钞》卷三,第625页。

　　除却仕宦生涯的不如意体验外,薛时雨亦在词中透露出自己对于人生的思考,如其《满庭芳·自富阳回又有嘉禾之役》一词。该词写于1858年,这时距薛时雨任嘉兴令遭罢官已经过去了快两年,上阕写别后重逢之景,下阕则写:"鸳湖游宦地,当年父老,留恋情浓。记柳边骑竹,花外扶筇。过眼浮云一瞥,鸿飞去、爪印都空。"① 词中引苏轼的《和子由渑池怀旧》之典,正是切合了词人对于人生易逝、青史难留的感慨。而纵观青史、念及前人,薛氏另有一阕词,写道:"容易名场梦冷。纪前因、雪泥空证。元龙豪气,香山宦迹,樊川游兴。湖海逢迎,莺花侍从,半生侥幸。想斯人位置,悠悠青史,待何人定。"② 其中谈到陈登、白居易和杜牧三人,词人感慨之情则更为喷薄。薛时雨笔下也常有赞严光、陶潜之语,其言严光是"真大隐"③,亦有反问"几辈高风似子陵"④ 之句,而称渊明"人是羲皇时魏晋,除黄花、以外无知己。千载下,懦夫起"⑤。又曾自比于"遗世佺乔"⑥。此外,薛时雨曾述其仲兄行状道:"仲兄昔在都中,每作家书,总以早归故里咬菜根为乐。"⑦ 以此观之,严、陶二人的退隐经历,偓佺、王子乔般的世外生活,以及兄长的影响等,都有使词人产生退隐之思的可能。

　　对于薛时雨而言,仕途不顺带给他的是去留间的犹豫,如他所写:"生平俯仰期无忝,虚誉那争循吏。今去矣。愁满目哀鸿,未了临歧事。"⑧ 可知其间的矛盾在于,若选择为官,则是将自己置于痛苦中,却能为解除百姓疾苦尽绵薄之力;而若选择归乡,虽解脱了自己宦海浮沉之苦,百姓之苦却难再庇之。若是溺于其中,自然无解,但这类在前人影响下的有关人生价值、方向上的深入思考,却从生命的宏观角

---

① 《藤香馆词》,第22页。

② 《藤香馆词》,第52页。

③ 《藤香馆词》,第21页。

④ 《藤香馆词》,第10页。

⑤ 《藤香馆词》,第38页。

⑥ 《藤香馆词》,第32页。

⑦ 《藤香馆诗钞》卷三,第628页。

⑧ 《藤香馆词》,第17页。

度为薛时雨提供了更为广阔的视野。这使得薛时雨在战乱渐平后任杭州知府一年时做出了辞官的决定，《行状》中所述其"自念大乱既平，进取者多，而己之政亦粗成，可以退，遂于闽中治告病文书"①，其中平乱本是其志向所在，而将事交由后生辈，自己解甲归田，则可视为是薛时雨内心中大我与小我的相互妥协与和解。

从为官去留的矛盾到自我和解的结局，在这十年的宦途经历中，薛时雨的退隐之思是始终存在的。而他将这种情思托于湖山风光之中，将退隐之思化为一种退游之情，一是源自其自身的经历体悟，二则是受到了文化传统的熏染。以前文所提的作于 1854 年的《多丽·暑夕思乡》一词为例，薛时雨的退隐之思在初期便是因为为官前后自在与束缚的对比而生，在其对仕宦生涯不断加深的疏离感中，是对自在生活的无限怀念。而至 1856 年，薛时雨为官嘉兴时，在游览鸳鸯湖后填有一首《南浦·鸳鸯湖》，词人在细写鸳湖风光后，笔锋一转，言："此地足幽栖，应容我、他日櫂歌来去。心盟白水，抽身便作烟波侣。"② 上述对自在的怀念在此摇身一变，转向对幽美自然风光的喜爱，而从其所用的"幽栖""他日""抽身"等词中，可感词人渐已萌生的退游情思。而随着薛时雨在湖山中投射更多的情绪，他和自然风光的关系也由他的单方面喜爱转变成了一种人与自然的互动关系，如"十载名场如一梦，心事春婆知道"③ 之句，又如在其告病辞官后再游西湖时，写"山灵知我身将隐，故放白云舒卷"④ 之景，从中更是可以读出词人与湖山彼此相知的状态。此外，至于文化传统而言，寄情山水是中国文人常有的生活姿态，此不赘述，而前文言薛时雨崇严光、陶潜，其诗词中亦多有苏轼等人的典故，观其所仰慕的诸人，皆是寄情自然湖山之人，故其间影响也不必多言。以其《满庭芳·和东坡韵二首》（其二）为例：

> 归去来兮，人皆逐逐，那堪我独峨峨。囊中鹤俸，支领本无多。还觳今朝买酒，拍铜斗、慷慨悲歌。渔樵友，相将把臂，同住白云坡。谁何，偏爱道，功高

---

① 顾云：《桑根先生行状》。

② 《藤香馆词》，第 14 页。

③ 《藤香馆词》，第 29 页。

④ 《藤香馆词》，第 28 页。

虎帷,才艳龙梭。叹驹无留隙,水不停波。任尔文经武纬,收场事、一梦南柯。归来好,沧江醉卧,不脱钓鱼蓑。①

此词和苏轼《满庭芳·元丰七年四月一日,余将去黄移汝,留别雪堂邻里二三君子,会仲览自江东来别,遂书以遗之》一词全韵,作于 1866 年词人自南昌返全椒途中,是时薛时雨已辞官半年有余,也已完成了由杭州归全椒和由全椒至南昌再返回的游历,是《藤香馆词》中属于后期的作品。词中主要写词人辞官之后愉悦与舒畅的生活,而观其寄托于山水间的退隐之思,不再是写官宦生涯的苦闷感,反而转为一种闲适自在情绪,呈现出一种退游时的舒畅,可见其中之旷然。

总而言之,《藤香馆词》中写景之词数量庞多,除写词人游历所见之风景外,亦有写时节物候、风光景物等词,将词人十二年间所见的主要景色都大致写出,词题中附记亦是能考其大致行游经历。读薛时雨之词,可以明显感到他对湖山风光的喜爱,而这种喜爱之情除了风景本身之美外,更是投射了他个人的心绪在其中。通过对贯彻其中的退隐之思的梳理,可感词人从去留矛盾到与自我和解的过程,而随这一转变所带来的心境上的变化,在其词中亦有迹可循。

三、交游酬唱:"江间波浪千尺、留客角词场"

除却记录世变和风景外,《藤香馆词》中同样记录了薛时雨社会交游的部分情形。考同治五年和光绪五年两个版本的《藤香馆词》,在 246 首词中直接涉及的有名姓的交游人物共计 71 人②,其中含其家人 7 人。总的来说,薛时雨交游广泛,除以词与人唱和外,也好以诗与人往来。考其诗词交游的形式,据其作于 1865 年的《忆故人·风雪孤舟独唱无和苦忆杭州同社作此记之》可知,其在杭州曾参加了诗社词社类同人团体,并且时有唱和,除此之外,薛时雨在为官期间、避乱期间以及退游期间亦有数量不等的交游作品。因此,根据薛时雨《藤香馆词》所涉及的十二年人生经历,可将其交游作品分为四类,分别是为官期间与同僚友人的应时唱和、避

---

① 《藤香馆词》,第 46 页。
② 详见文末附录。

乱途中与所遇友人的唱和、退游之后与友人学生的唱和以及与亲人的往来。

1. 为官期间的唱和交游

薛时雨曾在 1854 年至 1856 年秋在杭州和嘉兴任职,1857 年北上入觐,1858年至 1860 年初先任职杭州再至嘉善,1863 年至上海入李鸿章幕参赞军事,1864 年至 1865 年秋任杭州知府,兼粮储道,代行两司事。这期间,薛时雨的唱和对象多为同僚友人,其作品或是宴饮之作,或是游览之作,又或为题画题词之作。

宴饮于仕宦生涯而言极为常见,席间饮酒作乐、吟诗填词亦是常事,相互往来的情形,或是科场同年的聚会,如《水调歌头·吴蓉圃太史同年(凤藻)招宴吴山道院即席有作》中,词人便自注:"座皆癸丑同年,蓉圃为癸丑榜首。"① 又或是同地为官者的相邀,如其诗《潘玉泉廉访世丈(曾玮)览揆戊寅与黄昌岐军门(翼升)刘松岩方伯(郇膏)郭筠仙观察(嵩焘)均同庚又皆同事沪上余亦以戊寅生近适奉檄来沪廉访出生日感兴诗命和即次其韵》,其中便点明一干人等"皆同事沪上"②,又因潘曾玮生日之故,是而有此宴集。此外,也有同地文人邀请薛时雨参与的聚会,可见其《一斛珠·王苣亭外史(逢辰)馈樵李》一词。在这类词中,除了对相关人物的描写之外,也有对宴饮的场景的描写,如其《解佩令·歌筵解嘲》,即是记录宴饮时相互酬唱的事件。

上文有述,薛时雨爱好自然风光,故而与同人相邀共同游览赏景也成为其交游的方式。其笔下所记同人团体,多是以赏景唱和为主,如其词《瑶台聚八仙·同人湖上赏荷,座客有谈秦淮风景者,感赋》,虽未言同人具体名姓,但读之可知其相约赏荷之事。而在其诗《陈槐庭大令(钟英)邀至满觉垅看桂花,适与同人平湖赏晚荷不克践约,槐庭赋长歌见贻并夸独游之胜,次韵答之》中,薛时雨则自注了这一次平湖赏荷之人,有马君实、余季光、余书平、晏玮庵等人,俱是薛时雨同僚。除了同人团体外,个人间的邀约亦有记录,如《临江仙·闱后偕景剑泉太史(其濬)泛湖》一词,二人同参与咸丰五年(1855)秋闱分校,试后即同泛西湖,薛时雨词中所写

---

① 《藤香馆词》,第 1 页。
② 《藤香馆诗钞》卷三,第 622 页。

"天上文星湖上落,一湖秋水澄鲜"① 之句,亦可见作词背景。

除了这类宴游唱和外,这一时期同样有许多题画题词之作,如《百字令·海昌署中古柏,相传千百年神物,屡着灵异,尝观降墨迹于署之西轩,自称古木主人,笔势飘洒,语亦盘曲可味,当事者勒诸碑石,胡云次刺史(泽沛)以拓本见赠并索题词》《红情·题张玉珊茂才(鸣珂)红豆花画册次韵》《一萼红·题杨眉影夫人画兰遗墨为秦次游中翰(光第)作》《百字令·题钱芝门太守(恩棨)词稿》等,其间亦可见其交游。

观薛时雨在为官期间的作品,其与黄钰交游所存诗词较多,尤其集中在 1854 年至 1857 年间。黄钰(1817—1881),字孝侯,安徽休宁人,咸丰三年进士,改翰林院庶吉士,官至刑部左侍郎。考薛黄二人交游,薛时雨诗中曾写:"识荆当日缘文字,雄谈磊落挥如意。矮屋同挑起草灯,琼林并织登科记。"并自注:"癸丑会闱同号舍。"可知二人同为安徽人,既是科场同年同舍,又为好友。而薛诗中亦先后提及"君展假来杭""君移居菱湖""余从军昱岭"② 几事,考薛集中相关诗文,1854 年8 月14 有词《明月逐人来·中秋前一夕偕黄孝侯太史同年(钰)步月》③,1854 年秋自绍兴回后有诗《偕黄孝侯同年(钰)江干小宴》,1855 年正月初三有词《东风第一枝·乙卯新正三日孝侯同年招作长夜之饮赋此》,1855 年春奉檄赴昌化防堵昱岭关有诗《自杭州至昌化途中杂诗七首》,1857 年仲秋出都前后,有诗《秋仲南旋黄孝侯同年绘燕台送别图为赠,缀以长歌依韵奉酬兼效其体》《江干感旧寄孝侯同年索和二首》。又,黄钰于"(咸丰)六年,散馆,授编修。八年七月,命在南书房行走"。④因此,可知二人交游情形如下:薛时雨 1854 年赴杭后,同年 8 月前,黄钰来杭,二人至 1855 年正月间尚有往来,此后黄钰前往菱湖,薛时雨则赴昌化。1856 年至 1858 年,黄钰为翰林院编修,故居北京,其间 1857 年薛时雨北上入觐,二人在京相会,黄

---

① 《藤香馆词》,第 14 页。

② 《藤香馆诗钞》卷二,第 588 页。

③ 《行年考》,第 81 页。

④ 王钟翰点校:《清史列传》第 14 册,中华书局 1987 年版,第 4195 页。

钰有画、诗相赠,薛时雨依韵和诗,并在返嘉兴途中寄诗二首。此后,黄钰除"(咸丰)八年十月,丁父忧"①"(同治)二年,提督山西学政"外,均在京为官,而薛时雨仅于1860年初进京,此后亦未再记录二人交游之状况。

二人交游之状况,以《东风第一枝·乙卯新正三日孝侯同年招作长夜之饮赋此》为例:

> 岭雪晴融,唐花暖放,咬春筵启初度。选声宜趁新年,把盏喜联旧雨。多君洒落,早准备、登坛旗鼓。看布成、酒阵森严,蒸作满庭香雾。难得是、抟沙再聚。何况是、岁朝佳序。拨来内翰铜琶,和出杜娘金缕。豪情绮习,争忍令、芳时孤负。笑夜阑、扶醉归来,借尔玉堂莲炬。②

该词记录了薛时雨和黄钰二人1855年正月初三的宴饮之事,词人以"抟沙再聚"形容二人在新春的相会,词中可见此次欢聚之场景,饮酒吟诗伴有琴曲相和,极为尽兴,亦可见二人感情之深厚。

在薛时雨写给黄钰的诗词中,既有记录宴饮场景的《东风第一枝·乙卯新正三日孝侯同年招作长夜之饮赋此》《偕黄孝侯同年(钰)江干小宴》,亦有如《明月逐人来·中秋前一夕偕黄孝侯太史同年(钰)步月》此类写游览赏景之词,兼有回忆怀人和韵之作,可以视作是薛时雨在为官时期交游之作的代表。而薛时雨与黄钰的交游,同样可以视作是薛时雨在仕宦生涯中的代表性交游。如上文所述,这一时期的交游唱和以同僚友人为主,科考同年、同地为官者居多,这类交游唱和既是日常社会交往的客观要求,同样也体现着薛时雨的个人特色,与其经历、爱好和情感息息相关。

2. 避乱途中的唱和交游

薛时雨于1860年初上京,返程时太平军已占领杭州、嘉善,故而于绕道金华、广信至南昌避乱。这一时期内的词作收于《西湖榔唱》一卷中,在今可见的嘉庆五年的删减本中,1860年与1862年均未有词,仅有1861年于南昌作词四首,但

---

① 《清史列传》第14册,第4195页。
② 《藤香馆词》,第11页。

俱是记录交游之词,即《摸鱼儿·秀水汪碧巢先生遗照,其裔孙铁宋大令(世梅)得之西江画肆,属为补题,依图中原题韵》《一萼红·题曹梅庵茂才葬花图》《南浦·陈槐庭大令(钟英)以碧草、绿波制题各赋一阕,余适悼沈姬之亡藉以书痛》(碧草)、《南浦·陈槐庭大令(钟英)以碧草、绿波制题各赋一阕余适悼沈姬之亡藉以书痛》(绿波)。从类别来看,其中两首为题图词,即《摸鱼儿》与《一萼红》,两首为悼亡词,即《南浦》二首;从创作方式来看,其中一首为和韵词,即《摸鱼儿》,两首为和题词,即《南浦》二首;从内容上看,这四首俱为怀人词,《摸鱼儿》为悼怀汪森①之作,《一萼红》中所言"亡妾沈姬与图中人为姻娅,皆产平湖而没西江"②,可知除悼念曹梅庵图中之人外,亦悼念沈姬,而《南浦》二首则俱是悼念沈姬之作。

薛时雨这一时期的交游,词中所记仅有汪世梅、曹梅庵、陈钟英,然考其诗集,其避乱途中有与李祥麟诗三首,有与陈钟英诗两首,长居南昌后又常与陈钟英往来。故此阶段,便以与李祥麟、陈钟英二人交游为代表,言其交游之状。这一时期可将其经历分为避乱前期和后期两个阶段,前期即是薛时雨从浙江沿余姚、金华一路至南昌的奔走时期,而后期则是定居于南昌的两年时间。

薛时雨与李祥麟的交游多集中在前期,据薛时雨 1866 年所作《忆故人·题李芝岩观察(祥麟)遗照》中言"天教领郡浙西东"③"宦海茫茫,惟公与我盟冰雪。三年踪迹又西洲"④之句,可知李祥麟曾与薛时雨同在浙江为官,尔后又同往南昌方向避乱。而依其《藤香馆诗钞》,薛氏于 1860 年避乱时先后作诗三首,为《李芝岩观察(祥麟)挈余婿(庆云)自都南旋喜赋》《义桥与李芝岩观察话别》《章江重晤李芝岩乔梓喜赋用义桥话别韵》。可知 1860 年时,李祥麟偕薛时雨之婿⑤归浙,而后两人在义桥告别,各自避乱,同年在南昌附近再会。

---

① 汪森(1653—1726),字晋贤,号碧巢。
② 《藤香馆词》,第23页。
③④ 《藤香馆词》,第34页。
⑤ 此时尚未与其女成亲,薛时雨自注:"时将为女赘姻。"见《藤香馆诗钞》卷二,第599页。

　　比起李祥麟,薛时雨和陈钟英的交游则显得更加频繁,不仅仅在避乱期间二人时有往来,在避乱之前二人亦有唱和交游①。至1860年避乱之时,二人相见于馀干(今江西余干县),其相逢极具戏剧性,薛时雨其诗自题:"舟泊馀干,大风雨数昼夜,湖波接天,江潮撼地,忽有小舟破浪而来者,故人陈槐庭也,相见之下,悲喜交集。"②相逢后二人于途中有所唱和,如薛时雨所作《彭蠡湖阻风槐庭叠韵见贻再叠答之》。而在避乱后期,二人诗词酬赠极为密切,1861年薛时雨填词两首均亦陈钟英题,同年有诗《次韵寄陈槐庭二首》《再答槐庭叠前韵》相往来,而1862年,薛时雨有《陶云僧太守(德封)招饮补读草堂座中陈君槐庭首倡诗歌即次其韵》《花朝前一日大雪槐庭叠前韵见贻夜深剥啄专送诗筒诚韵事也再叠答之》《云僧和槐庭诗转索同人作和三叠应之》《槐庭以绿意、红情两词调为诗清丽芊绵触我幽绪即次原韵二首》《前时意有未尽再赋二首仍用原韵》《另韵转索槐庭作和》等诗,俱是与陈钟英的唱和。

　　在避乱前期,薛时雨与人的交游酬唱可以《义桥与李芝岩观察话别》为例,其诗为:"河桥一杯酒,老泪各沾襟。当代虚青眼,先生只素心。宦情戎马耗,离恨越江深。后会知何日,相思云外岑。"③诗中具有明显的感时伤世的忧虑之情,而又因在战乱期间,亦有人生无常之感和后会无期之忧。这种情绪,在避乱其中与陈钟英所作诗中同样存在,如其"今昔岂多日,忧乐胡判然"④"凤凰避鸱鸮,悲愤摧心肝"⑤之句。而在避乱后期,除两首悼亡词外,其诗中虽多涉时事,但随着时局的变化以及个人经历的暂时安定,关于个人际遇的忧思则逐渐减少,从写"弹指光阴消夏近,华年逝水感涛涛"⑥"烽火逼天人九死,江湖满地孤客吟。……太息知交同浪迹,相

---

　　①　薛时雨于1854年秋即有诗《陈槐庭大令(钟英)邀至满觉垅看桂花适与同人平湖赏晚荷不克践约槐庭赋长歌见贻并夸独游之胜次韵答之》,而1857年冬亦作《雪后偕冯铁华太守蒋子久(斯彦)蔡子真(葆初)两司马胡荫庭凤小屏(声)两别驾陈槐庭、徐仲永(之鉴)两大令湖舫宴集再叠前韵》。

　　②④⑤　《藤香馆诗钞》卷二,第603页。

　　③　《藤香馆诗钞》卷二,第599页。

　　⑥　《藤香馆诗钞》卷三,第606页。

思何处寄瑶琴"① 之句,渐多慷慨之语,如"侧闻驿路驰红旗,同仇大地歌无衣"②,其间也不乏出现退隐之情,如"九衢车马扬红埃,名缰利锁何时开。柴桑处士但长啸,不如擎我叵罗杯"③ 之句。

总的来说,这一时期薛时雨的交游对象多同为避乱者,他们的交游唱和因动乱的背景呈现出时代性,其间不乏记录世变之景与抒发其个人之情。在这种经历乱世又渐为闲居的生活里,能够感受到薛时雨心绪的变化,对世情的从忧惧到悲愤再到慷慨,其中还夹杂着因闲居生活而生出的退隐之思,正如其诗中自言:"历劫文章感慨深。"④

3. 退隐之后的唱和交游

薛时雨于 1865 年秋告病去官,在此之后的一年里,基本上一直过着行游的生活,据此而成的《江舟欸乃》一卷里,则记录了他在这一阶段的交游。这一时期的交游地点,可根据其行程大致分为杭州、南昌、行舟途中、全椒这几处。其间交游类型与其仕宦生涯的交游相近,其间作品多以宴饮、游览、题词为主。交友对象除曾经的同僚、友人之外,也有其学生的出现。

据其行程述之,薛时雨 1865 年仍在杭州之时,交游圈子以丁丙、吴恒、高人骥、谭献、沈景修等人为主,其交游方式多为游览唱和。而行舟途中所遇之友,则多以宴集的形式相聚酬唱,如其《百字令·舟出吴门沈书森太守(玮宝)招同潘玉泠廉访(曾玮)、钱芝门太守(恩棨)宴集桃花坞即言别》《高阳台·舟出丹阳,阳羡任益之、梁溪杜晋斋招宴云兰室即席口占》所示,其中沈玮、潘曾玮、钱恩棨皆是有诗词往来的旧识。

至南昌后,因曾在南昌居住二年,故而多与故友唱和往来,这一期间与薛时雨交游最频繁者以李世基为代表。早在 1861 年,薛时雨便有诗《浩歌赠李肇卿大令(世基)》赠李世基,而此次重归南昌,其唱和之作则更多,甚至连作四词,即《百字令·西江喜晤李肇卿司马,出近作诗词稿见示,即用集中怀旧词原拍韵题赠》《前

---

① ④ 《藤香馆诗钞》卷三,第 606 页。
② ③ 《藤香馆诗钞》卷三,第 614 页。

调·肇卿叠韵见贻再叠答之》《前调·肇卿再叠前韵三叠和之》和《前调·四叠前韵赠肇卿》。至薛时雨离别南昌之前,二人都保持唱和来往,如作于其间的《留客住·灯宵风雨肇卿谱新词见示次韵答之》一词,直至薛时雨作《南浦·次李肇卿司马韵留别》一词告别南昌后,二人才停止唱和。

在归程中途径皖江之时,薛时雨在此小住并与朱兰、何璟、吴坤修三人交往密切,有词《春风袅娜·皖江小住,何小宋方伯同年、吴竹庄廉访迭次招宴赌酒联诗一时盛事》《一萼红·题朱久香学使花间补读图》《水调歌头·皖江阻雨日,与朱久香学使(兰)、何小宋方伯(璟)、吴竹庄廉访(坤修)诗筒往来自题酬唱诗后》,亦有相应诗作①。

在归全椒后,则多与乡人往来,以题词为主,作有《一萼红·题吴山尊学士百萼红词遗稿,刊本久失,原稿于故纸堆中得之》《百字令·题金仲和广文吟窝小草,用蒋心馀太史送棕亭国博归全椒韵,仲和,国博曾孙》《前调·又题仲和萍踪集仍前韵》等词。此后,薛时雨重返杭州,又会杭州友人。

这一时期薛时雨的交游,与之前相比,最具代表性的则在于其和自己学生后辈的唱和交游,尤其以谭献、沈景修二人为主。谭献(1832—1901),字仲修,号复堂,擅词。同治六年举人,任歙县、全椒等县知县,后辞官,著有《复堂类集》。其于《复堂谕子书》中自言:"杭州既复,旅费匮,乙丑(1865)春,始拮据归里门。……全椒薛慰农公宰嘉善时,吾偶相识,乃公不遗忘,时官杭州太守,相见倾爱,谋虑周至。吾之再从诸生服趋举场者,公实强之。于是著弟子籍,重理铅业……"②故而可知,谭献1865年时著薛时雨弟子籍。

---

① 《皖江喜晤朱久香学使(兰)承用新年唱和诗韵见赠即次原韵奉酬》《奉酬吴竹庄廉访(坤修)赠诗再叠前韵》《何小宋方伯同年(璟)吴竹庄廉访同招宴于藩署倾饮尽醉三叠前韵赋谢》《寄怀赵生桐孙(铭)偕久香学使同作五叠前韵》《久香学使出乞花种花诗见示率和八章悉依前韵共成十三叠》《寄怀朱久香学使十八叠前韵》《寄怀何小宋同年十九叠前韵》《寄怀吴竹庄廉访二十叠前韵》。

② 谭献著,罗仲鼎、俞浣萍点校:《谭献集》下册,浙江古籍出版社2012年版,第680页。

　　观二人之交游,虽识于1858年至1860年薛时雨为官嘉善之时,但唱和往来实以1865年始。1865年春薛时雨有诗《同人招泛两湖和谭生仲修(廷献)韵四首》。谭献于日记里有记同治四年九月望日相聚和诗一事:"过桑根师,同人咸在,遂同赴闲福居酒楼会饮。集者:薛师、仲英、芍洲、呈甫、子虞、蒙叔……酒酣,薛师题壁,首倡一诗。予和之"①。薛时雨所作之诗即为《诸同人小饮闲福居醉后题壁二首》,虽未言及同人名姓,但二者相联系,可还原其唱和之情境。而1865年秋薛时雨作有《摸鱼儿·将去杭州,偕丁松生大令(丙)、吴仲英司马(恒)、高呈甫广文(人骥),谭仲修(献)、沈蒙叔(景修)两明经宿灵隐寺话别,次日登飞来峰,遍访唐宋题名,经十里松达栖霞,谒岳坟、过西泠桥、吊苏小墓、泛湖心亭,陟孤山放鹤亭小憩,遂循雷峰、访净慈遗址而归》一词,谭献同时有诗《灵隐山游》,其诗序为:"十月六日,吴恒仲英招同丁丙松生、高人骥呈甫、沈景修蒙叔陪前知杭州府全椒薛先生宿云林寺,明日偏览岩洞,题名而归。时先生谢病解官,将去杭州矣。"②可知其所述为同一事。而薛时雨离杭前所作《齐天乐·行舟将发,同人极道西溪茭芦庵之胜,遂棹小舟往游,夜载月而归》一词,在同治五年版中其词题为《齐天乐·行舟将发,同人极道西溪茭芦庵之胜,遂偕徐杏芩广文、李芍洲驾部、汪芍卿孝廉、松生、仲英、仲修、蒙叔掉小舟往游,夜载月而归》③,其诗《途中杂诗八首》(其二)中也自注此事:"行舟将发,丁松生、徐杏芩、吴仲英、李芍洲、汪芍卿、谭仲修、沈蒙叔诸君邀至西溪茭芦庵话别,次日复掉小舟相送数十里之遥。"④因此,此次同人茭芦庵之游,实际上亦是其杭州交游圈对他的送别之游。之后,1866年6月18日薛时雨有《南乡子·六月十八夜呈甫仲修邀至湖上纳凉》词,谭献同年日记中有记秋暮"同

---

①　谭献著,范旭仑、牟晓朋整理:《谭献日记》,中华书局2013年版,第204—205页。

②《谭献集》下册,第453页。

③《藤香馆词》,《清代诗文集汇编》第671册,第700页。

④《藤香馆诗钞》卷三,第630页。

人觞薛慰农观察师于湖舫"①之句,可见其交游。而在《藤香馆词》付梓之时,谭献亦作题词《大江东去》一阕于卷首,为:

> 江云缥缈,看飞鸿来处,几时留迹。前度峭帆人老矣,依旧婆娑风月。细草平沙、危墙独夜,万里鸥盟没。一声欸乃,西岩清响徐发。回首春雨江南,酒边心事,难向微波说。袅袅鱼竿闲在手,照影已成华发。誓墓文章,随身蓑笠,铜斗翻新阕。数峰清峭,曲终人去时节。②

1866 年后,薛、谭二人亦有交游,如其日记记录丁卯年(1867)时,有"姚季眉大令集江浙文士为湖舫文会,以慰农薛师为主"③"马中丞、吴学史奏开浙江书局,薛慰农、孙琴西两先生主之"④等句,可考其来往。而1868年时,谭献赴秀水教谕任上,途中有诗《湘春夜月》,其序为:"今年春初,薛先生偕秦观察、杨太守送吴少宰于超山,有《梅边送客图》纪事。予以五月九日之官秀洲,雨过后山下,梅林阴阴,感赋此解。"⑤其间亦见二人当年交游之情。

薛时雨与沈景修的交游唱和与其和谭献的唱和趋同,上文所述杭州交游的众同人中,沈景修亦在其中,二人离杭时曾共行一程,故薛时雨有作《菩萨蛮·芦泾舟中与蒙叔话别时,蒙叔将入都》一词,词中言"丈夫不洒临歧泪。泪珠偏向临歧坠"⑥之句,薛时雨《途中杂诗八首》(其二)诗中亦自注道:"沈蒙叔与余联舟至分湖,洒泪作别。"⑦而之后沈景修亦有题词《踏莎行》置于《藤香馆词》卷首。

这一时期内,薛时雨和友人学生以及后辈的交游,虽形式上与仕宦时期的交游类似,但却更为自在随性。其交游对象因其行游路线的缘故也有所变化。但如谭

---

①③④ 《谭献日记》,第 35 页。

② 《藤香馆词》,《清代诗文集汇编》第 671 册,第 698 页。

⑤ 《谭献集》下册,第 633 页。

⑥ 《藤香馆词》,第 28 页。

⑦ 《藤香馆诗钞》卷三,第 630 页。

献所言:"自慰农先生行后,文酒之乐此集最盛。"① 薛时雨与友人后辈的交游,给众人提供了交游唱和、行文酒之乐的场所和习性,其自己也乐在其间。此外,他与谭献之交游经历,亦可展现其爱才之心,其之后主持书院时亦以爱才而闻名,由此即可见一斑。

4. 与亲人的往来

除却与社会同僚、友人、后生的交游外,薛时雨与亲人间的往来也极为密切,犹以其仲兄薛春黎为主,这一往来在其作品中亦能见之。薛春黎(1814—1862),字稚农,号淮生,咸丰三年进士,授编修,1862年典试江西,同年逝于江西贡院。薛氏兄弟二人感情深厚,薛时雨笔下提及其仲兄时常有联床风雨这一说法,其在1854年时有作《次淮生仲兄寄怀原韵二首》,其间有"何时重订联床约,姜被分遮暖似春"② 之句,而作于1857年的《御街行·入都与淮生仲兄夜话》一词中,亦言及"夜阑剪烛话行藏"③"何时摆脱,坡吟颖和,永听联床雨"④ 之句。至1861年避难南昌时,薛时雨有诗《重阳日寄怀伯兄英山仲兄燕都》寄怀。1862年,闻薛春黎典试西江,薛时雨作《闻仲兄典试西江喜赋》,然而其后不久薛春黎便因为"误服补剂"⑤ 亡于任上,薛时雨悲痛不已,作《哭淮生仲兄四首》。薛春黎逝后,薛时雨将其暂葬至南昌,后赴上海、杭州任上,直至1865年辞官后方才返回南昌奉其灵柩归乡。对于薛春黎,薛时雨所作悼念之诗词甚多,其悼念之情或是因为路过其墓而悲,如《出进贤门诣仲兄殡宫拜别顺过沈姬墓感赋二首》,其中又言:"痛苦自兹去,连床再世因。"⑥ 又或是因事而念及其人,如《闱中感兴再叠前韵》,其中写:"兄骨未归重赴调,西风棘院黯愁予。"⑦

---

① 《谭献日记》,第206页。
② 《藤香馆诗钞》卷一,第564页。
③④ 《藤香馆词》,第19页。
⑤ 《藤香馆诗钞》卷三,第620页。
⑥ 《藤香馆诗钞》卷三,第621页。
⑦ 《藤香馆诗钞》卷三,第628页。

而这种悼念之情,同样体现在薛时雨写给其妾室沈姬的悼亡诗词中。上文有谈到写给沈姬的悼亡之词,沈姬卒于 1861 年秋,其亡后,薛时雨同将其葬于南昌,至 1865 年与仲兄灵柩同时奉回家乡。这类诗词,可以《金缕曲·舟抵章门书痛》为例,其词为:

> 怕到章门路。最伤心、风凄日惨,一堆黄土(仲兄殁于是,樟侄殁于是,侄妇郭、亡妾沈俱殁于是)。天上玉堂惊断梦,零落人间编纫。更小阮、竹林追步。红粉娥娥多薄命,老东坡、自志朝云墓。生死别,恨终古。重来我也伤迟暮。叹中年、迭经哀乐,壮怀非故。骨肉天涯忧思患,其忍说关河险阻。愁渺渺、泉台难度。江上招魂凭白发,祝幽灵、好向归身附。歌一曲,泪如雨。①

该词作于 1865 年冬,薛时雨乘舟抵南昌,据其所述,其仲兄、侄儿、侄妇、妾室皆亡于此,因此言其"怕到章门路"。词中追忆众人,也言自己别南昌两年后所感。是年薛时雨 48 岁,亦是伤感人生迟暮之年,念及已逝的亲人,不免悲痛更深。此后薛时雨又作《水龙吟·奉仲兄灵輀登舟樟侄侄妇郭亡妾沈附载仿竹山效稼轩体招魂》《奉仲兄灵輀登舟附载樟侄侄妇郭亡妾沈之柩各哭以诗四首》,同为招魂、怀人。

除此之外,薛时雨与亲人的往来诗词中,也有给伯兄的寄词,如《离亭燕·伯兄前数日过皖,不及把晤,闻经赴杭州矣》,亦有在妻子、孩子生辰之时祝贺之语,如《凤凰台上忆吹箫·内子生辰遥寿之》《千秋岁·楹儿十龄生辰寄此勗之》,均是他与家人联系的记录。

观《藤香馆词》中的交游,根据词的内容,主要可以分为宴游酬唱词、题诗文画之词、记人赠人之词、追悼怀人之词四类,其词中人物也以其同僚、友人、学生、亲人为主,其他交游者,如和尚、名优,以及部分不知名者,如村民、士绅,亦在词中有所提及②。

---

① 《藤香馆词》,《清代诗文集汇编》第 671 册,第 706 页。
② 详见文末附录。

　　综上所述,薛时雨的《藤香馆词》,为 1854 至 1866 这十二年所创作,"是中年时期特定阶段的产物"①。然读其作品,可知其中所涉之事,所谈之情,实可知薛时雨其人。有关《藤香馆词》的题材,前人已有论述②,但其中主要所写不出世变、风景与人物之外。从时代整体来看,其中有关太平天国之变,尤其是以忠于清廷的视角记录了相关历史;从个人视角而言,亦有关其自身的行游与风景见闻,可见薛时雨个人思想变化发展的历程;而从社会交往角度来看,薛时雨与他人的交往使其成为个体与群体相连接的点,其与后辈的交往更是直接帮助了他们的发展。

　　至于薛时雨于自序中言:"余俗吏,非词人也。……若云搓酥滴粉,咀宫含商,于律法不差铢黍,则词人之能事,俗吏谢不敏矣。"又言己词:"律疏而语率,无柔肠冶态以荡其思,无远韵深情以媚其格,病根仍是犯一直字。"③薛时雨将"直"视为自己的习性,其词中作含"直"而非柔婉,实也是其本性使然。究其原因,一是薛时雨所生活的时代,晚清动乱虽在薛时雨词中仅仅变现为太平天国之变,但其中带给词人的影响不可谓不深。加之薛时雨以平乱为自己的理想,便更不可能作柔婉之词。如金鸿佺则评之:"夫文人拈毫托兴,贵在遇诗即书,直抒胸臆,而无失唐宋清真之意。"④遇乱世而抒胸中魂磊之情,于薛时雨这类人来说,可谓是再自然不过的了。而其词中山水风景、百感姿态,亦如时人蒋敦复亦所道,乃:"以抑塞磊落之慨,写缠绵悱恻之情,万感萦回,一气旋折。"因此言其"扫尽时下仟佻柔曼气息"。⑤

---

　　①　李睿:《薛时雨及其〈藤香馆词〉》,第 110 页。
　　②　李睿:《薛时雨及其〈藤香馆词〉》,第 115—119 页。
　　③　以上引文均见薛时雨:《藤香馆词序》,见《藤香馆词》卷首,第 8—9 页。
　　④　金鸿佺:《藤香馆词跋》,见《藤香馆词》卷首,第 4 页。
　　⑤　以上引文均见蒋敦复:《藤香馆词跋》,见《藤香馆词》卷首,《清代诗文集汇编》第 671 册,第 696 页。

附录:《藤香馆词》中薛时雨交游人物人名索引

序号	拼音/类别	姓名	《清代诗文集汇编·藤香馆词》（同治五年本）页码	《清名家词·藤香馆词》（光绪五年本）页码
1	C	曹梅庵		P.22
2		陈槐庭（钟英）		P.71、P.72
3		陈实庵（元鼎）		P.16
4		程杏楼	P.725	
5	D	丁松生（丙）①	P.699、P.700	P.27、P.28
6		董慎言	P.728	序 P.6
7		杜晋斋②	P.700、P.701	P.29
8	F	冯子明	P.714	
9		冯焯（笠尉）	P.698	
10	G	高呈甫（人骥）	P.699、P.724	P.27、P.51
11	H	何小宋（璟）	P.711、P.712	P.39
12		胡云次（泽沛）		P.2
13		黄孝侯（钰）		P.9、P.11
14	J	金鸿佺（莲生）	P.696	序 P.4
15		金仲和	P.721、P.698	
16		景剑泉（其濬）		P.14

---

① 清光绪五年（1879）本中《齐天乐·行舟将发同人极道西溪茭芦庵之胜遂棹小舟往游夜载月而归》，于清同治五年（1866）本中为《齐天乐·行舟将发同人极道西溪茭芦庵之胜遂偕徐杏芗广文李芍洲驾部汪芍卿孝廉松生仲英仲修蒙叔掉小舟往游夜载月而归》，可知是词涉及丁松生。

② 光绪五年本中《金缕曲·丹阳阻风重集云兰室即席留别》，于同治五年本中为《金缕曲·丹阳阻风小集云蓝室即席留别》，又其前作为《高阳台·舟出丹阳阻羡任益之梁溪杜晋斋招宴云兰室即席口占》，可知该词涉及杜晋斋。

续表

序号	拼音/类别	姓名	《清代诗文集汇编·藤香馆词》(同治五年本)页码	《清名家词·藤香馆词》(光绪五年本)页码
17	L	李芍洲武部(宪章)①	P.700	P.28
18		李香苹	P.724	
19		李肇卿	P.706、P.707、P.708、P.709	P.36
20		李肇增	P.694	序 P.1
21		李芝岩观察(祥麟)	P.707	P.34
22		刘笏堂	P.726	
23		陆费春帆(璨)		P.16
24		陆鸣九	P.715	
25	M	马雨农(恩溥)	P.722	P.49
26		梅庵和尚	P.707	
27	P	潘玉泩廉访世丈(曾玮)	P.700	P.29
28	Q	戚砥斋(士廉)		P.17
29		钱芝门(恩荣)	P.700、P.696	P.24、P.29
30		秦次游(光第)		P.16
31	R	任益之②	P.700、P.701	P.29
32	S	沈兰卿(金藻)	P.697	
33		沈蒙叔(景修)③	P.699、P.700、P.698	P.27、P.28

　　①　光绪五年本中《齐天乐·行舟将发同人极道西溪荄芦庵之胜遂棹小舟往游夜载月而归》,于同治五年本中为《齐天乐·行舟将发同人极道西溪荄芦庵之胜遂偕徐杏芗广文李芍洲驾部汪芍卿孝廉松生仲英仲修蒙叔掉小舟往游夜载月而归》,可知是词涉及李芍洲。

　　②　光绪五年本中《金缕曲·丹阳阻风重集云兰室即席留别》,于同治五年本中为《金缕曲·丹阳阻风小集云蓝室即席留别》,又其前作为《高阳台·舟出丹阳阳羡任益之梁溪杜晋斋招宴云兰室即席口占》,可知该词涉及任益之。

　　③　光绪五年本中《齐天乐·行舟将发同人极道西溪荄芦庵之胜遂棹小舟往游夜载月而归》,于同治五年本中为《齐天乐·行舟将发同人极道西溪荄芦庵之胜遂偕徐杏芗广文李芍洲驾部汪芍卿孝廉松生仲英仲修蒙叔掉小舟往游夜载月而归》,可知是词涉及沈蒙叔。

续表

序号	拼音/类别	姓名	《清代诗文集汇编·藤香馆词》(同治五年本)页码	《清名家词·藤香馆词》(光绪五年本)页码
34		沈书森太守(玮宝)	P.700	P.29
35	T	谭仲修(献)①	P.699、P.700、P.724、P.698	P.27、P.28、P.51
36	W	汪静初幕府(贵蓉)	P.697	
37		汪芍卿②	P.700	P.28
38		汪铁宋(世梅)		P.22
39		王姬	P.713	
40		王柳桥	P.706	
41		王芑亭(逢辰)		P.15
42		吴广庵刺史③	P.722	P.49
43		吴蓉圃(凤藻)		P.1
44		吴山尊	P.720	
45		吴仲英(恒)	P.699、P.700	P.27、P.28
46		吴竹庄(坤修)	P.711、P.712	P.39
47	X	徐颂阁(郙)		P.26

---

　　① 光绪五年本中《齐天乐·行舟将发同人极道西溪芰芦庵之胜遂棹小舟往游夜载月而归》,于同治五年本中为《齐天乐·行舟将发同人极道西溪芰芦庵之胜遂偕徐杏芗广文李芍洲驾部汪芍卿孝廉松生仲英仲修蒙叔掉小舟往游夜载月而归》,可知是词涉及谭仲修。

　　② 光绪五年本中《齐天乐·行舟将发同人极道西溪芰芦庵之胜遂棹小舟往游夜载月而归》,于同治五年本中为《齐天乐·行舟将发同人极道西溪芰芦庵之胜遂偕徐杏芗广文李芍洲驾部汪芍卿孝廉松生仲英仲修蒙叔掉小舟往游夜载月而归》,可知是词涉及汪芍卿。

　　③ 光绪五年本中《台城路·张芝浦太史(端卿)招集妙相庵赏芍药兼为马雨农学使同年(恩溥)饯别》,于同治五年本中为《台城路·张芝浦太史招同马雨农学使同年许少玉太守吴广庵刺史周雯楼司马宴集妙相庵赏芍药兼为雨农饯别》,可知是词涉及吴广庵。

续表

序号	拼音/类别	姓名	《清代诗文集汇编·藤香馆词》（同治五年本）页码	《清名家词·藤香馆词》（光绪五年本）页码
48		徐杏芗①	P.700	P.28
49		许缕黉		P.24
50		许秋芦	P.726	
51		许少玉太守②	P.722	P.49
52	Y	杨叔怿	P.695	序 P.2
53		叶少华③	P.709	P.37
54		月娥		P.5、P.6
55	Z	张景祁	P.727	序 P.4
56		张玉珊茂才（鸣珂）		P.15
57		张子虞（预）	P.698	
58		张芝浦（端卿）	P.722、P.697	P.49
59		章书屏	P.705	
60		周霁楼司马④	P.722	P.49

① 光绪五年本中《齐天乐·行舟将发同人极道西溪茭芦庵之胜遂棹小舟往游夜载月而归》，于同治五年本中为《齐天乐·行舟将发同人极道西溪茭芦庵之胜遂偕徐杏芗广文李芍洲驾部汪芍卿孝廉松生仲英仲修蒙叔掉小舟往游夜载月而归》，可知是词涉及徐杏芗。

② 光绪五年本中《台城路·张芝浦太史（端卿）招集妙相庵赏芍药兼为马雨农学使同年（恩溥）饯别》，于同治五年本中为《台城路·张芝浦太史招同马雨农学使同年、许少玉太守、吴广庵刺史、周霁楼司马，宴集妙相庵赏芍药兼为雨农饯别》，可知是词涉及许少玉。

③ 光绪五年本中《祝英台近》，于同治五年本中为《祝英台近·维舟待发叶少华大令重启离筵斗酒征歌留欢惜别词以纪之》，可知是词涉及叶少华。

④ 光绪五年本中《台城路·张芝浦太史（端卿）招集妙相庵赏芍药兼为马雨农学使同年（恩溥）饯别》，于同治五年本中为《台城路·张芝浦太史招同马雨农学使同年许少玉太守吴广庵刺史周霁楼司马宴集妙相庵赏芍药兼为雨农饯别》，可知是词涉及周霁楼。

续表

序号	拼音/类别	姓名	《清代诗文集汇编·藤香馆词》(同治五年本)页码	《清名家词·藤香馆词》(光绪五年本)页码
61		周闲存(伯识)	P.696	
62		朱久香(兰)	P.711、P.712	P.38、P.39
63		朱修伯(学勤)		P.11
64	家人	伯兄	109	P.39
65		儿	P.713	
66		妻子	P.713	P.11
67		沈姬	P.706、P.708、P.709	P.22、P.23、P.35、P.36
68		侄	P.706、P.709	P.36
69		侄妇	P.706、P.709	P.36
70		仲兄	P.706、P.709	P.19、P.36
71	其他	村农	P.720	P.47
72		绅民	P.699	

薛时雨的诗意与醉意

裘新江（滁州学院文学与传媒学院）

摘要：薛时雨是一个文化底蕴不一般的人，一个有醉翁情怀的人，一个有诗心诗性的人。诗文兼擅的桑根老人留给世人的多是诗集词集，原本他就是把自己当成诗人来看待的，毕生追求的就是诗意的人生。薛时雨的人生不仅是富于诗意的，也是富于醉意的。醉意的人生有两层需求：一是在进退出处方面的灵活自如；一是在人生态度上的安常处顺。薛时雨有功名的追求却又不执意于功名，或者说不会为了功名放弃自己作为文人的本真。他是一个儒者，却不是一个腐儒，待人接物方面有着自己坚定的信念、真诚的为人、达观的态度和灵活的方法。大概就是吴敬梓《儒林外史》中所崇尚的"真名士"，而有着"真风流"。

关键词：薛时雨；诗意；醉意；欧阳修

熟悉薛时雨这个名字，起初因为醉翁亭，因为我们现在看到的醉翁亭主要是他募捐重修的，这对一个廉洁自律、家境清贫的清代地方官员来说是不容易的事，除了喜欢，无其他理由，而要做成这件事，除了人格的魅力，也似乎无其他的解释。

此外，似乎还值得一提的是，一个地道的全椒人（尽管历史上全椒也在滁州管辖范围，但毕竟古代地理上的阻隔所造成的家乡认同感是不同的），又不是在滁州做官，却要跑到滁州来重修醉翁亭，若不是发自内心的喜爱，还能有什么理由？

还有醉翁亭、丰乐亭、琅琊寺里留存的不少他创作的楹联，让人一眼就认定这是一个文化底蕴不一般的人，一个有醉翁情怀的人，一个有诗心诗性的人。如：

沿洛邑遗风杯渡轻便增酒趣；

仿山阴雅集波流曲折见文心。

　　　　　　　　　　　　　　——题曲水流觞亭

踞石而饮扣槃而歌最难得梅边清福；

环山不孤让泉不冷何须恋湖上风光。

　　　　　　　　　　　　　　——题影香亭

行乐处草木可敬；

会心时鱼鸟相望。

　　　　　　　　　　　　　　——题欧梅亭

愿将山色共生佛；

修到梅花伴醉翁。

　　　　　　　　　　　　　　——题滁县瑯玡寺

翁昔醉吟时想溪山入画禽鸟亲人一官迁谪何妨把酒临风只范希文素心
可证；

我来凭眺处怅琴操无声梅魂不返十亩蒿莱重辟扪碑别薛辛苏长公墨迹
长存。

　　　　　　　　　　　　——题滁州醉翁亭（自注：时募建落成）

十年兵毁略同五代干戈幸迅扫浮尘山高水清余尊不留皇甫；

百步州南犹剩数弓亭址望后来太守疏泉凿石鸿文更续欧阳。

　　　　　　　　　　　　　　——题滁州丰乐亭

　　上述楹联中不仅都与醉翁有关，而且颇具曲折的文心诗心。醉翁亭里"九曲
流觞"仿王羲之兰亭文人雅集而建，《兰亭集序》不仅成为名文，而且成为王羲之

最负盛名的书法作品,这与欧阳修在人生低谷时,由于放松了心情,醉心琅琊山水,从而写出最负盛名的《醉翁亭记》又何其相似?而前提是必须要有逊让隐逸的心态,回归文人的本真。所谓"洛邑遗风"用的是白居易的典故,据载:"乐天退居洛中,作尚齿九老之会,其序曰:'胡、吉、刘、郑、卢、张等六贤,皆多年寿,余亦次焉。于东都敝居履道坊,为合齿之会。七老相顾,既醉且欢。静而思之,此会希有,因各赋七言六韵诗一章以记之,或传诸好事者。时会昌五年三月二十四日。'乐天云:'其年夏,又有二老,年貌绝伦,同归故乡,亦来斯会,续命书姓名年齿,写其形貌附于图右。与前七老,题为九老图。仍以一绝赠之云:"雪作须眉云作衣,辽东华表暮双归。当时一鹤犹希有,何况今逢两令威。"'(洛中遗老李元爽,年一百三十六,禅僧如满,年九十五岁)又云:'时秘书狄兼谟、河南尹卢真,以年未及七十,虽与会而不及列'"① 乐天致仕后与志趣相投的八位老人作九老会,并题九老图,堪称文坛一段趣话,而这实为文人在处理兼济与独善关系上的楷模。所以,"踞石而饮""扣槃而歌""梅边清福"的醉翁状态乃是慰农先生所崇尚的人生境界。文人有了这种平和的心态,自然会处事不惊,荣辱不变,得失不计,进退自如,才会是"环山不孤""让泉不冷",视自然山水为生佛,视人生旅途为修佛。的确,人生在世,何必留恋广袤湖水征帆点点,一泓泉水足以洗刷生命的风尘。

行文至此,笔者突然明白为什么诗文兼擅的桑根老人留给世人的多是诗集词集,原本他就是把自己当成诗人来看待的,毕生追求的就是诗意的人生。其呈现给世人的《藤香馆诗钞》《藤香馆诗续钞》《藤香馆词》《藤香馆小品》等都是诗词(含楹联),竟然没有文集流传。时人及后人所重视的也是他的诗词及楹联。清人评其诗"才思超迈,长于诗章,妙解音律"②"如西湖山水,清而华,秀而苍,往往引人入胜。趋向固不外白(居易)、苏(轼)二家,而伤时感事之作沈郁顿挫,且骎骎乎入杜陵

---

① 尤袤:《全唐诗话》卷三,见何文焕辑:《历代诗话》,中华书局1981年版,第158页。
② 金鸿佺:《藤香馆词跋》,见《藤香馆词》卷首,《清代诗文集汇编》编纂委员会编:《清代诗文集汇编》第671册,上海古籍出版社2010年版,第696页。

之室,然后知白苏不足以尽其诗,而诗亦不足以尽其生平也。"①的确,时雨诗中曾有《新年用东坡韵五首》之作②,这也间接透露了东坡诗对他的影响。如他的长篇歌行《绉云石为大力将军遗迹嗣由海昌马氏园移至石门福严寺丁少芗司马绘图徵诗为赋长歌》:

> 男儿第一快心事,手挈黄金报知己。
>
> 黄金容易掷东流,未若此石常千秋。
>
> 大力将军熊虎俦,生成骨相当封侯。
>
> 不逢知己老且休,亦如此石偃蹇卧山丘。
>
> 蛟龙一旦得云雨,功名从此探囊取。
>
> 富贵豪华不值钱,算来何物将天补。
>
> 此时此石早显露,铃辕屹立风云护。
>
> 倔强能增叱咤威,崚嶒不改坚贞素。
>
> 传呼忽报贵宾来,将军倒屣营门开。
>
> 酬恩未计千万镒,痛饮先尽三百杯。
>
> 哀丝豪竹鸣如雷,后堂莺燕争追陪。
>
> 陡见此石叫奇绝,激赏欲易千琼瑰。
>
> 将军慷慨告石友,我受此君知遇厚。
>
> 尔今亦受此君知,尔我酬知同不朽。
>
> 故人家在青海旁,轩楹潇洒花木芳。
>
> 丘壑位置颇称胜,结构不亚平泉庄。
>
> 绉云一朵忽飞下,故人相见增惊诧。
>
> 袍笏真应拜米颠,奇章甲乙都无价。
>
> 天上白衣变苍狗,浮云一瞬空回首。

---

① 秦缃业:《藤香馆诗钞序》,见《藤香馆诗钞》卷首,《清代诗文集汇编》编纂委员会编:《清代诗文集汇编》第 671 册,第 552 页。

② 见《藤香馆诗钞》,第 573 页。

梓泽经年易主人，监军何处藏醒酒。

尘踪飘忽灵根坚，繁华饱阅传真铨。

名园别馆转眼皆云烟，惟有佛门香火千千年。

御儿溪水鸳湖连，我未见石心萦牵。

多情司马遗云笺，索我泼墨题诗篇。

披图快见石兄面，真相如佛神如仙。

昔从野史悉颠末，今从尺幅徵因缘。

寄声司马且珍重，归装留镇郁林船。

全诗 54 句，384 字，挥洒自如，神思飞扬，一气呵成，淋漓畅快，状物写人，寄托遥深，有东坡之风。绉（亦作"皱"）云石即绉云峰，乃宋代花石纲遗物，与玉玲珑、瑞云峰并称为"江南三大名石"。该石为英石叠置，其色如铁，嵌空玲珑，迂回峭折，细蕴绵连，其石品皱、瘦、透、漏俱佳，由于高 2 米多，狭腰处仅 0.4 米，像细腰美人，势同云立，纹比波摇，故名绉云峰。此石清初藏于循州节署，为广东水陆提督吴六奇所有，适其恩师查继佐（号伊璜，人称敬修先生）来作客，见到此石形如云立，题名"绉云"。吴六奇见恩师甚爱此石，便命部下不远数千里，昼夜兼程，运石至浙江海宁查家。查继佐受庄廷鑨文字狱株连而入狱，后获救，于康熙十五年（1676）逝，查家家道由此衰败。清代蒲松龄文言小说集《聊斋志异》有《大力将军》一则对此事有所记载，叙查伊璜遇吴六奇，称吴六奇为"吴六一"（即所谓"大力将军"），曰："后十余年，查犹子令于闽，有吴将军六一者，忽来通谒"，记载查继佐在一庙内看见吴六奇单手可以托起庙内大钟，并取出藏在钟内的剩饭，惊其为奇人，堪为乱世中国家栋梁之材，后吴六奇官至水陆提督，向查继佐道谢。此石过去老人谓之败家石，即此石之主无一兴家，家道衰败而此石复出。此石辗转至武原（今浙江海盐武原镇）顾家，顾家衰落后石为海宁长安马家所得。嘉庆十六年（1811）秋，马汶曾作《绉云石图记》画石撰文并印刊《云林石谱》。后马家家道中落，此石以千金售与崇福镇蔡家，道光二十九年（1849）此石由蔡锡琳送入石门县之福严寺，置天中山畔。1963 年浙江省园林管理处将此石由福严禅寺迁到杭州植物园。1994 年此石又转至杭州奇石苑。

从诗中可见薛时雨对该石的喜爱，所谓"披图快见石兄面，真相如佛神如仙。"作为名石，过去题绮云石的诗篇很多，本诗多从侧面入笔，写该石曾经的拥有者大力将军的豪气和知己之情，人如其石，石如其人，并感叹世事沧桑，物在人非，富贵繁华如过眼烟云，所谓"黄金容易掷东流""富贵豪华不值钱""名园别馆转眼皆云烟，惟有佛门香火千千年"等，这与欧阳修当年在滁州所作古诗《菱溪大石》所表现的主题有相似之处。该诗足见时雨诗歌创作功底的深厚，无论古体近体皆擅长。

薛时雨还堪称晚清著名词家之一，龙榆生编选的著名词家选本《近三百年名家词选》，选编自明末词人陈子龙起，历有清一代，以迄民国时期著名词人作品，凡六十七家，达五百一十八首，有薛时雨词一首，即《临江仙·大风雨过马当山》，词曰：

> 雨骤风驰帆似舞，一舟轻度溪湾。人家临水有无间。江豚吹浪立，沙鸟得鱼闲。　　绝代才人天亦喜，借他只手回澜。而今无复旧词坛。马当山下路，空见野云还。[①]

上阕写景由远及近，动静结合，写出大风雨中途径安徽东至县马当山所看到的美妙景色：雨骤风驰，片帆似舞，轻盈渡舟过溪湾，风雨中临水人家若隐若现，却可以看得见江豚在江浪上穿梭，沙滩的鸟悠闲自在的在叼鱼，非常富于画意。下阕侧重抒情，感叹如此美妙的景色只可惜没有词坛的大手笔去描绘，作者只能空对山边的野云叹息。特别是最后一句，以景结局，寓情于景，耐人寻味。近代著名词家谭献评之："结响甚遒"（《箧中词》卷四）。

相对于薛时雨创作的其他诗词，其创作的楹联似乎更出名，被誉为"安徽联坛翘楚"，陈方镛《楹联新话》认为"至慰农先生，蕴藉风流，专以神韵取胜……其饷我后学，真如太羹醇醪，醰醰有味。"[②]"清代安徽的楹联创作位居全国前列，特别是清中晚期出现了一批楹联作家，薛时雨是他们中的优秀代表，其楹联蕴藉风流，专

---

① 见龙榆生编选：《近三百年名家词选》，上海古籍出版社2014年版，第155页。

② 陈方镛：《楹联新话》，见龚联寿主编：《联话丛编》，江西人民出版社2000年版，第2743页。

以神韵取胜,在湖南派作家以雄健之气主导楹联创作的同时,薛时雨以风流蕴藉丰富了联坛。"①

　　薛时雨的人生不仅是富于诗意的,也是富于醉意的。醉意的人生有两层需求:一是在进退出处方面的灵活自如;一是在人生态度上的安常处顺。薛时雨有功名的追求却又不执意于功名,或者说不会为了功名放弃自己作为文人的本真。他是一个儒者,却不是一个腐儒,待人接物方面有着自己坚定的信念、真诚的为人、达观的态度和灵活的方法。大概就是吴敬梓《儒林外史》中所崇尚的"真名士",而有着"真风流"。薛时雨缘何要重修醉翁亭、丰乐亭?绝对不是故作风雅,实为对醉翁精神的一种推崇,愿意今生今世作醉翁一般的人,从某种意义上来说,他似乎做到了,堪称清代的"欧阳修"。幼年在滁州就学过的著名学者李絜非在《薛时雨逝世五十周年纪念》一文中,就表达过他对薛时雨的倾慕之情,说"每过醉翁亭畔,辄徘徊不能即去",所流连的除了东坡书碑、欧阳植梅,再就是薛时雨的题记,并说"吴敬梓、薛时雨诸先生之流风余沫,迄今未尝或泯也。"李絜非敬仰薛时雨的为人,说他平生"孝于父母,友于兄弟,生性警敏,为学持平",为官期间能够清正廉明,勤政为国,以民为本,辞官后却能够"宏奖后学,嘉惠士林""其深仁厚泽,学风蕴纲之中于人心者,盖奕世不衰焉。"②李先生评价是中肯的,薛时雨的精神品格中应当说有对醉翁精神的传承,现实中的薛时雨也确实像欧阳修那样做的,兼济独善完美统一,不忘初心,永葆传统文人的真性情。自然薛时雨对欧阳修的推崇堪称是无以复加的,不仅要募捐重修醉翁亭、丰乐亭,而且要化作一股精神力量伴随自己走完人生。如其题扬州平山堂六一祠楹联:

　　　遗构溯欧阳,公为文章道德之宗,侑客传花,也自徜徉诗酒;

　　　名区冠淮海,我从丰乐醉翁而至,携云载鹤,更教旷览江山。

　　作者奉欧阳修为"文章道德之宗",要追随丰乐醉翁,徜徉诗酒,旷览江山。有

---

① 张小华:《风流蕴藉——读安徽联坛翘楚薛时雨的楹联》,《辽宁行政学院学报》2013 年第 12 期。

② 以上均见李絜非:《薛时雨逝世五十周年纪念》,载《学风》第五卷第十期。

意思的是,1867 年农历六月 26 日,友人发起纪念欧阳修 860 周年诞辰日兼及预祝薛时雨五十岁生日,薛时雨特地留下一首长诗《集东城讲舍祝欧阳文忠生日兼为余预作五十寿》[①],提到乡人常尊崇祭拜醉翁亭所挂欧阳修遗像,并在诗中赞颂欧阳修的"为政风流",自称"生平慕庐陵",由此可见欧阳修对薛时雨的深刻影响。

---

① 《藤香馆诗钞》卷四,第 648—649 页。

薛时雨杭州行实与创作

陈昌云（淮阴师范学院文学院）

摘要：晚清名家薛时雨于咸丰四年至同治八年有过三次杭州之行，首次于咸丰四年初夏至五年冬天候补听官杭州，再于同治三年四月至同治四年十一月主政杭州战后重建，三于同治五年秋至同治八年春讲学书院。其居杭期间创作诗词近千首，艺术价值较高，部分纪游纪行之作描述杭城"庚申之乱"前后的兴衰景象，具有"诗史""词史"价值。三次杭州之行成就薛时雨"循吏""诗人""良师"之名，是其辉煌人生的重要阶段。

关键词：薛时雨；杭州；行实；创作

杭州历来为古代文人无限向往留恋之地，以白居易、苏轼为首的无数文人为杭州建设做出贡献，也留下传诵千古的名篇佳作。晚清全椒籍名宦薛时雨曾官浙多年，并三次宦游杭州，期间政绩卓著，受民景仰，人颂"为白苏之诗，官白苏之地，而即行白苏之政，非所谓诗人而循吏欤。"[①] 任职杭州是薛时雨仕途的巅峰和转折点，考察其三次杭州行实与期间的文学创作，于正确认识与评价薛时雨的政绩与创作意义重大。

---

① 秦缃业：《藤香馆诗钞序》，见《藤香馆诗钞》卷首，徐雁平、张剑主编：《清代家集丛刊》第 138 册，国家图书馆出版社 2015 年版。

一、首赴杭州,候官补职

薛时雨生于滁州全椒,祖父和父亲都以教书为业,青少年时期主要生活在滁州,"读书三十年,足未出里乡"①。他首次赴杭州是在中进士之后的候官补职期间。清咸丰三年(1853)四月乙未,薛时雨与仲兄薛春黎同中癸丑科殿试进士,兄列二甲 38 名,弟列二甲 94 名②。顾云《行状》:"咸丰三年,始再上大挑二等候选教谕,旋与仲兄同中礼部式殿试二甲,赐进士出身,以即用分发浙江。"③ 此时薛时雨 35 岁,出生教育世家的他,从小饱读诗书,深受儒家济世思想教育,读书入仕是其家族和个人的最大愿望,如今夙愿以偿,但年过中年的薛时雨似乎并无多大欢喜,其《出山四首》(其一)云:"原言守荆扉,淡泊足自养,泯此得失机,中岁忽改辙,万言试京畿。"他深知朝廷腐败、时局动荡,加之早年久困场屋,青年时期的政治热情已经褪去,以至于"乙巳、丁未、庚戌、壬子俱未应礼部试。"但朝廷形势危急,家乡处于战火之中。咸丰三年二月二十日,太平天国正式定都南京。随后林凤祥和李开芳率领太平军两万北伐,攻陷滁州,转战河南河北,直逼天津;而太平天国西征军也于次年元月攻克庐州、潜山、无为等州县。为生存处境所迫,薛时雨不得不出山应试。此时清军构建的江南大营尚存,江浙地处还处于安全地带,于是他决定远赴杭州听官,改变人生命运。其《出山四首》(其四)云:"江湖多风波,吴楚事征战。一官恋鸡肋,危若巢幕燕。"可见他出仕前的复杂心态。

咸丰四年春天,薛时雨辞家从全椒出发,前往杭州候官。途径三汊河、南京六合、镇江、无锡、苏州,一路未逢战事,旅途顺畅,心情逐渐转好,顺路游览沿江风景名胜。过南京写《铁六合歌》赞扬六合清军抗击太平军进攻的英勇行为;过无锡写《泛舟游惠泉山小宴》云:"我生洒脱颇自喜,每遇名山必倒屣。胜地经过第二

① 薛时雨:《奉檄赴嘉兴新任述怀》,《藤香馆诗钞》卷一。

② 《清实录·文宗实录》卷九十二,中华书局 1986 年版。

③ 顾云:《桑根先生行状》,见缪荃孙纂录:《续碑传集》卷八十,《清代传记丛刊》第 119 册,台北明文书局 1985 年版。

泉,一舟掉入烟云里。江南四月清和天,樱笋上市鲥鱼鲜。"过苏州写《真娘墓》《五人墓》。初夏时节,诗人抵达杭州,入城后他首先拜见地方主官,其《初抵杭州即事二首》云:"晨谒大吏,如妇见舅姑。倘令妻孥见,谓我不丈夫。"杭州官员也设宴热情招待,他非常高兴,写成《陆云浦大令招宴酒次出其尊人簏田太守行楷手卷属题即席成二律》。因是听官期间,闲暇较多,他有时间饱览西湖美景,陶醉于湖光山色之中,其《湖上醉歌》云:"十年梦想西湖路,游踪新认西湖树,涌金门外范公祠,半面湖山通一顾。瓜皮艇子泛湖滨……如此湖山不成醉,更从何处补蹉跎。"不由得感慨:"我生已插红尘脚,双凫幸傍湖山落。烂贱功名不值钱,莺花到眼须行乐。"他还探访杭城名胜古迹,登临钱王祠、苏文忠祠、林处士墓、半闲堂遗址等地,感叹杭州历史人物的风流事迹。入秋后,他有时还与友人一起相约饮酒观景,写下《七夕本事诗即席和姚雪涛茂才四首》《陈槐庭(钟英)大令邀至满觉垅看桂花,适与同人平湖赏晚荷不克践约》;杭州武官余文钜卸任回乡,他也为之送行,作《送余季光都阃归晋》诗,祝福他回乡安享晚年。不久,他又应友人之邀至余杭、绍兴一带游览,探访兰亭、越王台、孝女祠等名胜,写下《余杭舟次》《越游杂诗八首》等诗。临近甲寅岁末,同榜来杭州听官的同年见久候无信,有人返乡,他为之送行;临近岁末,同榜第三甲第83名同进士出身的同年友人刘曦终获职位,他作《送刘升庵同年之官宣平》送行,鼓励友人:"我辈伏草茅,循良诵前史。通籍得微官,致用从兹始。邑无论大小,报最同一轨。善国胜可为,僻陋莒难恃。殚心保民瘼,政成庶有豸。"激励他做一名为民谋利的地方清官,并表明心迹:"好官图得钱,不如利争市,朱圭亦可为,胡然溷青紫,我素矢此心,敢以告知己。"在等待中自勉。

咸丰五年二月,太平军攻占建德、饶州,威胁浙江。浙江巡抚黄寿臣积极备战,主张分兵协防苏、皖。三月,他命黄岩县令陈钟英在皖浙交界的歙县昱岭设关驻防,扼守杭徽古道,拒兵门外。受好友陈钟英推荐,闲居杭州近一年的薛时雨终于得到委任,他领命由杭州押运军资赴昱岭关,一路艰辛,却心情舒畅,其《奉檄防堵昱岭关兼司陆路度次留别省垣诸友》云:"中年筮仕来杭州,应官听鼓春复秋。催科未署阳城考,负羽先为王粲游。黄山烽火方传警,扼要卫锋争昱岭。九泥一点封雄关,十万军储资管领。"行程中,他写下《自杭州到昌化途中杂诗七首》《夜登昱岭赠阿仁斋镇军》《赠程味庭司马》《从军行》等诗,描述此次运粮备战的艰辛。入秋后,昱岭保卫战因太平军主动撤军而结束,诗人又作《徽郡凯撤回杭途次杂纪四首》,感慨:"来时春草生……归时草连天,经秋色更绿。"虽然他庆幸于"不战收全功,功岂属我汝""杀贼未见贼,请缨负其许"。一介书生的薛时雨首次体验军旅生活,有惊无险中感触颇多。回到杭州后,又逢当年的浙江乡试举行,他参加阅卷工作,所作《秋闱分校即事述怀六首》云:"节近重阳觅句忙"。咸丰五年冬天,诗人终于等到空缺,被授予嘉兴县令之职。其《奉檄赴嘉兴新任述怀》云:"大吏荐牍登,授我鸳湖长。"但此时朝廷于嘉兴催粮甚急,"岁暮榷正供,十万计量穰。"面临政务压力巨大,可见所任并非闲差。薛时雨进士及第后在杭州听官两年,期间同年多人早已赴任,而他长期不被起用应是朝中无人,年过中年的他早已看透官场规则,想到"峻拒谤滋兴,兼收来更傥",还是抓住此次机会,立即动身赴任嘉兴。

二、主政杭州,负责重建

清咸丰十年至同治三年(1864),太平军两次进攻杭州,占据杭州达三年之久,直至同治三年3月31日,清军才收复杭州。经过两次战火洗礼的杭州百业凋敝、尸横遍野。[民国]《杭州府志》载,同治四年全府土著人口为72万,而嘉庆二十五年的杭州人口却为317.7万[①],两军交战使杭州损失两百余万人口,而且光复杭州后,清军还伙同洋军一起大肆抢劫好几天,直到4月7日,左宗棠入城后才停止破坏。谭献《薛先生墓志铭》云:"荷戈之士出入横恣,八旗驻防初归营,贫且嚣,往往挠有司法。"[②]此役是杭州历史上遭遇的最严重灾难。薛时雨有诗词描述战后杭城的惨状,其《入杭州城》云:"去杭倏五年,重来实蒿目。数里一见人,十室九无屋。

① 陈璚修、王棻纂:[民国]《杭州府志》卷五十七《户口》,民国十一年(1922)铅印本。
② 谭献:《薛先生墓志铭》,见缪荃孙纂录:《续碑传集》卷八十,《清代传记丛刊》第119册,台北明文书局1985年版。

望望径似捷,行行途反曲。荒村数断鸡犬,官道走麋鹿。乌鸢争人骸,有骨已无肉。蓬蒿没人庐,有草转无木。群动寂不喧,隐隐闻鬼哭。入城更愁惨,此劫洵太酷。土民仅孑遗,形面如鸠鹄。五方错杂处,循良失本俗。语言习狠悍,矢口谈杀戮。有男带刀剑,有女披绮縠。濡染贼气深,贼去留余毒。更有奏凯军,振振报戎服。功成势益赫,比户事徵逐。虐民视若仇,藐官故相触。抚绥兼驾驭,才薄心惭恧。舅姑难见怜,新妇眉常蹙。"其《哀杭州》词云:"西湖之水何潺潺,彼时旖旎今烦冤。烦冤无告鬼夜哭,苦雾愁云塞山谷。天竺峰颓鹫岭秃,菩萨攒眉狮象伏。吁嗟呼,佛若有情佛亦哭!"可见当时杭州城之凄惨。

　　在此形势下,清廷急需选调良吏重治杭州,但由于战争期间,浙江原有官员多战死,一时难以选拔胜任的地方官。于是"谕内阁,前因杭州府知府一缺,必须为地择人,曾经谕令左宗棠酌筹人员,请补请调,不必拘定资格,要以得人为要,俟奏到再行降旨。兹据左宗棠奏,遴员升署省会要缺知府一折,浙江尽先补用同知薛时雨,据该督奏,历任繁剧,久著循声,以之升补杭州府知府可期胜任。并声明与例不符等语。自系该督遵旨为地择人起见。著照所请。杭州知府一缺,准其以薛时雨升署,仍著该督随时察看,如果整顿抚绥,悉臻妥善。即行奏请实授。"[1]左宗棠当时举荐薛时雨属应急破格使用。此前薛跟随李鸿章的淮军攻打上海、光复苏州,任同知之职,曾劝降嘉兴天平军守将未果。后为协调淮军与湘军关系,受李委派至左宗棠大营,共商围攻杭州太平军大计,深得左宗棠赏识,于是破格举荐。当时薛时雨有多重选择,其《左季高制帅奏调赴浙领郡杭州恭纪二首》云:"先是罗壮节荐举奉旨引,见嗣李宫保奏调奉旨赴扈,赴嘉兴,兹左制帅保奏奉旨赴杭州新任。"最后选择了杭州知府重任。

　　薛时雨上任后,立即着手杭州的恢复重建工作。谭献《薛先生墓志铭》云:"先生久次浙江,洞于民生,锐意缮完,厝危于安,招流亡,戢强暴,威爱遍遐迩。又于其间延进文士,从容讲义。尼舍秽恶,衣冠暗之,先生驱焉,庐其居为东城讲舍。西湖之上修复书院,月课所业,浙东西知名士著弟子籍数百人。桑柘之利,

---

杼柚之富,湖州称首。大军进攻,用先生议,首禁樵苏,民复故业,军政获累,辄目以逸。贼将骈戮焉,先生持之,生活无算。杭人淹葬,加以兵死乱定,枯胔载途,先生既告大吏,收瘗其无主者。知守墓人号山虎,罔利无厌,民间治葬具不胜其求索也,树石厉禁之。贷官中金钱筑廛舍,四方渐归乃有所栖讬云。治杭再期,拮据兴废,如沉疴之起,呜呼难矣!”又云:“先生署粮储道,行两司事,行省二千里之政令萃于郡守。”① “一身绾四印,而所设善后等十数局碁布会城而兼领之”“相国知之深,不以人言动,故能尽其才”。主要工作有:助民治葬,修缮房舍,召集流民,赈济难民,处理匪患,复兴生产,保护农田。大军攻打湖州,“请大府禁诸军樵采桑田”,免死海宁州错捕百姓,减免肉贩商税②,为表彰忠烈,超度亡魂,同治三年中元节,建议“官保左公大设盂兰盆会荐礼阵亡将卒及官绅士庶之殉难者。”③ 在艮山门外姚店桥为劝降太平军而被告杀的五位秀才立“死事碑”。同治三年,杭州知府薛时雨与总捕同知李国贤次第疏复城内外河渠④;由于工作成效显著,以至同治三年十月初一:“署杭州府知府薛时雨,为守兼优,堪膺表率,即着补授杭州府知府。”⑤

治安初定,又振兴文教。先是建东城讲学舍,重建府署。[民国]《杭州府志》收薛时雨《东城讲舍志》《重建杭州府署记》⑥:“敷文、崇文、紫阳三书院亦以次复。”⑦ “同治四年闰五月十一,内阁奉,浙江巡抚马新贻命布政使蒋益澧护粮道薛时雨详称查浙省额,办理减免杭州漕粮税事宜。”⑧ 同年,又到湖州考察税收改革工作⑨;入秋后,时逢同治乙丑并补行辛酉、壬戌两科举行,而浙江乡试科考在

---

① 谭献:《薛先生墓志铭》。

②⑦ 以上引文均见顾云:《桑根先生行状》。

③ 薛时雨:《盂兰盆会歌》,《藤香馆诗钞》卷三。

④ 以上引文均见《浙江忠义录》卷五十三,台联国风出版社1970年版。

⑤ 清同治三年十月十三日上谕,见《左宗棠全集·秦稿一》,岳麓书社2009年版,第472页。

⑥ [民国]《杭州府志》卷十九。

⑧ 《浙江忠义录》卷一百二十二。

⑨ 薛时雨:《于役湖州舟中杂兴二首》,《藤香馆诗钞》卷三。

杭州举行,三科并行,全省共约九千一百余考生,农历八月初八日开考,重阳节过后张榜。按清制,各省乡试初以布政使充任,但此时浙江布政司职位更替频繁。按《清史稿》记载,同治三年二月,杨昌濬率军破杭州、余杭,加按察使衔;同治四年八月,左宗棠上奏朝廷,"俯准将浙江按察使杨昌浚赏加布政使衔,并赏给该员三代二品封典,以示优异"。同治四年十月,"以浙江克复武康等城出力。赏按察使杨昌浚布政使衔。"①此前任布政使为武将蒋益澧,蒋于"同治元年,调浙江布政使。"破杭州后"左宗棠追贼赴福建,益丰护理巡抚。疏陈善后事宜,筹闽饷,濬湖汉,筑海塘,捕枪匪,又覈减漕粮,酌裁关税,商农相率来归。增书院膏火,建经生讲舍,设义学,兴善堂,百废具举。东南诸省善后之政,以浙江为最。逾岁,乃回本任,五年,擢广东巡抚。"②《文宗实录》又云:"同治乙丑二月,浙江巡抚马新贻。""同治六年十二月,内阁奉上谕:闽浙总督箸马新贻补授,等因。钦此。"由此梳理可知,蒋益澧应于同治四年元月回任布政使;同治三年,他与薛时雨共同治理杭州,虽是布政使,代理浙江巡抚,但主要和按察使刘典领兵扫清湖州太平军,暂由薛时雨代储粮道,行布政司之责,后"昌濬蹉之汤溪。城拔,授粮储道,与蒋益澧合兵万三千战余杭城西北"③。杨昌濬任浙江粮储道、按察使、布政使,接管薛时雨的主要工作。同治四年八月,浙江科考开始,两任布政使蒋益澧、杨昌濬皆武将,不宜任主考官,仅薛时雨有进士身份,又代行过布政使之职,资格符合。

于是同治四年八月,薛担任浙江乡试提调官。顾云《行状》云:"四年充任乡试提调官。"负责科考工作,实是调离主岗,其《提调入闱奉和监临马毂山中丞原韵》云:"邹鲁文坛旧主盟,升庭元恺重铨衡。""分校十六人,中丞斟酌尽善""中丞檄余督修贡院九阅月而成"。入闱期间,他得以从忙碌的行政工作中解放出来,开始关

---

①　《清实录·文宗实录》卷一百五十八。

②　赵尔巽:《清史稿》卷四百八《列传》一百九十五,中华书局1976年版。

③　《清史稿》卷四百四十七,《列传》二百三十四。

注人生得失和家庭事务,想到"兄骨未归重赴调,西风棘院黯愁予。"① 联想自己政治上的遭遇不公和兄长的亡故,不由感慨万分,于是遂有辞官之心。有言薛时雨因仲兄薛春黎死于江西乡试提调官司任上,被紧急征调至江西乡试提调官,念兄长死于其任,所以不愿赴任请辞,查《同治三年甲子科并补行咸丰十一年辛酉科江西乡试硃卷》,知江西乡试在同治三年举行过,至同治六年重开,四年无试,有误。薛挂官后,浙江巡抚和杭州知府官员变换频繁,同治五年二月,清廷命杨昌濬为浙江布政使,负责处理浙江善后事宜。同治八年十二月,清廷又命杨昌濬为署理浙江巡抚。同治五年,谭仲麟任杭州府遗缺知府。同治六年七月,杭州江苏上元人宗源瀚代办杭州知府,七年八月,委署衢州府知府。同治六年十二月,李翰章调任浙江巡抚,七年,调任湖广总督。可见当时杭州政坛确实情况复杂,难怪薛时雨有固辞不任之举。

同治四年九月,薛时雨在闱中上书辞官杭州知府,外在原因主要是遭上级嫉妒,工作不顺心。谭献《薛先生墓志铭》云:"先生贤声既昌,而忌者日众,素澹荣利,雅不欲与夸毗者竞进。方提调乡试,即院试治文书,称病。"② 顾云《行状》云:"相国知之深,不以人言动,故能尽其才,时藩司蒋果敏公颇不满。"③ 虽然他深受左宗棠器重,但上级蒋益澧性格急躁,《清史稿》云:"蒋益澧年少戆急,曾国藩、胡林翼素不满之,而左宗棠特器重。"④ 二人一文一武,性情脾气不合。于是"相国怒字果敏公,谓曰:芗泉以军事起家,至于吏道当学薛慰农,自余要人多类此,相国既赴浙闽任,继抚马端敏公亦亟相礼貌,至若向者一切以度外遇之,则未能也,四年充任乡试提调官。"可见他当时工作环境并不舒畅。

性情不合为官和早有退隐之心却是薛时雨辞官的内因。其《挂冠二首》诗云:"性情不宜官,勉强学官样。谬窃循良名,忸怩难形状。久有退休心,乱后

①　薛时雨:《闱中感兴再叠前韵》,见《藤春馆诗钞》卷三。
②　谭献:《薛先生墓志铭》。
③　顾云:《桑根先生行状》。
④　赵尔巽:《清史稿》卷四百八《列传》一百九十五。

事草创。两载并日营,湖山幸无恙。责重思息肩,宦久防腾谤。"于是"自念大乱既平,进取者,而己之政亦粗成,可以退。遂于闰中治告病文书,上之时年未五十。"当然他也留恋杭州,"杭人颇德我,寒暑无怨咨,我亦眷杭人,忧乐与共之,政成遂挂寇,心苦难为词,缙绅或见谅。"事实上不仅杭人不舍其离去,巡抚"端敏公重惜其去,格不以闻,士民亦闻思,皇皇决弗顾,于是以二品衔候选道解组杭州。"① 但他去意已决,友人纷纷前来送行,他作《将去杭州偕丁松生大令吴仲英司马高呈甫广文谭仲修沈蒙叔两明经宿灵隐寺话别,次日登飞来峰遍访唐宋题名经十里松,达棲霞谒岳坟过西泠桥吊苏小墓,泛湖心亭,陟孤山放鹤亭小憩,遂循雷峰访净慈遗址而归》②,其《将返椒陵古民观察用前韵赠行舟中叠韵答之》亦云:"是日诸生饯余仰山楼""闰夏气清和。……酒阑旋登舟。"薛时雨九月上书辞官,但浙江巡抚马新贻一再挽留,直至十一月,在未批情况下,自行挂冠离任。其《藤春馆词序》云:"乙丑闰后挂冠,由之江买棹出吴门,陟金焦渡扬子江返里。"

三、讲学杭州,大兴文教

薛时雨辞官归乡稍作安顿后,"复西上至皖江,过彭蠡湖,达章江度岁,丙寅自章江归。"③ 他赴江西是完成夙愿,亲抚仲兄薛春黎棺椁归葬老家,目睹亲人离世,家乡惨破,他心情一直压抑,有诗《故里扫墓歌以当哭》。一年后,家事初定,好友"吴仲修督部奏调赴闽,余力辞谢。"④ 直到同治五年秋天,才应浙江巡抚马新贻聘请,三赴杭州,领崇文书院教事,专心从事教育工作。崇文书院是薛时雨一手修建,还有过讲学东城书舍经历,师生情深,自然感觉良好,于是厌倦官场的他决定选择教书。他所作《马谷中丞招往杭州讲崇文书院感赋》《将去杭州述怀言别

---

① 以上引文均见顾云:《桑根先生行状》。
② 薛时雨:《摸鱼儿(好湖山)》,《藤香馆词》,陈乃乾辑:《清名家词》第九卷,上海书店1982年版。
③ 薛时雨:《藤春馆词序》,《藤香馆词》卷首,第8页。
④ 薛时雨:《马谷山中丞招往杭州主讲崇文书院感赋》,《藤香馆诗钞》卷四。

四首》《叠韵留别诸同人》诸诗,集中叙述此次选择赴杭州任教的原因。

薛时雨主持杭州崇文书院近三年,期间成效卓著,心情也颇为舒畅。谭献《薛先生墓志铭》云:"于是旷无堂阶。往时学者日亲,群焉筑室湖滨,曰'薛庐',以不忘友教。阅三年,马公督两江,聘先生掌教惜阴书院。"[①] 有关薛时雨的教学方法和教学思想,武汉大学鲁小俊教授已刊文详加论述[②],这里补叙薛与学生的亦师亦友情怀。他为人豁达洒脱,与学生平等相处,师生感情颇深,他的诗词集就多有弟子题跋。薛授课方式也很独特,在崇文书院日常教学之余,还常与学生泛舟西湖,举行湖舫文会、诗会,师生互唱互评,培养学生的八股文创作水平,提高他们诗词技艺。后来他还将这些作品汇集成《崇文书院课艺》(同治六年刻本)、《湖舫会课》(同治六年刻本)。

薛时雨颇有爱才之名,顾云《行状》:"先生爱才若性,当其在官,以宏奖为己任,所号通人,多注籍门下。"[③] 同治六年秋,他到嘉兴见到乡试登录榜,发现名单中多有门生故旧:其中曾经他擢拔为第一者凡九人:解元朱彭年,东城讲舍月课第一;吴超、周鸣春、刘金赞、皆崇文书院月课第一;褚成亮,府试第一;丁家骏,魏塘书院甄别第一;谭献、张预,皆湖舫文会第一;陶模、吴江文会第一;最中小门生钱鸿业也以十四岁中式。他高兴万分,作《嘉兴得见登科录诸生多获隽者喜赋》。常州词派代表词人、经学家谭献是杭州人,他早年在崇文书院读书,即受过薛时雨的亲授和熏陶。浙人为感谢其文教之功,在西湖凤林寺后为其建造住舍,取名"薛庐"。

做好教务之余,心情舒畅的薛时雨还经常与友人游览西湖,宴饮酬唱,再续西湖风流。薛时雨前两次在杭州期间就颇陶醉于西湖风光,只是重任在肩,未能完全尽性。此度解脱官场羁绊,终可沉醉山水,于是"高古民观察待余归,重开湖舫

---

①　谭献:《薛先生墓志铭》。

②　鲁小俊:《晚清回族名儒薛时雨书院经历考论》,《西北民族大学学报》2018 年第 1 期。

③　顾云:《桑根先生行状》。

吟社",在山光水色中尽然释怀:"挂冠所得惟西湖,西湖小住尘劳无。里头兀坐万籁寂,山中猿鹤时一呼。松竹作友梅作孥,高寒楼阁供清娱……襟怀对雪益坦白。"回归生活本真,心中倒也清净。同治七年二月,好友吴棠赴四川总督前路过杭州,地方官僚邀请吴棠连日乘画舫游览西湖美景,并在湖上设宴款待,薛时雨也一同赴宴,好友故知相逢,薛非常高兴,为之作《题吴仲仙督部望三益斋诗稿即送赴川督任》《敬题粤游诗卷后》,感慨:"亦思肝胆筹知己,自顾头颅感暮年"。这年春天,薛时雨回乡省亲,有《将返椒陵古民观察用前韵赠行舟中叠韵答之》,但不久后即返杭执教,时至秋天,薛时雨大病一场,自作《大病几殆梦中自作挽联病痊感赋》,又有《十一月十六日王苇南观察冒雪过访》。临近岁末,思乡情切,作《除夕寄内》云:"以我思乡苦,知卿念我深。关河千里梦,甘苦一生心。别绪今宵最,新诗隔岁吟。小妻工慰藉,倚烛酒频斟。"虽有小妾照顾,生活无虑,但家乡之思难免。同治八年初春,已调任两江总督的老上级马新贻再次请他赴金陵主持尊经书院,考虑到距离家乡较近和上级关照,于是同意前往,作《移主金陵尊经书院留别杭州同社》二首,至金陵又作《清明节抵金陵遣兴》诗二首。有云因其长兄去世而移金陵教书,有误,考其长兄薛暄黍殁于同治九年十一月,薛赴安庆奔丧,作有《伯兄艺农广文一百韵》。

薛时雨一生主要有三次赴杭州经历,分别为:咸丰四年初夏至五年冬天、同治三年四月至同治四年十一月、同治五年秋天至同治八年春天,时长共达七年之久。他经历太平军与清军在杭州的两次攻防战役,为战后杭州的修复重建以及振兴文教做出重要贡献,深受浙人爱戴,被称"循吏"。居杭州期间,他饱览西湖美景,目睹战火纷飞和生灵涂炭,感慨于历史沧桑和人生得失,并将之诉于笔端,达到人生文学创作高潮,平生所作两千余首诗词多作于此时,风格清新流畅,诗近"乐天",人颂"词史",实为"诗史"。他又在杭州主讲东城讲舍、崇文书院,诲人不倦,高徒纷涌,无愧"名师"。三次杭州之行,可谓成就薛时雨的非凡人生。

薛时雨与清代书院教育刍议

蔡洞峰（安庆师范大学文学院） 殷洋宝（苏州大学文学院）

摘要：中国古代书院作为传统官学教育系统的有益补充，在长期发展过程中形成了一整套独特的教育方式和独特功能。晚清名儒薛时雨经营长达二十年之久，在清代书院发展中做出巨大实绩。他的书院教育特点可以归纳为注重培养学生的道德和学术修养、审美能力的培养指导，根据实际情况对书院教育进行创新改革，并在培养人才方面取得巨大成功，作为传统教育思想的优秀代表，薛时雨的书院教育实践在今天仍具有现实意义。

关键词：薛时雨；清代书院；教育；改革创新

古代书院是中国传统官学教育系统的有益补充，其在长期发展过程中形成了一整套独特的教育方式和独特功能，书院的繁荣离不开书院山长的贡献。山长是书院教学与行政负责人，历史上又有"掌教""院长""洞主"等别称。清代名儒薛时雨在书院建设及发展上都做出了卓越的贡献。

薛时雨（1818—1885），字慰农，一字澍生，晚号桑根老人，学者称桑根先生，清安徽全椒人。咸丰三年（1853）进士，授嘉兴知县。官至杭州知府。太平军起，参李鸿章幕。去官后，主讲崇文、惜阴书院。有《藤香馆诗钞》《藤香馆诗续钞》《藤香馆词》。楹联别集《藤香馆小品》。薛时雨"才思超迈，长于诗章，妙解音律"①。清人秦缃业评其诗"如西湖山水，清而华，秀而苍，往往引人入胜。趋向固

---

① 金鸿佺：《藤香馆词跋》，见薛时雨：《藤香馆词》卷首，清同治七年（1868）刻本。

不外白（居易）、苏（轼）二家，而伤时感事之作沈郁顿挫且骎骎乎入杜陵之室，然后知白苏不足以尽其诗，而诗亦不足以尽其生平也。"① 在晚清文学界，他不仅是诗词楹联名家，也是卓越的教育家。本文就薛时雨在清代书院培养人才的方法作一探讨。

一

薛时雨官浙江嘉兴、嘉善知县，杭州知府兼督粮道，曾代行布政、按察使事，后主杭州崇文书院、南京尊经书院和惜阴书院达二十年之久。咸丰八年，薛时雨41岁，由嘉兴知县署嘉善县事。在嘉兴期间，薛时雨不仅娴于治理，也积极振兴文教。［光绪］《重修嘉善县志》云："时书院课奉行不力，（时雨）振兴之，捐廉为倡。又于职思堂集文社，尊酒相属，论文不倦，有志者颇得师法。"② 另，《县志》所载兴复书院之事，《藤香馆诗钞》卷二《魏塘书院课士偶述》可以参证。诗作于咸丰九年，其时魏塘书院"一废数十年，鸟鼠穿楹桷"，薛时雨上任以后"我来意慨然，耆老互商榷。捐金集同志，鸠工殊踊跃。"从此书院面貌焕然一新，考课、讲学活动也由此顺利开展：

> 清池泛芹藻，别馆罗花药。叠石成山丘，种树当帷幕。境幽心自静，艺林欣有托。遂订课士期，弗爽论文约。渊渊出金石，彬彬盛礼乐。昼永竹露研，夜静梅花嚼。俨然小邹鲁，相期绍濂洛。

同治三年（1864）薛时雨就任杭州知府。在知府任上，他将书院的复兴作为自己的重要任务，在任期间"会城新复，一切棼如，无端绪可理。于是抑强暴，抚流亡，先之以振兴文教。创东城讲舍，庇其人士。向之诂经精舍，敷文、崇文、紫阳三书院，亦以次复。"③

---

① 秦缃业：《藤香馆诗钞序》，见薛时雨：《藤香馆诗钞》卷首，清同治七年（1868）刻本。
② 江峰青修，顾福仁纂：［光绪］《重修嘉善县志》卷十五《名宦》，清光绪二十年（1894）刻本。
③ 顾云：《桑根先生行状》，见缪荃孙纂录：《续碑传集》卷八十，《清代传记丛刊》第119册，台北明文书局1985年版。

同治四年秋,薛时雨卸任杭州知府。顾云《行状》云:"四年充乡试提调官。自念大乱既平,进取者多,而己之政亦粗成,可以退。遂于闱中治告病文书,上之时年未五十……于是以二品衔候选道解组杭州。"①次年岁末,浙江巡抚马新贻聘主杭州崇文书院。薛时雨《马谷山中丞招往杭州主讲崇文书院感赋》有云:"束帛来邱园,皋比为我设。讲舍筑湖滨,杞梓罗俊杰。学荒作人师,惭愧增面热。藉此住湖山,欣欣转颜悦。"②

薛时雨从此开始了长达二十年的书院山长生涯。薛时雨在崇文书院凡三年,同治八年,已任两江总督的马新贻,又聘请薛时雨主讲江宁尊经书院,兼主惜阴书院,《藤香馆诗续钞》卷一《移主金陵尊经书院留别杭州同社二首》《清明节抵金陵遣兴二首》《下榻惜阴书院二首》等诗均有记载其事。薛时雨在江宁凡十七年,直至去世。杭州士子曾在西湖凤林寺后结庐,名曰"薛庐",以志不忘;江宁士子受其教泽甚久,亦在盋山乌龙潭畔为之结"薛庐",由此可见薛时雨在江南士林中享有崇高的威望。

薛时雨主持清代书院之时,科举考试竞争激烈,很多士子存在急功近利心理,为求得科举中式,一味走仿效时文的捷径,忽视更为基础的道德和学术修养。在"世风日降"之下,士子富贵利禄之心膨胀,只知追逐科举功名,"考道论德无闻"。这在当时士子中成为一种普遍风气。如早年就读于苏州紫阳书院的石韫玉为乾隆五十五年(1790)状元,他于嘉庆二十一年(1816)回到苏州紫阳书院任教后,发现士子课艺中割裂经义、文理俱不通之作居多,不禁发出"不知吾乡文章风气之变至于斯"的感慨。道光年间出任江宁钟山书院山长的胡培翚亦担忧学生只知应试,一味钻营"腐烂时文",因而"终其身不得读有用之书,为可惜也。"③为扭转不良习气,多位山长均注重培养学生的道德和学术修养。针对这种情况,薛时雨担任山长期间,非常注重培养学生的道德和学术修养。运用多种教育方法促进学生全面提

---

① 顾云:《桑根先生行状》。

② 薛时雨:《马谷山中丞招往杭州主讲崇文书院感赋》,《藤香馆诗钞》卷四,《清代诗文集汇编》编纂委员会编:《清代诗文集汇编》第 671 册,上海古籍出版社 2010 年版,第 639 页。

③ 胡培翚:《研六室文钞》卷六,清光绪四年(1878)刻本。

升能力和道德修养。例如为培养学生的审美能力,依托书院,改造自然布局,使学生在书院学习生活中身心愉悦。

采取美育方式教育学生,在当时可谓书院教育的一个创举,这与薛时雨本人的自身审美修养和士大夫情怀有关。对于山水景观,薛时雨素有雅兴,喜欢游山玩水,在欣赏美丽的自然景观的同时作诗赋兴,留下许多优美的山水诗,如游览苏州园林时写留园的联语:

迤逦出金阊,看青萝织屋,乔木干霄,好楼台旧址重新,尽堪邀子敬来游,元之醉饮;

经营参画稿,邻郭外枫江,城中花坞,倚琴樽古怀高寄,犹想见寒山诗客,吴会才人。

作者在美丽的留园流连忘返,遥想古代的文人雅士,风流雅致。由此可以看出薛时雨的儒风雅趣。任职杭州知府时,他的课士方式就别有意趣。如在杭州崇文书院期间,薛时雨与学生一起开湖舫诗社,徜徉于六桥三竺之间。在湖中泛舟饮酒,欣赏西湖美景。在欣赏美景同时,"采湖莼,剥湖菱,折湖中碧荷行酒,酒不过量,权取发舒意兴,迹渝性灵,使文气拂拂,从十指出。然后伸纸疾书,笔不加点,故其为文清而不滑,华而不溽,屏绝尘秒,吐纳云霞"。薛时雨"天生好山水",在自然山水中抒发诗意,陶冶情操,留下许多山水诗句,一些游赏山水、凭吊古迹的楹联,写出了自己的所闻所感,在写景赋物中也会自叹个人处境,借他人酒杯,浇自己块垒,虽不无伤感,但积极向上的情绪亦见诸笔端,表现了作者醇厚的学养,达天知命的精神境界。其他联语如:"鹤去难回,留片石孤云,共参因果;我来何幸,有英雄儿女,同看江山(自然庵)""一曲后庭花,夜泊消魂,客是三生杜牧;东边旧时月,女墙怀古,我如前度刘郎(停云小榭)""百战功成,从戟门牙帐而来,谢万户侯封,贪看六朝山色;十弓地拓,极石磴云关之胜,问汾阳声伎,何如居士清凉(仆园)。"这些楹联类似于闲情诗,基本上是述写自己的情怀,有怀才不遇、功业未就的苦闷,有知音稀见、吊古伤今的感慨,有清高孤洁的自许,也有游心物外的神往,有薄宦无定、自叹飘零、借酒浇愁的长吁短叹,反映了作者的情怀和文采。

薛时雨在任职山长期间,特别值得一提的是其将审美教育融入日常生活之中,将书院景观与造士为文联系起来,从而赋予了书院景观以象征意义,具体而言有两个方面:景观与造士。与自然山水不同,书院景观是经人工营造而成的,薛时雨本人也时有参与。《书院秋卉极盛皆手植也小诗赏之》即云:"半弓荒径手亲锄,种得篱花锦样舒。"而栽培植物与培养人才之间具有某种相似性,薛时雨由此引申出象喻之义——《院中新界竹篱杂莳花木并买菊数百本种之》就有句云:"培养根苗如造士。"精心培育院中花木,一如谆谆教诲诸生。或者说,培育诸生亦如培植花木。让学生能知山水之乐,文学在于一种审美的能力培养。山林经培植而多姿,人参与了景观之美的形成,在增加生活美景的同时,也促使学生能在自然之美中提升才情,使自然与文章的"物我合一"。同时,薛时雨通过对自然风景的欣赏,写下了众多优美的诗文传诸后世,并为书院学生培养提供了一条美育途径,促进学生的全面发展。在薛时雨这里,书院之景可以陶冶心灵,又可以欣赏美景、启发文思,正是修身养性的理想境界。

二

薛时雨任南京尊经书院和惜阴书院期间,当时江苏各省会书院的历任山长几乎都是进士出身,拥有较高学衔。他们在各自研究领域造诣精深,是书院的最高学术权威,是全院师生的楷模。薛时雨任江宁惜阴书院尤重学生志向的培养,认为"若夫培才,惟一志作养",勉励士子"扩其器识,酌古今之通,待用于世。上之匡时弼教,郁为右文之治;次亦出其所业,待诏阙下,备天子之顾问。"① 他们培养人才的方法可归纳为如下几方面:书院诸生制定规条八则,以示劝饬,其中第一条便是"立志",他强调圣贤、豪杰乃至以一技成名之人,"无不由志始"。若立志不高,仅在获取功名、追求饱暖安逸或声色之乐,一生将庸碌无为。他进一步指出,只要志向坚定、气魄宏大,便能"精神自旺,才力自裕,世俗之见自不能惑,境遇之纷,自不能扰,一切穷通得丧、生死祸福皆不能撼",从而有所成就,成为他人楷模。

---

① 薛时雨:《惜阴书院西斋课艺序》,见顾明远:《中国教育大系·历代教育制度考(一、二卷)》,湖北教育出版社 2004 年版,第 1586 页。

其次注重夯实基础,追求学问之本源。虽山长学术流派各不相同,但均认为经史是学问根底,要求学生不可一味拘泥于时文,应潜心钻研经典,并努力拓宽知识面。薛时雨这种做法得到当时许多书院的效仿,例如钱大昕在担任广东学政时便敦促士子读全经,在紫阳、钟山书院任教期间,又常常"与诸生讲论古学,以通经读史为先"①,并教授天文、舆地、金石等知识。道光年间主讲钟山书院的朱珔坚持"以经学勖士",对书院原有考试内容以制艺试帖为主的情况表示不满,遂每月增设"小课",考查内容以经解诗赋为主。

薛时雨在担任山长期间,要求所授士子在学习过程中报告读书心得,鼓励其发表自己见解。这种鼓励自学和独立思考,提倡学术争鸣的方法成为当时江苏各书院竞相效仿的典型。乾隆九年苏州紫阳书院山长沈德潜曾向清廷上奏,提出书院宗旨应为培养"湛深经术,明体达用"之人,不必再赘述八股之学。清廷表示同意,要求"书院肄业士子,令院长择其资禀优异者,将经学、史学、治术诸书留心讲贯;以其余功兼及对偶、声律之学"。清乾隆十七年(1752)探花、著名校勘学家和考据学家卢文弨执教钟山书院期间致力于教学改革,曾选拔四五名新入学者作为重点培养对象,每月考核六次,希望"可教之以五经为根抵,庶有异于俗学之陋"②。石韫玉在发现当时紫阳书院风气不振之后,痛切申戒,讲授作文之法,并呈请江苏巡抚胡克家,要求将浮躁不向学之人淘汰出院。这类举措收到一定成效。经石韫玉整顿后,紫阳书院文风终"归于清真雅正""牛鬼蛇神之语皆不复见"。钟山书院在卢文弨、钱大昕、姚鼐几位一流学者主讲期间,"皆以实学为教,数十年来流风为沫"。薛时雨在尊经书院、惜阴书院任教后,"词章之士蔚起",学风为之一变。薛时雨在书院期间鼓励士子自学及注重学术争鸣的教学方式,经推广后在江苏各书院培养人才方面取得良好的效果:"书院生徒在科举方面取得傲人成绩,仅苏州紫阳书院便涌现出彭启丰[雍正五年(1727)]、钱棨(乾隆四十六年)、石韫玉(乾隆五十五年)、潘世恩(乾隆五十八年)、吴廷琛

---

① 钱大昕:《竹汀居士年谱》,清咸丰间刻本。
② 卢文弨:《寄孙楚池师书》,《抱经堂文集》卷十八,清嘉庆二年(1797)刻本。

（嘉庆七年）、吴钟骏［道光十二年（1832）］、陆润庠（同治十三年）等多名状元和邹福保［光绪十二年（1886）］、王鸣盛（乾隆十九年）等榜眼。其中乾隆四十六年状元钱棨乡试、会试、殿试均为第一，即所谓'连中三元'，极其罕见。潘世恩为乾隆五十八年状元，历任乾、嘉、道、咸四朝，官至大学士、军机大臣，被称为'四朝元老'。"① 由此可见，薛时雨创立的这种注重士子品格和提倡综合素质培养的教学形式有利于士子根据自己的兴趣进行深入探研，发挥其积极性，同时也能起到师生相互启发、教学相长的效果，符合现代教育理念。

［民国］《全椒县志》薛时雨本传云："主崇文书院讲席三年，继主江宁尊经书院，注弟子籍数百人。或讽以人才宜鉴择，则曰：'吾培才，非用才也。用才宜严，培才宜宽。'闻者韪之。生平有知人鉴，冯煦、刘寿曾、顾云、张謇辈，皆于寒畯中一见决为通品。"②

三

薛时雨在担任山长期间不仅能够身体力行，创新书院教学，改革传统书院培养人才模式，更能够独具慧眼，发现生徒各方面才能，因材施教，发现、培养可塑之才。其发现人才的途径和方法之一为定期举行考课，即要求生徒赋诗作文，由教师阅批。薛时雨对于生徒的习作十分重视，花费大量精力批阅点评，评点课作兢兢业业，其工作量之大令旁人惊叹。作为山长，其对生徒作品的评阅是师生间重要的交流方式，能起到为学生指点迷津、提高写作水平的作用。在批阅生徒习作后，书院还会选择其中优秀作品，编成"课艺录"之类的文集出版。薛时雨编的文集如下：

1.《崇文书院课艺》。同治六年十一月开雕，次年四月讫工。题"山长薛慰农先生鉴定，监院徐恩绶、高人骥、孙诒绅编次"。同治六年八月马新贻序，同治七年正月薛时雨序。凡制艺50题181篇，选文较多者为屠鑫、张景祁、吴承志、李宗庚、

① 姚在先：《论清代江苏书院的育人之道》，《苏州教育学院学报》2014年第5期。
② 张其溶修，江克让、汪文鼎纂：［民国］《全椒县志》卷十《人物志》，民国九年（1920）木活字本。

周鸣春、金毓麟、张岳钟等。

2.《崇文书院课艺续编》,同治七年冬月开雕。题"山长薛慰农先生鉴定,监院高人骥、孙诒绅编次"。凡制艺21题83篇,选文较多者为赵铭、王若济、屠鑫、施补华、黄以周、金毓秀等。

3.《尊经书院课艺》,同治九年两江督署刊订。题"山长薛慰农先生鉴定,肄业诸生编次"。同治八年十二月薛时雨序。凡制艺100题161篇。南京图书馆藏本仅一册,国家图书馆藏本六册,系全本。选文较多者为卢崟、秦际唐、姚兆颐、丁自求、朱绍亭、朱绍颐、王亮采、徐庆昌等。

4.《尊经书院课艺二刻》,原刻本未见,有光绪八年八月"状元阁爵记李光明家"重刻本。题"山长薛慰农先生鉴定,肄业诸生编次"。凡制艺34题59篇,选文较多者为秦际唐、刘汝霖、姚兆颐、卢崟、朱绍颐、李经文等。

5.《尊经书院课艺三刻》,同治十二年七月"金陵状元境口状元阁"印订发兑。题"山长薛慰农先生鉴定,肄业诸生编次"。同治十二年七月薛时雨序。凡制艺33题110篇,选文较多者为秦际唐、刘汝霖、姚兆颐、陈兆熙、李经文、甘元焕等。

6.《惜阴书院西斋课艺》,光绪四年十二月刊成。题"山长薛慰农先生鉴定,肄业诸生编次"。光绪四年十月薛时雨序。凡八卷:卷一至卷六赋61题208篇,卷七各体诗106题181首,卷八表、启、颂、策、议、考等杂文27题35篇。选文多者为秦际唐、刘寿曾、冯煦、姚兆颐、刘汝霖、陈作霖、朱绍颐、陈兆熙、钱贻元等。

7.《尊经书院课艺四刻》,光绪五年七月刊成。题"山长薛慰农先生鉴定,肄业诸生编次"。光绪四年八月薛时雨序。凡六卷,制艺100题316篇,选文较多者为秦际唐、姚兆颐、刘汝霖、李经文、李青、陈兆熙、周其新、顾云等。

8.《尊经书院课艺五刻》,题"板存金陵状元境口,一得斋刻书铺刷印""山长薛慰农先生鉴定,及门诸子参校"。光绪九年十月薛时雨序。凡制艺65题217篇,选文较多者为秦际唐、陈光宇、顾云、刘汝霖、周其新、陆春官、陈作霖、李经文、姚兆颐等。

9.《尊经书院课艺六刻》,题"板存金陵状元境口,一得斋刻书铺刷印""山长薛慰农先生鉴定,及门诸子参校"。刊刻时间不详。凡制艺34题120篇,选文较多者为秦际唐、陈光宇、孙绶昌、陆春官、李经文、徐宗绩等①。

此外,同治八年薛时雨又曾参与编刊《东城讲舍课艺》。东城讲舍为薛时雨任杭州太守时所创设,制艺之外兼课经解诗赋。这对生徒来说是极大的荣誉,能够坚定其在学术道路上执着前行的信心,有利于优秀者脱颖而出,初步奠定自己的学术地位。薛时雨晚年有联云:"作吏十六年,主讲十六年,壮志消磨,借一角溪山娱老;种竹数百本,植松数百本,岁寒苍翠,与满城桃李同春。"终其一生,他为清代书院的发展做出了独特的贡献。

结　语

清代江苏省会书院在培养人才方面成绩突出。有人认为:"江宁书院,特胜于他省。"②事实上,作吏期间,薛时雨就积极参与地方书院事务;终其一生,主讲书院长达二十年。他在书院史上的贡献,一是改造书院景观,培养学生审美和人文修养,赋予书院景观以审美意义,在书院美学上独树一帜;其次根据书院实际情况进行教育改革创新,培养优秀人才,培育人才众多,尤其是选拔了不少寒士,在晚清江南士林中享有很高的威望;另外编刊书院课艺总集达十种之多,这些总集保存了不少东南名士的书院习作,在书院文献方面具有重要价值,丰富了清代书院培养人才的路径和方法。

从晚清江苏书院的发展及其培养众多杰出人才而言,以薛时雨为代表的清代书院山长的教育方法不无成功之处。其作为中国传统优秀教育理念,对当下教育的改革和发展仍有着借鉴意义,是一笔值得我们珍视并创造性运用的宝贵精神遗产。

---

① 参见鲁小俊:《晚清回族名儒薛时雨书院经历考论》相关论述,《西北师范大学学报》2018 年第 1 期。

② 柳诒徵:《江苏书院志初稿》,《江苏国学图书馆年刊》1931 年第 4 期,第 44 页。

清中后期全椒文人群体述略

吕贤平（闽南师范大学文学院）

摘要：全椒以吴敬梓为代表的文人族群，在清代文学史、文化思想史以至社会发展史上都产生过重要影响，若以整体的眼光观照这一地域文人群，不仅可以发现吴敬梓的精神领袖作用常存，而且这个族群其他文人以及文学创作同样具有研究的价值，他们在时代困境中的身份与精神思想显示出独特的个性，又不乏一致性。通过这个群体文人的各种命运能够烛照清代社会制度与文化的本质，以及这个时代知识分子的精神史。

关键词：全椒；文人族群；吴敬梓

清代中后期，全椒地域科第"大发"，"文运始开"（憨山大师语），吴敬梓步入文坛成为重要标志，在金榘、吴檠、吴敬梓、郭肇鐄之后继以吴烺、金兆燕、吴鼒、薛时雨、金望欣等，全椒文人人才辈出，他们构成了明清文学及文化史上影响深远的江南全椒文人群体。

清代中后期概括说来包括清代中期和清代后期两个阶段。清代中期以吴敬梓、吴檠、金榘、郭肇鐄等为主体，吴敬梓经历父亲病逝、夺产的家难、移家南京等一系列事件，最终促成他与科举决绝而完成《儒林外史》的创作；吴檠、郭肇鐄等于举业中孜孜以求，并多有斩获，金榘一生鞠躬屏气而终老于科场；吴烺、金兆燕等则踵武其后，承上启下，他们于举业世家的沿袭中艰难前行，他们的思想与文学创作与父辈既联系，也有分别，最终因思想志趣相异而分道行；清代后期则以吴鼒、薛时雨为主,一直延伸至道光、咸丰年间,包括金望欣、王城及"三珠"等,吴鼐、薛时雨凭借举业入仕并多有作为,且文学、文化活动频繁;金望欣的文学创作及算学成就、"三珠"女性身份的文学书写等都显示出独特的风貌;而生于全椒的金和,与此一段人事多有交叉,其文学对这一时期的全椒叙事尤多且意义不凡,当视为这一群体的一员。

自20世纪以来与这一区域相关的文学研究重点非吴敬梓莫属,直到今天也没有中断过,这足以说明吴敬梓及其《儒林外史》在中国文学及文化史上所具有的永恒的价值。全椒文人中,金兆燕家族的研究也逐渐进入学者视野,对金氏的关注,早期的研究主要因为其与吴敬梓的关系以及他的戏曲创作,后期对金兆燕的专门研究的相关硕士、博士论文都相继出现。总体说来,除吴敬梓外,全椒地域文人个体、群体(包括族群)以及具有相当影响的全椒地域文化并未引起足够的重视,如对金榘、吴檠、郭肇鐄、吴烺、吴鼐、薛时雨、金望欣等的研究极少,与该群体文人血脉通连的一些著名的文学家族,如吴敬梓家族、金兆燕家族的研究还很不充分,对郭肇鐄、吴鼐、薛时雨等家族的研究,学界则涉猎更少,而这些家族在清代文学、文化思想史乃至社会发展史上都产生过重要影响,理应受到重视。同时,崇文重教、文风鼎盛的全椒地域人文环境同样值得研究。

该群体文人身处时代巨变漩涡中,一方面,他们在困境中的身份与思想表现复杂;另一方面,他们或前后继承,或相互影响,于创作、思想等诸多方面又显示出许多共同的特征。就举业方面言,该群体中各个体命运各异,有孜孜以求而无果者,有历经挫折而看破者,有依靠举业入仕而有所作为者等,而若以整体的眼光观照该群体,他们在时代困境中的身份与思想精神显示个性的同时,又无不包含深刻的社会内容,可以视为同一时代精神结构的互文。透过这个群体的变迁能够烛照清代社会制度与文化的本质方面,那个时代知识分子的精神发展史也由此显现,这一地域文人族群所指示的内涵与意义也因之可以获得更恰当、更充分的揭示。

一、清代全椒文人群体与文学家族总体特质及文学风貌

1.清代全椒文人群体与文学家族之构成与传承。其构成如上所述,其传承显

示以下特征:以家族为根基,以举业为支撑,而文学相伴始终;家族之间通过姻娅脉络相联结;"家族自师友"并代有著述。文学创作显示出地域文化与文学同构的特征,并与其个体、时代及社会结合紧密。师教乡习,濡染成风,前后相继,使该群体保持着长久的生命力。

2. 开放性心态与批判性精神。全椒丘陵地貌,傍水而居,环城的襄河与滁河相接,一直向东,汇入长江。椒人的生态环境若此,加之有明以来"椒去陪京,百里而近,首善薰沐,实先承之"(见[泰昌]《全椒县志》卷四)的得天独厚条件。地域狭小,土地风气及物类所有特征使本土士人不断向外发展,使得全椒的地域文化颇具开放性,文人的开放性心态及批判精神也渐次生成;全椒与南京紧邻,陪都风尚的影响使文人多得风气之先。

3. 吴敬梓成为该群体之标志性人物。吴敬梓的人格与思想具有典范性,其成就与影响提升了这个群体的自我认同感并发挥示范效应;金兆燕、薛时雨从事《儒林外史》的刊刻,既是对吴敬梓的认可,更是吴敬梓的精神生命力延续的象征。

4. 全椒地域文人群体的文学活动与文化记忆。全椒乡土及地域文化的文学书写在这个文人群体的创作中多有表现;《儒林外史》是在极具全椒地域特色的"儒林文化"基础上创作而成,吴国对(吴敬梓曾祖)等所纂修《全椒县志》是小说《儒林外史》的重要素材;吴敬梓及其《儒林外史》已经成为全椒的代表性符号。

二、地域文化与文人发展及双向互动

1. "走太平"民俗及其叙事。"椒之为地,其土瘠,其民劳"(《县志》),生存环境始终困扰着椒人,使得越来越多的人不得不背井离乡,由此积淀并形成全椒延续千年的民俗"走太平","走太平"所蕴含的内质是深刻阐释全椒文人群体的特性、全椒科举文化的内涵、全椒文人家族的发展、吴敬梓思想的批判性等的根本所在。走出去、求发展是"走太平"精神文化之要义所在,它促成一代代全椒文人的成长壮大,进而形成全椒地域文化的典型——"儒林文化"。进秀才、中举人、中进士,这个群体借此一步步迈出全椒,走向全国,各自命运的独特性也由此得以展现。吴敬梓家族在"儒林文化"中崛起而成为地方乃至全国著名的人文现象;"儒林文化"

再造全椒地域文化并塑造着该群体的人格精神,最终凝聚升华为全社会的精神财富与文化遗产。全椒千年"走太平"文化、《儒林外史》中的"儒林文化"等的缘起、发展演变以及影响值得深入阐释。

2. "南山烟堆""笔峰毓秀"与士林文运。"走太平"中"南山烟堆""笔峰毓秀"故事隐喻了科举制度下文人的集体焦虑,与吴敬梓《儒林外史》开篇所云"维持文运"相通。

三、文人游幕、流寓、宦游与地域文化交流融合

1. 全椒文人群体参与安徽与江苏地域的文学文化活动频繁,他们在清代文学文化史中的成就与影响也由此得以展示。

扬州、南京地域文化滋养嘉惠全椒士林。扬州地域的开放性以及重文重商风气使这里出现大批商贾出身的文化人,吴敬梓、金兆燕等与盐商之间恩怨纠缠,意蕴丰富,文人与商人、盐商与儒学(亦商亦文)、经济压迫下的文人思想变化及人格发展等皆由此而得以展示,吴敬梓说"人生只合扬州死",金兆燕云"扬州歌吹地,为我托命巢",吴烺也说"归心不自聊",他们在扬州的活动及创作展示出丰富的内涵。南京的人文底蕴及时代思潮促进了该群体文人胸襟开阔与思想先进,《儒林外史》中吴敬梓借娄太爷口对杜少卿说:"南京是个大邦,你的才情,到那里去,或者还遇着个知己,做出些事业来。"薛时雨居南京云"何必西湖",皆表现出对南京的深情。吴敬梓的思想在移家南京后进一步发展升华,吴烺的学术活动在南京得以展开,薛时雨晚年流寓南京创作尤其丰厚。当然,"南京这地方是可以饿的死人的,万不可久住!"(《儒林外史》中季苇萧语),南京的正面与负面也于此得以展现。

徽州文化与金兆燕的举业人生以及妇女观也有着密切关系。金兆燕徽州交游、入馆作幕等活动尤多,全椒与徽州两地文化的激荡在其思想与文学创作中铭刻下印记。韦谦恒赘婿全椒江氏,受全椒地域文化濡染尤深,其与吴烺、金兆燕多交游唱和。

全椒人比较认可"一桐城,二全椒"之说,实际上,该说缘于清代全椒与桐城相似的举业氛围及成就,加之胡适等将桐城古文与以吴敬梓《儒林外史》为代表的白话小说相比较,推全椒而抑桐城所引起的话题渐起。何泽翰先生特别强调全

椒的"吴敬梓的周围环境",它是构成"儒林文化"的重要方面。全椒文人与"桐城派"文人多有交游,吴檠、吴敬梓、刘大櫆同参加乾隆元年博学鸿词科试,吴敬梓中途退却,吴檠与刘大櫆铩羽而归;吴檠与叶酉、刘大櫆、姚范(姚鼐伯父)交情不浅;姚鼐云吴烺"无意进取"(姚鼐《杉亭集》序),是为知己之语。对照文本及文献记载,该群体与"桐城派"之关系与影响以及士人在科举制度下的心态与思想值得探究。吴敬梓《儒林外史》中,桐城人物戴名世、张廷玉以及桐城派三祖方苞、刘大櫆、姚鼐等都在小说中投下镜像,以原型或情节进入小说中,这些人物也大都包含作者负面的意见,吴敬梓对于桐城派的文学主张并不全以为然,这同时也代表了吴敬梓的文学主张及学术思想,为我们理解胡适等赞誉吴敬梓而贬抑桐城派提供了研究的视角。《儒林外史》故事具有很强的地域性,如被理学禁锢的徽州、"可以饿的死人"的南京、充斥八股腐味的杭州、扬州"有钱的盐呆子"、北京的名利场等,小说以地域为审视视角,使之成为有意味的象征,包含着作者的认识与反思。

2. 吴敬梓与程晋芳、严长明,金兆燕与凌廷堪、秦黉、王复,吴鼒与孙星衍,薛时雨与冯熙、张謇的交游情况同样值得探究,这个文人群体的学术情怀与人格精神也由此得以显示;文人与学人、文学与学术、悟性与奴性以及文人入幕等相关问题也无不牵涉其中。

四、清代全椒地域文人群体的家国情怀与历史命运

1. 家族的历史叙事与家园书写,是该群体最具原汁味的乡愁主题表达,它迥异于狭隘的乡土、宗族观,体现着中国传统农耕文化的精华。"族群记忆"聚焦家族叙事,祖先创业与世家式微对比之下,文人情感及思想表现尤其复杂丰富;"家园情结"是他们对故土的眷恋以及诗意家园的寻觅。薛时雨、王铸、王氏"三珠"与金和等著述对晚清兵燹中的全椒书写,饱含血与泪的控诉;其纪实性的描述则可考见史实,具有很高的文献价值。

2. 全椒地域文人的社会身份及其个体与群体之自觉。聚焦与这个群体相关各种事件背后内因外缘之关系、现实语境与儒学思想之复杂关联、理想与现实矛盾之纠葛等,其背后所凸显则是文人生存与发展问题、文人命运与国家发展之关系等重

要方面。如与之相关的群体自觉方面,吴檠、郭肇镗、吴烺、金兆燕、吴鼒、薛时雨等仕宦上皆曾励精图治而有所作为,其人生实践及文学创作不乏国事、民生、历史的思考,表现出士人之责任与担当。所谓"个体自觉",是指该群体文人大多时候内外交困、才不得伸,面对理想与现实的矛盾时,他们又都不约而同地将重心由"国"挪向"家"一边,走向"文章事业"(薛时雨语),最终实现文学文化的自觉,在文学史及文化史上皆做出卓越成就。吴敬梓在《儒林外史》中抨击八股举业,主张以三代之礼教秩序改造科举,并建构他的理想国,小说写出儒家经典在现实社会中的遭遇以及吴敬梓对于经典所规范的理想的执着,吴敬梓的思想不断启发后来者对本民族文化进行深层次的探索。

3. 知识分子的现代性与全椒文人群体视域。作为文化的"行者",他们的思想在时代困境中发展,并实现超越。在清代文化专制制度下,他们努力以独立的学术研究实现自己独立的人格,构成该群体文人追求人格独立、精神解放的重要部分。《儒林外史》中系列人物的塑造体现出作者的主张,即人的精神要从依附中解放出来,获得自由,吴敬梓以独特的小说话语探索中国文化的出路,《儒林外史》的文化省思与思想启蒙意义与价值也由此显现。

4. 吴敬梓溘然长逝于扬州、金榘老死全椒、吴檠"万念灰冷"、吴烺"无意进取"、金兆燕京城辞官而南归、为政为文具干才和诗才的吴鼒与薛时雨最终归隐书院,他们堪称"世纪的漂泊者",这个文人群体命运的相似性,他们的结局可以视为封建社会士人命运之缩影,而探究知识分子的前途问题并揭摘阻碍他们向近现代意义上的知识分子的转化之因素便成为题中应有之意。

以上四个大的方面是笔者对清代中后期全椒地域文人群体的地位与作用的思考,第一部分是对全椒地域文人群体特征的综论,包括开放性与包容性;举业、家族及文学之间相互依存性;群体内部姻娅脉络联结而声气相应,表现出强烈的自我认同性;吴敬梓在这个族群中的精神领袖作用等。第二部分研究全椒文人族群的发展壮大,不断走出全椒进入更广阔天地。其中"全椒'走太平'的原型意象及新阐释"是缘于全椒地域文化本体精神的溯源研究,而"举业功名"这部分是对《儒林外史》所蕴含的全椒地域"儒林文化"的证明与延伸,在举业制度下这个族群的各种命运由此展现,其中重点探究吴敬梓与金兆燕家族的两歧性精神结构,以及这个文人群体发展所蕴含的悲剧精神,这种精神也奠定了这个地域文学族群的文学成就与精神价值。第三部分是对由地域、族群所建构的文学场域作深入立体的研究,通过全椒与其他地域文化的交流碰撞,文化的冲突、吸收与融合才得以实现,它促成全椒地域文化的包容性发展,也培养了全椒文人群体开阔的眼界与胸怀,吴敬梓能够超脱个人的不幸,去思考整个知识分子阶层的生存状况也正缘于此。与之相联系的《儒林外史》对地域文化的建构与消解,则进一步探究吴敬梓的批判精神。以王氏三姐妹为代表的全椒女性诗人创作不仅有女性特有的情感细腻,而且在家难、国事日非的环境中,她们的思想与行动同样悲壮而深沉,值得后人关注。第四部分主要研究儒学"修齐治平"思想在这个文人族群中的作用及影响。"家族的历史叙事与家园书写"并非局限于狭隘的乡土、宗族观,而是在全椒地域耕读文化熏陶下这个群体所表现的最具原汁味的乡愁,是中国农耕文化的精华所在。"文人的社会身份研究"则联系广大的社会场景与公共空间,聚焦兴衰背后的理想与现实的矛盾、内因外缘之关系、现实语境与儒学思想复杂而深沉的关联等,探究全椒文人族群有为天下思想及人生实践。包括《儒林外史》中所寄寓的吴敬梓的科举理想、吴鼒的政治作为以及晚清社会动乱中薛时雨的事功等。这些并不纯然由具体的政权、政治所导演,其背后是时代与精神的逻辑,这个群体文人大多时候皆内外交困,而最终又都不约而同走向文学文化的自觉。吴敬梓能够对他的时代与文化做出最大限度的反思,其小说《儒林外史》表现出的批判意识及思想启蒙;吴鼒、薛时雨的书院生涯,他们晚年都回归到书院讲学传道;吴烺、金望欣的算学成就,这种学术研究的旨归处则是力图通过独立的学术而保持、实现独立的人格等,都具有未来的指向性,又是时代的早产儿,难免带有先天的不足。吴敬梓的文化反思具有相当的现代性,而其处境在他的世纪大部分时段却被边缘化;金兆燕、吴鼒、薛时雨等在更多层面上与社会、历史的进程相融洽,却始终志不得伸。吴烺游走于二者之间,最终"无意进取"。作为文化的"行者",他们的思想与精神的触须都深入到了历史与人性深处,担负着并不完全取决于个人选择的难以回避的时代的痛苦,是时代理性的表现,这便是全椒文人族群发展的辩证法,它联系着广大的社会场景与公共空间,这些并不纯然由具体的政权、政治所导演,其背后有着更深一层属于时代与精神的逻辑,兴衰背后的理想与现实所构成的矛盾、内因外缘之关系、现实语境与儒学思想复杂而深沉的关联等,无不若隐若现于其中,每一个个体却是无论如何也无法逃脱这种氛围的笼罩。它们何以产生?如何昭示未来?值得我们挖掘。

全椒文人群体呈现出多重价值与意义,该群体的成就一方面与全椒地域关联紧密,显示出独特的地域特征;另一方面,这个群体的思想与精神又具有超越于地理学之上的气度与格局,而且其历时性价值也不断被后世所认识与体悟,故其所能提供的当下思考的意义与价值也成为题中应有之意。

附:个案研究之一
吴敬梓家族与金兆燕家族的两歧性及融通互训

本课题所选全椒吴敬梓家族与金兆燕家族具有相当的典型性,这两个家族依靠举业兴家,几乎同时在江南崛起,两家子弟对于家族、科举的复杂思想认识与在其影响下所经历的人生道路、心路历程及文学创作,为我们提供了封建社会知识分子在科举社会中极具典型性的生存状况。本课题以吴、金两个家族为主要研究对象,将地域、家族两大文化坐标纵贯融合,对其文学场域作深入立体的研究。

家族是个体被直接孕育并与之血脉通连的母体,个体的成长所来有径,所系有根,就家族子弟来说,他们既要在人与文化的有机整体中分蘖出独立的个性与个体性,又无法不把这种个性与个体性纳入有机整体性的社会实践与历史使命中。明、清时期,吴、金两个家族文化层次相当,并通过姻娅脉络等声气相应,不断巩固这种关系,但是,后世两家子弟最终却走上完全不同的道路。这两个家族都有意无意地选择参与社会、历史的进程,说有意,是因为这种选择所显示的主体性与自律性是毋庸置疑的,说"无意",是因为它们的发展又都无法规避时代、历史、文化、民族的无意识决定。或者说这两个家族尽管取径不同,旨趣相异,却仍然是相同时代及同一精神结构的互文而命运相似,在这一意义上,它们的发展本质上又具有深刻的一致性。两姓子弟中,吴敬梓与金兆燕堪称代表。吴敬梓对时代使命与历史要求有着特别的敏感性与承受力，《儒林外史》更显示出小说的创造性与罕见的思想深度；金兆燕表现出对其所处时代与文化条件下最大限度的反思的真诚与力量，其《国子先生全集》展现了这种可能性与丰富性。

一、世家发展的两歧性及家族精神

世家望族精神深刻影响着家族及其子弟的生存发展及命运，作为狂者的吴敬梓及并非乡愿的金兆燕；忍耐而有所承望的金榘及"无意进取"的吴烺，都可从中找到端倪。吴敬梓《移家赋》和金兆燕《休宁县儒学月课示期榜文（代家大人作）》即展现出各自家族发展的精神，吴家子弟最终成为科举世家的叛逆者，金家子弟却做了八股忠实的信徒，正是此种精神笼罩下的结果。对于家族的个体来说，有所依托还是放弃羁绊，迎纳还是拒绝，无限多又无限少的选择及其合理性，近乎撕裂着他们，于是，我们看到这两个家族在其特定的历史时期所承担的时代的身份与立场，还有蕴藏其中的社会历史语境及个体精神动力，构成了这两个家族发展史上最丰富与最富特质的画面。

生长于累代科甲的世家子弟，从其诞生之日起，家族总是通过荣宗耀祖的价值判断不断给其子弟以观念及思想的影响，家族传承、荣宗耀祖的观念影响着一代代的中国人，并内化为中国文化的遗传基因而代代相传，在金榘、金兆燕父子身上也留着深深的印记；金氏家族的成长史也会使金家子弟对于八股举业有一种本能的亲近。事实上，中国的士子能与科举决绝的并无几人，八股亦然。然而，士人的处境随着封建社会的发展，愈往下则愈益狭隘与枯瘠，明清科举制度将衡量士这一阶层价值的标准极其简单化和教条化，"以俳优之道，抉圣贤之心"，统治者将其变为牢笼、驱策士人的专制工具，科举制度下士人的心态已经成为专制制度影响下的一个缩影。当然，科举制度并非全是弊端，可惜明清非其时也！举业世家中八股所能释放的能量实在不可小觑，祖辈们于举业中寄希望、求事功的通途到金榘、金兆燕处已经变成极难攀登的畏途巉岩。一生举业坎壈、志不得伸的金榘遂将他未尽的愿望寄托于儿子兆燕身上，其情殷殷。金兆燕乡试中举后即开始了八次入京考试的历程，直到乾隆三十一年（1766），四十九岁的金兆燕终于在第八次进士试中及第。吴敬梓在经历了乡试的挫折后，很快放弃了秀才的学籍，经过痛切的思量后连博学鸿词科试也不参加;获赐举人的吴烺最终也"无意进取"①。金榘、金兆燕父子对于举业的态度和热情与吴敬梓、吴烺父子有了极大的不同,全椒吴、金这两个同以科举发达的世家望族几乎同时衰败下来,然而,两家对于举业的认识却并没有同步。金氏家族中,科举所发挥的作用以及它所释放的能量十分巨大,作为封建大家长的金兆燕,他的禁锢、灌输使其长孙金琏踏上了才名之后功名随至的通途。然而,在声名与功名的不断跃升中,是身心的过度消耗,金琏弥年沉痾而夭亡,做了八股的牺牲品,金兆燕成了八股的帮凶。《儒林外史》中,金、吴两家诸多人事都成为吴敬梓的创作素材,吴敬梓不愧是现实主义的大师,与金兆燕的诗文比较,《儒林外史》对于金家子弟命运的洞见则尤能见出作者思想的敏锐与深刻,金琏的命运在吴敬梓小说中早已做了预言性的描写,全椒吴氏子弟同样孜孜于先辈所开创的读书、科举、入仕的发家之路,吴敬梓在这其中苦苦挣扎过,而后来的吴敬梓抛弃了"文章大好"而愈加珍重"人大怪"②的品质。吴敬梓身上也确有如袁枚辈们所深为不满的"大怪癖、大怪诞"③,袁枚对八股的认识表现出思想通达的方面,但八股的出身使他不能完全看清八股的罪恶,而其十分顺畅的举业功名道路,必使他对于八股选拔制度有相当程度的亲切感与认同感,这在他有关金琏的故事描述中多有呈现。④

如金兆燕者,社会诱使他们去依附、受奴役,又压迫他们精神,阉割他们思想,然而,维系这个社会的却正是既依附这个社会又受这个社会压迫的难脱奴性的知识分子;如吴敬梓者,他们不合时宜,被社会看作是拙笨的人,可是,他们虽然看似笨拙,其实社会之进步,端赖此类拙者。

二、家族发展的一致性与时代理性笼罩下的个体自觉及家族兴衰

吴敬梓家族与金兆燕家族"两歧性"特征所显示的异质性,本质上又具有深刻

---

① 姚鼐:《吴敬叔杉亭集序》,《惜抱轩全集》文集卷四,中国书店 1991 年版,第 33 页。
② 金榘:《泰然斋诗文集》卷二附金两铭:《和(吴檠)作》,清道光二十六年(1846)刻本。
③ 袁枚:《小仓山房尺牍》卷二《答鱼门》,《丛书集成三编》第 77 册,台北新文丰出版公司 1997 年版。
④ 见袁枚:《子不语》,王英志主编:《袁枚全集》第 4 册,江苏古籍出版社 1993 年版,第 350—351 页。

的一致性，联系广大的社会场景与公共空间，家族兴衰背后的理想与现实所构成的巨大的矛盾、内因外缘之关系、现实语境与儒学思想复杂而深沉的关联等，无不若隐若现于其中。大多时候，两家子弟皆内外交困，这两个同以科举发达的世家望族几乎同时衰败下来便也成为一种必然，这些并不纯然由具体的政权、政治所导演，其背后有着更深一层属于时代与精神的逻辑，每一个家族却是无论如何也逃不脱这种氛围的笼罩，而最终又都不约而同走向文化世家的自觉。

“论出处，不过得手的就是才能，失意的就是愚拙；论豪侠，不过有余的就会奢华，不足的就是萧索。……那些大户人家，冠、昏、丧、祭，乡绅堂里，坐着几个席头，无非讲的是些升、迁、调、降的官场；就是那贫贱儒生，又不过做的是些揣合逢迎的考校。”[①]英雄失路之悲在吴敬梓的身上表现尤其浓烈，但它绝非吴敬梓的个人悲剧所能概括。吴敬梓《秋病四首》（其四）：“屯贱谁怜虞仲翔，那堪多病卧匡床”[②]，吴烺《寓庐偶感》（其一）：“狂如阮籍休耽酒，穷胜虞卿莫著书”[③]，金兆燕亦云：“白头空自为书劬”[④]，就读书人个体而言，吴氏父子、金氏父子都无法跳脱自己的宿命，他们的遭际是封建时代文人命运的缩影。《儒林外史》中吴敬梓借做了四十年秀才的倪霜峰之口说：“我从二十岁上进学，到而今做了三十七年的秀才。就坏在读了这几句死书”[⑤]，金兆燕说：“为教授时，于市购得小铜印，刻‘椶亭’二字。乃自取为号。且构椶亭于署之西偏。所著述数尺矣，有劝之刻者，答曰：“人人知吾为椶亭，而椶亭之名，实得诸市间，奈何以一生心血为椶亭所攘乎！”[⑥]作为举业中挣扎过的读书人，金兆燕深谙其中痛楚，也目睹许多不幸，吴敬梓扬州猝然离世而身无葬身

---

① 吴敬梓：《儒林外史》第五十五回“添四客述往思来　弹一曲高山流水”，人民文学出版社1977年版，第620页。

② 吴敬梓、吴烺撰，李汉秋点校：《吴敬梓吴烺诗文合集》，黄山书社1993年版，第24页。

③ 《吴敬梓吴烺诗文合集》，第295页。

④ 金兆燕：《重到扬州示旧时诸友》，《棕亭诗钞》卷一五，清嘉庆十二年（1807）刻本。

⑤ 吴敬梓：《儒林外史》第二十五回“鲍文卿南京遇旧　倪廷玺安庆招亲”，第298—299页。

⑥ 李斗：《扬州画舫录》，中华书局1960年版，第219页。

之钱,乃父金榘直到六十二岁时才得以廪贡生的资格出任安徽休宁县训导,不久后即因病致仕归家,穷病而亡。等等皆是。"文章卖饼,笔翰编苦"①,志不得伸、才不见用的现实以及自己切身的遭际无不使金兆燕怨愤、叹息。

"士之仕也"是封建社会读书人赖以生存的基本手段,科举制度也由此成为封建社会最重要的因素,改变着读书人的命运,并塑造着他们的思想与人格精神。对于读书人来说,迎纳也好,拒绝也罢,驯服和叛逆都脱不开它的笼罩。另一方面,统治者大都会玩弄各种手段去威逼利诱士人,使他们臣服,而这何其多的手段中,举业是最为有效的方法,社会从来没有为每一个读书人都留有天然的位置,在封建社会集权统治的挤压之下,士阶层对于权势的恭敬甚至屈服便在所难免。当然,科举制度并非全是弊端,在一定时期它发挥着相当积极的作用,如唐和宋时期,尤其宋代对科举甚为重视,最大程度地吸引着社会各阶层"寒窗苦读",也借此选拔出大批优秀的人才,从而实现"以文治国"的方略。可惜明清非其时也! 明清科举制度将衡量士阶层价值的标准极其简单化和教条化,"以俳优之道,抉圣贤之心",统治者将其变为牢笼、驱策士人的专制工具,正如小说《儒林外史》中闲斋老人序所言:"有心艳功名富贵而媚人下人者;有倚仗功名富贵而骄人傲人者;有假托无意功名富贵自以为高,被人看破耻笑者"②,科举制度下士人的心态成为专制制度影响下的一个缩影,在权势的挤压之下,士阶层的独立性已极大地削弱,士人想要成为纱帽群体中的秋风客就必须绝对臣服于权力之下。于是,我们看到全椒的金家与吴家在其特定的历史时期所承担的时代的身份与立场:吴敬梓对漂泊异乡,自谋衣食的儿子吴烺格外的挂念,"莫诧时名著,应知客思伤"③是沉痛语,也是平淡语,说沉痛是因为经历了太多遭际,说平淡是因为一生的坎坷和失意才叫吴敬梓真正看透了

---

① 金兆燕:《渡江云·沈沃田韵送程南耕归里》,《棕亭词钞》卷三,清道光十六年(1836)刻本。

② 吴敬梓著,李汉秋辑校:《儒林外史汇校汇评本》,上海古籍出版社1999年版,第687页。

③ 吴敬梓著,李汉秋辑校:《吴敬梓诗文集》,人民文学出版社2002年版,第40—41,52页。

功名富贵;金兆燕与其子台骏常年在外,这年除夕终于与儿子团聚,台骏尚是个秀才,金兆燕以诗勉励儿子"及时须志学,莫负岁华佳。"[①] 告诫台骏要珍惜时光,温习经史,以求得将来举业的上进。这其中所蕴含的社会历史语境及个体精神动力,构成了各自家族发展史上最丰富与最富特质的画面。

对于家族的个体来说,将个性与个体性纳入到有机整体性的社会实践与历史使命中,很多时候成为必然。吴敬梓的深刻,是因为他从未能依附中走出来,并摆脱了依附的限制,最终完成超越,在人与文化的有机整体中分蘖出独立的个性与个体性;尽管吴烺没有完全摆脱对于封建政治经济的依附性,但至少吴烺看透了这种依附,有不为稻粱谋的秉性,最终不屑依附而"无意进取"[②],实现人生境界的超越。金榘一生黾勉于世,碌碌于举业而无所获,最终抱憾离世;进士及第的金兆燕却也因此而养成对八股的依赖与崇尚,更无法完成如吴敬梓般的超越。吴敬梓晚年生活一餐一饭都难以为继,穷到死无葬身之钱,这是吴敬梓的大不幸,但它绝非吴敬梓的个人悲剧所能概括。这实在是一场很大的危机,吴敬梓以切身的经历和思想的敏锐,意识到这场危机,一边追求超逸脱俗的格调,一边充满愤世嫉俗的情怀,内心里却异常的悲愤苦闷,英雄失路之悲在吴敬梓身上表现得尤其浓烈。

三、互动的诠释

吴敬梓家族与金兆燕家族的"两歧性"与"一致性"所显示的矛盾及由此所产生的张力,反映了中国封建科举制度下举业家族生存与发展的基本态势,显示出个体、家族、国家发展之关系

清代政治及文化制度的奴性,吴敬梓体验尤深。就个体性格及人生经历来说,吴敬梓看不惯官场与儒林的卑鄙龌龊,不屑奔走于势利之途。但是,出身科举世家的吴敬梓与举业分道扬镳,又是一个艰难的选择,它需要直面一生志不得伸并常与落魄、贫病相始终的勇气。吴敬梓用毕生的热情乃至牺牲世俗意义上的成功与幸福来建立与维护这一精神传统。作为举业世家的孝子贤孙,金兆燕却未能开出反

---

① 金兆燕:《除夕示台骏》,《棕亭诗钞》卷八。
② 姚鼐:《吴荀叔杉亭集序》,《惜抱轩全集》文集卷四,第33页。

省的道路,一生奔走于举业道路中,背负着它,成为奴隶而不觉。然而,两家子弟的生活与思想又呈现出丰富性。以吴敬梓、金兆燕为典型,他们皆活动于康雍乾时期,程晋芳言吴敬梓"吾为斯人悲,竟以稗说传"①,金兆燕自我体认"不自知耻,为新声,作诨剧"②,表明他们的心路艰辛,吴敬梓与金兆燕都不甘仅以文人自待,实际上,吴敬梓不仅忧世,同样忧生,他是从绝望中才有所指望,《儒林外史》是怀疑的极端,也是信仰的极端;金兆燕不仅忧生,也还忧世,甘于做举业虔诚信徒的金兆燕也多有苦闷,不乏呐喊,并没有放弃他所置身的现实与人文传统,也不乏"干世"的热情。

　　当我们把封建时代的历史人物放在他所附丽的特定的文化语境范畴中去理解的时候,这种理解对于揭示某一个体的思想及文化心态也许可以更富于历史感,而藏在这一堆矛盾背后的正是我们需要接近的研究对象,它的复杂性、它的不同寻常体现出它的研究价值。考察吴敬梓的一生,其门阀意识强烈,追根溯源,魏晋的风尚及思想深刻地影响着吴敬梓,在他的人格形成中发挥着重要的作用。魏晋时期,由于皇权的相对低落,一般士大夫知识分子在人格精神上显得比其他时代更为清高超越,然而,后期封建社会尤其明清时期,皇帝对士人重在摧垮其刚性,一切公侯贵臣却只能俯伏于皇帝脚下露出卑微渺小之态。吴敬梓用这种门第世家的尊贵精神去对抗到处充斥着的世俗的腐朽社会,晚年的吴敬梓生活困窘到一餐一饭都难以为继,死无葬身之钱的地步,但其始终能够保持着这种名门望族的自豪感,给自己以精神的支柱和寄托,在艰苦的生存中争取着一分从容。"要不是出于他对伪文人和贪官污吏的强烈反对以及试图证明自己是一个正直的儒者和孤高的隐士的强

　　① 程晋芳:《怀人诗十八首》,《勉行堂诗集》卷二《春帆集》,清嘉庆二十三年(1818)刻本。
　　② 金兆燕:《棕亭古文钞》卷六,清道光十六年(1836)刻本。陆萼庭认为《程绵庄先生〈莲花岛传奇〉序》作于1765年,大概源于序中金兆燕所说"戊寅冬与先生同客两淮都转之幕……越七年,乃以全部寄示余,余卒读而深叹之。"实际上,作序时间是在"寄示"及"卒读而深叹之"后,且远迟于这一时间。对照《文钞》中另一篇《方竹楼词序》结尾时间标示是"己亥六月既望",可以推算本篇所作不迟于1779年,是在金兆燕中进士后。

烈愿望,吴敬梓很可能是不会感到有必要成为一个小说家的。"①金兆燕坎坷的举业道路,自乾隆十二年(1747)至乾隆三十一年,八应会试始得进士及第,乾隆三十三年春,金兆燕以领凭作扬州教授。扬州任上近十二年,在理想与现实之间,金兆燕总是不满与无奈。乾隆四十四年冬,金兆燕由现任扬州府教授赴京城任国子博士兼四库馆缮书处分校官。然而,京都冷宦,只一年多时间兆燕便辞官南归,乾隆五十六年,一生疲惫的金兆燕卒于故里,寂寞地其离开人世。"丈夫抱经术,进退触藩羝。于世既不用,穷饿乃其宜"②,乾隆十九年吴敬梓猝然逝于扬州时,金兆燕难掩心中悲愤而写下斯语,何尝不是他自身命运的写照,金兆燕没有料到或者不愿相信如他们般的读书人都会鱼贯进入这种命运轮回中。吴敬梓《儒林外史》开篇所云"一代文人有厄",金兆燕所云"宦情冷落"③,以及姚鼐言吴敬梓长子吴烺之"无意进取",既是他们各自生存情境的反映,更有他们精神思想的反思及反省,吴敬梓对于门阀世家的崇尚,对于八股的敢于绝望,是一种狂者的姿态;金榘一生碌碌苟且,老死于科场,他的忍耐及黾勉于当世而不能去,科举之干系不可谓不重;金兆燕承继父辈兴家的期望,背负着举业家族的沉重包袱,辗转在独立与依附之间,虽黾勉听受,而意终不平;吴烺的人生彷徨则是基于社会政治笼罩和父辈人生的反思。在时代的变迁中,他们所彰显与可能彰显的高下之分与是非之别,往往具有某种戏剧性。吴敬梓的文化反思具有相当的现代性,而其处境在他的时代的大部分时段却被边缘化;金兆燕家族在更多层面上与社会、历史的进程是融洽的,却始终志不得伸。吴烺游走于二者之间,最终"无意进取"。作为文化的"行者",他们的思想与精神的触须都深入到了历史与人性深处,担负着并不完全取决于个人选择的难以回避的时代的痛苦。金兆燕扬州府学教授,广文冷官,位卑禄薄,不能自豪,兆燕十二载之任始终于理想与现实间徘徊。乾隆四十四年冬,入京供职,任国子监博士

---

①　夏志清:《中国古典小说史论》,江西人民出版社2001年版,第252页。

②　金兆燕:《甲戌仲冬送吴文木先生旅榇于扬州城外登舟归金陵》,《棕亭诗钞》卷五。

③　金兆燕:《辛丑三月二十八日,黄仲则招集于法源寺寓饯花次韵》,《棕亭诗钞》卷十五。

兼四库馆缮书处分校官。京都生活寂寥,经济日益困窘,一年无多即已倦游。吴敬梓则进一步思考整个士人阶层的生存状况,"秉持公心,指摘时弊"①,别具思想与理性。小说第五十五回写了市井四奇人,他们是开篇"楔子"所写之群星的一部分,"维持文运"四字道出吴敬梓的苦心,《儒林外史》以祭泰伯为中心,表现星君维持文运的努力。其实这也是士林普遍关心的问题,冯梦龙、蒲松龄、吴敬梓、曹雪芹等于此皆有思考,他们的文学作品及其他非文学作品汇为一个深厚的"文化文本",不断催人觉醒,吴敬梓及其《儒林外史》则尤为突出。

历史上,无数举业世家的衰颓都无法阻挡,但是中国文化史上说不尽的慈闱庭训、机声灯影之母织儿读的掌故,不断地印证着世家之家风家学不仅难斩"五世",反而表现为积之弥深,续之尤远。王铸说:"全椒以科第、文学世其家"②,道出了全椒这两个家族的文化特征。隋唐时期科举制度的确立,加之隋末农民战争对世家大族的冲击,促进了魏晋以来盛极一时的门阀地主的灭亡,到明清时期逐渐形成遍布全国各地的"科举家族"③。明清"科举家族"与魏晋"世家大族"不同,科举家族的子弟依靠举业世代应举。基于学而优则仕的传统,一个因科第而发达的家族,极易向着官僚性质的转化,使士族疏离了郡望或旧贯的原有质地品味;举业世家在不断追逐科举仕进的过程中,因举业的衰败也会逐渐丧失其社会领袖地位。这些都会使一个举业世家辉煌不再,历史上,无数举业世家望族的衰颓都无法阻挡,旧家族的发展也无可逃避这样的命运,但是"师资源委"的条件往往不是随家族举业、政治及社会地位的式微而同步失落。就一个家族来看,家族的文化传承,标示这个家族整体的文化水平,在科举与文学此消彼长的发展过程中,全椒吴氏与金氏两个家族的性质实质上已经发生变异,最终完成了由举业望族向着文化世家的转化,特

---

①　鲁迅:《中国小说史略》,《鲁迅全集》第九卷,人民文学出版社 2005 年版,第 228 页。

②　王铸:《棕亭古文钞序》,见《棕亭古文钞》卷首。

③　科举家族是指这个家族从事举业的人数众多,并且不断有人取得五贡或举人及以上功名。清代五贡与进士、举人都被视为"正途出身",士人取得五贡功名后,就有更多机会出仕做官。《清史稿》卷一〇六《选举一》:"恩、拔、副、岁、优,时称'五贡'。科目之外,由此者谓之正途。所以别于杂流也"。

别是以吴敬梓、金兆燕为代表的家族子弟以文学上的成就遂使这个家族流芳百世。

吴敬梓家族与金兆燕家族是世家望族发展的典型缩影,对它们的研究已经超越了作为文学史、文化史以及社会史研究的个案,且应具有超越"地域"的气度与格局。这种研究意味着要与这个家族的历史人物形成历时的对话、沟通机制,从而给自己研究提供当下的意义。这种研究不仅建构起意义系统的当下合法性,也是对人类优秀文化遗产的继承与发扬。全椒吴敬梓家族与金兆燕家族为我们提供了封建社会知识分子在举业环境下颇具典型性的生存状态,聚焦这两个家族子弟的人生道路,能够启示我们认识那个时代及文化对人的精神戕害以及必然走向没落的规律,虽然这两个家族的兴衰不能涵括中国文化的诸多本质,但是,通过对这两个颇具代表性家族的深入研究至少可以发掘中国文化的某些特征,进而探究文化家族与社会的关系及其互动机制的规律,对于研究中国古代知识分子的发展以及与中国文学的诸多方面都具有深刻的启发意义。

薛时雨的仕宦生涯与《藤香馆词》的
情感内涵及词史地位

李庆霞（合肥学院中文系）

摘要：薛时雨是近代词坛名家，也是太平天国时期一位颇有政声的贤臣能吏，他的《藤香馆词》是其十年仕宦生心路历程的生动写照。《藤香馆词》的情感内涵主要集中在三个方面：乐友朋酬唱之欢愉、感仕宦生涯之羁畔、忧家国民生之离乱，既体现了封建传统士大夫的人生志趣，也表现了他们对国家民族的责任感，丰富了太平天国时期"离乱词"的文化内涵。在艺术上，薛时雨以大量慷慨悲凉的词作丰富和拓展了稼轩词风，推尊了词体，提高了词品。

关键词：薛时雨；《藤香馆词》；酬唱之欢；仕宦之羁；离乱之痛

灿若星辰的清代词坛上，安徽全椒人薛时雨是不能忽略的一位。薛时雨（1818—1885），字慰农，晚号桑根老人，清咸丰三年（1853）进士，先后官浙江嘉兴、嘉善知县，杭州知府，兼浙省督粮道、代行布政、按察使职。清同治三年（1864）辞官，后主讲杭州崇文书院及江宁尊经、惜阴书院以终，生平著有《藤香馆诗钞》《藤香馆诗续钞》《藤香馆词》等，存词160多首。

一、薛时雨的词史地位与研究现状

薛时雨是晚清词坛上一位有影响的作家，受到当时及后世诸多学者的关注。《藤香馆词》的历史地位，从近现代诸多知名词集选本可以窥见一斑。具体情况见下表：

词选名称	编选者	刊刻出版年代	选录词（集）作数量	选录作者数量	选录薛时雨词作（集）数量
《箧中词》	谭献	1887年	984首	375人（清代词人）	4首
《艺蘅馆词选》	梁令娴	1908年	676首	190人（唐、宋、明清词人）	1首
《清名家词》	陈乃乾	1937年	134种	100人	2种近160首
《近三百年名家词选》	龙榆生	1962年	498首	66人	1首
《全清词钞》	叶恭绰	1975年	8260首	3169人	3首
《金元明清词鉴赏辞典》	王步高（执行主编）	1989年	820首	365人	1首
《近代词钞》	严迪昌	1996年	5232首	230人	46首

这里要说明的是：谭献所编《箧中集》选词达到4首及以上的词人，共有70位（包括谭献本人），严迪昌所编《近代词钞》选词达到40首以上只有38人。从上述选本可以看出，薛时雨不仅是晚清近百年词坛的重要词人，就是在近三百年的清代词坛，也是一位当之无愧的名家；即便是在一千多年的词史上，也占有一席之地。

《藤香馆词》在刊刻之时，就有十数位友人为之作序题跋、赋诗题辞，其中包括蒋敦复、张鸣珂、周闲、张景祈、谭献等词坛名家，都对其作了高度评价。蒋敦复撰写《芬陀利室词话》，除赞颂薛氏人品、词品外，并选录其词数首加以细评。谭献《箧中词》所选四首词之后，都有精辟的评语，评价甚高。在民国时期的卢前，曾作《望江南·饮虹簃论清词百家》云："藤香老，楣贴俊能腴。偶作令词追小晏，若为长慢厉朱余。潭上有新庐。"[①] 当代学者对薛时雨词的关注始于严迪昌先

---

① 转引自尤振中、尤以丁编：《清词纪事会评》，黄山书社1995年版，第805页。

生的《清词史》,该书从词史发展的角度,将薛时雨的《藤香馆词》与词坛大家蒋春霖的《水云楼词》同列为"道咸衰世的'词史'",认为在诸多"太平天国战争的离乱哀唱"作品中,像"蒋春霖《水云楼词》那样既有大背景,又切近实际感受的作品不容易多得。差强人意的还有薛时雨的《藤香馆词》"①。莫立民《近代词史》同样认为《藤香馆词》是"太平天国战乱时代的黍离哀唱","使《藤香馆词》升值的,是因为它用凄切之笔,描述粤乱后城市、乡村的凋残,诉说词人凄凉的心绪"②。二书均用一节的篇幅专门介绍薛时雨及其词作,重视程度可见一斑。安徽的青年学者李睿发表于《词学》第二十七辑的论文《薛时雨及其〈藤香馆词〉》,较为全面地介绍和分析了薛时雨的生平经历、创作历程、词集版本、艺术渊源与词学旨趣、词作内容与艺术特征等,并特别比较了《藤香馆词》与蒋春霖《水云楼词》的艺术个性,认为蒋春霖词,反复抒写在战乱的时代背景下"才人失路、飘零无依之感",词人的自我形象十分突出;而薛时雨词则"直陈其事、直叙其情",直接表达"今夕盛衰之感"和"繁华落尽的遗憾",词人的自我形象则较淡。在艺术上,薛时雨词"远祧苏辛,近法陈维崧、蒋士铨。词风以豪迈奔放为主,不为曲笔"。但是"在心灵世界的开拓与语言的精警上,《藤香馆词》确实比《水云楼词》逊色一些"③。这篇文章中大多是精辟之论,有助于我们全面了解薛时雨的词作成就和艺术个性,并进一步体会他的词史地位。可惜的是,学界对薛氏词作的研究仅限于这几位学者,还有很多问题需要进一步关注。

二、薛时雨的仕宦生涯和辞官心态

作为一位封建文人,薛时雨首先是以一名颇具吏治之才、关心民生疾苦的官员身份走上晚清历史舞台的,又以辞官为师而成为文坛宿儒。"辞官"是他人生道路上一个重要的转折点。他的生平事迹主要见[民国]《全椒县志》、[民国]《杭州府

---

① 严迪昌:《清词史》,江苏古籍出版社2001年版,第532页。
② 莫立民:《近代词史》,人民文学出版社2010年版,第421页。
③ 李睿:《薛时雨及其〈藤香馆词〉》,《词学》第二十七辑,华东师范大学出版社2012年版,第121—122页。

志》和其学生顾云所作的《桑根先生行状》（以下简称《行状》）。本文依据此篇《行状》来探讨他的辞官心态与其词创作的关系。

根据《行状》所述，薛时雨为全椒复兴集人，祖上为平民，其父薛鑫为"增广生"，即县（州）学的生员，善诗文，名列［光绪］《全椒县志·文苑传》中。薛时雨"生性机敏，九岁时为诗，辄惊其长老。于书无所不读"，但从未"以问学矜人"。道光二十三年（1843）二十岁时考中举人，次年参加进士考试落第。因母亲多病，遂侍疾近十年，于咸丰三年（1853）与仲兄春藜"同中礼部式，殿试二甲，赐进士出身"。中进士后，分发到浙江候任，次年（1854）题补嘉兴知县。在嘉兴任上，他"张弛一切，惟民便之从"。上任的第二年，嘉兴大旱，为民生计，他下令停征税粮，置上官多次催缴税粮的檄令于不顾，因此被罢官。但是他敢于为民请命的美名却传遍浙江，"浙东西言循吏者皆曰薛嘉兴"。咸丰七年薛时雨调任嘉善县令，仍然坚持执政为民，"事民习嘉兴之政"，县中十余年的积案，他数月之间就清厘完毕，表现出出色的治世才能。

1860年太平军张世贤部攻占浙江，嘉兴、金华、余姚、杭州等地相继陷落，薛时雨临危受命，代任嘉兴知府。当时，清廷共同担负剿灭太平军任务的湘军和淮军都驻扎在嘉兴，不能和睦相处，薛时雨为之多方沟通，"军以大和"。有太平军将领想投降的，要求清军派人谈判，当时无人敢行，薛时雨带着侍从，乘"一棹小舟冒入"，孤身进入敌营，经历九死一生，事虽未谐，但他的才干和胆识得到了时任浙闽浙总督、浙江巡抚曾国藩的赏识，于同治三年（1864）"以历任繁剧，久著循声"为由，推荐他任杭州知府。当时的杭州刚经历过战火，社会经济遭到严重破坏，百废待兴，薛时雨"抑强暴，抚流亡"，修学宫，建书院，并仿照"明蒋御史故事，月课士湖上"，一时间"浙东西名士无弗与者"，杭州的文教之盛恢复到战乱之前的水平，"无异承平时"。在杭州任知府的三年期间，薛时雨处理了无数有益民生的事务，如：请求上官禁止当地驻军踩踏百姓桑田；向上官奏请减免商贩赋税；说服百姓去除迷信，及时下葬死去亲人；遣放被错当成贼寇、上官要定成死罪的无辜百姓；在贡院旁边修建考棚、会馆，供士子、商贾歇脚休息之用等等。

在任杭州知府之时，曾国藩因为自己"督师于外"，浙江布政史、按察使"亦将兵循地",浙省群龙无首,遂命薛时雨遂以知府身份"署粮储道",并代行布政、按察两司之职,一时间他"一身绾四印"。而他竟将各方面的事务处理得井井有条,"躬不知劳,时叹为异禀"。浙江布政使蒋丰澧对曾国藩赏识重用薛时雨感到不满,遭到曾国藩的怒斥:"艻泉(蒋丰澧号)以军事起家,至于吏道,当学薛慰农"。自此,浙江要员多对薛时雨尊敬有加。继任巡抚马新贻对他更是"极相礼貌"。才干优长,政绩卓著,长官赏识,百姓拥戴,都预示着薛时雨的仕途一片光明。以常理论之,正值乱世,他应当再接再厉,继续为官,充分发挥自己的治世才能,为国家出力,实现封建士人普遍向往的"治国平天下"理想。但是,在仕途前景一片大好的时候,薛时雨突然选择上书辞官,而此时他还年未满五十岁。虽然马新贻极力挽留,百姓亦"怀思皇皇",但他去意已决,最终"以二品候选道解组杭州"①。辞官后应马新贻之聘,主讲杭州崇文书院。马氏调任两江总督,薛时雨亦随之应聘江宁尊经、惜阴书院,以讲学终老。

　　关于薛时雨辞官的原因,[民国]《全椒县志》叙述他身兼四职时云:"同列忌其才,遇事龃龉之"②,暗示他因感于官场腐败而辞官。李睿也认为他"看透了官场腐败,愤然托病辞归"③。但是根据顾云《行状》所述,薛时雨对辞官给出的理由是:"大乱既成,进取者多,而已之政亦粗成"④,颇有功成身退、克己让贤之意。到底哪一种说法更为可信?从我们对薛时雨仕宦生涯的叙述来看,薛氏本人的说法更接近真实的情况。清末官场固然腐败,但因国事衰微,时乱频起,为维护统治,为时势所逼,清廷的各级决策者在人才任用方面,不断打破前朝成规,不拘一格启用英才,虽不能挽救大厦于将倾之时,但也确实延缓了王朝覆灭的行程。同曾国藩、李鸿章等中兴名臣的崛起一样,薛时雨能在动乱之中堪以大任,除了他本

---

①　顾云:《桑根先生行状》,见缪荃孙纂录:《续碑传集》卷八十,《清代传记丛刊》第119册,台北明文书局1985年版。

②　张其濬修,江克让、汪文鼎纂:[民国]《全椒县志》卷十《人物志》,民国九年(1920)木活字本。

③　李睿:《薛时雨及其〈藤香馆词〉》,第108页。

④　顾云:《桑根先生行状》。

人的才干外,岂不是时势造就英雄? 在他的为官生涯中,虽有同僚的嫉妒,却也有高官大吏的赏识,如果好好加以利用,他的官原本可以做得更大一些,名望也原本可以更高一些。但是他选择了急流勇退,除了身体方面的原因,更重要的应该是他孜孜以求的人生理想,原本就与入仕为官、建功立业没有关系,这才是他辞官为师的根本原因。那么,薛时雨的人生理想是什么呢? 这就需要到他的诗词中去寻找答案。

三、《藤香馆词》的情感内涵

《藤香馆词》由《西湖櫓唱》《江舟欸乃》两集组成。在《西湖櫓唱自序》中,薛时雨交代了该词集的创作情况:咸丰四年,他在候任期间,"需次暇日,辄以长短句自遣,积久成册,题曰《西湖櫓唱》";此词集被秀水孙瀜刊入《同人词选》,蒋敦复著《芬陀利室词话》还摘入该词集的部分词作。任嘉兴、嘉善县令时,他"奔走南北,间有所作",也附录该集之后。然辛酉、壬戌(1861—1862)年间的太平军之乱,作者"流寓西江,寇警日逼,心亦摇如悬旌",该词集散佚大半,"初稿十存四五"。战乱之后他忙于政务,"事事草创,日不暇给",一直到同治五年他辞官之后"始得重亲翰墨",并修订诗稿,兼及词作。由此可见,《西湖櫓唱》是他初入官场到辞官这十一年间的作品,"十年踪迹,强半寄此"①。在《江舟欸乃自序》中,薛时雨交代:1865 年辞官以后,他买舟自钱塘江出发,入长江上溯游历,达到江西,"出吴门、陟金焦,渡扬子江返里,复西上至皖江,过彭蠡湖,达至章江",次年自江西返回,"再经里门,泛秦淮,涉黄埔,重入钱塘江",期间"往返七千余里。舟中一意倚声,积成一册"②。由此可见,《江舟欸乃》是薛时雨在辞官后两年时间里,在游历长江中下游沿岸途中所作。主讲书院以后,他不复为此。可以说,薛时雨的词作主要作于他三十六至四十八岁(1854—1866)之间,是他"中年时期

---

① 薛时雨:《西湖櫓唱序》,见冯乾编校:《清词序跋汇编》第 3 册,凤凰出版社 2013 年版,第 1478 页。

② 薛时雨:《江舟欸乃序》,见冯乾编校:《清词序跋汇编》第 3 册,第 1475 页。

的特定阶段的产物"①。

《藤香馆词》清晰记载了薛时雨仕宦生涯前后的心路历程,从中我们可以探究他辞官的真正原因,考察他的人生追求与作词旨趣等等。纵观《藤香馆词》中的160 多首词作,虽然内容较丰富,如抒写闺情爱情、吟唱思乡怀旧、描绘风土人情等等,但薛时雨反复吟唱、贯穿于整个词集的情感心绪主要集中在三个方面,即乐友朋酬唱之欢愉、感仕宦生涯之羁畔、忧家国民生之离乱。前两者是薛时雨离官的精神动力,是他的人生追求。后者提高了薛时雨的词品,两者相辅相成,丰富了薛时雨"离乱词"的文化内涵。

（一）乐友朋酬唱之欢愉

全椒地处吴头楚尾,自古以来人杰地灵,文风昌盛。自清代以来,薛时雨的前辈同乡吴敬梓、吴烺父子及金兆燕（吴烺姨表兄）、吴鼒等名贤,就都有词集传世。故乡文风的熏染,加上本人天资聪颖好学,"九岁为诗""于书无所不读"②,于词自然有深厚的艺术素养。

然而,薛时雨能够走上词的创作道路,与他任官浙江有着更密切的关系。他为官的嘉兴、杭州,从清初以来就是词薮之乡,文人宴集酬唱的风气很盛,流风所及,到晚清时期也是同样的风气。薛时雨初到浙西,就被浓重的文人吟咏酬唱之风所感,正式开始了词的创作。他的《西湖橹唱》中的第一、二首词作,就是写他初到这里与朋友之间的酬唱歌咏之乐。如第一首《水调歌头·吴蓉圃太史同年凤招宴吴山道院即席有作》云:

> 积雨放晴霁,风景倍清妍。拓开游览眼界,须上最高巅。多少红楼白塔,一派湖光山色,都落绮筵前。极目远天尽,疋练截江边。　　聊今雨,呼旧雨,共流连。良辰胜境难值、况又主宾贤。峰是吴山第一,人是蓬莱第一。此会续群仙（座皆为癸丑同年,蓉圃为癸丑榜首）。起舞倚残醉,自谓我非颠。

---

① 李睿:《薛时雨及其〈藤香馆词〉》,第 110 页。

② 顾云:《桑根先生行状》。

这首词当作于薛时雨在杭州等候补缺期间,与他同年考中进士的文人学士齐聚杭州吴山道院,登高赏景,诗酒流连,实在是人生难得的盛会。作者在友朋文酒聚会的过程中,开阔了襟胸,拓展了视野,体会到无穷的乐趣。在《白字令·雨中游湖》中,他还直言"笑我卅载乡园,拳山勺水,到此胸襟阔"①。相比于杭州,家乡全椒的自然风光和文风当然要逊色许多。文学艺术的创作需要群体之间的相互切磋与激发,初到杭州,在浓郁的文风感召下,薛时雨的创作灵感便如泉涌般喷薄而出,加之这时还有相对的闲暇时间,便于"需次暇日,辄以长短句自遣,积久成册",创作成果可谓斐然。

杭州、嘉兴本是浙西词派的发源地,清初朱彝尊、沈皞日等词人就经常在一起聚会,切磋词艺,留有大量词作,被后人辑为《梅里词辑》。清代中期,厉鹗、杭世骏、赵煜、陈章等好友经常在杭州西湖、赵氏小山堂、吴氏瓶花斋等处唱和,遂形成了深厚的文人雅集传统。厉鹗就曾经多次在词中描绘同道友朋之间酬唱吟咏、相知相乐的人生境界:在《高阳台·湖上感旧》中,他描绘朋友们在西湖上清游时"最情忱,同谱问青旗,同谱《乌盐》"②;在《意难忘·丁未冬杪客芜城将归次饮谷送别韵》中,他回忆和同道朋友们在扬州的潇洒风流生活:"樵歌共谱,琴趣闲编。沙河春衬马,灯市夜飞蝉"③。这些充满名士风流的文化氛围与创造激情,与蝇营狗苟于功名利禄之徒的聚会有着本质不同。

薛时雨来到浙西,沐浴这里的文风地气,不知不觉中这种生活已成为生命的重要部分,成为他诗词表现的重要内容。在十年的仕宦生涯中,虽然公务繁忙,局势动乱,但只要有机会,他都会参加这样的盛会。例子如《东风第一枝·乙卯新正三日,孝侯同年招作长夜之饮,赋此》描写文人聚合的潇洒欢愉:"难得是、抟沙再聚。何况是、岁朝佳序。拨来内翰铜琶,和出杜娘金缕。豪情绮习,争忍令、芳时辜负。

———————————————

① 薛时雨:《藤香馆词》,陈乃乾辑:《清名家词》第九卷,上海书店1985年版,第1页。

② 厉鹗著,董兆熊注:《樊榭山房集》,上海古籍出版社1992年版,第893页。

③ 《樊榭山房集》,第691页。

笑夜阑、扶醉归来,借尔玉堂莲炬。"①这里文人潇洒自由的情态,与厉鹗在词作里抒写的文人相聚之乐可谓是异曲同工。

(二)感仕宦生涯之羁畔

薛时雨生性淡泊,在第一次会试落榜时,并没有急于参加下一科的会试,而在家乡侍奉母疾达十年之久,这绝非营营于名利之人所能做到。虽然他后来走上仕途,并以自己的能力为百姓做了很多事。但本性淡泊的他并不留恋名利,也不在意功业。来到浙江以后,好友同道道一起诗酒流连、酬唱歌咏的生活更让他明白人生的真谛。于是,感叹仕宦生涯的羁畔,向往自由自在的闲云野鹤般的生活成为他词作的又一个主题。如《解珮令·歌筵解嘲》云:

> 香山歌席,坡仙吟舫,是杭州。宦迹都佳丽。落拓粗官,敢谬讬风流高致。只难删、少年幽思。　　春江花月,西陵骏马,问欢场,消魂能几个? 陶令闲情,也只是、遣愁而已。好春光,半归流水。②

他羡慕曾经为杭州太守的白居易、苏东坡,希望能够像他们一样歌酒吟咏潇洒风流,也羡慕不为五斗米折腰而辞官的陶渊明。他看到嘉兴鸳鸯湖上的鸥鹭飞来飞去,感叹"此地足幽栖。应容我、他日櫂歌来去。心盟白水。抽身便做烟波侣"③。他敬仰拒绝出仕、归隐富春江钓台的汉代严子陵,赞颂他"人自清高风自峻"④。多年的官场生涯使他身心疲惫,感叹"我是江干倦羽。证禅心、早成泥絮。飘萧宦况,浮沉身世,凄凉愁绪。青鸟传言,紫云度曲,几番辜负。向鸥边问讯,沿溪香草,是钟情处"⑤。可以说,就是怀着这样的情怀与执念,他在自感"功业粗成"之后,义无反顾地离开官场,追求向往已久的悠闲生活。

辞官之后,在孤舟西行的途中,薛时雨也曾感受到门前冷落鞍马稀的凄清寂寞,与以前热闹的官场生活相比,已是天壤之别。在他的词作中,也偶尔会出现感

---

① 《藤香馆词》,第 11 页。
② 《藤香馆词》,第 12 页。
③ 《南浦·鸳鸯湖》,《藤香馆词》,第 14 页。
④ 《渔家傲·严子陵钓台》,《藤香馆词》,第 21 页。
⑤ 《水龙吟·舟泊兰溪》,《藤香馆词》,第 12 页。

慨冷清的词句,如《百字令·舟出吴门,沈书森太守璋保招同潘玉泾廉访曾玮、钱芝门太守恩棨宴集桃花坞,即言别》中云:"偏我落拓江湖,萧萧瑟瑟,蒲柳惊秋已早。十载名场如一梦,心事春婆都知道。"[1] 这里以深秋景物的萧瑟渲染落拓江湖的凄清。但即便如此,他对理想仍然孜孜以求,不改初衷。其《沁园春·岁暮书怀》抒写心志云:

> 老矣吾衰。急景残年,言愁欲愁。想寒家鸡酒。团圆白屋,豪家歌舞。跌宕红楼。天阔云低,风饕雪虐,落落关河一敝裘。凄凉甚、只青灯照影,伴我孤舟。　　封侯。壮志都休。须及早、安排返故邱。叹十年讲舍,诗书糟粕。十年宦海,踪迹浮沤。瓜子金黄,桃花绶紫,富贵骄人应自羞。吾何羡,要渔樵作伴,猿鸟同游。[2]

虽然漂泊江湖,只有清灯照影,孤舟相伴,遭受风饕雪虐,但回忆起十年官场生涯,他觉得是耽误了诗书,被富贵迷了本性,所以坚定地要与渔樵为伴,猿鸟同游。

(三)忧家国民生之离乱

薛时雨生活在一个国门被打开、王朝大厦行将倾颓的年代,虽然他满怀雅集之兴和闲云野鹤之思,但生于乱世之中,他无法做到对国家和民众的苦难视而不见。他亲身经历过太平天国的大动乱,亲眼看到大好江山遭受炮火毁灭,百姓饱受离乱之苦,内心自有无尽的伤感,故而写下大量的离乱之词。在清军与太平天国的拉锯战中,金陵和杭州、嘉兴等地的街衢道路、园林书院、官衙民宅等受到严重破坏,这三个地方却是他最为熟悉、最有感情的地方,因此他的词作所感伤的对象也主要是这三个地方。如《台城路·十六夜无月,泊荒港中,凄凉特甚,遥指金陵不远,扣舷歌此》

> 廿年不到江南岸,荒溪者般寥落。月黑鸦鸣,云阴鬼哭。古寺钟声遥阁。客怀恁恶。又恻恻风酸、暗生林薄。纵不工愁,个时也自感离索。　　依稀一星幽火,石头城下,寻梦如昨。白社狂名,红楼绮习,画舫秦淮宵泊。惊天鼓角,

---

[1] 《藤香馆词》,第29页。
[2] 《藤香馆词》,第33—34页。

叹六代莺花,幻成风鹤。诉尽凄凉,一声声巷柝。①

词作用"月黑鸦鸣、云阴鬼哭"来形容战乱后金陵荒凉阴森的场景,又用"恻恻风酸、暗生林薄"暗示荒凉悲戚的氛围,也是时代氛围的写照。又如《多丽·别西湖五载矣,甲子中元节,建盂兰盆会于湖上,礼佛云林寺,循岳坟、苏堤而归。老葑蔽天,湖流如线,荒凉景况,触目伤心,偶忆蜕岩旧词三复不能自已,用原拍韵书感》云:

> 万磷青,压波烟雾冥冥。好湖山、鞠为茂草,晚钟哽咽断南屏。梵王宫、枯杉啼鸩,精忠院、断甓栖萤。柳悴隄荒,梅薪鹤瘱,六桥风月恁凋零。更惨绝、千堆白骨,滞魄永难醒(近日收买枯骨建万人塚十座于湖上)。空携得、一尊浊酒,浇上孤亭。　忆当年,诗坛酒社,名流麇集西泠。七香车、艳招蛱蝶,百花舫、红引蜻蜓。劫过云飞,人来梦换,万家野苦不堪听。剩几个、湖乡旧侣,霜鬓各星星。沧桑感,一行泪雨,洒过前汀。②

词的首句用鬼火粼粼闪烁来形容西湖在遭受劫难后的恐怖气氛,继而又用白描手法写出西湖周围诸多风景名胜的荒凉、破败、凋零、萧瑟。更用"千堆白骨"特写镜头式的描写来写出战争给人带来的心理恐惧,是历史真实图景的描绘,不愧是"词史"。

四、《藤香馆词》的词史地位

(一)继承浙西词派的流风遗韵

不容置疑,薛时雨是受浙西词风的影响而走上词的创作道路的。由于机缘巧合,他任官浙西,接触到了这里风土人情与文风士气,并很快融入此地文人的酬唱宴集当中。正如作者在《西湖橹唱自序》所说,自己在闲暇之日所做的词集《西湖橹唱》,被"秀水孙次公外史刊入《同人词选》"③中(孙次公指词人孙瀜),说明了他

---

① 《藤香馆词》,第44页。
② 《藤香馆词》,第25—26页。
③ 薛时雨:《西湖橹唱序》,《清词序跋汇编》第3册,第1472页。

融入浙西词坛的程度。在嘉兴为官时期,接触到汇集浙西词派发源地——秀水梅里一地的词人词作的《梅里词辑》,并为之作序,称赞梅里词人"亦能幽微缥缈之思、空灵婉约之致,沿浙西词派流嗣响"①,表现出对这种词风的倾慕之情。继嘉兴之后,薛时雨官至杭州,进一步受到以厉鹗为代表的浙西中期词人文采风流的影响。他的词作中,多处提到厉樊榭(厉鹗之号)。如《齐天乐·行舟将发,同人极道西溪茭芦庵之胜,遂棹小舟往游,夜载月而归》下阕云:

> 名流一觞一咏,碧纱笼好句,游迹曾寄(庵为昔贤游憩之所,旧奉樊榭老人栗主)。学士词章,佛龛灯火,都付颓垣荆杞。我来暮矣。趁酒熟莼香,一舟孤系。冷月黄昏,荡吟情欲起。②

厉鹗曾经游西溪,并写下了高妙旷远的名作《忆旧游·溯溪流云去》,从这首词可以看出薛时雨对厉鹗的崇拜,而这首词本身也写得清冷幽静,颇有樊榭之风。

薛时雨词受浙西词风的影响,表现在两个方面。一个是内容上,他继承了浙西词人歌咏朋辈酬唱之乐、抒发超脱尘俗之思的主题,这在前文已阐述,不再赘述。另一个是在风格上,他继承了浙派词含蓄隽永、清新空灵的风格。虽然他有不少词作写的慷慨豪迈,如《满江红·感事用鄂王韵》《金缕曲·采石矶》等,颇稼轩词风,也颇受当时词人重视,蒋敦复评其词曰:"以抑塞磊落之慨,写缠绵悱恻之情"③,沈金藻评其词曰"曲似稼轩花底唱,愁如坡老酒边开"④ 等等,但就总体而言,《藤香馆词》中的大多数词情感表现相对含蓄温婉,境界相对凄清冷静,更接近于浙派词风。且不说集中有很多咏物、咏闺情的词,完全是浙派气象,就连很多的感怀现实的词作,也是写得含蓄空灵。尤其是《江舟欸乃》中的许多词,感伤国事,纯用典故和景物,虽然丝毫未触笔现实,却将情感表现的含蓄深沉,大有浙派"空中传恨"之风。如《南乡子·六月十八夜呈甫

---

① 薛时雨:《梅里词辑序》,见沈爱莲辑:《梅里词辑》,张宏生主编:《清词珍本丛刊》第 23 册,凤凰出版社 2007 年版,第 631 页。

② 《藤香馆词》,第 28 页。

③ 蒋敦复:《藤香馆词跋》,见冯乾编校:《清词序跋汇编》第 3 册,第 1472 页。

④ 沈金藻:《藤香馆词题诗》,见冯乾编校:《清词序跋汇编》第 3 册,第 1472 页。

仲修邀至湖上纳凉》。

> 水阁映残霞,萧鼓迎神笑语哗。破碎湖山重点缀,繁华,灯火宵明卖酒家。　　薄醉话周遮,清露无声泾臂纱。堤柳暗笼残月影,横斜,自棹轻舟宿藕花。①

全词凄清的环境、阴冷的气氛暗示痛彻心扉的心境,在无言的描写中渲染悲伤绝望的情绪,透露出时代感伤氛围。

(二)播扬稼轩豪放词风

最能代表薛时雨词风的还是那些直抒胸臆、感慨时事、带有稼轩词风的作品。他虽然深受浙西词派的影响,但并不拘泥于浙西词派。不同于浙派末流词人情意枯涩、穷形尽相地描摹外物,生性耿直的他,有明确而执着的人生理想,有心怀天下的热忱,恰又遭遇动乱的时代,所以他的词作总是深情弥漫,在艺术上更多直接白描和直接抒情的笔法,而少修饰和曲笔。他曾经评价自己的词作:"律疏而语率,无柔肠冶态以荡其思,无远韵深情以媚其格。病根仍犯以直字。"对自己词作风格的概况可谓精辟。如《台城路·题随园图,次陈实庵太史元鼎韵》:

> 钟山云冷骚坛寂,亭台废兴谁主。地拓清凉,天开画稿,点缀夕阳蔬圃。啼猿学语。说往昔莺花,了无寻处。粉本重摹,个中幽径孰来去。　　秋风回首旧梦,雅游裙屐集,丝竹曾谱。茂苑花阑,秦淮水咽,太息芜城同赋。经年战鼓,问甚日、陂塘再盟鸥鹭。②

该词感慨战乱毁坏的金陵随园风流不在,痛心江山兴废无人能够把握,写景则是直接白描,疏放旷远,继而又抚今追昔,向往将来,流露出浓郁的主观情感。对这种词风产生的根源,薛时雨的解释是:"噫! 言者心志声,几者动之微。词翰虽小道,足无比数,顾能直不能曲。傥所谓习与性成耶。"③可见他有着严肃的创作态度,

---

① 《藤香馆词》,第51—52页。

② 《藤香馆词》,第16页。

③ 薛时雨:《江舟欸乃序》,《清词序跋汇编》第3册,第1475页。

把作词看成是心声的表达方式,认为词风是个人性情与习性所致,尽管音律有所疏忽,语言有些直率,也不能因辞而伤害本心。

本着这样的创作态度和个性心理,当薛时雨用健笔抒发感情时,自然就会有豪放气派。《藤香馆词》有十几首明显带有稼轩词风格的作品,历来受到重视。如《满江红·感事用鄂王韵》词云:

> 虎踞龙盘,争一霎,繁华消歇。问谁启,东南门户,火炎冈烈。皖水先期归战船,秦淮从此无风月。展吟笺,愁谱望江南,音凄切。　　虚声诮,谁能雪?家国恨,难磨灭。把金樽斟满,玉壶敲缺。斫地歌哀襟溅泪,忧天心赤腔凝血。问何人、遗世独遨游,朝仙阙。①

面对山河破碎的残酷现实,心中积郁太多的痛苦,低吟浅唱、凄楚哽咽之声已经不能满足抒发悲情的需要,故而仰天长啸,慷慨悲歌,唱出心中的哀与痛。该词为吊金陵陷落而写,词笔沉痛,直抒胸臆,慷慨激昂,实在是一首稼轩风格的作品。又如《金缕曲·采石矶》《满江红·蟆矶怀古》等,用雄健之笔描写壮丽的江山风景,追怀历史上的英雄业绩,呼喊力挽狂澜,拯救国家民族于危亡之英雄人物,痛感江河日下的国势等等,都是突破了温柔敦厚的诗教传统、密切呼应现实的佳作,是稼轩词风在新的历史条件下的发扬光大。

(三)丰富"离乱词"的文化意蕴

薛时雨为词史学家所注重的是反映太平天国时期金陵和杭州离乱景象的"词史"性作品。严迪昌认为:这一时期,词坛最优秀的作家当然是蒋春霖,但是除蒋氏之外,比较优秀的、"差强人意"的词作者,就只有薛时雨了。事实上,这一时期,反映时事离乱的词人词作是很多的,但为什么就只有薛时雨的作品是"差强人意"的呢? 严迪昌《清词史》的解释是:这些词作"大都或内容有严重问题,或粗率不能卒读。""其表现的角度"不出三种:一是"咒骂洪杨的同时愤怒于'衮衮诸公'的误国",这类词作以赵起的《啸晚词》为代表,言词过于直白,缺少艺术性。二是重弹清初词人吊念明亡的旧调,与当代时事类比,有些不伦不类,代表性作品是许

---

① 薛时雨:《藤香馆词》,第8页。

宗衡的《玉井山馆诗余》。三是"表现心灰意懒,纸上一片幻灭感",这类词以江顺诒的《愿为明镜室词稿》为代表,其作者大都为"地位较低的文士"。相比之下,薛时雨作为"一个颇具吏治之才也还正直的官员",他对时事现实的感慨,"至少从战后现实的惨苦和宦海浮沉的无味这两个角度,揭示了所谓'中兴'气象背后的破败景观和落寞心绪,可作理解末期王朝的衰亡已无可挽回的参照"①。正因为如此,他的词作可被看成是"词史"之作。

　　严迪昌先生紧扣薛时雨"封建官员"的身份,从词作反映时事人心的角度评价《藤香馆词》的词史地位,视角深刻、立论高远,然而他并没有对这个问题展开深入探讨。我们认为,《藤香馆词》中的"词史"性作品,从一个封建士大夫的视角,展示了这场大动乱对传统士人生活情趣和心灵情绪的冲击,预示着传统精英阶层精神世界的大崩溃。在这场大动乱之前,国家相对安定,士大夫阶层大多过着诗酒风流、以酬唱吟咏惬意生活,公务繁忙之余又向往着沙洲鸥鹭般自由自在的生活,故而也会时常生出"宦海无味、归隐田园"的感慨,然惬意潇洒和自由闲适的生活需要稳定的社会环境为基本前提。但是大动乱毁坏了园林亭台,烧毁了书院道观,民生凋敝,江山满目疮痍,他们的惬意生活自然一去不复返。由自身境遇的改变,联想到家国民生的命运江河日下,其痛彻之处不是更深一层?

　　所以我们注意到,薛时雨写金陵或杭州离乱景象的词作中,都会回忆往昔这些繁华之地上士大夫文人吟咏酬唱生活的惬意,今昔对比更增悲慨。如《台城路·十六夜无月,泊荒港中,凄凉特甚,遥指金陵不远,扣舷歌此》,上阕描写金陵战后的破败,下阕回忆往昔金陵繁华:依稀一星幽火,石头城下,寻梦如昨。白社狂名,红楼绮事,画舫秦淮宵泊"。白社正是文人聚会唱和歌咏之地,"狂名"暗喻文人聚会时的潇洒意态。又如《多丽·别西湖五载矣,甲子中元节,建盂兰盆会于湖上,礼佛云林寺,循岳坟、苏堤而归,老莼蔽天,湖流如线,荒凉景况,触目伤心。偶忆蜕岩旧词三复不能自已,用原拍韵书感》中对杭州昔日繁华的回忆是:"忆当年,

————————
① 《清词史》,第530—533页。

诗坛酒社,名流麋集西泠。七香车、艳招蛱蝶。百花舫、红引蜻蜓",也同样带有他这个社会阶层人物的生活特征。然而大乱过后,繁华不在,金陵城内只听见"一声声巷柝"的凄凉之音,杭州城"万家野苦不堪听。剩几个湖乡旧侣,霜鬓各星星",往日的风流兴致再难显现。"钟山云冷骚坛寂,亭台废兴谁主""秋风回首旧梦,雅游裙屐集。丝竹曾谱"之类的感慨在他的词作中亦不少。

自魏晋以来,无论是清寒才士,还是官场才俊,在恰当的环境下都会将"曲酒流觞"式的酬唱雅集当作是人生乐事。"仰观宇宙之大,俯察品类之盛"[1],士人在吟咏流连当中或寄托家国情怀,或寻求自我价值,雅集文化已经成为中国古代士人精神世界的重要组成部分。清代以来,文人雅集之风连绵不断,在文字狱大行其道、才人失意的年代,文人雅集更成为体现自我价值、展示个性自由的重要途径,一般士人参加时都会兴味盎然。然而随着大动乱时代的到来,这一切都将灰飞烟灭,国势日益衰微不可为,已经使士人们失去了盎然的兴致,即便是再能聚会雅集,也不过成为为王朝家国行将覆灭的命运集体痛哭罢了。清末时文廷式、朱祖谋等词人在一起唱和《庚子秋词》的心境,就证明了这一点。

五、结语

总之,作为封建官员,薛时雨及其《藤香馆词》生动地写出了一代士大夫阶层在国势式微、天崩地裂的大时代变革之下生活与思想的变化轨迹,他自觉地拒绝"柔肠冶态"之词,大胆剔除俚俗、粗率之作,使词成为和诗歌一样能够言志的抒情文体,进一步推动了清代推尊词体的进程。他的既词直面现实人生和社会,又抒发理想和情怀;既直抒胸臆,又注重艺术韵味,真实地反映了特定历史阶段的社会状况与时代情绪,有很高的社会价值和艺术价值,不愧为清代词坛名家。

---

[1] 王羲之:《王右军集·兰亭集序》,见张溥编:《汉魏六朝百三家集》,光绪二年(1876)重刻本。

藤香馆诗的纪实特征

秦亚坤（湖南大学中国语言文学学院）

摘要：薛时雨是晚清著名诗人，他的诗集《藤香馆诗钞》和《续钞》共计刊诗一千二百二十三首。薛时雨的诗歌简洁生动，议论宏大，并且有意识地运用了叙事、议论等表达方式，和苏轼诗歌"以文为诗"的特点比较相似。部分诗歌以记述时事为内容，具有十分鲜明的纪实特征。这些诗歌描写了晚清时期平民的悲惨生活，作者自身漂泊不定的官海生涯，以及战争带来的对社会生产和人民心里的严重破坏。从中可以看出动荡的社会现实对中国传统知识分子心灵的震动。

关键词：薛慰农；藤香馆诗；纪实

《清诗纪事》载："（薛时雨）字慰农，一字澍生，晚号桑根老人，安徽全椒人。咸丰三年癸丑进士，历官杭州知府，署粮储道。有《藤香馆诗钞》《续钞》《桑根老人精华录》二卷。"①《藤香馆诗钞》的版本主要有：光绪五年（1879）刻本（《藤香馆诗删存四卷词删存二卷》）及同治七年（1868）年刻本，《续钞》卷首有"同治辛未开岁"莫友其署检，当是同治十年刻本。《藤香馆诗钞》和《续钞》共刊诗一千二百二十三首。其中《藤香馆诗钞》四卷收录咸丰四年至同治六年（1854—1867）诗作，共计九百五十一首；《藤香馆诗续钞》未分卷，收同治七年至同治九年

---

① 钱仲联主编：《清诗纪事·咸丰朝卷》，江苏古籍出版社 1989 年版，第 11184 页。

（1868—1870）诗作,共计二百七十二首。两集所刊诗作均按时间顺序编次。《清代诗文集汇编》中收录《藤香馆诗钞》《藤香馆诗续钞》及《藤香馆词》(均为《薛氏五种》本)。据民国安徽通志馆辑《安徽通志稿》对薛氏著作的叙述,与现存诗集略有出入。①

《藤香馆诗钞》和《续钞》中收录的作品创作于薛时雨嘉庆间在嘉善任知县和在杭州任知府时期。这期间他关心民生疾苦,兴办教育,尤其是在同治二年清军和太平军李秀成部的作战过程中,他孤舟入城,劝说太平军首领向清政府投诚未果,后经左宗棠奏请补授杭州知府,他"招集流亡,使民复业,创东城讲舍,招文士,课诸湖上,亲自校阅",以至"论者谓两浙文物无异承平"②。对薛时雨善政的记载在相关地方志等文献中比比皆是。受出仕为官的经历影响,薛时雨的诗作也多以生民疾苦、亲朋离散以及自己颠沛的人生际遇为主要内容。关于他的作品风格,秦缃业在《藤香馆诗钞》序言中说:"君居杭久,其诗如西湖山水,清而华,秀而苍,往往引人入胜,趋向固不外苏、白二家,而伤时感事之作,沉郁顿挫,且骎骎乎入杜陵之室,然后知苏白不足以尽其诗,而诗亦不足以尽其生平也"③。张景祁同样在《藤香馆诗钞》跋中说:"其诗原本风雅,不规规于格律,而滂沛浩瀚,一畅其所欲言,于苏为尤近。苏公尝自谓出处似乐天,先生之于苏公亦然。""先生负经世才,既不得志于时,潜居韬晦,疑必有悲歌慷慨郁纡牢愁之作,乃读其所为诗,飙举电发,倾吐胸臆,而一归于和平雅正之旨。"④ 由此可知,薛时雨是在有意识地学习白居易和苏轼的作诗风格。赵翼《瓯北诗话》说:"以文为诗,自昌黎始,至东坡益大放厥词,别开生面,成一代之大观……尤其不可及者,天生健笔一枝,爽如哀梨,快为并剪,有必达之隐,

---

① 见安徽通志馆辑:[民国]《安徽通志稿》卷二十七《艺文考稿·集部》"别集类二十六",民国二十三年(1934)铅印本。

② 安徽通志馆辑:[民国]《安徽通志稿》卷五《列传稿》之《齐彦槐薛时雨传》。

③ 秦缃业:《藤香馆诗钞序》,见薛时雨:《藤香馆诗钞》卷首,《清代诗文集汇编》编纂委员会编:《清代诗文集汇编》第671册,上海古籍出版社2010年版,第551页。

④ 张景祁:《藤香馆诗钞跋》,见《藤香馆诗钞》卷末,第557页。

无难显之情,此所以继李、杜后为一大家也,而其不如李、杜处亦在此。"① 又说:"中唐诗以韩、孟、元、白为最。韩、孟尚奇警,务言人所不敢言;元、白尚坦易,务言人所共欲言。"② 王若虚《滹南诗话》也提到:"乐天之诗,情致曲尽,入人肝脾,随物赋形,所在充满"③。可见薛时雨的诗歌是以简洁、生动、健朗和议论纵横为主要风格的,这也是为什么他的诗歌中有很多歌行体作品。这种"以文为诗"的风格和诗歌的独特的内容相结合,形成了一种十分鲜明的内容上叙述时事、情感上感慨沉郁的纪实特征。

中国古典诗歌有很深厚的纪实传统,我国古代第一部诗歌总集《诗经》,就被看作是现实主义文学的源头。孟棨《本事诗·高逸第三》言:"杜所赠二十韵,备述其事。读其文,尽得其故迹……杜逢禄山之难,流离陇蜀,毕陈于诗,推见至隐,殆无遗事,故当时号为诗史。"④ 首先把杜甫描写安史之乱前后满目疮痍的唐朝社会的作品命名为"诗史",强调了杜诗的"纪实"功能。《潘子真诗话》曾经引述黄庭坚的话:"老杜虽在流落颠沛,未尝一日不在本朝,故善陈时事,句律精切,超古作者,忠义之气,感发而然。"⑤ 进一步标举杜诗的"诗史"地位。邵雍《诗史吟》云:"史笔善记事,长于炫其文。文胜则实丧,徒憎口云云。诗史善记事,长于造其真。真胜则华去,非如目纷纷。"⑥ 也十分推崇杜甫诗歌中对真实社会场景的描写。秦缃业所说的薛时雨诗歌"骎骎乎入杜陵之室",正是基于对其诗歌中有关社会民生和作者自身真实经历的内容的肯定。汪鸣銮《藤香馆诗钞》跋云:"托情言事,灵均之微旨耶? 感时纪事,杜老之殷忧耶……关心民瘼,蔼然

① 赵翼:《瓯北诗话》,见郭绍虞编选:《清代诗话续编》,上海古籍出版社 1983 年版,第 1195 页。

② 《瓯北诗话》,第 1173 页。

③ 王若虚:《滹南诗话》卷上,人民文学出版社 1962 年版,第 58 页。

④ 孟棨:《本事诗·高逸第三》,见丁福保辑:《历代诗话续编》,中华书局 1983 年版,第 1146—1147 页。

⑤ 见郭绍虞辑:《宋诗话辑佚》,上海古籍出版社 1990 年版,第 310 页。

⑥ 邵雍著,郭彧、于天宝点校:《邵雍全集》,上海古籍出版社 2015 年版,第 373 页。

仁者之言。"①认为薛时雨和屈原、杜甫一样,关心国计民生,他的诗兼有《离骚》香草美人的隐喻手法和杜甫沉郁顿挫的境界,有所寄托的仁者之言。实际上晚晴社会的动荡和战乱让几乎整个时代的所有诗家都产生了一种难以抑制的苦闷和无奈,他们把这种感受发之于歌,言之于诗,形成了一种独特的时代风景。钱仲联在《清诗纪事》中说:"以诗歌叙说时政,反映现实成为有清一代诗坛总的风气……作品之多,题材之广,篇制之巨,都达到了前所未有的水平。"②值得注意的是,这种对现实的纪实性描写具有一种尖锐的批判精神,刘克庄《后村诗话》评价杜甫的诗歌时说:"直笔不恕,所以为'诗史'也。"就这种直面现实的精神而言,薛时雨的诗歌具有重要的典型意义。对此,可以从以下三个方面进行理解。

一、反映社会实际

薛时雨的诗歌首先在一定程度反映了人民贫苦的生活状况。薛时雨曾经担任过嘉兴和嘉善两县知县,他在任职期间非常关心民生疾苦,这一时期,他的很多诗作以县令的视角反映了人民生活的艰难。如《曹沧行》,这是一篇歌行体作品,表现了嘉兴一带的农民交税输粮的情景。诗作一开篇就说:"东南财赋甲天下,之江上虞推嘉禾。"③这句诗表面上说嘉兴一带物产富庶,上交的赋税天下第一,实际上是用反语强调当地百姓巨大的赋税压力。"岁逢大熟官吏喜,大张文告严催科。误遭漏课罚不宥,毋以良善罹网罗。民遵功令急晒谷,逾期输纳防谴苛。木杵嘎嘎昼不息,石碓兀兀深宵磨。"丰收之年,农民没有权利优先享受自己的劳动果实,而官吏理所应当地在这个时候贴出告示,要求百姓必须按时交税,否则就会受到严厉的惩罚和斥责,而且丝毫不会宽宥怜悯。在农民的眼中,每一粒粮食都和宝石和美玉一样美丽珍贵,即便是上交国库的粮食,也要簸扬干

---

① 汪鸣銮:《藤香馆诗钞跋》,见《藤香馆诗钞》卷末,第556页。
② 《清诗纪事·咸丰朝卷》,第1页。
③ 薛时雨:《藤香馆诗钞》,第573页(本文所选诗歌皆从该书,下文不做单独说明)。

净,丝毫不愿意敷衍。"红鲜白灿籽种美,香粳熟糯精华多。簸扬既净若珠玉,盛以囊橐装以箩。"但是把浸润着一年血水和汗水的粮食上交官府,谁又能不心疼呢? "一年血汗获秋稔,负载出门泪滂沱。"薛时雨看到鳞次栉比交税的船舶几乎阻塞了河道,他深深地感受到了农民的艰辛,"嗟尔穷民苦无告,煎迫惨若投焰蛾。"把交税的农户比作扑火的飞蛾,薛时雨对他们充满了真实的同情和怜惜。咸丰六年,嘉兴旱灾,一连三个月没有下雨,作为县令的薛时雨目睹了农民凄惨的情状,"万家排桔槔,荦确连官塘。戽水苦乏资,典质搜衣裳。今年麦秋好,蚕丝亦盈筐。卖丝偿官租,炊麦充饥肠。丝尽麦并尽,枵腹心惊惶。纵有水在渠,奈无钱在囊。可怜一寸苗,八口群相望,旬日再不雨,焦土成奇慌。"(《夏旱》)难能可贵的是,诗中所反映的不仅是旱灾给农民带来的困难和痛苦,更深刻地揭露了官府垄断水资源的丑恶现象,当时的胥吏宁愿看着农田里的庄稼干旱致死,也不愿意开渠放水,贪婪凶恶的面目简直呼之欲出。"淋漓汗渍都成血,可怜两月甘泽无。""径寸之苗何恃乎,老农涕泣向我道。"(《旱甚》)旱灾给农民的生活和心理带来了巨大的压力,当地的社会秩序也因此出现了动荡和混乱,"文武员弁满街走,呼箊声急兼婴孩。僧道潜逃巫觋散,郡公社伯同吁唉。"(《祈祷数十日雨迄无应做此排闷》)这场旱灾持续了将近三个月,身为一县之长的薛时雨在"中夜长十起"的忧虑和担心中,不仅写下了同情农民的《夏旱》《旱甚》《祈祷数十日雨迄无应做此排闷》《踏灾行》《各乡踏灾毕归途遇雨喜赋》等诗篇,也一直在到处奔走,察看灾情。他下令减免农民的田赋,却因此被罢官。据[光绪]《嘉兴县志》记载:"岁旱,民来告,秀水令拒不纳,时雨收其词,亟屏驺从弛袍服扁舟履勘慰问疾苦,归罢征赋,大府檄下催科,置勿应,以是解任。"[1]《藤香馆诗续钞》有两组以农业生产为表现对象的作品,《田家四首》和《秧歌十二首》,同样表现了薛时雨对农民疾苦的同情:

朝垦一倾田,暮拓半弓圃。彩麦无萌芽,县官索租苦。(《田家四首》其二)

---

① 赵惟崑修,石中玉纂:[光绪]《嘉兴县志》卷十八《名宦》,清光绪三十四年(1908)刻本。

老弱三四口,有儿无配偶。官租尚难偿,遑云儿娶妇。(《田家四首》其三)

其时薛时雨已经从杭州知府的职位卸任,主讲崇文书院,却依然对百姓的生活保持着关心,并且仍然能够以如此生动的笔触真实地描摹出农民的生活和心态,足见他对百姓生活的关注和关切,这也是他作为传统士人对社会的责任心所在。

薛时雨不仅关心百姓生活,他还敢于揭露晚清丑恶的吏治,鞭挞欺诈人民、作威作福的胥吏。团练亦称"团勇""民团"等,是一种由地方官绅招募训练的民间武装组织,创始于唐代。清嘉庆以后为了对付四川、湖南等地的白莲教起义,各地开始组织团练。咸丰二年(1852)为了镇压太平天国运动,清政府申谕各省办理团练,著名的有曾国藩的湘军、李鸿章的淮军等。团练本来应该是维护社会秩序、保证社会生产的组织,薛时雨的诗作却更多地暴露了所谓"团练"和"乡勇"的丑陋本质:

大坊设百人,小坊设五十。有不从者,予以罚。罚令捐金充此额。何为为团,老弱癃残。何为为练,斩木揭竿。团不足,游手续。练不精,点花名。团练既成,乃往前营。按册计赏,逐队随行。棘门坝上儿戏兵。团练在局不在官,协官以陵民,官不操其权。局中日日敛捐钱,团练协,民慝额。团练撤,民动色。私囊肥,公资竭。煌煌保卫局,酒肉荟饕餮。可怜无数民膏血。(《办团练》)

所谓的团练,不过是某些乡绅恶吏敛财的手段,团练中的乡勇不是招募来的,而是强行摊派,造成的结果是团练的成员都是老弱残兵,手中的武器也只是最原始的"木"和"竿",根本没有战斗力,也不可能通过合理的训练培养和加强战斗力,所谓的训练,不过是一群乌合之众装模作样地"点花名"而已。最可怕的是,这些"团练"不仅不能协助官府维护社会秩序,反倒不服从官府管理,大肆敛财,中饱私囊,随意欺凌百姓,俨然成了消耗社会资源的蛀虫,究其原因就是"团练"和"乡勇"的民办性质,官府无从插手。《办团练》这首诗不仅揭露了当时团练消耗官帑、鱼肉百姓、作威作福的丑恶现象,还触及了这种现象背后的深层漏洞,薛时雨的揭露和批判不能不说是深刻的、严厉的。另一首诗

《募乡勇》揭露的是同样的现象："乡有莠民，邑有游民。一闻招募勇以名，十日已满三百人。"所谓"乡勇"不过是一些无业游民，他们根本没有上阵杀敌，保家卫国的念头。"有牌在腰，有刃在手"，这些游民因为应征了"乡勇"，从社会的最底层，摇身一变马上成了有身份有地位的人，"雄赳赳，势汹汹，不愿上阵杀贼建殊功，但愿长此虎视一乡中。"这种洋洋得意的心态和表现，真如跳梁小丑，令人哭笑不得。薛时雨不无痛心地指出"驭民有官，驭军有将，惟勇独横，恣其所向。囊中日领青铜钱，歌楼酒肆常流连。有求不应挥老拳。"民众和军人都是合理的社会组成部分，并且对促进社会生产和维护社会秩序发挥着重要的作用，他们由官府和军队来管理，而所谓的"乡勇"，本来就是游手好闲的市井之徒，如同社会的"赘疣"一般，竟然不受官府和部队的节制，每天领取粮饷，却流连于歌楼酒肆，不仅不参与维护社会秩序的工作，居然反过来破坏社会秩序，这种现象在薛时雨看来是病态的，不合理的。这两首诗都作于同治六年（1867），薛时雨时任嘉兴县令，这种担心和批判一方面是他作为县令的责任心使然，一方面也可以看到，清末动荡纷乱的局势，给传统知识分子的心灵带来的巨大冲击。

二、反映自己的遭遇

从嘉兴、嘉善两任知县，到杭州知府，十一年不平凡的宦海生涯中，薛时雨看到了没落的封建社会中人民的贫困和挣扎，也经历了太平天国起义，见证了战乱对社会的伤害，饱尝了人世的艰辛。他的诗歌中，有不少篇幅记述自己的人生遭遇，从内容来看，大体可以分为两个方面，一类诗歌寄托了对漂泊不定的人生的感慨，另一部分作品则表达了对亲朋离散的哀伤。第一类诗歌有《义桥与李芝严观察话别》《瑞洪待风四叠前韵》《述感四叠前韵》《漫兴三首》《挂冠二首》《五十自述七首》等。《五十自述七首》"其三"中作者记述了自己早年的经历，"四龄散天花，斑驳达面目。医来需参苓，典质搜衣服。参苓亦不效，呼吸命难续。弥留十二朝，铜棺市上鬻。孤儿息若丝，双亲泪堪沐。""十五遽失怙，半途几废读。慈亲重督课，胶庠声望属。""迨儿观政时，母墓草亦宿。""在官未寿亲，自寿罪安赎。"四岁时身染重病,十五岁父亲去世,出外做官又痛失慈母,作者的少年时代和青年时代虽然衣食富足,但是双亲离世和罹患天花的经历还是为他的人生笼上了一层挥之不去的悲情色彩,这样的遭遇使作者心中郁积了消极悲伤的情感。《五十自述七首》(其四)写手足离散,更可见作者的无奈和辛酸:"同胞共四人……中年遂多艰,纷飞失雁序。姊氏适陇西,淹乎归黄土。仲氏使章门,斯文丧宗主。遗我与伯兄,千里隔江浒。"手足四人,两人离世,在世的兄长又远隔千里,不能团聚,并且日渐衰老。作者老年无子,只有一妻一妾相伴,他在《五十自述七首》(其五)中说:"无子洵堪伤,作达亦何妨。""衰翁开口笑,胜侑今辰伤。"这笑是含着泪水的笑,对于亲人的离散,暮年的孤苦,这些无可奈何的创伤,作者只能自己舔舐清理,丝毫无力阻止,也无力改变,所谓的"笑"中其实包含了无尽的人生苍凉与悲慨。除了家庭以外,薛时雨的仕宦生涯也十分坎坷,上文提到,他曾因为免除农户的赋税被罢去嘉兴知县的职位,对常人而言,这已是一个不小的打击,应该引以为戒。但薛时雨被举荐做了杭州知府后,依然因为勤勉亲民,再次遭到嫉妒和谗言攻讦。据[民国]《全椒县志》记载:"时藩臬徇师于外,时雨以署粮道代行两司事,日治官书尺许,躬自裁判不假胥吏,同列忌其才,遇事齮龁之,时方提调乡试,以病乞休。"① [民国]《安徽通志稿》也有相似的记载:"……浙抚左宗棠疏授杭州……以是两浙文物之盛,虽经寇乱,无异承平时,藩司蒋益澧尝短时雨于宗棠,宗棠曰,芗泉以军事起家,至于吏治,当法薛慰农。"② 不管是嘉兴和嘉善县令还是杭州知府,薛时雨任职期间,同僚对他的诋毁和非难几乎没有中断。所以,同治四年(1865),他坚决拒绝上司的挽留,挂冠而去。《挂冠二首》(其一)云:"责重思息肩,宦久防胜谤。""政成遽挂冠,心苦难为词。"他对争名夺利,暗无天日的官场早已厌烦疲倦,他所期待的是一片安静的栖身之所。"宦情戎马耗,离恨越江深。"(《义桥与李芝严观察话别》)"故园久阁芰荷衣,宦海沉浮与愿违。"(《同人招泛两湖和谭生仲修廷献韵四首》)但是残

---

① 　张其溶修,江克让纂:[民国]《全椒县志》卷十《人物志》,民国九年(1920)木活字本。

② 　[民国]《安徽通志稿》卷五《列传稿》之《齐彦槐薛时雨传》。

酷的社会现实,打破了他的幻想,晚清时期,民生凋敝,战乱频仍,作者宦囊清苦,所谓的清净之地,根本无从寻找。"俯仰念时世,忧来泪潸然。……穷途远投人,累恐讥猪肝。侧闻皖南北,时亦惊戈铤。四海苦无家,买日乌能安。……予季此漂泊,一夕常三迁。家在荆棘丛,身在沉浮间。囊空累弥重,萧然郁林船。"(《瑞洪待风四叠前韵》)作者四处飘漂泊,累累如丧家之犬。这一时期的作品更多地记述了作者四处漂泊的悲惨境遇和凄凉心态,令人动容。

除了自己的遭遇,薛时雨的诗歌也描写了很多亲朋在乱世中漂泊无依,甚至无辜罹难的悲惨情状。咸丰八年(1858),太平军攻陷全椒,薛时雨的伯兄从老家逃难至嘉兴,向他说起了很多旧识在战乱中丧生的事情,对此他感到痛心疾首。"六十老诸生,临难未肯避。甘心赴浊流,既死口犹詈(希冉兄遇贼不屈,投水中,贼以矛刺之死)。皎皎双明珠,弱龄知大义。携手入寒泉,哀哉逝水逝(侄女二珠四珠,闻贼来携手入水死)。"(《伯兄自椒携眷至善,备述故乡丧乱情形,及山中避难之苦,文职呜咽,连缀成篇得六十韵》)虽然作者受到传统观念的限制,不能正确对待农民起义军,在诗中直呼太平军为"贼",这并不影响他对战争带来的苦难的感受和思考,"骨肉飘零乡梦断,干戈阻绝客愁深。"(《再答槐庭叠前韵》)无情的战火阻隔了家乡和亲人的讯息,让客居异乡的作者更加痛苦不安。这样的诗句和情感不禁让人想到杜甫《春望》中的"烽火连三月,家书抵万金",两首诗虽然相隔千年,但它们所传达出来的对战争的深刻感受,一样令人震撼。这一时期,太平军为了保卫天京,在南京附近和曾国藩的湘军展开了激烈的拉锯战,全椒因为离南京很近,受战火影响不小,薛时雨时任嘉兴县令,不断见到从家乡逃难而来的父老,也一直能听到家乡毁于战火的消息,此时的诗作中饱含着不安与悲慨:

萍浮梗泛耗雄心,歌哭都成变徵音。烽火逼天人九死,江湖满地客孤吟。

无官童仆疏慵惯,历劫文章感慨深。太息知交同浪迹,相思何处寄瑶琴。

(《次韵寄陈槐庭二首》)

《秋窗悼逝诗》是薛时雨创作于咸丰十一年的组诗,他在序言中说:"乡园避难,于今三年,延祚无人,访旧半鬼,旅窗念及,恻然伤之。读颜延年五君咏,因仿其体,每章冠以小序,以见生平,阐幽光,写哀悼,不求工于词也,凡十二人,各系一诗"。这组诗描写了作者全椒家乡的亲朋在战乱中悲惨的遭遇:"卫母兼卫身,两卫必两死,身死母得生,烈士而孝子[金伯雅博士(醴)……贼至持械卫母,身遇害……]。""文章憎命达,动为鬼揶揄……可怜名孝廉,蒿死西山隅[周春帆孝廉(沅),时艺著名一时,性简约,舌耕自给,平生未尝干人也,葵丑大挑一等,请改教,全椒险,遗资为细人席卷而去,困死西山中。]""全家陷罗网,白骨何嶙峋。生时宅芝兰,死乃埋棘榛[李花农上舍(国华),余姊丈也……贼至避居山中,家口流亡过半,以忧悼死]。""无子先丧明,丧命乃有子。子伤君亦亡,此生长已矣[煦堂兄(冰阳),邑增生,家贫笃学,乡前辈片纸只字靡不珍惜,亦以舌耕,伏案久,双目失明,而尤做经师,贼来以瞽免,幼子暴殇,郁结死。年五十六]。"不管是世家子弟还是乡贤名流,战乱中的人命都是一样脆弱,不堪一击。让人感叹的是,很多人在世的时候郁郁不得志,甚至饱尝丧妻、丧子之痛,临死之前竟然还要遭受兵火的蹂躏。这组诗歌是薛时雨悼念故旧之作,同时也可以看作晚清风雨飘摇的乱世中下层士人的群像,具有深刻的纪实意义。

三、反映战争的影响

《藤香馆诗钞》和《续钞》的创作年代,正值太平天国运动的后期,这一时期也是太平军和清军战斗最激烈的时期,薛时雨有很大一部分诗作描绘了当时社会遭受战火荼毒,生民半死的悲惨现实。咸丰十年初,为解天京之围,太平军首次进攻杭州,"奉檄魏塘交代"的作者听到消息将信将疑,当即写下了《闻警》一诗:"去杭未十日,动地惊鼙鼓。初闻疑伪传,无此飘忽虏。市井渐骚动,迁徙及商贾。警报日益警,军书飞插羽。始知武林门,四面踞豺虎。贼来自皖南,泗安失险阻。间道出吴兴,驰骤等风雨。……频年讲清晏,急难谁御侮。……一身免池殃,万姓罹毒苦。翘首望援兵,速来固吾围。"慌忙避难的作者仍没有忘记在诗作中呼吁朝廷赶紧派兵支援杭州,以解救水深火热中的黎民百姓。战乱造成了大批流民,这种悲惨的景象再次触动了逃难途中的作者:"水驿凄凉咽暮笳,相逢强半说无家。"(《姚江杂兴四首其四》)清军遇到气焰正盛的李秀成大军,鱼溃鸟散,可怜四处逃窜的杭州百姓,除了要逃避太平军的杀戮,还要躲避退败回来的清军的欺压。"姑苏既不守,溃勇及嘉禾。避贼先避勇,去去休蹉跎。小家载行李,大户载绮罗。老弱留守门,甘心死无他。少壮急远飏,伏莽防挥戈。万舟排河曲,络绎行如梭。有舟幸成行,无舟将奈何。六街断人踪,白昼鸱鸮多。"(《避地四首》其二)诗中难民的慌乱、拥挤、无助被薛时雨一一展现,这首诗可以看作一副真实生动的流民图。咸丰十年三月底太平军占领杭州。听到消息的薛时雨相继写下了《哀杭州》《杭城陷后……诸大令相继殉难,感旧伤怀,怆然有作》《避地四首》《义桥与李芝岩观察话别》等作品,记述了战争中百姓、亲友和自己的悲惨境遇,其中《哀杭州》写得感人至深:

> 杭州十万良家子,可怜困守危城里。揎臂难收一战功,尸骸枕藉西湖水。西湖水,流潺湲,昔时宴乐今烦冤。烦冤无告鬼夜哭,苦雾愁云赛山谷。天竺峰巅鹫岭秃,菩萨攒眉狮象伏,吁嗟乎佛若有情佛亦哭。

同治四年(1865),从杭州卸任的薛时雨回到故乡,此时离太平军攻陷全椒已经过去了七年之久,但是作者看到的,还是满目疮痍:"戚友相见神恓惶,一生九死留皮囊。家无门户厨无粮,支筇作屋篱为墙。""败堵堆积如高岗,东西欲辨殊茫茫。兽蹄鸟迹纷成行,草根咽露啼寒螿。对之不觉摧肝肠。失声大痛泪溯滂。"(《哀故乡》)战乱后的故乡人迹罕至,房屋坍塌,农田荒芜,毫无生气,几乎回到了人兽杂处的荒蛮时代。"昨去开荒地,嶙峋白骨新。好将抔土盖,恐是自家人。"(《田家四首》其四)死于战乱的家属,竟然无处寻找尸首,只能将数年以后开荒时遇到嶙峋的白骨权作亲人安葬,可见战争的杀戮多么无情,多么随意。值得说明的是,薛时雨的诗歌不仅描写了战争对人民生活和社会生产的破坏,更难得的是,他还注意到了战争对人民心理的影响,他在《如杭州城》中写道:

> 去杭倏五年,重来入篙木。数里见一人,十室九无屋。望望径似捷,行行途反曲。荒村断鸡犬,官道走麇鹿。乌鸢争人骸,有骨已无肉。莲蓬没人廛,有草转无木。群动(鸟)寂不喧,隐隐闻鬼哭。入城更愁惨,此劫洵太酷。土民仅孑遗,形面如鸠鹄。五方错杂处。循良失本俗。语言习犷悍,矢口谈杀戮。有男带刀剑,有女披绮縠。濡染贼气深,贼去留余毒。更有奏凯军,振振服戎服。功成势益赫,比户事征逐。虐民视若仇,蔑官故相触。抚绥兼驾驭,才薄

心渐恧。舅姑虽见怜,新妇眉常蹙。

清廷的"失地"收复了,蛮横的军队又开始欺凌百姓,作威作福,更可怕的是,兵乱破坏了善良朴素的民风,使经受过战争的人民变得暴力野蛮,薛时雨认为这才是战争为社会带来的最大的危害。

小 结

《藤香馆诗钞》和《藤香馆诗续钞》是薛时雨的两部诗集,主要收录他在嘉兴、嘉善两地任知县和在杭州任知府期间,以及之后三年中的作品。薛时雨的诗作与白居易和苏轼的风格相近,简洁生动,议论纵横,"以文为诗",具有鲜明的纪实特征,反映了晚清时期人民大众的悲惨生活,他自己颠沛流离的宦海生涯以及战争给人民生活、社会生产和大众心理带来的严重影响。薛时雨的诗歌不仅是社会现象的反映,更寄寓着作者对各种社会弊端的深刻批判,一定程度上反映了动荡的晚清社会给中国传统知识分子的心灵带来的触动。

咸丰诗坛的香奁绮语

——以诗人薛时雨《藤香草堂诗稿》为中心

尧育飞（南京大学文学院）

摘要："香奁体"诗歌历来评价不高，然其受众及模拟者代不乏人。咸丰年间，薛时雨自编《藤香草堂诗稿》，所收六十首诗皆为"香奁体"，风行一时。此集揭示清代诗坛绵延不绝的香奁诗传统，也透露晚清诗歌与时局变幻无涉的一面。薛时雨所作香奁体诗，远追唐代韩偓，近法黄任、袁树，与陈钟英等人遥相呼应，开启咸丰、同治年间的香奁绮语之风。此风气与闽地诗歌播迁有关，更因湘军幕僚在浙江活动而直接促成，影响清末崛起的中晚唐诗风。围绕《藤香草堂诗稿》，浙江诗人发挥钱谦益以"寄托说"批评"香奁体"的传统，将其与屈骚续接，使其在儒家诗教氛围下获得一定生长空间。

关键词：薛时雨；《藤香草堂诗稿》；"香奁体"；咸丰诗坛

清咸丰七年（1857），诗人薛时雨（1818—1885）自编《藤香草堂诗稿》，收录诗作六十首，这些诗作甫一问世便"为同人许可，题咏甚多"[①]。然而到同治年间，薛时雨印行《藤香馆诗钞》时，这六十首诗却一首也没有被收录。咸丰年间风靡一时的诗歌，到了同治年间，为何即被薛时雨抛弃？这六十首诗歌为何兴也勃焉、亡也忽

[①] 薛时雨：《后香草闲情诗三十首》引首，《藤香草堂诗稿》，清咸丰七年（1857）刻本。

焉,以至今天研究薛时雨及晚清诗歌的学者罕有提及?

晚清诗歌史的叙述脉络中,往往从性灵、肌理而下,即接宋诗派、同光体。事关时代影响,则往往辅以近代史的革命叙述结构相呼应,由鸦片战争而至于西方入侵带来的民族危机,由太平天国运动而论及清朝封建统治的危机,于是诗歌史从魏源、龚自珍而及于贝青乔、郑珍等人,多与时势声气相通。然而晚清诗歌实有不为时代风潮左右的诗歌脉络在。深入分析《藤香草堂诗稿》,即能够发现晚清诗歌为学界忽视的香奁绮语传统。

《藤香草堂诗稿》成书于咸丰兵燹之际,诗歌却全本香奁,写闺情愁思,和者甚多。其传统远追唐代韩偓,近法黄任(1683—1768)、袁树(1730—1810),与陈钟英(1824—1880)等人遥相呼应,开启咸丰、同治年间的香奁绮语之风。此一脉流衍所及,下启吴汝纶、吴闿生父子评点《韩翰林集》。由此而言,樊增祥等中晚唐派实也渊源有自。

一、《藤香草堂诗稿》与咸丰年间的香奁诗风

薛时雨(1818—1885),字慰农,晚号桑根老人,安徽全椒人。咸丰三年进士。薛时雨历官浙江嘉兴、嘉善知县,杭州知府兼督粮道等职,后主杭州崇文书院、南京尊经书院和惜阴书院几二十年,所著为人熟知者有《藤香馆诗钞》《藤香馆诗续钞》《藤香馆小品》等。其早年所著《藤香草堂诗稿》少为人关注,然该书与咸丰诗坛的"香奁体"之风颇有关系。《藤香草堂诗稿》不分卷,刊刻于咸丰七年①,收诗六十首,分别为《和陈槐庭香草闲情诗三十首原韵》及《后香草闲情诗三十首》。关于两组诗作的缘起即基本情况,薛时雨在《后香草闲情诗三十首》自序中予以说明:

> 咸丰甲寅夏,余以需次来浙,同寅陈君槐庭出旧作《香草闲情诗》见示,哀感顽艳,读而爱之,依韵属和,谬为同人许可,题咏甚多。自是以来,风尘

---

① 《藤香草堂诗稿》存世数量不多,且书前题词甚多,以至瞿冕良《中国古籍版刻辞典》(苏州大学出版社 2009 年版)误作者为陈钟英,见该书第 489 页。

碌碌,此调不弹久矣。丁巳夏于役津门,顺道展觐,京华旅寓,情思黯然。伤春事之蹉跎,惜美人之迟暮。愁深意苦,重续前词,命曰《后闲情诗》,仍踵前韵。①

咸丰甲寅即咸丰四年,此前一年,薛时雨与仲兄薛春黎同登进士第。这时,薛时雨奉任浙江嘉兴知县,春风及第,又外放富庶的江南,薛时雨心绪大佳,心安理得做起太平知县。此时,同在浙江为官的湖南衡山人陈钟英出示己作《香草闲情诗》三十首,薛时雨觉其"哀感顽艳",和韵三十首。两年以后,咸丰七年,薛时雨于役津门,顺道进京,在旅舍有感而作,赓续前诗,又得三十首。这六十首诗言红豆相思,写离情别绪,多闺阁之音,故同时人杨炳春称之为:"远绍冬郎,近揖荸田,洵无愧色。"②

咸丰年间,太平军兴,东南半壁,山河变色。咸丰三年太平军攻陷南京,江南震恐,东南文人流离者甚多,以往诗歌史多言及这场战事的影响,言及贝青乔等人书写时事的诗歌。然而细观薛时雨《藤香草堂诗稿》,集中竟无一语道及这场波及整个东南的战事,而全是文人的香艳绮语。《藤香草堂诗稿》诗句云:"冶柳倡花羞缱绻,兰心蕙质喜玲珑。十年驹过怀难白,千里鹃啼泪易红。"又云:"闲愁枨触懒窥窗,宝鸭添香绣佛幢。……谁说痴情宜忏悔,泥人心事总难降。"是典型的才子名士诗,虽感慨韶华易逝,然根底上不过是无病呻吟。其诗抒写闺情愁怨,并且对这种深情缱绻,毫不后悔,甚而欣欣然有自得之色。

薛时雨《藤香草堂诗稿》的香奁诗,并非信手拈来,实渊源有自。陈钟英在《藤香草堂诗稿序》中云:

> 《香草闲情诗》三十首,先外祖西村先生追和郑莆田太守,而仆又追和外祖之所为作也。郑诗闻甚工雅,家君曾见之友人书斋,仅记其一联云'人如杨柳眠初起,心似芭蕉卷不舒'。可以想见其风格矣。忆仆是篇成于道光癸卯春日,十余年来未有和者。北谯薛君慰农与仆同官浙江,偶出以相质,慰农谓体虽香奁而旨近风骚,足以陶写性情。含香咀艳,寄托遥深,殆与原唱同工。

---

①②　见《藤香草堂诗稿》。

其于仆诗,不啻青蓝冰水之喻已也。……今莆田作既未得见,而先外祖诗集镌板远在巴蜀,亦不可复睹法,俯仰之间,感慨系之,遑云少年绮语当忏除乎哉。

陈钟英简明扼要地勾勒出这一系列《香草闲情诗》的创作脉络,乃是陈钟英祖父西村先生(即张乃孚)追和莆田人郑王臣(乾隆六年拔贡)之所作。张乃孚(1758—1825),号西村,重庆合州人,以诗名世,与杨士镳、彭世仪、冯镇峦齐名,时谓"合州四子",为张衡猷(乾隆二十六年1761进士)之子。郑王臣曾任四川铜梁、成都等地知县,其诗歌在蜀地广为流布。张乃孚诗歌影响陈钟英父亲,进而促成陈钟英的追和。由此而下,产生了薛时雨的追和。

《香草闲情诗》脉络清晰的追和行为,勾勒出清代乾隆至咸丰年间的香奁诗歌传统。在乾隆时期,郑王臣之外,袁枚之弟袁树有《红豆村人诗稿》,黄任亦有《香草闲情诗》,乾嘉时期,则有张乃孚等人桴鼓相应。对于乾嘉诗坛,学者多注意于沈德潜格调诗派及袁枚性灵诗派,实则两大诗派之外,尚有其他诗歌传统值得注意。如闽地诗人黄任,"诗集雄视一代,旧有懋窝为之注,学者苦不得其详,近复得芝田王君为之注数百万言,既博且精。"[1]福建莆田人黄任(字莘甫)的诗作在乾隆年间风靡一时,以至于诗集出版不久就有人为之详注数十万言,其诗风格是"以雕龙吐凤之才,托香草美人之感,缘情赋物,洵足以接迹风骚。"[2]黄任诗歌在乾嘉时期的风靡程度,今人或许未及觉察。杨炳春云:"昔读莆田黄莘田先生《香草斋诗》,爱其言情之什婉约多风,神韵独绝。"[3]然香奁诗风与性灵诗风有相似之处,也多为诗人少年之作,故诗人晚年多删其诗,以至现今叙述乾嘉诗坛者多不及此。

联系前所提及闽中诗人黄任,亦可知咸丰年间以薛时雨为枢纽的香奁诗风亦具备地域特征。即香奁诗风由闽地诗人郑王臣等人发动,随着闽地诗人流域西蜀,影响蜀中诗风。蜀地本因王建与花蕊夫人,诗歌自带花间习气,与香奁关系匪浅,因闽地旖旎诗歌影响,遂亦沾染香奁习气。陈钟英因曾祖父陈之翰流寓西蜀,后陈

① 苏廷玉:《秋江集注序》,见黄任著,王元麟注《秋江集注》,清道光间刻本。
② 王有树:《秋江集注序》,见黄任著,王元麟注《秋江集注》,清道光间刻本。
③ 杨炳春:《藤香草堂诗稿跋》,见《藤香草堂诗稿》卷末。

父陈杰人娶张西村之女为妻①，家族之诗歌风貌遂尔成形，香奁一脉亦播迁不辍。陈钟英裹挟西蜀香奁之风，至于杭郡，影响了薛时雨，而诗坛香奁之风亦遂由蜀地至于江浙。

　　咸丰年间诗坛香奁之风，薛时雨为高举大纛者，响应者纷纷。《藤香草堂诗稿》题词者即有何栻、周玉麒、蒋斯彦、应宝时、李德钟、段启云、黄泾祥、赵铭、徐锦、石中玉、王鼎华、戚士廉、沈璜、汪文桜、朱寿萱、钟学聚、顾成俊、方宗城、张荫棠、许丙鸿、张锡恩、张炳杰、邹在官、冯誉骢、徐景轼、马培章、方希尹、邹寿庚、吴恒、杨锦雯、张左钺、袁瓍、汪绥之、沈祥年、杨炳春等 35 人。在题词中，一些题词赤裸裸表达对香奁诗风的喜爱，如周玉麒诗云："按拍西昆遗曲在，青灯红豆话相思。"赵铭云："他日重编元相集，莫将少作付轻删。""我辈钟情名士语，国风好色史官收。"钟学聚云："平生绮语何须忏，体自温柔格自严。"这些杭郡名士由衷的赞叹，显示对香奁诗风的接受与应和。至于杨炳春发自肺腑云薛时雨这些诗作"远追冬郎，近揖莘田，洵无愧色，捧诵再四，齿颊生香，钦佩钦佩。"虽有谀辞成分，然由衷不以作香奁诗为耻，则确与中国古代诗歌批评标准有异。咸丰诗坛的外部世界，内忧外患，而诗坛竟容许香奁之风滋漫，则与彼时的诗歌批评生态有关。

二、"寄托说"的面纱：香奁诗与屈骚的联姻

　　中国古代诗歌传统中，宫体以降的艳诗历代均遭不同程度的拒斥。自韩偓《香奁集》以来，尽管在诗歌批评中，香奁诗体基本遭遇贬斥，然而香奁诗歌深情婉艳，少年才士往往易于沉湎其中。南宋以来，效仿《香奁集》者甚多，而严羽《沧浪诗话》更单列"香奁体"，称其为"韩偓之诗，皆裾裙脂粉之语"。清代以前，普遍认为香奁诗作为"纯粹的艳诗集，不含有寄托因素。"②晚明以降，由于重"情"论的兴起，认为香奁体诗非深情至性之人不能作的论调开始兴起。自钱谦益云：

　　　若韩致尧遭唐末造，流离闽、越，纵浪《香奁》，亦起兴比物，申写托寄，非犹

---

①　陈黼等：《怀庭府君年谱》，清光绪间活字本。

②　熊啸：《艳诗：名称由来及负面评价》，《求索》2017 年第 5 期。

夫小夫浪子沉湎流连之云也。顷读梅村宫詹艳体诗,见其声律妍秀,风怀恻怆,于歌禾赋麦之时,为题柳看花之句。徬徨吟赏,窃有义山、致尧之遗感(憾)焉。①

嗣后清人冯浩(1719—1801)衍说钱谦益的"寄托说",将其直接楚骚。

余尝谓韩致光《香奁》诗当以贾生忧国、阮籍途穷之意读之。……义山诗法,冬郎幼必师承。《香奁》寄恨,仿佛《无题》,皆楚骚之苗裔也。②

香奁体诗歌具备寄托深意,起自钱谦益。钱谦益所处明清鼎革之际,诗歌担负特殊使命,香奁体诗歌亦不能外。晚明兴起的香奁体诗歌风潮,在清初仍颇有声势,吴伟业等人即此道高手,康熙年间王士禛早年亦擅此道,诗歌创作"重情"及"赏俗"的特征③。然而清初的香奁体诗歌虽与寄托说产生"千丝万缕的联系……其说虽在诗坛上造成了一定的影响,但终未被官方全面认可。这只要参之以《四库全书总目》对重要艳诗作者的评价及前文所引乾隆的谕旨便可了然。"④由于《四库全书》的影响,也由于不少诗人悔其少作,故乾嘉以后,诗坛的香奁传统愈发隐没不彰。

薛时雨的《藤香草堂诗稿》的三十五则题词及跋语却显示香奁艳诗"寄托说"仍具有强大的舆论能量,在乾嘉以后虽为官方所不许,诗坛却恐已普遍接受。生活时代稍早于薛时雨的丁绍仪在《听秋声馆词话》中云:

韩致尧遭唐末造,力不能挥戈挽日,一腔忠愤,无所于泄,不得已托之闺房儿女。世徒以香奁目之,盖未深究厥旨耳。⑤

是以"寄托说"论韩偓诗虽不为官方认可,这一批评传统却线脉未绝。故《藤香草堂诗稿》诸多题词中,发挥"寄托说"者甚多。周玉麒云:"如此风流见道心,

① 钱仲联主编:《清诗纪事·顺治朝卷》,凤凰出版社2004年版,第327页。
② 李商隐著,冯浩笺注:《玉谿生诗集笺注》,上海古籍出版社1998年版,第460页。
③ 邬国平:《从香奁诗到神韵说——王士禛诗学的变化》,《复旦学报(社会科学版)》2015年第1期。
④ 熊啸:《艳诗:名称由来及负面评价》。
⑤ 丁绍仪:《听秋声馆词话》卷一,见唐圭璋编:《词话丛编》第3册,中华书局2005年版,第2576页。

江离沅芷寄情深。挑灯且共《离骚》读，六代词章正始音。"显然这是延续钱谦益等人的评价，将香奁诗歌与《离骚》的寄托遥深传统相续接，且更进一步挑明，这种风流诗歌的目的在"见道心"。香奁诗歌既与《离骚》香草美人的寄托说相衔接，则其可发挥空间愈发广大。应宝时云："江淹杂体陶潜赋，并作君家绝妙词。"又云："凄迷一片《离骚》影，空傍樊南乱鬓丝。"已然将薛时雨的诗的创作源泉追踪到江淹、陶渊明及杜牧。

　　握定"寄托说"的主意，时人在评价薛时雨《藤香草堂诗稿》时，把诗歌的寄托传统与香奁诗的批评巧妙结合起来，使香奁诗得以避免历来格调不高、骨气萎弱的批评，甚而一变而为诗歌的典范。如汪绥之云："莫误认香奁体格，屈子《离骚》同寄。"段启云云："才人绮语风人旨，一卷携来冰雪清。吟到玉溪《神女赋》，须知悟道在言情。"因为坚信香奁绮语诗歌亦有寄托之说，故而他们敢于自信说出："韩杜沉雄温李艳，两般才调各千秋。"（徐锦语）薛时雨周围的诗友因而大胆追溯江淹、李商隐、温庭筠、韩偓等人的传统，并不觉得愧对儒家诗教传统。戚士廉云："锦绣才华八斗量，裁红刻翠拟冬郎。……悟得湘兰沅芷意，美人千古总销魂。"李德钟甚而云："可人情绪骚人笔，谁继风流郑鹧鸪。"又云："我是西昆旧词客，青灯红豆易缠绵。"俨然自诩晚唐诗人郑谷，同时为自命西昆体诗人而自豪。这是前此诗坛所不易见的。

　　自然，传统诗歌批评对香奁体诗歌的贬斥传统十分深重，故薛时雨的诗友中，依然有不赞成将其诗歌比拟为西昆余绪者。如石中玉云："难得阳春歌是和，不因绮语格全低。瓣香自幸从公爇，笑彼西昆衍玉溪。"石中玉显然还是认为香奁绮语的诗歌格调普遍是不高的，且认为衍自李商隐的西昆体无足多论。然而作为薛时雨的弟子，石中玉自认为老师的诗歌与那些西昆体诗歌不一样，格调也并非不高。在论赞老师诗歌的众多声音中，石中玉的信心是不足的，可见传统批评的强大惯性力量。不过在这些题词中，如石中玉这样羞于承认香奁、西昆诗歌格调高远者甚少，此又可见诗人对香奁诗歌的普遍拥护。

　　既不认为香奁诗歌有违诗教，则此等吟咏闲情的况味也一并可以被提倡。由此。陶渊明、白居易等人也被纳入礼赞的传统。赵铭云："一赋缠绵陶靖节，千秋讽谕白香山。由来官好诗都好,不独情闲政亦闲。"已然把薛时雨的诗比作陶渊明的《闲情赋》。把他这类为政之暇的诗作和白居易的闲适之作媲美,背后的意味更指向对其为官的赞美。政简人闲,诗酒流连,这样的揄扬有捧杀的嫌疑。然而将"寄托说"的面纱覆盖于香奁体诗之上,颂赞此类诗歌及其官员作者将不可避免走上这条道路。赵铭另有诗云:"自昔尼山如斗极,也从空谷赏惜兰芳。吟风弄月先生席,吹竹弹丝侍女行。始信读书论寄托,通儒循吏岂寻常。"此论已由诗而及于品行与人格,不仅否认闲情香奁诗作有违儒家诗教,反而认为这是政教得体、优有余裕的体现。香奁诗歌与优秀的地方官如何联系在一起?顾成俊的题词说得很清楚:"由来循吏属诗人,笔底生春见性真。忠爱只凭香草写,千秋同吊屈灵均。"循吏出自诗人,而那些善写香奁诗者是性真的诗人,他们所写皆是香草美人的传统,是忠爱的体现,与屈原一脉相承。明末清初钱谦益等人赋予香奁体诗歌"楚骚苗裔"之说得以推衍。

明末清初,诗坛对香奁体诗歌态度的转变是发生在一流诗人和批评者中间,如钱谦益、冯班、王士禛等人身上,且王士禛倡导神韵说之后即悔少作,删除早岁所作香奁体诗作。由此可知,彼时香奁体诗歌尽管在理论上因与寄托说勾连,获得一些正面的舆论评价,但创作实践上,似并未得到公开而普遍支撑,其在中下层诗人中的反响情况究竟有多大也不易评判。而咸丰年间,藉由薛时雨《藤香草堂诗稿》,香奁诗歌在清代绵绵不绝的生命力却得以初步显露,由郑王臣、黄任、张西村等人一直而来,香火不绝,且对其褒扬之声渐成风潮。

三、绮语轻删与咸同世变

香奁诗往往作于少年时代,历经世事之后,诗人往往悔其少作,而香奁诗作常在悔作之中。删除少时所作香奁诗歌,有诗风转变之原因,也有出于维护自身形象的考量。薛时雨在《藤香草堂诗稿》面世数年之后,印行《藤香馆诗钞》及晚年删定《藤香馆诗删存》时,即不再收入《藤香草堂诗稿》中全部诗作六十首,个中原因,受咸丰、同治年间世变影响,也与诗风转变关联。

从《藤香草堂诗稿》题词中,可知薛时雨同时代人十分清楚历代香奁体诗歌在诗人生命行进中的命运,即它们在诗人晚年将不可避免遭遇删汰的命运。故而他们竭力献策,以劝说薛时雨在未来保留这些少作。朱寿萱题词云:"莫教绮语付轻删,玉局风流伯仲间。我愿使君常驻节,年年饮渌到湖山。"朱寿萱希望薛时雨不要轻易删除这些少年绮语,因这些绮语是风流雅事的记载,简直可与苏东坡在杭州的风雅生活媲美。他进而祈愿薛时雨能长久驻节杭州一带,以江山之助保留这些诗作。顾成俊题词云:"平生绮语何须忏,体自温柔格自严。风骨铮铮冠朝列,不妨有集续香奁。"认为这些香奁之作不必忏悔,因其诗体温柔而格调端严,风骨铮铮,以此劝慰薛时雨不必忏悔少作。而张锡恩则从诗歌流传角度劝说薛时雨不必删这些诗,云:"他日旗亭分一席,清词合付胆娘歌。"汪绶之更针对香奁诗作是风流的批评,而用佛家思想予以回护,云:"自古才人多绮语,不是风流结习,正打破魔关而出。"然而不论咸丰年间诗友如何劝说,同治年间,薛时雨编《藤香馆诗钞》时,《藤香草堂诗稿》所收六十首诗作一首也未予收入。

《藤香馆诗钞》所收第一篇序出自秦缃业之手,开首便云:"诗之为道,通与政事,盖得温柔敦厚之旨者,其人必慈祥恺悌,以之从政,有不爱民恤物而为良二千石者乎?"① 已可见薛时雨编诗集的理念回归传统诗教。就中原因,陈钟英在《藤香馆诗钞》序中有较为清楚的揭示:"香草一编,感怀曷已(其时公再赋《香草闲情》三十首)。迄乃防边昱岭,量移魏塘。王粲从军,故多佳制。……烽乱入贼,如孤注一掷……少陵叹逝,乃赋《八哀》;伯鸾伤时,爰歌《五噫》。"② 自咸丰七年(1857)《藤香草堂诗稿》刊行到同治初年《藤香馆诗钞》刊刻中间,时事发生极大变化,节点在庚申(1860)年间,太平军占领攻陷杭州,薛时雨流离失所,辗转奔波至江西等地,继而听闻家乡全椒遭遇兵燹,亲友死伤甚多,真正对太平天国运动有了切肤之痛。故集中所收诗作多感时伤逝、纪行录事之作。光绪年间,薛时雨请门生谭献删成《藤香馆诗删存》,自序云:"余发愿六十后不作诗……因属门下士谭仲修大令痛加淘汰,凡缘情绮靡及酬应之章,悉弃去。"③ 可见,迭经世变,薛时雨的诗歌观念已

---

① 秦缃业:《藤香馆诗钞序》,见《藤香馆诗钞》卷首,《清代诗文集汇编》编纂委员会编:《清代诗文集汇编》第671册,第552页。
② 陈钟英:《藤香馆诗钞序》,见《藤香馆诗钞》卷首,第553页。
③ 薛时雨:《藤香馆诗删存》,清光绪五年(1879)刻本。

发生较大转变,故其刻意遮蔽早岁所作《藤香草堂诗稿》也就顺理成章了。

在薛时雨身上,香奁体诗歌创作因时局变动而转入沉寂,然而咸丰诗坛的香奁绮语,却并未因太平天国局势变化而发生根本影响。赵之谦在同治六年(1867)年的一封信中如是写道:"近年又有勋臣倡立理学,改赤城书院为正学(人品则以风流为准的,诗品则以香奁为极功,最属恶习,去岁主讲于此,大声叱之,几不免于众怒,锢瘰之深可知。)又辟东湖一席,延一土匪之子擅长香奁体者主讲郡城……若辈已散布天地,我等急宜自藏矣。"① 赵之谦所言虽针对清代学术的汉宋之争,然矛头所向台州人何钟麟(1816—1900)作为浙西的书院讲学者,也崇尚香奁诗。在赵之谦看来,这些崇尚香奁体诗歌及理学者已散布天下。可见咸丰、同治年间香奁诗风之盛。又从薛时雨、何钟麟等人经历看,咸丰、同治年间香奁诗风的主要兴盛于浙江一带,且与书院活动关系密切。同时,香奁体诗歌群体也多研习理学。薛时雨、陈钟英等人皆曾为左宗棠僚属,而赵之谦信中所云"勋臣"指向乃曾国藩麾下,可见东南地区的香奁诗风与湘军诸大佬幕府不无关系。嗣后,吴汝纶评点《韩翰林集》,高标其"词旨幽眇,有美人香草之遗,非陆务观、元裕之之所及"②,似亦与其同治年间入曾国藩幕经历,受浙地香奁诗风有关。

平心而论,香奁体诗歌绮语迭出,构思精巧,少年诗人几乎无有不喜者。及至清代,当寄托之说与香奁体诗歌批评结合以后,香奁体诗歌获得极大解释空间,与李商隐、西昆体等均混成一体,因而具备"寓意深妙、清峭感怆"③ 等特色,几得杜诗精髓,也得以脱离《沧浪诗话》"裾裙脂粉之语"④ 的定义,从而获得更多的受众,得到更为持久地追捧。在时代与晚唐有微妙关联的清末,中晚唐诗歌派形成声势,而

---

① 赵之谦:《悲盦书杞集存·致胡培系》,《赵之谦集》第 2 册,浙江古籍出版社,2015 年版,第 430 页。
② 吴闿生:《校勘韩致尧诗跋》,《北江先生集》卷七,民国二十二年(1933)刻本。
③ 方孝岳:《中国文学批评·中国散文概论》,生活·读书·新知三联书店 2007 年版,第 138 页。
④ 严羽:《沧浪诗话·诗体》,见何文焕辑:《历代诗话》下册,中华书局 2004 年版,第 690 页。

韩偓诗的受众更为广大。陈曾寿有诗云："为爱冬郎绝妙词,平生不薄晚唐诗。"又有《题韩翰林集》诗云："把卷微吟辄断肠,一生同病只冬郎。分明坐久槎犯斗,不待归来海生桑。无限幽情随暮雨,几多清泪湿红芳。颠连莫为唐昭惜,正有随身孤凤凰。"陈曾寿对韩偓诗歌的喜爱,微言大义,心肠曲折,其中深寓寄托,与清代香奁体诗传统一脉相承。由此也可知,樊增祥等中晚唐派诗并非在清末孤峰特起,实是清代诗歌前此传统的自然延伸。

前述揭示咸丰年间香奁诗风,进而勾连整个清代香奁体诗传承及演进脉络,有助于认识清代诗歌发展的复杂状况。晚清至辛亥革命将近八十年间,显然非宋诗派、同光体、中晚唐诗派、汉魏六朝派等脉络明晰的文学史叙述所能囊括。利用清代诗家有意遮蔽或删汰的诗歌文本,或有助于丰富晚清的诗歌的认识。诚如陈尚君所言:"史籍虽有公私撰著之异,诗文亦各有撰写缘起,然……存者多近官方立场,异端多湮没于时间与公识。"① 拓展清代诗歌研究,正需由文献入手,发掘被"时间与公识"所湮没的"异端",或抉择出历史深处执拗的低音。

---

① 陈尚君:《重新勾勒中晚唐历史演变线索的尝试》,《文汇学人》2018 年 11 月 9 日第 7 版。

风流名士，以文观人

——以《藤香馆词》为例体味薛时雨的风度

陈会玲

摘要：薛时雨作为晚清著名词家，其《藤香馆词》风流蕴藉、意蕴深厚。通过该词集可以透视出隐藏在历史迷雾之后的薛时雨的性格、风度，包括"顾直不曲，起舞倚醉"的词者之风，"唯酒无量，不及乱"的名士之风、"鸣琴而治，橐笔从戎"的侠者之风和"娇儿搔背、山妻闲话伴疏狂"的长者之风。通过分析薛时雨的内在性格，可以更好地把握其诗词的内涵及文学魅力，从而建构出一个更加全面、立体、完整的薛时雨的人物形象。

关键词：薛时雨；《藤香馆词》；以文观人；风度

薛时雨是晚清著名的诗词大家，字澎生，一字叔耕，号慰农，晚号桑根老人，生于清嘉庆二十三年，卒于光绪十一年。著有《藤香馆词》《藤香馆诗删存》等传世。薛时雨是诗词楹联大家，其词作尤为后人看重。而关于薛时雨的性格与风度，目前还没有相关的论文予以论述。朱光潜认为要想深刻了解诗人的作品，分析诗人的思想远不如分析其感情生活重要①。有道是人如其文，笔者通过分析其《藤香馆词》中作品，感受到薛时雨的四重风度及其人格魅力。今以《藤香馆词》为文本载体，对薛时雨文人风度予以勾画，以期更全面地展现薛时雨的形象。

---

① 朱光潜：《诗论》，广西师范大学出版社 2004 年，第 199 页。

一、"顾直不曲，起舞倚醉"的词者风度

薛时雨的性格具有刚柔并济特点，他一方面可以做到刚直不阿，正如《藤香馆词》金鸿佺跋所说的"力洗柔靡之习，亦安见铜琶铁板，不兴搓酥滴粉，异曲而同工哉"①。另一方面却又可以做到铁骨柔情，他在创作时常以女子的口吻进行叙写，设身处地地从女子的角度进行思考。如"扇头谁写十三行，仔细猜他笔画似檀郎"②，或是"满庭花木增研好。出浴美人眉黛扫。等是羁留。风日融和便减愁"③，上述论证皆可看出薛时雨刚柔并济的性格特征。

薛时雨具有"顾直不曲，光明磊落"的一面。清人杨叔怿说："惟其结想孤高，寄情绵邈……故能本嵚崎磊落之胸，发要眇幽微之韵，泂可远追白石，近抗迦陵也已"④，薛时雨在词集《江州欸乃》的序中谈到"自取读之，律疏而语率，无柔肠冶态以荡其思，无远韵深情以媚其格。病根仍是犯一'直'字。噫！言者，心之声，几者，动之微。词翰小道，无足比数，顾直不能曲，倘所谓习与性成耶？游迹所寄，姑录存之，以志吾过。欲寡未能，吾其私淑蘧大夫乎！"⑤晚清官场混浊之极，以人道为词之理，取径新奇，从其自述中可以看出薛时雨性情耿直刚烈的一面。有学者曾说："在特定的时代，由于时代及个人遭际的不幸，直抒胸臆的铜板铁琶甚至能更好地表达真性情，胜过一味地描头画角者"⑥，有道是文如其人，从薛词的风格中也可以看出薛时雨豪放耿直的个性。薛时雨在出任杭州知府时曾写下这样一副楹联："为政戒贪，贪利贪，贪名亦贪，勿骛声华忘政事；

---

① 薛时雨：《藤香馆词》，陈乃乾辑：《清名家词》第九卷，上海书店1982年版，第4页。

② 《藤香馆词》，第4页。

③ 《藤香馆词》，第5页。

④ 杨叔怿：《藤香馆词删存序》，见薛时雨：《藤香馆词删存》卷首，清光绪五年（1879）刻本。

⑤ 《藤香馆词》，第9页。

⑥ 李睿：《薛时雨及其〈藤香馆词〉》，《词学》第二十七辑，华东师范大学出版社2012年版，第108—123页。

养廉惟俭,俭己俭,俭人非俭,还从宽大保廉隅"①(杭州府署联),这副楹联可以说是薛时雨为官期间的生动写照,他得到了当地老百姓很高的评价,"清官者,首推薛嘉兴。"由此可见,薛时雨非常重视自身的廉洁与操守,性情中包含着刚直不阿的一面。

薛时雨的性格中也有"起舞倚残醉,自谓我非颠"的柔情一面。在其词集《西湖橹唱》序中曾自谦到:"余俗吏,非词人也。顾十年游迹,强半寄也。姑编存之,以志春梦。若云搓酥滴粉,咀宫含商,于律法铢黍,则此人之能事,俗吏谢不敏矣"②,清代词人蒋敦复则对薛词推崇备至,谓"得《西湖橹唱》,读之天骨张开,具见风力,非尘俗吏也"。读薛时雨的词集《西湖橹唱》,可以于点滴记录中对其性格窥探一二。比如"联今雨,呼旧雨,共流连。良辰胜境难值,况又主宾贤。峰是吴山第一,人是蓬莱第一,此会续群仙。起舞倚残醉,自谓我非颠"③,这首词写于宴会上的交游唱和,他与新朋友、老朋友一起饮酒交流,醉酒后颇具东晋名士的风范,由此可以看出薛时雨与人交往时非常平易近人。"上清书未读。堕落愁尘俗。偶结道家缘。何人香案仙"④"远山烟霭近山云。水竹三分屋二分。此景江南画是真。暗伤神。少个桃源可避秦"⑤"叹今生未修清福,合教驰逐名场。日当天、衣冠苦着,尘满地、仆马纷忙。腰折眉摧,形劳神役,算来无地是清凉。到退食、科头小憩,树色隐残阳。争能似、山中脱略,荇带荷裳"⑥"桑麻而外无闲地。村居风景旧关心,勾将一片乡思起"⑦。薛词中或是由个人读书写作想到道家的清心寡欲;或是在观赏风景时联想到现实的羁旅行役,表达对世外桃源的期望;或是在官场中案牍劳形、仆马纷忙希望可以及早归隐山田;或是与乡间老农闲谈,表达思乡之情……薛时雨的诗词所传达的不是一种学说,而是作者的一种胸襟,

---

① 薛时雨:《藤香馆小品》,清光绪三年(1877)刻本。
② 《藤香馆词》,第8页。
③ 《藤香馆词》,第1页。
④ 《藤香馆词》,第5页。
⑤⑥ 《藤香馆词》,第4页。
⑦ 《藤香馆词》,第9页。

一种情趣，一种平和冲淡的人格。

总的来说，薛时雨的性情中有其闲散飘逸、平和冲淡的一面，这主要表现在日常生活中，或是模山范水，或是交游酬唱，或是羁旅行役……其性情中也具有耿直刚烈的一面，这主要体现在其为官处事方面，尽管清王朝已经日薄西山，但他仍可以做到出淤泥而不染，爱惜自身的明洁与操守。薛时雨在官吏与词人之间能做到游刃有余，其性情中的平和冲淡与耿直刚烈也达到了一种高度的调和。

二、"唯酒无量，不及乱"的名士风度

《藤香馆词》中记录饮酒的篇目有很多，由此可见薛时雨不仅性情豪迈、直爽而且喜爱饮酒。其学生谭献的《薛先生墓志铭》中曾提及："文酒之会，一饮数斗不沾醉"，这不仅可以看出薛时雨的酒量之大，也从侧面反映了薛时雨"唯酒无量，不及乱"的名士风度。《藤香馆词》中关于饮酒的篇目主要包括两个方面，一宴会上交游酬唱，在与人交谈时，他不拘于礼法，喝酒纵歌，任性率真，洒脱偶傥的名士风度立现于纸上；二是醉酒后的自我感怀，晚清官场污浊，薛时雨置身其中不称心之事时而有之，他像许多嗜酒者一般，借酒来压住心头的极端苦闷，在山水之乐中开拓胸襟，弃"名教"而独举"自然"的名士之风一览无余。

《藤香馆词》中记录饮酒的词句有很多，饮酒的对象主要有做官时的同僚、平生故旧、家人、任教时的学生或是偶尔接杯酒之欢的其他人。薛时雨与他们交流时，大多率真通脱，不拘于繁文缛节，名士风度可见一斑："多君洒落，早准备、登坛旗鼓。看布成、酒阵森严，蒸作满庭香雾……笑夜阑、扶醉归来，借尔玉堂莲炬"[①]"自别红尘来碧海，另有惜花襟抱。杜牧三生，秋娘一曲，赢得仙云绕。红牙低按，醉歌重续新稿"[②]，在宴会中薛时雨与他们相互赠诗作答，在思想情趣和艺术方面与他们有较高的共鸣之处。最看出薛时雨真性情的是同治五年薛时雨至

①《藤香馆词》，第11页。
②《藤香馆词》，第24页。

放鹤亭,居然与素不相识的张姓酒徒"拇战"①,真是具有魏晋名士任性率真的风流气质。薛时雨的性格中没有魏晋名士的傲放与荒诞,而多了平常人的热情与随和,他为人处世的高妙之处让人不可仰攀,他的平凡之处却让人倍感亲切。薛时雨在与同僚、友人、学生、家人的宴会酬唱中,表现得多为喜乐自在之情,可以看出薛时雨在与人相处时较为平易近人,胸襟高阔却不唱高调,仍然保持一个平常人的平常风格。

另一方面,酒对于薛时雨仿佛是一种武器,他拿在手里和现实做斗争。薛时雨像许多酒癖者一样,借酒来压住心头的极端苦闷,忘却官场种种不称心的事情,表达了潜之于心的闲适、归隐之情。他曾写道:"十载名场如一梦,心事春婆知道。鼓打回帆,诗成画壁,绮障真难了。酒阑惆怅,美人名士俱老"②"念苍茫身世,寄与艨艟。浊酒孤斟,铜弦高唱大江东"③"愁绪借酒扫。又酒病惺忪,泥人昏晓……阅尽繁华,落得蹇驴破帽。夕阳照。掩重门、故人不到"④,其内心的迟暮之感和生死之虑在薛时雨的心中盘旋。他在中年的时候,因为稽期,几遭降职处分⑤,《柳梢青·秋柳》借秋柳描写了许多物象,浓缩了许多情绪,感叹繁华易逝、悲身世摇落,更兼有战乱之苦。但在《百字令·雨中游湖》中又豁达地写道:"笑我卌载乡园,拳山勺水,到此胸襟阔……暝色催人,山灵送客,过眼犹嫌瞥。"⑥人生在世,难免会有很多挫折,山穷水尽,险象环生之处更能看出薛时雨的胸襟开拓之处。魏晋文人在政治高压下,通过大量饮酒来麻痹自己,因此当时文人放浪不羁的行为有很多,例如阮籍人猪共饮,刘伶病酒裸体,王羲之东床坦腹等,薛时雨虽爱好饮酒,但终止于阮籍、刘伶的放诞。现实的缺陷并未使他局限在一个狭小的世界中,他打破了现实的界限而游心于外界。在《临江仙·大风雨过马当山》中他曾写道:"雨骤风驰帆似舞,

---

① 谭献著,范旭仑、牟小朋整理:《复堂日记》,河北教育出版社 2001 年,第 36 页。

② 《藤香馆词》,第 29 页。

③ 《藤香馆词》,第 50 页。

④ 《藤香馆词》,第 48 页。

⑤ 朱德慈:《近代词人行年考》,当代中国出版社 2004 年,第 80 页。

⑥ 《藤香馆词》,第 1 页。

一舟轻渡溪弯。人家临水有无间。江豚吹浪至,沙鸟得鱼闲"①,薛时雨虽处于人生困顿之处,但心胸开阔,他将自己的胸襟气韵贯注于自然山水,同时也吸收自然山水的生机与情趣来扩大自己的胸襟,所以无论是楼台重叠,烟岚如沐,或是雨骤风驰,轻渡溪弯,他都手到成文,触目成趣。薛时雨的可贵之处就在于他没有因现实的苦闷而渐趋颓唐放诞,他一方面通过饮酒来压制内心的苦闷,另一方面在自然山水中开拓自己的胸襟,"越名教而任自然"的名士风度力透纸外。

总之,薛时雨虽爱好饮酒,但又不似魏晋文人的傲放、荒诞,而是由冲突达到调和,酒弥补了他生活中的缺陷,丰富了他的精神生活,尤其丰富了他对人的极其深广的热情。薛时雨就像一切伟大的诗人、词人一样,任何外在力量都不能剥夺他的名士风度,在现实的"牢笼"之外,他总可以发现一个"天高任鸟飞"的宇宙。

三、"鸣琴而治,櫜笔从戎"的侠者风度

薛时雨虽为晚清文人,但观其词作,其内心深处的侠义之情可见一斑,一个侠者的形象跃然纸上。他的行为完美地诠释了"侠之大者,为国为民"这句话,他的侠者风度主要表现在两个方面,一是对战争无情造成百姓流离失所的批判以及个人在战争中的情感体验;二是对诸葛亮、韩擒虎、刘备、岳飞等英雄"遗烈"的缅怀、敬仰之情。

薛词中叙写战争的词作,他的着眼点多放在战乱后场景。往往是由所见之景诱发写作之意,记事之作甚少,且多"用凄切之笔,描述粤乱后的城市,乡村的凋残,诉说他凄凉心境。"② 如其诗作《于役湖州舟中杂兴二首》③,这两首诗的叙事基调都是先写战乱之景,再写作者内心的情感。在战争的摧残下,整个水乡黯淡无光,通过露汽浸湿菰叶、残败的苇花、乌云密布的天空等自然景象和饥饿的戍卒、将军指

---

① 黄浩:《一杆烟雨历代词赏析》,吉林文史出版社 2004 年,第 242 页。
② 莫立民:《近代词史》,人民文学出版社 2010 年版,第 423 页。
③ 薛时雨:《藤香馆诗钞》卷三,《清代诗文集汇编》编纂委员会:《清代诗文集汇编》第 671 册,上海古籍出版社 2010 年,第 626 页。

挥作战的帐篷、壮士休息的营帐、阵阵急切的笳声等一系列现实人文景象,表现了薛时雨内心的愁闷之情。但是薛时雨并没有完全沉溺于消极的情绪之中,而是表达对战争取得胜利的期望,以及对于生灵涂炭的惋惜。这两首诗表达了薛时雨对战争的厌恶,对国家安定、早日攘除叛乱的期许。其间凝聚着浓浓的家国悲恨凄切之音,哀恸之歌四处可闻。

又如其词作《潇湘夜雨·海昌寓馆逼近海塘潮声汹涌夜常失眠加以连宵风雨倍难成寐枕上倚声》,薛时雨将作战场景比作蛟龙在水中怒吼、金鼓齐鸣,借此凸显战争的残酷无情以及作者处于战争时空中的情感经历。"累羁人不寐,辗转天明……争能似、乡园睡稳,猿鹤伴凄清",则是对比现实所处之地的喧嚣、躁动、凄冷和故园的安稳、踏实、平静,表达了战争的残酷和世事沧桑变化的喟叹。上阕剑拔弩张的作战场景是客观事实在作者情感上的投射,而下阕的个人情感体验则是个体在战争的裹挟下产生的应激情绪。

薛词中除了记录战争场景之残酷和个人的情感体验之外,还借用了岳飞、诸葛亮、韩擒虎等英雄"遗烈"的英雄事迹,其对英雄人物的敬仰之情和内心深处的侠义之情溢于言表。如《满江红·感事用鄂王韵》,薛时雨感慨南京这一江南之要地被敌军迅速攻下,如此经济文化军事之重地,竟在短短二十多天内易手他人,字里行间也可以透露出薛时雨对落后腐朽的清王朝充满了失望和遗憾,为此薛时雨引用了岳飞的典故,说道"虚声诮,谁能雪。家国恨,难磨灭",表达了对岳飞的"收拾旧山河"、重振家国事迹的佩服景仰,其内心的侠者之情力透纸外。

再如《金缕曲·采石矶》,采石矶形势险要,为江东锁钥,自古以来就是江防重镇、兵家必争之地。词的上阕引用了典故,"常开平、远轶韩擒虎。吞建业,压牛诸"。隋朝的大将军韩擒虎为先锋将军攻打陈国,率兵夜渡长江,袭占采石,攻克姑孰,进军新林,攻破朱雀门,占领建康城,俘虏陈后主。这首词借用此典故,借古伤今,薛时雨渴望像韩擒虎一样在作战过程中战无不胜、攻无不克,表达了对韩擒虎的敬佩仰慕之情。下阕描写现实,表达了战争无情造成人民之苦等行为的厌恶。再次作者还借用了诸葛亮的典故,作者希望自己可以像诸葛亮一般聪明智慧,运筹于帷幄之中,决胜于千里之外。在保卫桑梓的战斗中取得大捷,护得一方百姓安宁。采石矶在此屹立千年，被无数文人过客吟咏赞叹，记录了千百年来的种种英雄事迹，更有盛唐大诗人李太白的陵墓屹立一旁。面对此情此景，作者的内心情绪极为复杂，他渴望如韩擒虎大将军一般建功立业，如诸葛亮一般谙熟作战策略在战争中取得大捷，更希望如李太白一般可以名扬千古，诗名不朽。从这首词中可以看出薛时雨的侠义之情怀与对英雄"遗烈"的敬羡之情。

总的来说，薛词中的战争之词以写景抒情为主、记事较少，从中也可以看出战争后的混乱景象与老百姓生存的艰辛。他叙事的视角主要放在战争无常造成的生灵涂炭以及今夕的盛衰对比，其中不难看出薛时雨潜之于心的侠者之情和对英雄人物的仰慕之情。

四、"娇儿搔背，山妻闲话伴疏狂"的长者风度

薛时雨性格的突出特点还表现在其对友人热情、对兄长敬重和对家人关爱，从中可以透视出他"娇儿搔背，山妻闲话伴疏狂"的长者风度。

薛时雨使人感到契合的首先在于他对友人的热情。他曾多次为他的生平故旧写诗送行，表达了其内心深处的依依不舍之情、殷殷属望之意，笃实忠厚的情感溢于言表。如《摸鱼儿·陆费春帆中丞琼饯余于鸳鸯湖并赋长歌赠别未及践和倚此作答》《菩萨蛮·芦泾舟中与蒙叔话别时蒙叔将入都》《百字令·舟出吴门沈书森太守（玮宝）招同潘玉全廉访（曾玮）钱芝门太守恩荣宴集桃花坞即言别》《金缕曲·丹阳阻风小集云蓝室即席留别》《南浦·次李肇卿司马韵留别》《台城路·张芝浦太史（端卿）招集妙相庵赏芍药兼为马雨农学使同年（恩溥）饯别》诸词最能见于他对于朋友的厚道与关怀，"我来暮矣。趁酒熟莼香，一舟孤系"[1]"除寄情、竹肉愁无那。歌一曲，请君和"[2]。几句词，就可想见薛时雨与朋友之间的真情和乐趣，也最能看出薛时雨对待友人的热情。

薛时雨在其词作中还表现了对兄长的敬重与怀念。如《御街行·入都与淮生

---

① 《藤香馆词》，第28页。
② 《藤香馆词》，第29—30页。

仲兄夜话》,他与仲兄薛春黎时隔五年再次相见,"未握手,犹萦注",确有欲语泪先流之感。兄弟二人秉烛夜谈,"乡愁旅恨,游踪宦迹,事事增凄楚"①论及经年宦游经历,常年在外奔忙,兄弟之间聚少离多,见上一面实属不易。"何时摆脱,坡吟颖和,永听联床雨"②。此情此景薛时雨只盼尽早归隐山田,再次聆听兄长的教诲。再如《离亭燕·伯兄前数日过皖不及把晤闻迳赴杭州矣》记叙了与伯兄薛暄棻的匆匆一见的经过:"老至邮亭逢骨肉,世上金缯无价",薛时雨认为兄弟之间的情感是无法用金钱来衡量的,但是多年以来他四处为官,与骨肉兄弟聚少离多,小聚几日又将各奔前程,"滚滚大江东下。渺渺片帆高挂。君去我来无十日,悭此水天清话"③,江水滚滚奔流而下,兄弟之间又将别离,此时此刻薛时雨唯有向伯兄表达美好的祝愿,只盼他日卸甲归田,再和伯兄一起把酒话桑麻。

后薛时雨出任乡试提调官,突然听闻其仲兄病逝的消息,想到和仲兄一起在父亲薛鑫的学堂学习,父亲去世后,又跟随其伯兄学习,同窗共读,朝夕相伴。他想到亦父亦兄的二哥英年早逝,悲痛至极遂写下挽联:"棘院病弥留,忧负君,忧负士,忧负寅僚,卅一朝医药沉绵,忍死论文,绝口不谈室事;荆株中忽断,失我兄,失我师,失我族望,三千里京华迢递,羁魂恋阙,伤心无复对扬时。"悲痛之情溢于言表。正当他准备倾心于教育之时,忽然收到其伯兄薛暄棻于安庆病逝的消息,闻此噩耗,痛心疾首。想到其父亲去世后,大哥居家侍奉母亲,没有出去做官,而是继承父业,严格教育二哥和自己及同乡的子弟,后来薛时雨及其二哥同中进士。联想至此,遂愤然写道:"仲无儿,叔无儿,弟有儿,兄转无儿,庭诰分承,忍见诸孤称降服;侄长逝,嫂长逝,孙夭逝,祖旋长逝,家门太蹇,可怜后死最伤心。"④家中连遭不幸,使他更加思乡情切,遂辞去崇文书院山长,回归故里。薛时雨之兄薛暄棻(字艺农)卒时,还留有两个年纪尚幼的女儿,薛时雨遂"抚艺农公二女曰葆橡,曰葆棣者为女"。在与父母、兄长相处时,

---

① 《藤香馆词》,第 19 页。

② 《藤香馆词》,第 19 页。

③ 《藤香馆词》,第 39 页。

④ 以上引文均见薛时雨:《藤香馆小品》,清光绪三年(1877)刻本。

尤其显得薛时雨是一个富于热情的人。其父亲去世后，居家侍奉老母。《桑根先生行状》载其为照顾母亲叶太夫人，"积四科弗上"，《福星薛氏家谱》称之为"桑根先生，私谥孝惠"①。从中皆可以看出薛时雨天性之厚，待人之真诚的长者风度。

　　薛时雨在词作中还表现了对于子女的慈爱和对爱妾沈氏的深情。如《临江仙·自姚江回杭内子辈先已抵杭数日喜赋》："倦客归来秋飒飒，乡音入耳分明。相逢何暇叙离情"②，薛时雨自姚江回到杭州，闻得其妻子、孩子已经率先到达杭州，听见熟悉的乡音更是激动不已，早已忘却旅途的疲惫艰辛。"且喜双双儿女小，膝前团坐憨生""为耶屈指说行程"，从中可以看出薛时雨非常享受家人团聚的乐趣。如果薛时雨对于儿童没有深厚的同情，或者是没有保持着儿童的天真，他决计说不出这样简单而且深刻的话。薛时雨对其爱妾沈氏更是深情不已。沈氏咸丰八年被薛时雨纳为侧室，咸丰十一年病逝，年仅十八岁。薛时雨在其词作中有不少追忆沈氏的篇目，如《一萼红·题曹梅庵茂才葬花图》《南浦·陈槐庭大令钟英以碧草绿波制题各赋一阕余适悼沈姬之亡借以书痛》《薄幸·追悼沈姬》《水龙吟·奉仲兄灵辀登舟樟姪姪妇郭亡妾沈附载仿竹山效稼轩体招魂》，薛时雨对其小妾沈氏的深情由此可见。薛时雨的伟大之处就在于他有至性深情，本着人类所应有的至性深情去待人接物，而且不惧坦白地将之表现出来。"触我天涯愁绪，算风姨月姊，香火曾联。鹣水同盟，鸳湖同载，埋玉同落江边。料泉下、浣纱旧伴，话乡情、形影永相怜。可叹韦皋渐老，重侍无缘"③，这首词里薛时雨对于沈氏的眷恋之情表现的细腻之极，给他平和冲淡的风格渲染了一点异样的风采，也正是基于这一点可以看出薛时雨是一个有血有肉、极富于人情的人。

　　总之，薛时雨并非是一个简单的人，他的精神世界很丰富，陶渊明《时运》诗序中最后一句话是"欣慨交心"，可以用这句话来总结薛时雨的精神生活。他有感慨也有

---

　　①　薛荫桢、薛葆柽等纂修：[民国]《福星薛氏家谱》卷二《时雨公》，民国十六年（1927）铅印本。

　　②　《藤香馆词》，第10页。

　　③　《藤香馆词》，第22—25页。

欣喜。其有感慨,方能体现那种欣喜是由冲突调和而悟彻人生世相的欣喜,不是浅薄的嬉笑;其有欣喜,方知感慨是适当的调剂,不是过分佯狂或是过分的感伤。他对于人生悲喜两个方面都有透彻的领悟,他的性格大体上平和冲淡,但是他也有果敢刚毅的一面。他的归隐之情和侠义之情都与这方面的性格有关。他爱好饮酒且"笑夜阑、扶醉归来,借尔玉堂莲炬"[①],不拘小节之处颇有魏晋名士刘伶、阮籍的气派。他孝敬父母、尊重兄长尤其敬爱妻子、关爱子女。从中皆可以看出薛时雨平凡人的一面。他的高阔胸襟并不损于他对人的热情,他的侠与隐也无害于他平常人的面貌。

五、结语

薛时雨去世以后,其学生谭献作有挽联:"循吏儒林同列传,许我从游函丈,湖坊论久,由来无虑事师,有如昨日;离群索居又三年,方期再做春风,薛庐请益,岂料临江不渡,此恨千秋。"[②] 指出其师薛时雨在政事上堪入循吏传、在文教上堪入儒林传,但未涉及薛时雨的性情人格,这可能是由于下笔仓促兼情至无文。但以薛、谭二人的深厚情谊而言,不得不说有一点遗憾。实际上当代文学界的诸多大家也和谭献一样,在谈及薛时雨的文章中,多从薛时雨为官的政绩、文教事业、诗词创作等方面进行论述,但探析其性情、风度的文章却寥寥无几[③]。

今以《藤香馆词》为文本载体,探讨了薛时雨的性格及其风度,发现他在日常生活中具有"顾直不曲,起舞倚醉"的词者风度,"唯酒无量,不及乱"的名士风度,"鸣琴而治,橐笔从戎"的侠者风度以及"娇儿搔背,山妻闲话伴疏狂"的长者风度这四重风度,薛时雨在一生中将自己的人格涵养成一首完美的词,充实而有光辉,写下来的词便是人格的焕发。他的人和他的词一样,最为平凡也最为深厚。想要完全了解薛时雨并非易事,本文从其词作出发,着重分析了薛时雨的性格及为人风度,就其词作而言为之做了一个简单的"画像",限于篇幅,本文并未探讨

---

① 《藤香馆词》,第 11 页。

② 谭献:《复堂日记》稿本,南京图书馆馆藏。

③ 张剑:《日常生活中的薛时雨》,《聊城大学学报(社会科学版)》2019 年第 1 期。

薛时雨除《藤香馆词》之外的文学作品，难免挂一漏万。但是，必须明确指出，薛时雨作为晚清著名词人，他的文学作品创作题材涉猎广泛、内容蕴藉风流多样，在人文荟萃的中华大地，薛时雨的诗词的魅力和影响力依旧很大，值得我们更加深入地学习研究。

薛时雨诗词作品及为官思想的历史影响和
社会价值研究

王荣亮（内蒙古大学文学院）

摘要：薛时雨是晚清著名词家，薛时雨为官思想的核心是儒家民本思想，主张把人民视为社稷根本，统治者需视民如伤，有仁心，为政以德，施行仁政，以得民心。爱人节用、取用适时、安抚农民、使民有常产，目的是为了休养生息，使百姓安居乐业。重视传播理学思想，培养各类人才，主张知人善用，人尽其才。他的民本思想在当今社会仍有借鉴意义。本文总结了薛时雨词作品体现的为官思想在晚清的历史影响。

关键词：薛时雨；为官思想；影响；价值；研究

前　言

薛时雨（1818—1885），字慰农，一字澍生，安徽全椒人，祖居桑根山（今马厂镇复兴集），故晚年号桑根老人。自幼专攻诗文，博览群书，道光二十八年（1848）获安徽乡试第一，咸丰三年（1853）和仲兄薛春黎同登进士第，第二年授浙江嘉兴知县。太平天国事起，参李鸿章军幕，以招抚流亡、振兴文教为己任。官至杭州知府，兼掌浙江粮储道，代行布政、按察两司事，赏赐顶戴花翎。系台湾第一巡抚刘铭传亲家，是清末状元、近代实业家、教育家张謇的老师。作为文学家和词人，他的著述颇丰，有《藤香馆诗删存》《藤香馆词》等。

一、薛时雨诗词作品及为官思想的历史影响和社会价值

历史证明,只有坚持民本思想,推行惠民政策,才能维持国家的长治久安。人民众是国家的根本,民心向背决定国家的生死存亡。以人民为中心的发展思想科学回答了发展为了谁、发展依靠谁、发展成果由谁享有的问题,是对中国特色社会主义理论体系的丰富和发展。深入理解和切实践行以人民为中心的发展思想,对于准确把握习近平新时代中国特色社会主义思想,推动实现"两个一百年"奋斗目标具有重要意义。

(一)诗词作品包含了深厚的民本思想

"以史为鉴,可以知兴替",我们审视历史以求不断发现新的历史价值。儒家民本思想内容精深,薛时雨传承了民本思想的合理内核,对后世民本思想的形成产生了重要作用,诗词作品包含了深厚的民本思想。薛时雨一生诗词作品甚多,集为《藤香馆诗钞》《续钞》及《藤香馆词》等。薛时雨诗词历来有很高的评价。徐世昌《晚晴簃诗汇》称,"其诗亦如西湖山水,清而华,秀而苍,往往引人入胜。至伤时感事,沈郁顿挫,骎骎入少陵之室"。陈衍则以为薛时雨"治行循良,而宦流勇退,诗境故自时近随园"。金鸿伫在《藤香馆词》的跋语中说,薛时雨以为"拈毫托兴,贵在遇事即书,直抒胸臆",故"激而改弦,力洗柔靡之习",而"能挥洒如意,一气卷舒"[1]。在清代诗词史上,薛时雨应是一位占有重要一席的诗人。严迪昌先生在《清词史》中,不无感慨地说,"翻一翻道、咸、同、光四朝浩如烟海的词别集和各类词选,有多少不止于靡靡者"? "占数三分之一的晚清'名家词'能读到多少堪目为'词史'之作的"? 词而能"堪目为'词史'之作",必须能够抑扬时局。然而,即使在太平天国战事长达十余年的时间里,社会动荡纷乱,人民离乱亡散,诗人们也同样几乎写不出既有大背景、又切近实际感受的抑扬时局的作品来。严迪昌认为,除了蒋春霖的《水云楼词》中写的与当时那场战争有关的作品应该说是"上乘佳制"外,差强人意的则还有薛时雨的《藤香馆词》。尽管严先生谨慎地用了"差强人

---

[1]　金鸿伫:《藤香馆词跋》,见薛时雨:《藤香馆词》卷首,清同治七年(1868)刻本。

意"四个字,但薛时雨的词在当时却也已属难能可贵,这就奠定了他在晚清词坛的重要地位。薛时雨在《藤香馆词·自序》中说自己的词"律疏而语率,无柔肠冶态以荡其思,无远韵深情以媚其格,病根仍是犯一直字"。严迪昌评论说:"这个'直'字倒是'以志春梦'式地记录了从咸丰四年到同治三年这十年间他在浙、赣二省目击身处战乱前后的感受。"薛时雨有一首词写清军长期围困杭州,城内驻军和百姓断粮后终于攻复杭州后的惨状,让人一看便知清军正是惨状的制造者。目睹这一惨状的薛时雨心情凄怆之极,次年即挂冠去官。薛时雨的一些词"至少从战后现实的惨苦和宦海浮沉的无味这两个角度,揭示了所谓'中兴'气象背后的破败景观和落寞心绪,可作为理解末期王朝的衰亡已无可挽回的参照",这对清王朝鼓吹的"同治中兴说"无疑是有力的抨击。薛时雨还曾在词中"表现了对帝国主义势力的侵蚀的殷忧",批评了"门户洞开,国力孱弱,执政者只知以赔款割地来换取苟安"。薛词《望海潮·舟泊黄浦》的"八蛮重译来同。算汉家长策,只是和戎! 水驿驰轮,楼船激箭,海门百道能通。落日大旗红。叹藩篱久撤,谁靖边烽? 聊把黄金,买醉歌舞向西风"诸句,何等慷慨,何等深刻,何等警策! 蒋春霖、薛时雨等当时凤毛麟角般的个别诗人的词,在一定程度上"反映了时代的陵替轨迹,从而构成了一条'词史'之唱的脉息"①,为清代词苑开出了一串幽艳的晚花。

（二）廉洁奉公,怀有深厚的民本思想

习近平同志说:"人民对美好生活的向往,就是我们的奋斗目标。""做到发展为了人民、发展依靠人民、发展成果由人民共享",归根到底是要"让人民群众有更多获得感"。坚持以人民为中心的发展思想,就要贯彻新发展理念,"创造更多的物质财富和精神财富以满足人民日益增长的美好生活需要",这与薛时雨的民本思想具有历史继承性。薛时雨不仅是一位在清代诗词史上享有盛誉的词人,而且为官耿介清廉,卓有政声,他的一些题联和故事直到今天仍然为人津津乐道,甚至在各地编写的廉政教材中还时有应用者。例如,被应用的即有他的杭州府署题联:为政戒贪,贪利贪,贪名亦贪,勿骛声华忘政事;养廉惟俭,俭己俭,俭人非俭,还从宽

---

① 以上引文均见严迪昌:《清词史》,江苏古籍出版社 1990 年版,第 485—487 页。

大保廉隅。受一文分外钱,远报儿孙近报身;做半点亏心事,幽有鬼神明有天。铁面无私,凡涉科场,亲戚年家须谅我;镜心普照,但凭文字,平奇浓淡不冤渠。这些联语至今仍能振聋发聩,对当代公仆仍有深刻的教育意义。所以,薛时雨这样一位封建时代的官吏能有如此高尚操守,确实应该青史留名。

(三)培养影响了张謇等一批力挽狂澜的晚清重臣

同治十三年,张謇从游于薛时雨这位当时难得的清官和曾经创作了"词史"之称的作品的国学大师门下,张謇成为薛时雨的弟子。薛时雨和张謇的师生情缘的开始,固然是张謇为找到一位好老师而高兴,薛时雨则亦无法掩盖自己得到了一位好学生的兴奋。此后,张謇经常"往惜阴见薛山长""诣薛山长",同时"极承激赏",并且结交了薛时雨儿子饴澍、葆楹。薛时雨对张謇,除命题、改文外,还对张謇时有所馈,如《味经得隽斋律赋》、欧阳文忠像、《丰乐醉翁亭解醒阁帖》及笔墨诸件。生活上亦备极关怀,甚至在当年九月底张謇将返家应岁试和完婚前,还派人送行。从张謇的日记中可以看出,薛时雨与张謇的感情在很大程度上已超师生关系。光绪元年(1875)三月,张謇在日记中说:"自家启行,至是凡一月余,读书未终卷,写字未终帧,心如鹿撞之乱,身若蚁旋之劳,学殖荒落,悔惭交至。待得一席地,便杜门谢客,抱佛脚为觅举计矣。"[1] 为此,他求助于薛时雨,于是年"六月,借住惜阴书院肄业避之"[2]。此事张謇当然连对孙云锦亦不便明说,只能说些"息神定志,专一前程"之类的话与之告辞[3]。惜阴书院"在清凉山麓,横列三院,右为薛先生所居,中祀前总督陶文毅公(书院创始人陶澍),后楼三楹,故空无人",便是张謇寄住之处[4]。张謇入住后,薛时雨"又命仆于窗外种蕉",以营造一个更好的环境[5]。在薛时雨处,张謇感到格外舒畅,他在当天日记中记下了他与薛饴澍在清凉山下散步纳凉的情

---

① 张謇研究中心、南通市图书馆编:《张謇全集》卷六《日记》,江苏古籍出版社 1994 年版,第 62 页。以下简称《日记》。

② 《日记》,第 837 页。

③ 《日记》,第 59 页。

④ 《日记》,第 837 页。

⑤ 《日记》,第 60 页。

景,写景中透露了此时心境:"山云含雨,草木葱蒨,苍翠之气浸人肌发";他在给朋友的信中又有"自爱武陵山色好,旁人都说避秦来"。他感到自己找到了一个世外桃源般的读书佳处。有天晚上,"凉风入窗,一萤点帐",一心"为觅举计"的张謇竟然"怦然动季鹰之思"①。在这里,张謇可以更多地向薛时雨求教,而"坦率豪直"②的薛饴澍则差不多成了与他朝夕相处的学友,有一次,"饴澍以《文待诏帖》《藤香馆诗钞》见惠"。薛时雨的《藤香馆诗钞》,令张謇爱不释手,有一次晚"看《藤香馆诗钞》,又竟烛二寸"。薛时雨对张謇寄予厚望。光绪元年七月,张謇为参加乡试,即将暂时离开惜阴书院,张謇在二十八日日记中记述道,"晚见慰师,其相属望,坚嘱场前勿多访友,勿读闲书,一以凝文心、养文机为主。且谓于子期望最切,勉旃勉旃云云"。听了这位恩师的嘱咐,张謇十分感慨地写道:"噫!不才安得培九万里风,扶摇直上,报我生平知己耶!"③乡试结束后,张謇于八月十八日"以(乡试)文呈慰师,谬承赏誉",随后又"至李(联琇)师处,师之所赏,与慰师略异;师之所论,与慰师多同"。二十四日,"李师久谈,期望至深,感不可状,而慰师尤甚"。④光绪二年,张謇又一次参加乡试,八月二十三日,他拜见薛时雨,"场作颇承奖赏,以为欧阳子三年抱璞当不致以谩取罪矣",薛时雨不仅鼓励有加,而且进行了点评,张謇听了连呼"愧愧"⑤。光绪三年,张謇入吴长庆幕于浦口,三月初一,"渡江至惜阴书院……更许,薛师招往询近状,欷歔者再",表现出对张謇这位高足不能一意读书的万分同情,最后他对张謇说,"谋生急于读书,张杨园之论,熟思无忽。但事皆有命,毋役于境,斯为养气之学耳",教导张謇在谋生的同时"毋役于境",继续努力⑥。此后,张謇仍不时就教于薛时雨,他日记中多有"至惜阴书院见薛师""与薛师信以文就正也""以文呈薛师""诣薛师取文"等记载,一直延续到光绪五年。此后,张謇随

---

① 《日记》,第 52 页。

② 《日记》,第 65 页。

③ 《日记》,第 67 页。

④ 《日记》,第 106 页。

⑤ 《日记》,第 124 页。

⑥ 《日记》,第 25 页。

吴长庆北上山东，东渡朝鲜，进入了人生的辉煌期。张謇对薛时雨的道德文章由衷地景仰，光绪三年，薛时雨六十岁，张謇以磬作为贺礼，八月十一日，张謇"作《磬铭》为薛师寿：玉德金声，曰惟泗英，考之击之，终龢且平。宜人神兮通修名，曼寿命兮虞长生"。颂扬磬之石质如玉，声音如铜钟，果真如泗水所出的宝物，能敲击出平和的声音。这种声音能令人与神和畅愉悦，并藉此来传播它的美名，来祝愿老师长寿永年。难道这不正是张謇以磬喻师，颂扬薛时雨德音远播吗[①]？清光绪六年，薛时雨在江宁莫愁湖畔的新居落成。九月十三日，正随吴长庆驻在山东的张謇作《金陵小西湖薛庐记》，文中说，"謇尝忾夫林泉水石草木之胜，何在蔑有，而金陵、杭州特以山水名，始非有巨人长德不轻重于地而能使地因以重者，游咏焉，栖息焉，则亦寻常薪樵网罟之所，而弗能以传。""当世称儒林者必曰俞先生（指俞樾）……今海内岿然，独师与俞先生两人。""以师所以惠此邦，与此邦勤勤爱慕于师者，薛庐之名，其必传必世无疑。""庐而传，小西湖之幸可知，邦人士之幸其幸者又可知已。"，并表示"奉觞长跽为师乎寿[②]，文章表达了张謇对恩师薛时雨的崇敬之情。

　　薛时雨的词作品和为官思想经过历史洗礼表现出旺盛的生命力。它传承弘扬了进步思想，凝聚弘扬中华优秀传统文化和民族精神，正是今天构建社会主义核心价值观、实现中华民族伟大复兴的需要。当前，科学认识薛时雨的为官思想，吸收其精华，摒弃其糟粕，不断丰富和发展它，对进一步深化党的以人民为中心的发展思想，实现"两个一百年"奋斗目标，实现中华民族伟大复兴的"中国梦"有着重要现实意义。

---

① 《日记》，第25页。

② 张謇研究中心、南通市图书馆编：《张謇全集》后附补遗、校勘活页选三，第1页。

才明守洁:薛时雨仕宦生涯考论

孙光耀（上海社会科学院历史研究所）　关　佩（上海大学历史系）

摘要:薛时雨是晚清时期的政治家、词作家和教育家,他的仕宦生涯以太平天国战争时期入李鸿章幕府担任幕僚为界限,可分为前期和后期。在前期,他先后担任浙江嘉兴、嘉善两县知县,为百里宰;后期则官居杭州知府兼督粮道,代行浙江布政使、按察使事等,身兼数职。最终在历史的合力作用下,他称病去官,结束了自己十年的仕宦生涯。

关键词:薛时雨;仕宦;幕僚;历史合力论

薛时雨（1818—1885）,字慰农,又字澍生,晚号桑根老人,安徽全椒复兴集人。他历任浙江嘉兴、嘉善知县,杭州知府兼督粮道,代行布政使、按察使事等,在结束十年的仕宦生涯后,又先后主杭州崇文书院、南京尊经书院和惜阴书院凡二十年,著有《藤香馆诗钞》《藤香馆诗续钞》《藤香馆词》《藤香馆小品》等。

薛时雨一生在官员、幕僚、书院山长等台前幕后、朝堂山林的多重角色间来回转换,对他的仕宦生涯,尚未有专文研究①。本文主要依据其弟子谭献《薛先生墓志

---

① 今人对薛时雨的主要研究有:严迪昌《薛时雨及其他词人》,载《清词史》,江苏古籍出版社 1990 年版;马昌华《薛时雨》,载《淮系人物列传——文职·北洋海军·洋员》,黄山书社 1995 年版;朱德慈《薛时雨行年考》,载《近代词人行年考》,当代中国出版社（**下转**）

铭》、顾云《桑根先生行状》^①二文,并结合清代实录、奏折、地方志、笔记、诗文集等史料,来考察他的仕宦经历,以期有裨于对他的相关研究。

一、声名渐起:薛时雨前期仕宦经历

薛时雨生于清嘉庆二十三年(1818),少时"性警敏,九岁为诗,辄惊其长老""于书无所不读,率参伍古今,究其利病所在,蕲可施行"。他于道光二十三年(1843)中举,咸丰三年(1853),又和仲兄薛春黎同登进士第,为"殿试二甲,赐进士出身",后"题补嘉兴县知县"^②。与他有同年之谊的还有陈兰彬、丁宝桢等后来的晚清名臣^③。

在嘉兴知县任上,薛时雨"弛张一切,惟民便之,从不烦而治"^④。咸丰六年夏,浙江大旱,农业减产,民不聊生。薛时雨心系百姓,驾"扁舟一叶巡行各乡村,慰劳农氓,课之戽水,踯躅烈日中。自奉则脱粟蔬食,观者咸叹'好官'。"^⑤他同情民瘼,于是停征科税,后因此被罢官。虽然仕途受挫,但他也由此"仁闻大起"^⑥,以至于

(上接)2004 年版;《薛时雨的诗词》,载朱昌平、吴建伟主编《中国回族文学史》,银川:宁夏人民出版社 2006 年版;马香《薛时雨及其〈藤香馆词〉考述》,载《清代回族人物刘智等六人著作考述》,宁夏大学硕士论文,2011 年;张小华《风流蕴藉——读安徽联坛翘楚薛时雨的楹联》,《辽宁行政学院学报》2013 年第 12 期;钱基博《薛时雨小传》,载《复堂师友手札菁华》,人民文学出版社 2015 年版;江金惠《两江鸿儒薛时雨》,载顾国华编《文坛杂忆全编》第 5 册,上海书店出版社 2015 年版;李睿《薛时雨及其〈藤香馆词〉》,《词学》第二十七辑,华东师范大学出版社 2012 年版;鲁小俊《晚清回族名儒薛时雨书院经历考论》,《西北民族大学学报》(哲学社会科学版)2018 年第 1 期。

① 均见缪荃孙纂录:《续碑传集》卷八十,《清代传记丛刊》第 119 册,台北明文书局 1985 年版。

②④⑥ 顾云:《桑根先生行状》。

③ 见《清实录·文宗实录》第 2 册,中华书局 1987 年版,第 284 页。

⑤ 张鸣珂:《寒松阁谈艺琐录》,上海人民美术出版社 1988 年版,第 102 页。

"浙东西言循吏者,皆曰'薛嘉兴'。"①

咸丰八年,薛时雨得以起复,并改任浙江嘉善知县。赴任前,他经过嘉兴故地重游时,"士民相率走送"。至嘉善后,正值太平军攻打他的家乡全椒,于是乡人纷纷逃来依附,他念及桑梓之情予以收留,最后官舍都"不能容"②。

当时,嘉善地区"书院课奉行不力",薛时雨"振兴之,捐廉为倡",同时"又于职思堂集文社,尊酒相属,论文不倦,有志者颇得师法"。此外,他"戢吏胥,平赋敛,慈惠周至,与治禾同。"③在数月之内,薛时雨"堂皇治庶狱三百",嘉善县十余年之积案,都被厘清④。乡民们"几几无讼""相庆得贤令"⑤。后来,邑人铭感他的恩德,"于贤侯祠设位祀之。"⑥

咸丰十年,浙江巡抚罗遵殿奏称:"浙省仕途过杂、请严行举劾、以肃官方。"他参劾了一批官员,同时又保举了一批官员,薛时雨也在保举之列。清廷准其所奏,下令将薛时雨等"着送部引见"⑦。于是,薛时雨因赴京考核而去职。在引见结束出都后,他得知浙江杭州、嘉善等地已被太平军占领,只能避行金华、余姚等处,最后到达江西,"流寓南昌"⑧。因之,他前期的仕宦生涯到此也告一段落。

二、投笔从戎:薛时雨的幕僚经历

在湘军攻克安庆后,薛时雨曾于同治元年(1862)前去拜见曾国藩,"慷慨论

---

① 《薛先生墓志铭》称:"行县,闵旱,归罢征赋。大府催科檄下,置勿问,以是解任,而仁闻大起。"《桑根先生行状》称:"次年,岁大旱,原隰焦如。内计民且流亡,军亟征发,理不能并济,当以一官殉之。因下令停征,既而催科檄屡下,置弗报。邻邑如檄指,民无以应,千百为辈异。其省出,勘所历诸河,无涓滴其邑民,且指示且詈围之。暍日中,请与俱死。势汹汹,且不测,为却舆,盖疾出慰而遣焉,然后挟令归。而大吏以停征乏军兴,于是先生官罢矣。然浙东西言循吏者,皆曰'薛嘉兴'。"

②④⑧ 谭献:《薛先生墓志铭》。

③⑥ 江峰青修,顾福仁纂:[光绪]《重修嘉善县志》卷十五《官师志下·名宦》,清光绪二十年(1894)刻本。

⑤ 顾云:《桑根先生行状》。

⑦ 《清实录·文宗实录》第5册,第544页。

兵事"，并给当时亦在曾幕的李鸿章留下了深刻印象①。此后，李鸿章受曾国藩之
托，率淮军奔赴上海，并署理江苏巡抚。五月初九日，李鸿章"奏请调候补中允冯
桂芬、翰林院编修王凯泰、户部主事钱鼎铭、丁忧安徽道员王大经、安徽知州阎炜、
浙江知县薛时雨、江西知县王学懋赴营差委"，清廷"允之"②。"在短短几个月时间
里，李鸿章通过奏调或聘请等方式，至少已将周馥、黄芳、郭嵩焘、冯桂芬、王凯泰、
钱鼎铭、王大经、阎炜、薛时雨、王学懋、秦缃业等人招致账下，初步搭起了自己的幕
府班子。"③

    薛时雨到上海后，入李鸿章幕府充当其幕僚，主要负责文案事宜④。湘淮"两
军将帅壁垒相望，先生通怀来，佐机要，师以大和"⑤。湘军成师已久，而淮军则属
新立，因此两军将领不免门户之见，多有龃龉。他经常从中调和，起到了很大的
作用。

    在浙江战场激战之际，占据嘉兴的太平军"有降意"，薛时雨冒险驾一叶小舟
入嘉兴城，试图游说守城之太平军归降。《桑根先生行状》对此事有详细而颇富传
奇色彩的记载：

      贼酋据嘉兴，有降意。议往抚，无敢行者。先生从门下士一，棹小舟冒入，
   取要领。俄而，他酋等至，不果降，呼吸存亡以前令。嘉兴民识其政，多为之耳
   目者，因免以出。有顷，卒下之。⑥

    总之，薛时雨以一书生投笔从戎，在李鸿章幕府充当幕僚期间，除本职工作外，
还以身犯险，并调和湘淮两军，可谓功勋卓著。在同治三年二月十八日淮军占领嘉

---

①⑤   谭献：《薛先生墓志铭》。

②   《清实录·穆宗实录》第 1 册，中华书局 1987 年版，第 776 页。

③   李志茗：《晚清幕府研究——以陶、曾、李、袁幕府为例》，华东师范大学博士论文，
2001 年，第 90 页。

④   李志茗认为：晚清幕府，是"变动社会中的非正式制度""它是在近代中国面临千
古未有变局之际，从地方大员幕府中应运而生的一种制度创新。"见李志茗：《晚清幕府：变
动社会中的非正式制度》，上海社会科学院出版社 2018 年版，第 234 页。所以这一时期不
宜算入薛时雨的正式仕宦经历，将其看作是过渡阶段更为合适。

⑥   顾云：《桑根先生行状》。

兴后,他也因功"擢同知,加知府衔,赏戴花翎"①。

三、惨淡经营:薛时雨后期仕宦经历

在薛时雨还未赴任嘉兴知府时,湘军左宗棠部占领杭州,时任闽浙总督的左宗棠上《奏请以薛时雨升署浙江杭州府知府事》一折,以他"历任繁剧,久著循声,性情质实,亦饶吏干",而奏请补其为杭州知府②。清廷准左宗棠所奏,任命薛时雨署理杭州知府,并表示"如果整顿抚绥,悉臻妥善,即行奏请实授"③。不久,左宗棠再上一折,"特保政绩卓著各员,恳请奖励",其中称"薛时雨为守兼优,堪膺表率"。于是清廷降旨,薛时雨"即着补授杭州府知府"④。

当时,杭州经久战火,"市朝荡然,孑遗无人色,荷戈之士出入横恣",而且新来的"八旗驻防初归营,贪且嚣,往往挠有司法",可谓一团混乱、满目疮痍。而闽浙总督、浙江巡抚、浙江布政使、浙江按察使等地方大员,都在外带兵作战,他们的职权萃于薛时雨一身。他"以知府署粮储道,代行两司事""一身绾四印,而所设善后等十数局棋布会城,皆兼领之"⑤。薛时雨"久次浙江,洞于民生",在杭州知府任上恪尽职守,不负所托。他一方面努力安抚省境,"锐意缮完,厝危于安,招流亡,战强暴,威爱徧遐迩",另一方面,也积极宣示文教,"庐其居为东城讲舍,西湖之上修复书院",先后创办东城讲舍,恢复诂经精舍及敷文、崇文、紫阳三书院,"浙东、西知名士著弟子籍数百人"⑥。同时,当"定海宁州报获逸贼数十百人"时,薛时雨考察实情,认为他们"实则孑遗之民",不应处死,并和上级据理力争,最后将他们释放,以免伤及无辜⑦。

薛时雨甫上任时,杭州刚为清军收复,整座城市凄凄惨惨、民生凋敝。他触景

①⑤⑦ 顾云:《桑根先生行状》。
② 左宗棠:《奏请以薛时雨升署浙江杭州府知府事》,清同治三年二月二十三日,《宫中档》内政类职官项,中国第一历史档案馆藏。
③ 《清实录·穆宗实录》第3册,第114页。
④ 《清实录·穆宗实录》第3册,第607页。
⑥ 谭献:《薛先生墓志铭》。

生情，作《入杭州城》一诗："数里一见人，十室九无屋""鸟鸢争人骸，有骨已无肉"，这是杭州城外可怖的荒凉景象；接近城池时，只闻"群动寂不喧，隐隐明鬼哭"；进城之后，更为"愁惨"，只见"土民仅孑遗，形面如鸠鹄"①。而经过薛时雨在知府任上的惨淡经营，杭州城又逐渐恢复了昔日的繁华光景。可以说，"时以文物之盛，虽经寇乱，无异承平时，微先生不及此。"②

除抚理杭州外，身兼粮道的薛时雨还很好地辅助新上任的浙江巡抚马新贻完成了减赋运动。"咸同之际，清廷内忧外患，统治遇到巨大危机。与军事活动相配合，清廷也着手推行政治攻势，大力施行收买人心的举动。其中最重要的举措就是减赋运动。"浙江的减赋运动主要集中于核定地丁漕粮、裁革部分浮收等项。薛时雨随巡抚马新贻、布政使蒋益澧等人，"访查各州县征收漕南旧规，除酌留耗余以为办公之费，其余悉改新章，其中以裁革海运津贴所省最多"。这场声势浩大的运动"极大减轻了浙江省业已存在的漕粮赋重危机，为清廷重新实施海运提供了坚实基础"③。

同治四年秋，薛时雨奉旨充乡试提调官。他"自念大乱既平，进取者多，而己之政亦粗成，可以退"，乃"于闱中"上"告病文书"，要求卸任④，并请马新贻奏报朝廷⑤。马新贻深知他的学识才干，对他非常赏识，"固留之，不得"⑥。只能在他称病引退后，于同治五年岁末，请他主持杭州崇文书院。后来，马新贻调任两江总督，又于同治八年请他主持南京尊经书院及惜阴书院。曾国藩在两江总督任上也对他"雅重之，命次子若埠从而受学，尝欲疏荐于朝"，经他"固辞乃止"⑦。人生的最后二十

---

① 薛时雨：《入杭州城》，《藤香馆诗钞》卷三，《清代诗文集汇编》编纂委员会编：《清代诗文集汇编》，上海古籍出版社 2010 年版，第 625 页。

②④⑦ 顾云：《桑根先生行状》。

③ 倪玉平：《马新贻与清代"东南三大政"》，《回族研究》2007 年第 1 期，第 21 页－第 22 页。

⑤ 马新贻：《奏为杭州府知府薛时雨患病请开缺事》，清同治四年十二月十二日，《军机处档》，中国第一历史档案馆藏。

⑥ 谭献：《薛先生墓志铭》。

年,薛时雨辗转于江、浙、皖、赣诸省,主讲杭、宁几处书院,着力培育新人。他有教无类,"注弟子籍数百人",其中,"冯煦、刘寿曾、顾云、张謇辈,皆于寒畯中一见决为通品"①。光绪十一年(1885)正月二十二日,薛时雨病逝于南京,终年68岁②。

四、历史合力:薛时雨去官原因探析

恩格斯曾提出著名的"历史合力论"来阐释历史的发展。他指出:"历史是这样创造的:最终的结果总是从许多单个的意志的相互冲突中产生出来的,而其中每一个意志,又是由于许多特殊的生活条件,才成为它所成为的那样。这样就有无数互相交错的力量,有无数个力的平行四边形,由此就产生出一个合力,即历史结果,而这个结果又可以看作一个作为整体的、不自觉地和不自主地起着作用的力量的产物……每个意志都对合力有所贡献,因而是包括在这个合力里面的。"③薛时雨毅然选择去官当然也是由于多方面原因的历史合力作用。

在声誉日隆之时,薛时雨却称病辞官,实情绝非如此简单。毕竟辞官之时他尚未满五十岁,正值壮年,此后又常游历于江、浙、皖、赣诸省,主讲书院凡二十年,还在五十七岁时"举一子",可见其身体并无大碍④。辞官后,薛时雨曾作《挂冠二首》诗,其一称:

> 性情不宜官,勉强学官样。
>
> 谬窃循良名,怮怩难形状。
>
> 久有退休心,乱后事草创。
>
> 两载并日营,湖山幸无恙。
>
> 责重思息肩,宦久防腾谤。

---

① 张其浚修,江克让、汪文鼎纂:[民国]《全椒县志》卷十《人物志》,民国九年(1920)木活字本。

② 顾云:《桑根先生行状》。

③ 中共中央马克思恩格斯列宁斯大林著作编译局编:《马克思恩格斯选集》第四卷,人民出版社,1995年版,第697页。

④ 谭献:《薛先生墓志铭》。

况我握两篆，帆饱激风浪。

引疾众颇哗，疑我心怏怏。

岂知疏散怀，夷然净尘障。

莼鲈满江乡，鼓枻答渔唱。①

薛时雨的弟子张鸣珂在其所著的《寒松阁谈艺琐录》一书中也曾论及乃师辞官之事，颇具参考价值，故摘录如下：

杨利叔孝廉有《送前杭州府薛慰农先生序》云：吾乡陆清献公以清梗遭时忌，而其时大吏不能摭其短以劾之，又恐公论之不可掩也，则曰德有余而才不足，意谓可以服世矣。而清献贻书友人，历言其征科程式，不下于同官，而但少用敲扑。呜呼！是岂好辩哉！盖世方以严酷为能，而仁恕者又未尝不可以济事，人苟不察乎。其实则道德为迂疏，而生民之祸日烈。此公所以反复申言将以为斯民请命，而不嫌于自襮焉。

吾师薛慰农先生以甲科出宰吾禾，当酷烈之际，历数邑，民颂其仁，龃龉于小人，濒危不悔。宫保左公入浙，始以才守称赏，擢典首郡。左公移节闽中，师甫摄粮道篆，而以病告，不言其所以去之故。或以师年力正强，委蛇其间，可待其时，而信其志。此其说似是而非也。盖君子之于义精矣，一日居乎其位，则一日尽乎其职，几微之地，稍有不尽，而君子皆引以为羞。此师所以决然引去，必待夫道之必行而后再出，而非漠然于世焉。象济以迂怪为世病，间为诸生之文，每诵望溪"儒者之道，虽小不苟"之语，出以示人，莫不骇走，而师独赏之。昔昌黎韩子应举，出陆宣公之门，师弟之遇，可谓盛矣，而未尝道及，惟于《荐侯喜书》中，一言申之曰"陆相公之考文章也甚详"而已。今于师之将去，不能默然。因述君子出处显晦之义，且申古人未竟之情，而道文章沉瀣之所以然，张诸国门以为别。虽然，非以为文也。②

张鸣珂认为，薛时雨和杨象济所言之清初儒者陆陇其的情况类似。他们"以

① 薛时雨：《挂冠二首》，《藤香馆诗钞》卷三，第 630 页。

② 张鸣珂：《寒松阁谈艺琐录》，第 102—103 页。

清梗遭时忌",并且"当酷烈之际",大道不行,仁义难施,不能居其位而尽其职,所以辞官引去,"待夫道之必行而后再出"。结合张鸣珂的看法,再细加分析薛时雨的挂冠诗,可以较为清晰地总结出他选择辞官的几方面原因:

其一,理想与现实的冲突。从乾隆朝后期开始,清王朝就已经逐渐步入了下坡路。而道咸以降,先后经历了两次鸦片战争和太平天国运动的冲击,此时的清王朝内忧外患频仍,国事衰微,社会动荡,吏治腐败,曾经的"康乾盛世"已是明日黄花。在朝纲日陵,国隙屡启,大清王朝大厦将倾的时代背景下,曾经踌躇满志的薛时雨此时也不免深感落寞与无奈。这一点在他的诗词中有所反应。薛时雨的一些词如《多丽·别西湖五载矣,甲子中元节,建盂兰盆会于湖上,礼佛云林寺,循岳坟、苏堤而归。老莳蔽天,湖流如线,荒凉景况,触目伤心,偶忆蜕岩旧词三复不能自已,用原拍韵书感》《沁园春·岁暮书怀》等,"从战后现实的惨苦和宦海浮沉的无味这两个角度,揭示了所谓'中兴'气象背后的破败景观和落寞心绪,可作理解末期王朝的衰亡已无可挽回的参照",这就有力地抨击了清王朝鼓吹的"同治中兴说"。他还曾在《望海潮·舟泊黄浦》一词中"表现了对帝国主义势力的侵蚀的殷忧","言辞颇犀利"地批评了清王朝"门户洞开,国力孱弱,执政者只知以赔款割地来换取苟安"①的现实。薛时雨作为一名自幼就深受儒家思想熏陶的传统士大夫,怀着"修身齐家治国平天下"的理想步入仕途,然而,随着时间的推移,美好的理想与严酷的现实之间不断产生越来越多的巨大冲突。他当年在知县任上因为关心百姓疾苦而停征科税便遭到罢官的经历就给他了很大的冲击。而此时的清王朝暮气深重,一片衰世气象,他恐怕也深知自己无力回天。这是薛时雨辞官的根本原因。

其二,同僚的攻讦。薛时雨为官清廉,专心吏治,不思图谋私利,常怀民生疾苦。他本是个很有抱负和能力的循吏,但是这个腐朽破败的时代决定了他并不能见容于官场,他的书生意气可能也得罪了不少同僚。"先生贤声既昌,而忌者日众。素澹荣利,雅不欲与夸毗者竞进。"②"时蒋果敏为布政,初甚重公,后有忌之者,遂决

————————————

① 以上引文见严迪昌:《清词史》,第486—487页。
② 谭献:《薛先生墓志铭》。

然乞病。"① 当时浙江布政使蒋益澧对薛时雨"颇致不满"，而左宗棠得知后"怒字果敏公"，谓其"以军事起家，至于吏道，当学薛慰农"②。虽然左宗棠非常称许薛时雨，但是在当时的官场上，如蒋益澧一般不喜他的人恐怕不在少数。"责重思息肩，宦久防腾谤。况我握两篆，帆饱激风浪。"正如《挂冠二首》诗所言，这是薛时雨辞官的重要原因。

其三，薛时雨乃淡名利、怀桑梓、重亲情之人。他自言："性情不宜官，勉强学官样。"早在咸丰四年知嘉兴县任上，他就曾填《多丽·暑夕思乡》一词。词中描写自己"日当天，衣冠苦著，尘满地，仆马纷忙"而"腰折眉摧，形劳神役"，不禁"叹今生、未修清福，合教驰逐名场"，只希望"争能似、山中脱略，荇带荷裳"，这就表达了他"鄙弃尘俗，蔑视官位，追求自由，向往大自然的胸怀。"③后来，他又在《沁园春·岁暮书怀》一词中，感叹"凄凉甚，只青灯照影，伴我孤舟"，认为"十年讲舍，诗书糟粕；十年宦海，踪迹浮沤"，就算"瓜子金黄，桃花绶紫"又如何？他的"封侯壮志都休""须及早、安排返故邱""要渔樵作伴，猿鸟同游"。在岁暮之时，追思往事，更添乡愁。"只有远离官场，不参与名利角逐，才是他现在一心所要追求的。宁可与猿鸟同游，亦在所不辞，而且正是他心目中的理想世界。这首词所反映出来的作者人生观，不免悲观失望，但却正是晚清政局之糟糕给知识分子带来的客观必然。"④终于，薛时雨在奉旨充浙江乡试提调官时，此种情绪的累积达到了临界点。他在闱中作《提调入闱奉和监临马谷山中丞原韵》和《闱中感兴再叠前韵》二诗，感叹"故人强半泣琼瑰"（原注言"乙卯、乙未同分校者，仅存数人"）⑤，还追忆起当年仲兄在江西典试的情景，思及"兄骨未归重赴调"，不禁在"西风棘院"中"泪洒重帘"⑥。同治元年

---

① 张鸣珂：《寒松阁谈艺琐录》，第 102 页。
② 顾云：《桑根先生行状》。
③ 朱昌平、吴建主编：《中国回族文学史》，第 486 页。
④ 贺新辉主编：《清词鉴赏辞典》，北京燕山出版社，2006 年版，第 1059 页。
⑤ 薛时雨：《提调入闱奉和监临马谷山中丞原韵》，《藤香馆诗钞》卷三，第 628 页。
⑥ 薛时雨：《闱中感兴再叠前韵》，《藤香馆诗钞》卷三，第 628 页。

他的兄长薛春黎"主江西试,病卒贡院"[①],三年后,薛时雨又充任乡试提调官。类似的场景,不能不让他睹物思人,促使他最终决定辞官隐退,扶仲兄遗柩归乡[②]。《挂冠二首》诗中"久有退休心""夷然净尘障""莼鲈满江乡,鼓枻答渔唱"等,对他此时的复杂心绪都有所反映。这是薛时雨辞官的直接原因。

要之,现实的严酷、理想的破灭、同僚的攻讦、兄长的去世以及对家乡和亲人的思念,种种原因的历史合力作用终于让薛时雨心灰意冷,厌倦了宦海沉浮。在长叹一声"两浙东西,十年薄宦;大江南北,一个闲人"之后[③],他选择辞官而去,并且再不复返。

五、结语

"古之守杭州者,循良著称,于唐则白公,于宋则苏公。二公皆当国家中叶,生聚蕃,财力盛,故能修政、澹利、兴革,中于人心。乃其文章照映山水,历久不坠废,以其时考之,犹为其易也。当其难者,有薛先生。"[④]薛时雨虽然入仕时间不算太长,但他在乱世之中主政一方,不避繁难,恪尽职守,又在任上及主讲书院时培养了谭献、张鸣珂、冯煦、刘寿曾、顾云、张謇等诸多人才,可谓功勋卓著、桃李芬芳。"吾友薛慰农观察,早岁甲科,游膺民社。鸣琴而治,则阳春乘弦;囊笔从戎,则萑苻敛迹。其守杭也,值灰烬之余,作抚绥之计,见星视事,如雨泽人。"[⑤]这是时人对他的仕宦生涯最为精当之概括。

薛时雨在晚年也曾撰联总结自己的一生道:

作吏十六年,主讲十六年,壮志销磨,借一角溪山娱老;

种竹数百本,植松数百本,岁寒苍翠,与满城桃李同春。[⑥]

这副对联中虽然流露出他壮志未酬的不甘与无奈,但也表达了自己如"岁寒

---

①④　谭献:《薛先生墓志铭》。

②　朱德慈:《近代词人行年考》,第92页。

③　黄涵林:《古今楹联名作选粹》卷二,广益书局1929年版,第2页。

⑤　杨叔怿:《藤香馆词序》,见《藤香馆词》卷首,《清代诗文集汇编》编纂委员会编:《清代诗文集汇编》,上海古籍出版社2010年版,第695页。

⑥　黄涵林:《古今楹联名作选粹》卷二,第3页。

松柏"般的自豪和桃李满园、弟子遍天下的欣慰。

"先生修髯伟干,面正方""双眸炯炯,音响若洪钟"。薛时雨生前为曾国藩、李鸿章、左宗棠等多位晚清重臣所赏识,而在他去世后,"识与不识,闻先生之丧,莫不异情同悼"[1]。李鸿章曾称赞他"才明守洁,笃实不浮"[2],可以说,这样的评价是恰如其分的。

附录:薛时雨仕宦生涯年表

时间	事件	说明	出处
嘉庆二十三年(1818)	出生于安徽全椒		《桑根先生行状》
咸丰三年(1853)	中礼部式,殿试二甲,赐进士出身	仲兄薛春黎亦同年进士	《桑根先生行状》
咸丰四年(1854)	补浙江嘉兴知县		《桑根先生行状》
咸丰五年(1855)	充乡试同考官	所得多宿士	《桑根先生行状》
咸丰六年(1856)	罢官	夏,浙江大旱,因同情民瘼,停征科税,遭罢官	《桑根先生行状》《薛先生墓志铭》
咸丰八年(1858)	署浙江嘉善知县	《桑根先生行状》误作"咸丰七年",据《近代词人行年考》改	《桑根先生行状》《近代词人行年考》
咸丰九年(1859)	再充乡试同考官	所得有老儒二,既来谒,须发皓然。叩之,皆绩学者。依以金,并赋诗赠焉。一时传为佳话	《桑根先生行状》
咸丰十年(1860)	赴礼部引见,去职	嘉善为太平军占领,不得归,流寓南昌	《薛先生墓志铭》

---

① 顾云:《桑根先生行状》。

② 顾廷龙、戴逸主编:《李鸿章全集》第一册《奏议》,安徽教育出版社 2008 年版,第 23 页。

续表

时间	事件	说明	出处
同治元年（1862）	入李鸿章幕府为幕僚	李鸿章奏调	《桑根先生行状》
同治三年（1864）	补浙江杭州知府	左宗棠奏补	《桑根先生行状》
同治四年（1865）	充乡试提调官；告病辞官	马新贻上奏开缺	《桑根先生行状》
光绪十一年（1885）	去世于江苏南京		《桑根先生行状》

薛时雨佚文辑考

张道锋（《全椒古代典籍丛书》编辑部）

摘要：薛时雨乃晚清著名文人，颇以八股闻名。其诗词已有《藤香馆诗钞》《藤香馆词》诸集，更有联语专集《藤香馆小品》、八股文丛《藤香馆启蒙草》存于世间。惜其文集散佚，不惟史书艺文无有记载，全椒诸志书亦未见其踪。今从诸典籍中钩沉佚文，考其时地，释其章旨，略缀数语，都为一卷。得完帙三十一，残句有三，凡三十四篇。施以句读，或为深研薛公之一助。

关键词：薛时雨；佚文

本文所录皆为薛氏本人所作，凡文献可徵，乃捉刀代笔者，皆不在辑录之列。至于托名所作《白门新柳记》《秦淮艳品》俨然说部，亦不见收拙文。佚文以创作时间排列，凡未注明年月者，则结合文献详加考辨。至于不可考者，得其大概，顺次罗列。《〈东海鰍生纪彰编〉序》《〈紫茜山房诗钞〉序》《〈读雪斋诗集〉序》颇难寻得，未曾寓目，但列为存目而已。所辑佚文起自同治三年（1864），终于光绪十年（1884），跨度达二十年之久。就中序二十五、书三、记二、铭一、赞一、跋一、诔一。则薛氏之文，多赖师友文集获存可知矣。文辞舛误，鲁鱼豕亥之处所在皆是，今挂一漏万，就正方家，赐教为幸。

一、《马徵君遗集》序 ①

乾坤正气,舍忠孝无文章;戎马书生,以礼义为干橹。传修期疾驰露布,磨盾鼻以从军班。定远力掷毛锥,戴兜鍪而报国。房元龄兵书之奏,驻马皆成;令狐楚戎帐之中,挥毫不辍。古有身非宿将而节效死绥,手凿凶门而忠输贯日者,不诚绰楔所必旌,宗布所必祀也哉?

如桐城马命之徵君者,精参五纬,手备八厨。黄香为江夏无双,左雄訾孝应第一。五鹿岳岳,宿儒避其英锋;万石恂恂,邱里传其穆行。固已骖鲍、谢而如靳,走籍、湜而皆僵。宜乎抚七宝之床,香薰御宝;撤两行之炬,花照琼林。而乃蓬岛风回,船三引而卒退;长安日远,书十上而不行。酒晕横襟,当世已无余子;剑光绕纸,知我惟有此君。佗傺无聊,奇弄顿发。铮铮铁骨,落落琴心。能无效刘蜕之埋文,踵君苗之焚砚乎?

兵连离石,变起夷陵。苻坚十万之众,蔽木梯于长江;杨仆五百之军,驾楼船于绳寨;千奴共胆,七萃离心。孤军几化为虫沙,长城将填为马窟。君乃陈书开荡,倡举义旗。台临淄之弩兵,募煎靡之健将。设虞诩三科以贵重士,出魏尚私积以犒牛。以为桐城者,锁钥舒庐,襟带楚皖。中枢扼要,则常山联首尾之蛇;一障失机,则邯郸成口中之蝨。

于是指陈方略,手握钤符。赌棋知胜负之形,聚米作山川之势。覆头柏孝,负大盾而习劳;拥膝高柔,抱文书而卧看。卒使侠徒胆裂,难逃遁甲千门;蛾贼心惊,不过雷池一步。坠甑复固,警角不鸣。国有人焉,诈之力也。无如玩寇者拥兵自卫,防边者卷甲无闻。轧荦山大继贼锋,霸上军直同鬼戏。鬼谍曹社,师笑秦庭。六州铸错而心寒,一柱擎天而力荡。裂眦瞋目张桓侯,视死如归透爪握。拳卞忠贞,阖门殉节。炳丹心于皎日,化碧血为酸霜。有难弟以继难兄,非是父不生是子。可以钦其行之孝矣,可以褒其节之忠矣。

所喜巨制盈编,遗稿在篋。多蒿目忧时之作,半义心苦调之吟。玉虽碎而宝气

①　见马三俊:《马徵君遗集》卷首,南京图书馆藏清同治三年(1864)刻本。

弥天，兰芷摧而香心不死。谢皋羽西台恸哭，岂藉文传？颜平原北阙谢恩，终行国难。魂归桑梓，英灵照万古之心。义激松筠，特诏陨九重之涕。立朱邑桐乡之庙，盖棺犹是诸生。读子升、韩陵之碑，轶代必推作者。是为序。

同治三年小春下浣，进士出身署浙江粮储道知杭州府事，乡晚生薛时雨拜撰。

　　道锋按：此篇辑自清同治三年（1864）刻本《马徵君遗集》卷首。《梦粱录》卷六"十月"条云："十月孟冬，正小春之时，盖因天气融和，百花间有开一二朵者，似乎初春之意思，故曰'小春'。"《幼学琼林》卷一"岁时类"曰："下旬十日，为下浣。"故此文当作于同治三年十月下旬。《马徵君遗集》著者马三俊，字命之，桐城人，乃著名毛诗学大师马瑞辰之子。举贤良方正，咸丰四年（1854）战死周瑜城。

本文通篇皆用骈体，以四六格为主，兼有五七言之对。文风激越，用典贴切，是不可多得的骈文佳作。加之此乃所见仅存之薛氏骈文，对于了解其韵文的风格水准具有特殊的意义。文中表彰了马三俊具有"戎马书生"的双重特征，虽出身世代书香，却戎马蹭蹬，忠义刚烈。《马徵君遗集》满是对现实的关切，颇具淑世情怀，薛氏对于它的流芳百世亦充满了期待。

二、东城讲舍记 [①]

昔元至正十八年，江浙廉访丑的等重茸西湖书院，贡师泰记之。谓其在崎岖戎马之中不忘诗书礼乐之事，以为深知治本。明弘治十年，巡按吴一贯革杭城尼寺，改建社学二十二所，士习为之丕变。然则兴贤育才不特为振起人文，发扬科目之本。凡主持风化，培民俗，而杜乱萌于是乎击，不可谓非长吏之责也。

杭郡山川钟秀，人文科目甲天下，会粤寇扰，衣冠涂炭，皇上御极之三年，宫保左公暨各大宪统率大军，靖寇苏民，百废俱举。方伯蒋公倡修书院，作养士林。余承乏兹土，思辟讲舍，与长才秀民以时讲贯，踵美于阮相国西湖诂经精舍，而上副今大宪鼓舞作新之意。因得孝义庵故基于庆春桥西，庵旧名无碍，为明释袾宏，号莲

---

① 陈璚修，王棻纂：[民国]《杭州府志》卷十六，民国十一年（1922）铅印本。

池，及其室汤号太素者梵修地。劫后钟鱼虽具在，住持者颇失梵修本旨。余深病之，见地虽近市，尚不至湫隘而嚣，且礼殿、堂庑、门宇、垣墉，阶碱、领劙之属，规模矗备，易于集事，爰属杭郡生丁丙经理厥役。

朽者易之，缺者补之，漫漶者饰之。后楼三楹设位祀许、郑两经师，中三楹为讲堂，上构庋阁，仍庵莲池太素栗主，示不忘故也。前有门塾，傍有廊舍，敞书楼以待来学之士。拓厅事，为晏息之所。又割西偏余屋为赁肆，取租入以供阍庖之费。然后讲习有庐，升降有堂，膳饎有厨，舍中人得以相与陶冶而有合于古社学之遗意。既成，颜曰"东城讲舍"。举诸生中有文行者与焉，课举业经艺外，兼课诗赋杂文，月凡再举，择尤定额，月给膏火笔札以奖励之。

思夫古人讲学之方原不专诵章句，与夫綷缋雕琢錯龙虎之文，以博声蘕荣，必将以为孝弟忠信可讲，行道德仁义可讲，而明兵农刑政、天地民物之大原可讲，而得如是，入则为名臣，出则为良吏，即伏处里闬亦可砥砺，各节仪型后进而不失为纯儒。士之登斯堂者，庶几知原本经术。诵法先儒，因文见道，日镞而月厉之，卓然为明体达用之学，勉为全浙人文之冠冕，上以报朝廷科目取士之盛典，而下不负兴贤育才者之心。俾兹舍之设，得与贡师泰所记之西湖书院、吴一贯所改之社学并辉志乘焉。是则所厚望于多士者也。

同治四年，岁次乙丑，八月。

道锋按：此篇辑自［民国］《杭州府志》卷十六（民国十一年铅印本），作于同治四年（1865）八月。东城讲舍在菜市桥西，旧为孝义庵址，俗名沈庵。兵燹后，屋宇犹存。同治四年，时任杭州知府的薛氏将其改为东城讲舍。邑人丁丙董其事。薛氏因沈庵"主持不得其人，逐尼去，改为'东城讲舍'，大师及夫人木主仍然供奉香火"。据晚清丁直诚《东河新棹歌》记载："薛慰农太守以孝义庵尼有秽行，遂封其居为东城讲舍，延师课士，里人保六房尼清修，还其临河楼屋。"其时崇文、敷文、紫阳、诂经合称四大书院，皆由抚、藩、臬、运四大员按月轮值主课，唯东城讲舍由杭州知府主课。光绪二十八年（1902）改建为杭州藏书楼，此浙江图书馆之前身。

薛氏此文备叙讲舍兴建之经过，与元明两代书院并提，可谓寄托遥深。薛氏办学之思想"不专诵章句",举凡有益之学,皆在囊括之列。"明体达用"一说,实已开近代教育理念之先河。

三、《西湖櫓唱》序①

余以甲寅抵浙需次,暇日辄以长短句自遣。积久成册,题曰《西湖櫓唱》。秀水孙次公外史刊入《同人词选》,宝山蒋剑人司马摘入《芬陀利室词话》。嗣是两任剧邑,又奔走南北,间有所作,亦附入焉。庚申遭浙变,播越经年,藏书散佚。辛、壬之交流寓江西,寇警日逼,心摇摇如悬旗。贼退,稍事撷拾,而生平长物,遗弃略尽。

偶于敝箧检得《櫓唱》初稿,十存四五。适亡侄葆樟随侍,为钞录之。癸、甲以后,重膺民社,时会垣新复,事事草创,日不暇给。直至乙丑闰后挂冠,始得重亲翰墨。既订诗稿,遂兼及词。取樟侄所录,并近作都为一卷,仍其旧名。噫! 余俗吏,非词人也。顾十年游迹,强半寄此。姑编存之,以志春梦。若云搓酥滴粉,咀宫含商,于律法不差铢黍,则词人之能事,俗吏谢不敏矣。

同治丙寅冬十月。

道锋按:此篇辑自清光绪五年(1879)刻本《藤香馆词删存》之《西湖櫓唱》卷首,作于同治五年(1866)十月。据顾云《桑根先生行状》,薛氏于咸丰四年(1854)"题补嘉兴县知县",即"余以甲寅抵浙需次"。"辛、壬之交"乃咸丰十一年与同治元年之间,故《西湖櫓唱》所收词作时间范围当从咸丰四年至同治元年之后不久,约十年光景,符合薛氏所谓"顾十年游迹,强半寄此"。

《西湖櫓唱》见收于孙瀜《同人词选》及蒋敦复《芬陀利室词话》。今见国家图书馆所藏《同人词选》为咸丰三年刻本,收录六家词别集,人各一卷,依次为陆豫《东虬草堂词》、丁瀜《倚竹斋词草》、胡威临《炙砚词》、孙瀜《澼月楼词稿》、李曾裕《枝安山房词草》、王庆勋《沿波舫词》,并无薛氏词集。据薛氏

---

① 薛时雨:《藤香馆词删存》卷首,南京图书馆藏清光绪五年(1879)刻本。

所言,此集后必有增刻本。蒋敦复对其推崇备至,谓"得《西湖棹唱》,读之天骨开张,具见风力,非尘俗吏也。"

四、《江舟欸乃》序①

蘧伯玉行年五十,而知四十九年之非。余四十有九矣,生平之非在直,居官涉世,获戾不少,思有以变化之。计文字中最曲者莫如词,向曾肄业及之,簿书鞅掌,久弗托于音矣。乙丑闱后挂冠,由之江买棹,出吴门,陟金焦,渡扬子江返里。复西上至皖江,过彭蠡湖,达章江度岁。丙寅自章江归,再经里门,泛秦淮,涉黄浦,重入钱塘。往返七千里,舟中壹意拟声,积成一册,题曰《江舟欸乃》。

自取读之,律疏而语率,无柔肠冶态以荡其思,无远韵深情以媚其格。病根仍是犯一"直"字。噫!言者,心之声;几者,动之微。词翰小道,无足比数,顾能直不能曲,倘所谓习与性成耶?游迹所寄,姑录存之,以志吾过。欲寡未能,吾其私淑蘧大夫乎!

桑根山农自记。

道锋按:此篇辑自光绪五年(1879)刻本《藤香馆词删存》之《江舟欸乃》卷首。《藤香馆词删存》文末署"同治丙寅冬十一月",与文中"余四十有九矣"相合,故此文当作于同治五年(1866)十一月。《江舟欸乃》与《西湖棹唱》同定稿于是年,《江舟欸乃》所录乃薛氏同治四年挂冠后,自杭州经江苏、安徽、上海重返杭州过程中舟旅所作。

薛氏此文虽为词集小序,却颇多春秋笔法。以"生平之非在直,居官涉世,获戾不少"看来,晚清之官场混浊已极。以为人道为词之理,取径新奇。词体贵婉不贵直,乃是北宋易安"词别是一家"之延续,以此可见薛氏词学理论之一斑。蘧伯玉乃春秋卫国之贤臣,人人敬仰,薛氏生当末世,无能为已,私淑伯玉一说,实为无奈之叹。

① 薛时雨:《藤香馆词删存》,南京图书馆藏清光绪五年(1879)刻本。

五、《渔浦草堂诗集》序 ①

杭郡以诗人称循吏者,唐白太傅、宋苏文忠。千百年来,屠沽走卒,无不知有白、苏二公也。二公政绩不相下,诗名亦不相下,而人人意中有甚欲尊苏而祧白者,非白不逮苏也。苏两宦杭,功德及人久,诗教亦入人深。昔欧阳文忠治吾滁,公余辄以诗教士。其赠王元之诗云:"教得滁人解吟咏",盖自道也。今吾滁能诗者,知有欧而不知有王。然则杭人之诗,其发源有自来矣。

张君少南,嶔嵜磊落士也。余初莅杭曾一面,为余题香草诗册,婉约可诵。今其诗载集中,彼时犹未见全集。粤难作,君奔窜死。越三年,余来守杭,遗孤预从余受业。又逾年,预登拔萃科,文名噪甚。余挂冠后,预过从益密。一日手一编示余,泪浪浪下。受而读之,则其先人遗集也。其诗雄奇秀特,如南北高峰,苍翠四合。又如钱江之水,层波叠浪,而有潆回曲折之致。盖天资超迈,又能研精覃思,博收约取,出入于唐宋诸家,而一以东坡为法守。故繁而不缛,简而不竭。殆几几乎辟苏氏之藩篱,而达其堂奥矣。吾故曰杭人之诗,其发源多自苏出也。学使吴和甫先生为时坛坫,于近人诗少许可,雅重君诗,谓与甬江陈君余山为双绝。陈君诗,余未之见,第就学使之言参之,而君诗论定矣,独惜君以嵚崎磊落之才不得志。遗孤预学劭年富,承明金马,著作需人。庶几迈君之迹,而成君之志也。预也勉乎哉!

同治六年仲夏之月,全椒薛时雨慰农氏序于湖上崇文书院。

道锋按:此篇辑自同治六年(1867)刻本《渔浦草堂诗集》卷首,作于是年五月,《诗集》乃张道所著。张道(1821—1862),原名炳杰,字伯几,又字少南,别号劫海逸叟。浙江钱塘(今浙江杭州)人,诸生。一生失意潦倒,家被战火,寄寓萧山。博学多才,书、文、诗、画、词、曲皆工。据顾云《行状》,薛氏初莅杭州乃同治三年,故薛、张二人订交约在是年。

徐世昌《晚晴簃诗汇》谓张氏"诗学东坡",晚年更著以东坡为研究专题之《苏亭诗话》,故薛氏谓其"出入于唐宋诸家,而一以东坡为法守"云云。"教得

---

① 见张道:《渔浦草堂诗集》卷首,清同治六年(1867)刻本,《清代诗文集汇编》本,上海古籍出版社 2010 年版。

滁人解吟咏"一句出自《次韵王滁州见寄》,据《苏轼文集编年笺注》,当为苏轼赠与王诰之诗,非欧阳修之作,亦非赠与王禹偁,未详薛氏致误之由。薛氏称"杭人之诗,其发源多自苏出也",发前人所未发,真可谓文学史上之真灼见!

六、《崇文书院课艺》序①

杭州三书院课艺,向择其尤雅者锓板,为院士程式。丁卯时雨主崇文讲席,既哀其文镌之,乃为序其简曰:

窃谓制艺一道,著作家辄鄙薄之,然实有根柢之学焉。外无所得于经史,内无所得于身心,其文必不能工。即工矣,或貌为先正,不古不今,则其道亦不能一轨于正。独好学深思之士,为能陶镕斟酌出之。其法度必宗乎古,其体裁必合乎今,其为学也平实而正当,其为志也洁净而精微,其为言也光明而俊伟。持是以试于有司,宜无不得当者。今集中持择之文,虽不能一格,然亦庶几乎此意。是编起乙丑,至丁卯,凡三年官师月课之作,悉采择之。其从前三书院合刻,兵燹后久经散失云。

同治戊辰(1868)春正月,全椒薛时雨序。

道锋按:此篇辑自同治七年(1868)刻本《崇文书院课艺》卷首,作于是年正月。崇文书院乃明万历二十七年(1599)所建,薛氏自同治六年起主讲崇文书院,采择自同治四年至六年间课艺文成编。

薛氏以为,优秀的八股文必须具有良好的经史功底与正直的修养方能为之,文章必须取法古人,也必须有所新变,合于潮流,这在当时无疑是进步的文学观念。

七、《藤香馆启蒙草》序②

余不作时艺者十五年于兹矣。通籍后而为宰,雅好谈艺而实未构一艺。挂冠后主讲湖上,院课之外,诸生结文社者争以帖括就正。社中半成材间,为厘订其章

---

① 见徐恩绶、高人骥、孙诒绅编:《崇文书院课艺》卷首,宁波天一阁博物馆藏清同治七年(1868)刻本。

② 薛时雨:《藤香馆启蒙草》卷首,苏州大学图书馆藏清同治七年(1868)刻本。

法,点窜其字句,亦从未改一全篇,作一拟程也。

是年夏,挈樨侄、楹儿归里应童子试。樨侄年十五,楹儿年十二,余颇姑息,又衰退,不乐训蒙,故儿侄之蒙昧也特甚。舟中始亲督课之,日构一艺,令其模仿。往返两阅月,得文六十首。里中老友陈秀千、余俊生两明经见之,谓"其神骨非凡,尺幅中有纵横之势,名家小品亦不是过。故乡兵燹后,文字将失传,子何不付手民而惠后学乎?"余曰:"嘻!是游戏笔墨也。留覆酱瓿可耳,乌足以问世?"

秋初至杭州,适坊友拟刻小题文,属余选定。余不耐蒐集,因忆陈、俞两君言,径以己作付之。工既竣,重加校勘,觉其文虽甚浅近,而矩法一本先民,尚无庸滥习气,不足言问世,启蒙焉可矣。因颜之曰《启蒙草》,纪实也。

噫!余老矣,文章政绩一无表见今者。祠禄滥叨,湖山小住,又不能壹意著作,成一家言。回忆弱冠补博士弟子员后即为村学究,坐青毡十六年,课徒作不下千余首,悉皆散失。老年引退,万虑皆空,顾孜孜焉以启蒙为事。且又似欲藉启蒙草传者,是仍村学究之面目而已,可愧也。

夫同治七年,岁次戊辰,孟秋之月,全椒薛时雨自识。

道锋按:此篇辑自同治七年(1868)梧竹山房刻本《藤香馆启蒙草》卷首,作于是年七月。薛氏于晚清之世,颇以八股著称,晚年主讲崇文、惜阴诸书院,即课以制艺文。由文中可知,《启蒙草》乃为训示薛葆楹、薛葆樨所作,创作时间为两个月。

《藤香馆启蒙草》共计六十篇,其中《论语》三十篇,《大学》《中庸》八篇,《孟子》二十二篇,每篇皆有评点体特殊符号以示重点。薛氏八股善于从小处着手论述大问题,往往有尺幅千里之感。

八、高锡恩墓志铭 ①

有握珠抱玉之奇,无是丹非素之陋。

(略)

---

① 柯愈春:《清人诗文集总目提要》中册,北京古籍出版社 2001 年版,第 1395 页。

道锋按：此篇辑自《清人诗文集总目提要》。据谭献《清故中宪大夫道衔候选府同知高先生行状》，高锡恩同治七年（1868）八月五日卒，薛氏墓志铭当作于此后。墓主高锡恩（1803—1868），原名学淳，字古民，浙江仁和人。贡生，有《友石斋诗集》。薛氏对于高锡恩作品的评价，意谓其符合孔子"文质彬彬"的文艺观。

九、沈远香《梅里词辑》序①

浙西多词家，而盛于嘉禾。其地本水乡，烟波渺瀰，极鱼蟹菱藕之饶，而城南鸳鸯湖澄莹如镜，尤占其胜。水泽之气，灵秀钟焉，故词人往往杰出。自长水塘而南为梅会里，国初以来，号称词薮。呜呼盛矣！咸丰乙卯、丙辰间，余宰是邦，揽其水土人文之美，丽而安之。公暇过梅里，访曝书亭故址。竹垞、秋锦诸先生履綦已沫，风流犹可相见。摩抄石柱，读仪征太傅追和《百字令》词，辄低回留之不忍去。

沈君远香隐梅里，以著述自娱，所为诗文词，洒然绝异。尝撰《梅里词辑》八卷，令子士风、广文寄示余。余读其书，本里中薛氏廷文、冯氏登府旧辑，而远香积十余年之力补订成之，于梅里词家搜采无所不备。夫竹垞、秋锦，未边为词苑大宗，尚矣！乃其同里诸彦，亦各能以幽微窈眇之思，空灵婉约之旨，沿浙西词派，流为嗣响。岂独渊源有自，抑亦其风土使然欤？自余去官后，屡道禾中，泛鸳湖，出长水。月明之夕，渔讴四起，鸥鹭近人。每思撅篴倚声一谱，其杳霭之趣，展玩是编，扣舷击节，益令我神往不置也。

同治己巳四月，全椒薛时雨序。

道锋按：此篇辑自稿本《梅里词辑》卷首，作于同治八年（1869）四月。《梅里词辑》，乾隆五十一年（1786）薛廷文原辑，道光九年（1829）冯登府重编，同治八年沈爱莲补订。薛氏原辑名《梅里词绪》，二卷，有武进赵怀玉序可见其编订历程："往者李君耕麓尝辑《梅会诗选》，而诗馀则缺焉，有待薛君卤斋踵

---

① 见薛廷文原辑、冯登府重编、沈爱莲订补：《梅里词辑》卷首，张宏生主编：《清词珍本丛刊》第23册，凤凰出版社2007年版。

而成之,录里中之词曰《词绪》,共六十余家,得词三百六十余首,自明万历迄今,单篇只调,搜采略备,用力可谓勤矣。康熙间,钱塘龚氏刊《浙西六家词》,梅里居其半,是梅里于近时,尤以词著,宜薛君之惓惓桑梓而不能已也。且君之所谓'绪'者,馀也,寻也,网罗散佚,使里中词脉一线可寻,乃知前辈流风馀蕴之有在矣。"

冯氏以为薛廷文《梅里词绪》去取评骘,间有失当,故广搜遗稿,厘为八卷,易名《梅里词辑》。沈爱莲,字远香,嘉兴人,著有《青珊庵诗稿》《小灵兰仙馆诗稿》。沈氏《梅里词辑》所录词人上起明清之际,下迄嘉庆期间,凡九十二家(其中闺秀七家),词四百首。《梅里词辑》卷一至卷五所录为清初期词人,凡三十五家。薛氏序文中充分肯定了嘉兴作为浙西词派的发源地在词史上的重要地位。

十、《东城讲舍课艺》序①

予守杭州日,废浮屠之宫以为东城讲舍。时兵气初定,文学未昌。人士皆化离蕉萃,敝衣冠来揖庭下,犹喘喙茧足也。然而校其文章,乃昌昌愉愉而不失规矩,于以觇风教焉。百度初举,物力有不及,月试之日,无以为膏火之资,薄俸所分者有限。此邦人士,修饬学行,乐与砥厉,不懈益亲,文艺日进,每课辄改观。予方昕夕簿书,草创群政,而亦乐此不为疲也。复于其间进贤者,与之说经,兼及辞赋,皆彬彬有则矣。是岁始举乡试,补行二科,讲舍肄业者获隽至三四十人。学使者贡拔萃之士,尽出于讲舍,而予即以是秋谢病去官。

刘君笏堂、谭公文卿、陈君子中、陈君伯敏相继治杭,皆有教养之志。所以讲舍谋久远者无不至,师儒有奉也,生徒有廪也,规制益密,文艺益盛。秀水高孝靖先生主讲三载,然后诸生之说经有家法,辞赋不为华词,取材落实,将在于是。予去官后乃主崇文书院,往时群士羔雁相见,讲舍之知名者居多。高先生以己巳夏捐馆舍,山木之感,衣冠奔走。予时已来江宁,讲舍之士举乙丑至戊辰四年课艺邮寄选定,

---

曰高先生志也。予在杭州已两刻《崇文课艺》,江宁亦刻《尊经书院课艺》,纵衡铅椠,结习未忘,乐与编辑之役,乃为著录若干篇,大都娴雅而闳远,无喔咿呫詀之习,可以观矣。高先生名均儒,字伯平,种学纯厚,经术尤粹。今刻说经之言,皆出先生手定。其卒也,讲舍生私谥孝靖云。

同治八年十二月,全椒薛时雨撰。

> 道锋按:此篇辑自同治八年(1869)刻本《东城讲舍课艺》卷首,作于是年十二月。所录内容从同治四至八年,乃高君儒主讲东城讲舍时所汇文章。时薛氏已去杭赴宁,讲舍士子请以编次作序。
>
> 《课艺》包括三部分内容:其一"四书文",凡《论语》二十三题六十八篇,《学》《庸》三题四篇,《孟子》十三题二十八篇;其二"经艺"十三题十八篇;其三经解、杂文二十八题三十八篇,题如《元亨利贞解》《岁取十千解》《六宗说》《声律辨》《颜子不贰过论》,皆评点附于其后。

十一、《尊经书院课艺》序[①]

昔欧阳永叔有言,都会物盛人众,而又能兼有山水之美者,惟金陵、钱塘。览其人物之盛,丽则文采,可想见焉。时雨宦游钱塘久,颇习其山水。挂冠后,忝主崇文书院讲席,与此邦多文字交。而金陵,则又乡者应举地也。大江南北,人文所聚,魁奇辈出,名卿硕儒,所以陶冶而成就之者。时雨少时所饫闻而习见,今且将及四十年矣,洊经寇乱,凋谢殆尽。当粤逆戡定之初,天子俞置臣请,特举科场,修学校,中兴文教,穆然有投戈讲艺之风。然后书院以次复,都人士稍稍来集,争自濯磨。曾未五年,而金陵文物,称重江南,复隐与钱塘埒。

岁在己巳,时雨以谷山制府聘,承乏尊经书院。院中士肄业者二百人有奇,视承平时已减。然朔望官师课文,多可存者,制府因属为选刊,以谂多士。起乙丑二月,迄己巳十二月,积一百余课,存文若干首。时雨学殖荒落,愧无以为诸生益。至论举业之要,则曩刻崇文院课,已备言之矣。夫文章行世,若舟车然,不必尽沿古式

---

① 见《尊经书院课艺》卷首,南京图书馆藏清同治九年(1870)刻本。

也。而其为输为辕为楫为桅之用,则终古而不易。又必其材良而质坚,工精而制巧者,始适用焉。以是为经涂之轨,通津之筏,而无所碍。今诸生所诣,虽未遽底于大成,所幸居都会之地,得山水之助,群材辐凑,观感有资,虽耆宿凋残,而后进之登胶庠者,如云而起。由是磨砻砥厉,日新月盛。上以承天子作人之化,下以副大吏培材之意,则是编也,又时雨之所乐观其成,而愿与益进于无疆也。

时同治八年季冬之月,全椒薛时雨序。

> 道锋按:此篇辑自同治九年(1870)刻本《尊经书院课艺》卷首,作于同治八年十二月。据[同治]《续纂江宁府志》,江宁尊经书院乃是嘉庆十年(1805)创建,咸丰间毁于战火,同治九年重建,清末先后改为校士馆、师范传习所。薛氏于同治八年主讲尊经书院,汇编成册。《课艺》所录起自同治四年,终于同治八年,内容含制艺一百题一百六十一篇,皆有评点,作者前标注主课者。

十二、《念鞠斋时文剩稿》序[①]

寒家累世舌耕,先大父赤轩公课徒文稿,时雨髫龄时犹及见之。嗣为同学攫去,遂失底本。先大夫坐皋比三十年,课徒作不下数千艺,其手录存稿者。曰《念鞠斋时文》,皆课举业生徒所作。曰《思乐集》,皆课童试之文。岁庚戌,老屋灾,藏书尽毁,文稿亦散失。

时雨兄弟三人,少年袭祖父业,皆以舌耕为事,课徒文亦不少数千艺,顾不自珍惜,无存稿,散见于生徒录本中。通籍以后,故乡迭经兵燹,生徒录本亦罕见者。先仲兄淮生侍御官京师,文名藉甚,仰之者如泰山北斗。岁壬戌,殁于江西差次。都中门下士刻其遗稿三十艺,今坊间盛行之,然未加校勘。多有生徒蓝本,且间将吾乡先达文窜入,非庐山真面也。时雨挂冠后,迭主讲钱塘、金陵各书院。伯兄艺农时亦司铎皖江,老年兄弟,同坐青毡,执贽者辄索旧稿,愧无以应。

---

① 薛鑫:《念鞠斋时文剩稿》卷首,徐雁平、张剑主编《清代家集丛刊》第 138 册,《薛氏五种》本,国家图书馆出版社 2015 年版。

今秋回里省墓,遍向旧日生徒采辑,不可得。适于楠侄案头得先大夫旧稿四十艺,为庚戌烬余,多小题文,盖《思乐集》中课童试作也。敬谨缮录成帙。原拟采辑时雨兄弟三人文附后,题曰《薛氏课徒草合存》,诚恐此四十艺再有散失,则先人手泽无复存者,不孝之罪滋大。爰亟付梓人行世,以广流传,而书其崖略如此。

同治己巳季冬之月,男时雨谨识于金陵龙蟠里惜阴书院。

道锋按:此篇辑自《薛氏五种》本《念鞠斋时文剩稿》卷首,作于同治八年(1869)十二月。本集乃薛氏之父薛鑫所作八股文集之劫后存稿。薛鑫(1775—1832),原名金兰,字纫秋,号任杭,增广生,舌耕四十年,闻名乡里。吴熹赞其曰:"味经得隽如甘露,谈艺无欺见古风。五代史才传旧学,一门经术负时名。"《剩稿》为《思乐集》烬余之作,乃为课童试所作,薛氏一门三代皆擅时艺,具有深厚的家学渊源。

十三、《帅文毅公遗集》序

历家以四千五百岁为一元,一元之中有九厄,阳厄五,阴厄四。阳为旱,阴为水。初入元百六岁有阳厄,故曰"百六之会"。当此之时,政烦而吏苛,民扰而物瘝。日月抱珥,彗孛蒙蜺之沴作于上;山川潦旱,岁耗螟蝝之菑穷于下。元气痛痞之中,于斯生人有二等焉。禀严凝峻烈之气,直而不挠,礭而不诎,多湍急而少渟蓄,此赴义若热之大人君子所以范天下之人心而使之正也。受清明缜密之气,其道善柔而实伸,其智善变而不屈。处则独闻独见,周知天下之数,而蠢蠢与山川木石同其静。出而有施于当世之务,则髇截理解万事,万物受其平而沛然与江河风电同其动,此办事休否之大人君子所以苏天下之人心而使之静也。屯极而光,陂极而隆,藏之也深,而发之也厚。天于是集大艰于圣后,大开明堂,以程窗达明聪,祖社刑赏之效,以历察性,以律谳情,于是褒死事,庸王功之二大典出焉。然人才之有郁,有扬簸旋橐籥于天之生人后之用人之中。道久而始章,本清而斯固。圣主考于名堂阴阳,观于人才得失,于此又思慎持之以善其后矣。呜呼!此其大端也。

黄梅帅先生逸斋廉直刚劲,礐确有不可一世之概。为大臣孙而视科目如腐芥,遇喔咿嚅唲夸毗体柔之士,则嚅不能与言。或不可止,则觚诃屏斥之,必力以是。

先生嫉人严,人嫉之,其相持亦甚急。先生辄穷而无所复之履,株木侪槁,项倚危机。妻孥无裯,息无饱饭。雪雾蒺刺,萃于一身。而独勤勤于天下吏治之不能清,河决之未复,东南败坏之局之不可收拾。县官焦劳于上,黔首鱼乱于下。而枢部、大府、府、厅、州、县吏画,若忌讳于期间。于是不以非言职之罪,再拜疏陈时政。其中指斥大臣,甚至有"改易肺肝"之语。主圣臣直,我文宗显皇帝方优容之,而先生竟以不容而见悦于朝臣,而毅然出矣。

方其出也,先生祖抚部公茔为贼发掘暴露,江南西道吏民交困之情,兵贼相持之形,势兽穷而鱼烂。而今大学士侯湘乡曾公时督师江西,欲一校相从,奋不顾身以雪家仇而纾国难。于是援例改道员江西,而曾公以忧去。先生血气性情豪宕,喜推与知交,仇者半,亲者半,而尤暱近桂林朱先生琦、监利王君柏心与湘乡公。江西大吏丞忧封疆不戎之故,而朝廷方殷诏起,曾公喻先生洫趣行。先生是时妻子方寄穷山中,足重茧赴湖南。既返,而请于大府,愿破崖岸,裂文法,得自募楚赣之士满千三百人以进,冀得当大憝以固东南痔漏,已散之气遂进。次于抚州贼薄州城,于是先生出搏战交绥,旋溃死于东乡。

比先生正命,而曾公以严诏衰绖而来,而先生不及见此贼之灭,而鋗然止于是矣。呜呼!治乱之朕,盖云微矣。充先生之志节,石可穿雷,名不可泐。彼申屠狄之陆沈于殷,棼冒勃苏之尽力于楚一节之士,又何以云哉?唏!夫先生陈罪言于朝而优容之,不可谓不受知。丧元抚州而卹赉有加,不可谓不受荣。卒不善藏其用,厚自挞闭以待天下之动。而疾心痛首,不可一日。猝投于大义以丧其身,是则乡之所谓正天下之人心。人心正而天下以理,盖其几也。

先生于诗文率不经意,然卓然有所成就,可以自立于时,令读之者慨然想见古死事之臣。其语言文字鈌肝刿肾,不烦藻缋而动合天性,才盖然也。雨钝直违俗,神明自澹,于事无所立,而错遭屯康之际。窃有感于数十年中时政,人才兴衰之故。先生为家仲兄癸丑房师,雨吏浙日,适先生以编修图外补。踏而来南,与先生居游,扉履相错,投赠之欢,脱略形骸,几忘辈行。其时固逆知先生之先心定命如是,后当无疑也。今距前事几二十年,闭关息机,投老盛时序先生之诗,尚神悟于秉烛谭时事,冠缨顿绝时也。

同治十年,岁次辛未,九月九日,门生全椒薛时雨谨序。

道锋按:本篇辑自光绪二十三年四月黄梅县署校刻本《帅文毅公遗集》卷首。作于同治十年九月九日。《遗集》乃帅远燡所著。帅远燡(1817—1857),字仲谦,一字逸斋,湖北黄梅人。道光十七年(1837)拔贡,因父丧未能赴科举。道光二十一年,祖父帅承瀛病卒,道光帝念及旧臣,特赐远燡为举人。道光二十七年,帅远燡考中丁未科二甲进士,改庶吉士,散馆授编修。咸丰七年,总兵李定被太平军石达开部困于东乡,远燡招募兵勇前往救援,战死,年四十一岁。朝廷授予骑都尉世职,建专祠祭祀,谥文毅。

帅远燡乃薛春黎房师,故薛时雨任职杭州时曾专程拜望。薛氏此序以易数之理肯定了帅氏乃国难时必出之大人君子,浓墨重彩间详尽叙述了帅氏的家国情怀。认为其所作诗"动合天性",才气纵横。以人格论诗格,乃中国古代"文德论"之延续。

十四、《味经得隽斋律赋》序①

呜呼!先仲兄淮生先生之殁,距今已十年矣。寒家以兄弟为师友,雨十五而孤,即随两兄讲艺。仲兄殁后,遗稿未及编辑。比岁庚午,伯兄又殁,雨痛定加痛,前无所承,不可言状,何衰宗之不幸也!雨少时习见仲兄攻苦刻励,昕夕无停辇,朋旧文字有可意者,辄手录之。昆季中稍获佳构,亦必代为收拾而已。所作旋得旋弃,稿或为友人及生徒取去。即有经意潭思之作,亦不复省视重缮,所性然也。癸丑通籍后,雨兄弟分曹中外,踪迹遂暌。少年握手讲艺之乐,渺不可得。丁、戊以后,时事多梗,通家问米盐外,不复能质辨经史疑义。视陆士衡兄弟东头西头,共宅读书,逊之多矣。岁壬戌,先生典试西江士林,喁喁延颈相属,以校阅过勤,遽捐馆舍。行义未大显,而赍志以殁。

雨适避地西江,幸得亲视含殓。雨旋奉命从军沪上,直至乙丑杭州挂冠后,始

① 见薛春黎:《味经得隽斋律赋》卷首,徐雁平、张剑主编《清代家集丛刊》第138册,《薛氏五种》本,国家图书馆出版社2015年版。

亲至西江,扶仲兄櫘归葬。料检箧衍所藏弄文字多丧佚,且涂乙漫漶,略可辨识者,十裁二三。而零缣断简中,丹黄璀璨,雠校殆遍。盖先生于"十四经""廿二史"之外,若丙部、丁部皆有是正伪字。于前贤王深宁、杨升庵诸人及我朝昆山顾氏、上海陆氏、余姚卢氏、高邮王氏校订之说,一一缮誊,字皆细瘦严密,势若风雨,而波磔不苟。先生之用心,亦已勤矣。

昔先生在谏垣,于时政多所匡纠,而时时从质故侍郎王先生茂荫,与之上下其论议。故所陈严而不激,直而不礴。显皇帝热河之狩,累章谏止,皆庋中不下。又力讦三王之罪,欲伏阙拜疏,固诤不去。会乘舆北幸,已发疏,竟不得上。而众谊交口,憸人张目,先生夷然不为动。遂止圻成,办理巡城团防事务。

呜呼!充先生之志,岂仅欲以区区文字传哉?此册所编律赋,乃授徒时改诸生程作,从他处葺录者。又搜得岁科试及翰林馆课诸作,一并厘订成帙。其疏章论议之文,当续搜采开雕,撮拾畸剩,以表先生志节之所在。即以律赋论之,此体唐人颇严,近为之者,于理法多不能合。编中极有条理,体物浏如,援比皆典,亦可于细事验先生用心之勤也。雨师资不逮用,谨条其粗迹以为弁言。呜呼!后世子孙,尚其念之!

同治辛未九月壬辰旦,弟时雨谨序。

> 道锋按:此篇辑自《薛氏五种》本《味经得隽斋律赋》卷首,作于同治十年(1871)九月。《律赋》乃薛氏仲兄薛春黎所著八股制艺。薛春黎(1813—1862),字淮生,一字仲耕,号稚农,咸丰三年(1853)进士,钦点翰林院庶吉士,官至湖广道御史。薛氏挂冠后,始从仲兄遗箧中检得残篇断简,汇而成编。

十五、自赞[①]

谓尔储用世才耶?尔胡不与中兴郭、李为徒?谓尔裕寿世学耶?尔胡不研训

---

① 薛时雨:《藤香馆诗钞》卷首,徐雁平、张剑主编《清代家集丛刊》第 138 册,《薛氏五种》本,国家图书馆出版社 2015 年版。

诂,阐性理,窃附于汉宋大儒?谓尔真能遁世无闷耶?尔又胡不友深山之麋鹿,狎故土之樵渔?而乃弃官于强仕之岁,托迹在都会之区,缟紵之交,卿相下顾,宫亲之禄,饘粥差敷。偶逍遥乎风月,时往来于江湖。酒户推臣,诗材颇粗。是殆自适其情之所适,而不争仕途之得失荣枯。

　　道锋按:此篇辑自《薛氏五种》本《藤香馆诗钞》卷首,前有与赞相配之画像,所署为同治十一年(1872)十二月,赞词当作于此时。此赞不仅表达了薛氏于迟暮之年一事无成之感慨,也更加坚定了逍遥物外的决心。

十六、盘亭记[①]

　　古之人有大勋劳于国,拜弓矢斧钺之宠,以铭其器,庸无忘天子之灵命。三代以来,桓碑彝器,瑰奇伟丽之物大较然也。然而霾蚀摧剥于庸夫竖子之手,穷崖幽壑所湮蔽,兵火所消铄,其存者十不二三。幸而一出于世,则又转徙迁革,不得嗜古者之一顾,其光气郁塞,得失乃不旋踵。西周宣王距今二千余年,物之瑰奇伟丽而不彰者,抑又凡几?虢季子白之盘,独再出再没,而卒归于大潜山人。

　　夫冠高履厚而坐致天下之物,轩冕之乐也;校奇字、搜异闻,钩沉弋幽而得其所,嗜泉石者所乐也。冠高履厚者可以无所不得,而其艺与力独绌,于奇字异闻,盖不可兼也。山人有大勋于国,成而不居轩冕而居泉石,而天亦不惜瑰奇伟丽之物,举以畀之,其非嗜古之笃之有以召之哉?或曰猃狁之役,仲山甫为帅,方叔佐之,子白实为先行。今伯相李公南定吴越,北清齐、鲁、宋、卫、晋、郑之疆,山人亦所在为先行。子白孔显又光,用锡乘马弓矢并铭盘,山人亦拜土田附庸之赐。子白用钺用政蛮方,山人亦秉律专征。二千余年,若一符节。

　　盘故在常州伪府中,山人以同治甲子复常州得盘。辛未罢军归合肥,乃置亭庋之。癸酉二月来建康,余获睹其所拓盘铭,遂为之记,使知斯盘之瑰奇伟丽,幸而一出而不霾蚀摧剥于庸夫竖子之手者,自山人始也。山人角巾野服,翛然物外,旧时部属罕识其面,几不识其为故将军者。余犹将一过是亭,与山人鸣铉赋诗,扣盘而

---

　　①　刘铭传:《盘亭小录》卷首,南京图书馆藏清同治十二年(1873)刻本。

歌之。富贵浮尘何足为山人一哂哉?

全椒薛时雨。

道锋按:此篇辑自同治十二年(1873)刻本《盘亭小录》卷首,据"癸酉二月来建康,余获睹其所拓盘铭,遂为之记"可知,当作于同治十二年二月。《盘亭小录》著者刘铭传(1836—1896),字省三,自号大潜山人,安徽合肥人,系台湾首任巡抚,洋务派重要成员,薛氏姻家。

虢季子白盘于清道光年间出土于陕西宝鸡,为时任眉县县令的徐燮所得,徐卸任返籍时将虢盘携回常州。至太平天国时期,护王陈坤书镇守常州,虢盘又易手为护王所得。同治三年,刘铭传随李鸿章镇压太平军。于护王府中发现此物,旋即命人运回刘老圩村西乡大潜山下之蟠龙墩。刘氏非常珍视此物,亲为撰《盘亭小录》,又有英翰、徐子泠诸人为之记。中华人民共和国成立后,刘氏四世孙刘肃曾将其挖出献与国家。

十七、《尊经书院课艺三刻》序①

余忝主尊经书院讲席五年于兹矣。前编书院课艺,起乙丑二月讫己巳十二月,为《初刻》;嗣编庚午二月讫辛未十二月,为《二刻》。本届乡试,复编壬申二月讫癸酉六月为《三刻》。编既定,坊友请弁言。

窃惟制艺一道,行之既久,日新月异,而岁不同。习是业者,以揣摩风气为事,摭浮词,袭滥调,雷同剿说,千手一律。掂衡鉴者,又偏执挽回风气之见,以枯率救其浮,以诡秘救其滥,亦不免矫枉过正。今天子右文,明降谕旨,取士一以清真雅正为式,非特可觇学问,抑亦可征人品。盖清者,浊之对,未有气浊而品清者;真者,伪之对,未有言伪而品真者;雅者,俚之对;正者,邪之对,未有俚词邪说而其品雅且正者。多士亦当知所趋向矣。

时雨以风尘吏起家,身未与承明著作,忝主会垣讲席,时时以不克胜任为惧。平昔论文,一遵今天子清真雅正之旨,不敢立异以鸣高,尤不敢徇伪以要誉。《三

---

① 见《尊经书院课艺三刻》卷首,南京图书馆藏清同治十二年(1873)刻本。

刻》之文,其气味之纯驳,功候之浅深,视《初》《二刻》何如,览者自能辨之,无俟鄙人赘述云。

同治十二年七月上浣,全椒薛时雨序。

> 道锋按:此篇辑自同治十二年(1873)刻本《尊经书院课艺三刻》卷首,作于是年七月上旬。本编所录起于同治十一年二月,止于同治十三年六月。录有制艺三十三题一百一十篇,皆有评点。序言中,薛氏着重强调了官方所认可"清真雅正"之文风,亦可见薛氏晚年教育思想之变化。

十八、《爱石山房丛帖》跋[①]

甲子大兵复苏州,余居合肥李相国幕府,于废寺购得名贤遗墨,自李东阳至万寿祺六十八家,百廿有一纸,首尾完好。商丘宋牧仲抚苏时所收,旋归睢州王氏。乾隆癸卯,苕溪沈梅村重价得之,后以番布二百质于武林汪十村。汪寓苏,故兵燹后犹在苏。朋辈怂恿刻石,无此重资,伟堂广文于金陵克复得此石,精采焕发。余所藏明贤遗墨多广文所藏数倍,墨守十余年不能公之同好,封此抱歉。

> 道锋按:此篇辑自张伯英《独坐》,创作时间不详。由"甲子大兵复苏州……墨守十余年不能公之同好"观之,当作于同治十三年(1874)之后不久。《爱石山房丛帖》,容庚《丛帖目》及《续修四库全书总目》亦有著录。
>
> 此乃杨文杰藏石,文杰,字伟堂。同治间清兵光复金陵,伟堂收得明人书刻二十余石,又刘石庵书一石,合而藏之。薛氏作跋,汪士铎为题"爱石山房丛帖"之签,作八分书。张伯英认为杨氏所得,除刘石庵一刻外,"皆楚南车氏萤照堂帖残石。余廿余家薛跋不曾言及",盖未见车氏全帖。"车氏此帖,金陵刘文焕所镌,疑其刻于南京,未曾运往湖南,故南京兵燹而后致多残失。归杨氏者,视全帖十之一耳。又见有孙渊如题字者,亦萤照残刻,或原石散佚在兵燹以前。伟堂知保存旧刻,亦云贤矣。"

---

① 张伯英:《张伯英碑帖论稿》,河北教育出版社 2006 年版,第 192 页。

十九、《尊经书院课艺四刻》序①

余曩有《尊经初》《二》《三刻》之选,海内君子谬相推重,邮简书来以《四刻》讯者月数至。比年自大府以下咸有志于振兴文教,其优异而奖励之者日益厚,士之操所业者日益勤,诸生乃以《四刻》请。予遴其尤,自癸酉之秋起,至戊寅之冬止,共得文若干首。既告成,予作而叹曰:

夫文教与士气之盛衰,视乎上为转移,岂不信哉?书院规复于曾文正,今岁星一周矣。院中高材生跻翰苑、绾墨绶者,比比可数;即颤于春秋两试者,揣摩简炼,暂蹶而气不衰。兼之后进之士,如云而起,月异岁不同。盖上孜孜焉惟教育之务,则士耻为轻俊佻薄,而有鼓箧横经之乐。上下十余年间,所造已如是,则风俗政教之成,可知也。

抑予尤有感焉。穷乡僻壤之士,溺苦于学,无师友讲习,无有力者倡之于上,湮没不彰者比比矣。诸生幸生都会,又得大吏优异而奖励之,宜何如观感兴起,勉为有用之学也耶?

光绪四年岁次著雍摄提格仲秋既望,全椒薛时雨。

> 道锋按:此篇辑自光绪五年(1879)刻本《尊经书院课艺四刻》卷首,作于光绪四年八月。所录自同治十二年秋天至光绪四年冬天,六卷,制艺一百题三百一十六篇,有评点。此序表彰了曾国藩对于书院移风易俗所起的重大作用,强调了"文教与士气之盛衰,视乎上为转移"的教育思想。

二十、《惜阴书院西斋课艺》序②

金陵文物望海内,凡书院四:曰凤池,课童子之有文者;曰钟山、曰尊经,课举子业;曰惜阴,课诂经之作与诗古文词,经始于陶文毅,癸丑毁于兵,曾文正与合肥伯相复之。主钟山者为临川李大理,瑞安孙学士继之;主尊经者为乌程周侍御,而继之者予。惜阴无主之者,以钟山、尊经两院长分校其卷。

---

① 薛时雨:《尊经书院课艺四刻》卷首,国家图书馆藏清光绪九年(1883)刻本。
② 薛时雨:《惜阴书院西斋课艺》卷首,国家图书馆藏清光绪四年(1878)刻本。

予己巳来金陵,尊经书院未落成,马端敏馆予于惜阴,今且十年矣。当伯相规复时,大难甫夷,扫地赤立,而独书院之是务,不惟制艺之在功令也,又汲汲以词章训诂为诸生导,一若非当世之亟者。然国之元气与士气相消长,士气不振,则桀猾者无所放效以几于善;且豺虎所窟宅,其凶鸷痡毒之气,非鼓歌弦诵,不足渐被而更新之。然一于科举速化之术,而不知通经学古,士亦日汨于禄利,无以广己而造于大。嗟乎!此文毅、伯相所以汲汲于惜阴也。

今年诸生请刻惜阴课艺,予与学士各遴其尤者。钟山书院在城东偏,而予居清凉山麓,因以东西斋别之。既卒业,诸生乞予一言,予之衰钝,何足益诸生?然为一日之长,又殿最诸卷久,愿诸生益扩其器识,酌古今之通,待用于世。上之匡时弼教,郁为右文之治;次亦出其所业,待诏阙下,备天子之顾问。国有大典礼,研京炼都,润色鸿业,亦足张相如、子云之风。不幸而不遇,犹得键户述作,比烈雅颂,垂不朽于后世。使天下知儒者之业有其远者大者,不同于刀笔筐筐之士。若穷年尽性汨没于辞章训诂,无当于用,岂予所望于诸生与文毅、伯相创之、复之之意耶?

光绪四年,岁次戊寅,孟冬之月,全椒薛时雨。

道锋按:此篇辑自光绪四年刻本《惜阴书院西斋课艺》卷首,作于是年十月。凡八卷,卷一至卷六为赋六十一题二百零八篇。卷七乐府四题七篇,五古七题十八篇,七古十七题三十篇,五律十二题十八篇,七律四十四题七十三篇,七绝六题十篇,试律十四题二十五篇。卷八表一题二篇,启一题一篇,颂一题二篇,策一题二篇,论七题十篇,议一题一篇,考二题二篇,对二题三篇,经解八题八篇,书后一题一篇,记一题一篇,祭文一题一篇。有评点。

惜阴书院,又名惜阴书舍。道光十八年两江总督陶澍仿诂经精舍、学海堂例创建。专课经史诗赋,不及制艺。咸丰年间毁于战火,同治间复课。后由李鸿章重修建院舍。课艺由钟山、尊经山长评阅。自道光以后,主其讲席者亦多名师,如俞正燮、胡培翠、冯桂芬等。光绪二十三年改考西学。

二十一、《礼记授读》序①

《小戴》之学,亲授桥仁、杨荣。东汉传其学者,有刘祐、高诱、郑康成、卢植。桥、高、郑、卢四家皆有章句注,今惟郑氏注存。六朝以来,为义疏之学者十数家。迨唐孔颖达撰次《正义》,所谓十数家者并佚。则考见《小戴》之学者郑注,孔疏其渊海也。《小戴》书自节文度数外,说礼意者居十之五。故宋以后,为义理之学者,多从事其书,视治《周官礼》《仪礼》者为盛。然先王之于礼也,经纬天地以前民用,盖举纷纶觳错之数,纳之于整齐划一之中。舍节文度数以言义理,非也。谓义理既明,无假于节文度数,尤非也。郑、孔诸儒于礼有得者也,其他或得或不得,则主持义理之过也。

姻家高安熊君子容耄而好学,治礼经犹专。近撰《礼记授读》,全采郑注传,于经文下别录释文为注之辅,于孔疏则甄存要谊,剪截繁芜,以示标准。郑、孔所未备者,乃以卫、陈两家集说补之。其权衡进退,谨遵钦定义疏。间有申说,意主矜慎。其择术之善,撰言之精,庶有达于光王制礼之原乎!节文度数既明,义理即载以出。君其知礼意者乎!君于此书考览不辍,草创已有条贯。邮示凡例,索余一言。敢推论其著书大旨以复之,且坚君之志焉。

光绪戊寅季冬之月,姻愚弟全椒薛时雨顿首拜撰。

道锋按:此篇辑自民国十九年(1930)刻本《礼记授读》卷首,作于光绪四年(1878)十二月。《礼记授读》著者熊松之,字伯容,江西高安人,有《竹如意馆遗集》十四卷,为薛氏姻家。本书以郑注、孔疏为根本,增补卫、陈诸人学说,未能脱清代学术思想之藩篱。薛氏在序言中申明了自己以汉学为宗的经学主张,认为"节文度数"乃是参透经典的唯一法门,义理则在其次。

二十二、《桂杏联芳》序②

有明一代以文章取士,自归熙甫以下,如陶庵、卧子诸公率皆振采扬声,雄长坛

---

① 熊松之:《礼记授读》卷首,南京图书馆藏民国十九年(1930)刻本。
② 薛时雨:《桂杏联芳》卷首,苏州大学图书馆藏清光绪五年(1879)刻本。

坫。洵韩子所谓终古常见而光景常新者也！国家沿明旧制，名公钜卿肩背相望行文之旨，大都以清真雅正为归。施之既久，习是业者，撷浮词，勦陈说，仅以揣摩风气为事。否则枯槁诡诞，貌似高古，借欺衡文者之耳目。吁！文体所以日坏也。余解组后，主讲崇文。越二年，移席尊经两院。文选后先接踵，一主清真雅正，颇为谈艺者所称道。

今年又届大比，坊友复以时艺求选于余。余择其尤精者，得若干首，名曰《桂杏联芳》。是编诸作，切理厌心，经经纬史，上不背古，下不违时，果能由斯道而进求之，取青紫如拾芥矣。选既定，因书数语于简端，区区苦衷，观者应默鉴焉。

光绪五年孟春下浣，全椒薛时雨序。

> 道锋按：此篇辑自光绪五年刻本《桂杏联芳》卷首，作于是年正月下旬，所录乃应试课艺文。薛氏此序从明代以来文学史出发，认为自归有光、张岱、陈子龙而下以至清代，文章的发展是一以贯之的。"清真雅正"固然是文章的基本标准，但是为此而作，模仿剽窃，则失文章之旨归矣。于是郑重提出了文章的优质标准乃是"切理厌心，经经纬史，上不背古，下不违时"。

二十三、《百萼红词》序[①]

山尊学士晚为词，有《百萼红》一卷，为倚声家所称，毁于兵。老友王宝斋藏有剩本，其原稿藏之予家，予欲广其传。未几，合肥张楚宝开敏嗜学，尤私淑学士，因就宝斋剩本重付剞劂。学士自序论《一萼红》声律异同甚核，而漫灭不复识，因截其半。又前载白石诸家词，初刻削之，今就予所藏本补于简端，以尽此阕之变。学士涉学该博，所为诗古文词闯然入古作者之室。而盈尺之稿，尽付一炬，子姓亦无世其学者，可悲孰甚！今此卷复出，宝斋护持于前，楚宝表彰于后，并足弥予不逮，而见学士所学之百一也。

光绪五年六月，同里眷世侄薛时雨谨志。

> 道锋按：此篇辑自光绪五年刻本《百萼红词》卷首，作于是年六月。词作

---

① 见吴鼒：《百萼红词》卷首，国家图书馆藏清光绪五年（1879）刻本。

者吴鼒(1755—1821),字及之,一字山尊,号抑庵,又号南禺山樵,晚号达园,安徽全椒人。嘉庆四年(1799)进士,官侍讲学士。善书能画,工骈体文。有《夕葵书屋集》《抑庵遗诗》等传世。

吴氏晚年寄居维扬,六十初度,汪剑潭端光觞之湖上,倚《一萼红》调为寿,吴氏因而专填此调,积久遂多,故曰《百萼红词》。薛氏以王宝斋所藏本开雕,前载姜夔之词。

二十四、致金和书①

亚匏仁兄大人阁下:

累年迭奉惠函,迄未作复,衰龄懒莸,举笔维艰,谅邀原鉴。顷文郎来,携到手书,欣悉道躬康健,旅邸吉祥,慰如所颂。李小墀《环游地球录》,未知交付何人,至今并未收到。其二十四图,闻中当为题跋也。雨鬓长似戟,鬓白如银,意兴精神,迥非夕比。迩来时患痰喘之症,行数十步,如负重行数十里者。向读醉吟先生集,觉其晚年叹老诗多,不甚旷达,今始知老境之实在可叹也。

秋闱揭晓,儿侄辈俱落孙山,楹儿幸以优行贡入成均。鸡肋功名,食之无味,来春仍须措资北上先足。七小女许字胡方伯之子,六小儿聘定刘爵帅之女,俱于啾季传红。加以楹儿贡资,遂至积成逋负。有劝分卷张罗者,厚禄故人,于今有几?且雨届血气将衰之际,必有议其违君子之戒者。或者小春晴暖,藉作苏沪之游,亦未可定。

湘文太守函,请即转致。外附楹儿贡卷,浙省同舟旧雨,坐省家人,领卷代分,诚恐外府不能送到,故特补寄。晤面时请阁下道及,非另有觊觎也。二令郎里门读书,自当随时照拂,但图馆实非易易耳。手泐布达,藉请文安。诸维朗鉴不宣。改《删存》拙稿并楹儿贡卷呈。

愚弟薛时雨顿首。十月十三日。

道锋按:李圭《环游地球新录》前有李鸿章光绪四年(1878)三月序,故

---

① 　见李圭:《环游地球新录》卷首,商务印书馆2016年版。

此书当作于此后。又，薛氏谓"楑儿幸以优行贡入成均"，据《福星薛氏家谱》，薛葆楑乃光绪己卯优贡，则此书当作于光绪五年十月十三日，与李氏序时间相合。时李圭《新录》新近付梓，士林内外兴味颇浓，故有"未知交付何人，至今并未收到"一类索书之语。由书信可知，薛氏晚年患痰喘之症，老境实可叹也。

二十五、《空谷传声》序①

宋赵与时《宾退录》载击鼓射字之技，真法全用《切韵》，该以两诗，诗皆七言，一篇六句四十二字以代三十六字母，一篇七句四十九字以该平声五十七韵而无侧声。如一字字母在第三句第四字，则鼓击先三后四，叶韵亦如之。又以一二三四为平上去入之别，明人《等音外集》附"传响射字法"即师其意。此《空谷传声》一卷，吾邑汪金门同年用乡先生吴杉亭、江云樵两君旧谱增损之，其省三十六字母为三十二，省平声五十七韵为阴阳平各二十音。不用歌括，兼备仄声，视赵氏所述之法尤为简要。平声分阴阳者，用周氏《中原音韵》之例也。

余少时见吾乡老辈金禺谷、许知白诸先生及家虞尊、煦堂两兄均好言《切韵》，为离经正读之助，知吴江两先生之谱盖亦有所授矣。今得金门修述其法，吾愿党塾之师各置一编，诱迪童稚，以进于文字声偶之用。所裨非浅，岂仅艺术家言哉？金门殁逾二十载，哲嗣牅民孝廉重为校订，出以见示，因为述其大略如此。

光绪七年，岁次辛巳，季夏之月，同邑薛时雨识于金陵惜阴书院之碧琅玕馆。

道锋按：此篇辑自光绪八年（1882）刻本《空谷传声》卷首，作于光绪七年六月，著者汪鋆。汪氏将《金陵传声谱》改编成为《空谷传声》，《空谷传声》按三十二韵分为三十二图，竖列二十声母，横排五调。同韵之字列于一图，纵横交合处列切出之字。该书为"击鼓传声"使用，因此务必切合当时口语语音。劳乃宣《等韵一得·外篇》曰："世俗盛传《空谷传声》《李氏音鉴》二书。"可见影响十分广泛。

---

① 见汪鋆：《空谷传声》卷首，南京图书馆藏清光绪八年（1882）刻本。

二十六、《吴学士诗集》序 ①

嘉庆初,东南文学鼎盛,而吾全椒江皋小邑,艴然与大邦交盘敦之会,海内不以等郏莒,则吴山尊学士掉鞅词坛,以第一流负名世之誉也。惟时经学有先伯父近泉公、海门公及先大夫;词章有金椶亭、汪存南诸先生,皆学士所敛手推敬,尤前贤之虚已为不可及者。先大夫教授吴氏有年,学士说经之文,非先大夫审正不以示人。惜乎零落,鲜有存者。尝贻先大夫楹帖云:"五代史才传旧学,一门经术负时名。"又云:"味经得隽如甘露,谈艺无欺见古风。"盖纪实也。学士爱女归先侍御兄,申以昏姻,两家之谊益合。而学士既归道山,楹书散失殆尽。《骈文丛稿》,仲兄得之。《敝篋诗稿》数卷,则仲兄从学士日记中手自缮写。《夕葵书屋刻集》不可见,所以传学士者仅止此本。名山之藏,艺林叹想,虽以张南山太守搜罗之富,而诗人徵略亦未见全集也。王兰泉侍郎曰:"山尊胸藏二酉,力富五丁,诗以韩孟皮陆为宗,斗险盘空,句奇语重。"张太守则曰:"慷慨任气,磊落使才,仅于选本中得其一鳞片爪。"盖自朱文正、孙伯渊诸巨公以次推服学士无异辞。

时雨生晚,不获奉手名贤,而庭闻有素,诵仲兄写本,于今四十年矣。仲兄以清宦十载,又丁戎马之间,元文之托侯芭,论衡之付伯喈。比兄殁,又二十年而犹未显于世。南海梁檀圃方伯同年,景行先姥,索藏本付诸梨枣,以副学子争先快睹之心。而吾仲兄未竟之志亦以大慰,且可以补益方伯乡先达张先生之书,诚艺林盛事也。学士骈俪文尤瑰异,朱文正所谓合任昉、邱迟为一手者。去年雨时,门下士谭献宰全椒,就仲兄藏本审定,《叙录》凡四卷,其言足以识学士之真。今方伯并刻之,合之遗诗,虽未极学士撰著之富,而亦可以略观大概云。

光绪七年龙集辛巳嘉平月朔,世姻后生薛时雨撰。

道锋按:此篇辑自光绪八年(1882)江宁藩署刻本《吴学士诗集》卷首,作于光绪七年十二月初一。著者吴鼒,与薛氏为姻家,其女适薛氏仲兄薛春藜。薛氏于序文中备叙嘉庆时期全椒文风鼎盛之况,而吴氏不啻为其中第一流人

---

① 见吴鼒:《吴学士诗集》卷首序,清光绪八年(1882)江宁藩署刻本,《清代诗文集汇编》本,上海古籍出版社 2010 年版。

物。吴氏与薛氏之父薛鑫交好,时常学问文章往还。吴氏卒后,其集多散佚,有赖薛春蔡为之董理。

二十七、《铜官感旧图》叙①

昔章君价人牧吾滁,滁之来者,辄贤君弗置。余时主江宁讲席,未之见也。而曾文正公知余籍君部,亦数数贤君。余于是心焉识之。未几,君改注来江宁,始与余见,辄喜一见如所闻。君历司江岸榷务,每主会垣,必访余,握手慰劳,欢若平生,十年来如一日也。客秋,君以忧归,今春重至江宁,复与余见,出途中所作《铜官感旧图》见示,而属余序之。

铜官山者,距长沙六十里,六朝置铜官于此,故名。一称铜官渚。

咸丰四年甲寅,粤逆犯岳州,曾文正公时奉命治水陆军讨贼。君与今抚军陈公士杰、方伯李公元度参其军。公战弗利,退守长沙,贼遂窜铜官,据之。公愤甚,整军复出战,嘱君及幕府诸参佐勿从。诸参佐与君谋:公故志在灭贼,然胜负未可知,吾属宜有从者,为不虞备。君请行,于是潜身附公舟,戒勿白。既战,仍弗利,而公舟为群贼所指目,争趋焉,势甚危。公既许国有素,奋身投于水,材官皇骇,无所措手足。君突于炮子雨落中跃出,持之,强掖负以起,而公衣大半沾湿矣,拥载渔舟以免。翼日,公所遣别将创贼于湘潭,铜官贼亦遁,文正之军由是再振。

论者谓东南底定,公身系焉,微君事几不可测。向使公据事颠末列之剡章,朝廷必有以处之。昔吴孙权合肥战北,桥坏几不免,凌统力战脱之,权亲为引袖拭面,立拜偏将军。而周、齐芒山之战,高欢迫于追骑,尉兴庆指腰间百箭示之曰:此足杀百人,王去矣。欢许以怀州刺史。宇文泰马中流矢坠地,敌人已追及,李穆谩辞免之,然后授以马,泰至,与之对泣,擢授武卫将军。彼偏闰犹若是,况国家统御区宇,破格酬庸,于君岂有所靳耶?

公独歉然引为私恩,若未遑暇,又若迟迟有待者。而公旋薨,薨且十余年,而君

---

① 见章寿麟:《铜官感旧图题咏册》,《湖湘文库》本,岳麓书社 2012 年版,第 20—25 页。

浮湛牧守如故。客秋以忧归,道经铜官渚,追念畴昔参文正公军事,一时入险而出之夷者,即此地也。用是有《铜官感旧图》之作,盖以识一时患难,所谓小臣亦不敢忘巾车之恩者也,岂有他哉?

余今而知君之贤,非徒能于其官也。文正公之功在天下,君之功在援文正以援天下。而君顾不居功,且惟恐炫其功,以冀赏其功者,而第殷殷以感旧为念,其量宏、其情挚矣,可不谓贤欤?

今抚军陈公、方伯李公,昔与君同事,见闻尤确,两公著作才宜必有鸿词伟论,足以传君者,余第述其大略云尔。

光绪八年,岁次壬午,仲春之月,治愚弟全椒薛时雨拜序。

道锋按:此篇辑自章寿麟等作《铜官感旧图题咏册》,作于光绪八年(1882)二月。章寿麟(1833—1887),曾国藩幕府,湖南署盐法道枭司,章士钊族兄。与薛氏相交甚笃,曾任滁州知州。

咸丰四年(1854)春,曾国藩亲率湘军水师,与太平军先后战于岳阳、靖港,一败再败,且羞且惧,纵身投入湘江,为幕僚章寿麟救起。后太平天国覆亡,曾氏封侯拜相,总督两江,章寿麟则一直"浮沉牧令"。光绪三年,曾氏早已故去,章寿麟亦告老返湘,经洞庭,入湘江,舟泊铜官故地,触绪纷来,不能自已,遂画《铜官感旧图》,并请众多故旧题辞纪念。此图后来佚失,章氏之子章同、章华请林纾等人补绘,续请名流题辞,且将墨迹装成八册,题为《铜官感旧图题咏册》,于宣统二年(1910)石印刊行。内有感旧图七幅,题跋题识诗文两百余篇。题者两百余家,包括左宗棠、王闿运等。题辞皆借铜官旧事发挥,或慨叹世事弄人,或评判历史功过,加上名人手泽,兼具文史、书法价值。

二十八、致张鸣珂书[1]

玉珊贤弟足下:

岁除前三日接奉手书并《梅花传》二百韵,腊底颇甚枯窘,得佳构,笔墨回润

---

[1] 原件藏全椒吴敬梓纪念馆。

矣。藉稔善政宜民,颂声大作。吾门多颂循吏宰官,存钵果有自耶? 近值一元复始,想新祺佳胜,梅花阁上,雅兴益饶。遥企琴徽,颇深系念。雨清凉度岁十有三年,一切托庇平适。客冬,由家人张庆寓书,来函未经提及。该仆与董升为至戚,或者董尼止乎金陵。薛庐风景颇佳,然如《申报》所云,则铺张过甚,未免失实,或亦浙人代为标榜耳。楹儿返里过节,今岁令作村学究,抑其躁气,仲修清操著而爱戴希,仁慈过甚,反受其累,吏不易为也。此颂升祺,藉贺春禧,不备。张廉卿中翰回楚度岁,属书楹联,俟其归时转交。

愚兄薛时雨顿首,立春日。

　　道锋按:此信为邱景章之子邱良任所藏,后复制本藏于全椒吴敬梓纪念馆,作于光绪八年(1882)立春日。张鸣珂(1829—1908),原名国检,字公束,号玉珊,晚号寒松老人、窳翁,浙江嘉兴人。咸丰十一年(1861)拔贡,官江西德兴知县,义宁州知州。工诗词,擅书法。自受知吴和甫侍郎,后始治小学。著有《说文佚字考》四卷、《疑年赓录》二卷、《寒松阁诗集》八卷、《寒松阁骈体文》一卷、《怀人诗》一卷及《寒松阁谈艺琐录》等。此信就张氏《梅花传》诗回复,以为是"善政宜民"的佳作。其中亦提及自身及薛葆楹、张裕钊等人,实乃薛氏晚年境况真实写照。

二十九、《莫愁湖志》序①

　　石城西有湖曰莫愁,始载于宋乐史《太平寰宇记》。胜国之初,筑楼其侧,以徐中山栖息处也,纪烈武功之爵,征题乐府之篇,远迹崇情,标映前载。巾瓶之契,群屦之雅,恒被饰焉。粤寇鸱张,鞠为茂草,寿安上人病之。湘乡曾文正既灭大憝,百务修举,弭节湖上,上人以为请,公乃下所司。是营是度,左城右平,一举而更新之。或曰:"府寺之制,祠观之领,未有复其初者,胡汲汲是为?"公曰:"江宁控带吴楚,屹然为东南重镇,一旦王臣奉使与四方宾客之来会者,泯焉无游眺之所,是示之陋也。且此邦人士,拔豺虎之余,其气尝郁伊于悒,不足以自舒,而亦无山泽之仪,以

---

① 见马士图:《莫愁湖志》卷首,南京图书馆藏清光绪八年(1882)刻本。

相娱乐,则其天不畅而其生不遂,如若所云,知二五而不知一十也。"公言若是信乎? 然见其大矣。

楼既成之明年,肖公象其中,春秋祈赛,与徐中山并寿。上人习禅悦,远荃赆。因马氏参志,附以今所甄采,重锓之木,而乞予一言简端。夫润色风土,藻雪衿抱,随所适以为之名。必谓莫愁,在汉石城,非江宁石头城壁。譬之秭归王嫱、钱塘苏小,求其地以实之,毋乃胶柱调瑟耶? 且渡江王、谢亦免志乘,然王出临沂,谢出阳夏,又曷尝——而正之耶? 今公章美予前,上人传盛于后,实启致拘墟之见,而再造于是湖。爰书之,以谂来者。

清光绪八年夏六月。

道锋按:此篇辑自光绪八年(1882)刊《莫愁湖志》卷首,作于是年六月。《莫愁湖志》凡六卷,马士图撰。嘉庆二十年(1815)刻本,光绪八年重锓本。莫愁湖,在南京城西。士图,生卒年不详,字鞠村,江宁(今江苏南京)人,诸生,善画山水士女墨竹,工诗,著有《豆花庄诗词钞》等。《莫愁湖志》书前有作者自序、明中山王遗像,莫愁湖图、莫愁湖赋、莫愁湖诗借。志中分山水、关梁、祠庙、古迹、文考和郁金堂诗证等。该志于莫愁湖与周遭之山水古迹,记载颇详。唯该湖得名自古女子莫愁,莫愁多传说,全国多处有之,附会之处亦所难免。

三十、何子清广文诔(集《楚辞》)①

纷总总其离合兮(《离骚经》),世混浊而不清(《卜居》)。汝何博謇而好修兮(《离骚经》),蹇淹留而无成(《九辩》)。依前圣之节中兮,又重之以修能。虽不周于今之人兮,非余心之可惩(《离骚经》)。卒沈身而绝名兮(《九章·惜往日》),孰云察余之钟情? 指九天以为正兮(《离骚经》),愿一见而有名(《九辩》)。嗟尔幼志有以异兮(《九章·橘颂》),愿慕先圣之遗教(《九辩》)。重仁袭义兮(《九章·怀沙》),羌不可保(《九章·惜诵》)。茨菉葹以盈室兮(《离骚经》),吾谁与玩此芳草(《九章·思美人》)? 羌内恕己以量人兮(《离骚经》),有招祸之道(《惜诵》)。乘

---

① 见何忠万:《何子清先生遗集》卷首,南京图书馆藏清光绪八年(1882)刻本。

德无私可师长兮(《橘颂》),抑心而自强(《怀沙》)。行比伯夷终不过失兮(《橘颂》),逢此世之俇攘(《九辩》)。

惟党人之偷乐兮,日康娱以淫游(《离骚经》)。独耿介而不随兮(《九辩》),恐重患而离尤(《惜诵》)。事绵绵而多私兮(《九辩》),吾至今而直其信然(《惜诵》)。众皆竞进以贪婪兮(《离骚经》),独立不迁(《橘颂》)。故众口之铄金兮(《惜诵》),牵于俗而芜秽(《招魂》)。言与行其可迹兮(《惜诵》),何毁誉之昧昧(《九辩》)?苟余情其信姱以练要兮(《离骚经》),又众兆之所咍(《惜诵》)。吾不能变心而从俗兮(《九章·涉江》),犹有曩之态也(《惜诵》)。惟此党人之不亮兮,各兴心而嫉妒。夫孰非义而不用兮,反信谗而齑怒。芳与泽其杂糅兮,何不改乎此度也(《离骚经》)。

宁溘死而流亡兮(《惜往日》),夫唯灵修之故也。理弱而媒拙兮(《离骚经》),独郁结而其谁语(《远游》)?皇天之不纯命兮(《九章·哀郢》),愿陈志而无路(《惜诵》)。欲少留此灵琐兮(《离骚经》),排闾阖而望予(《远游》)。溘吾游此春宫兮(《离骚经》),终不反其故都(《远游》)。刓方以为圜兮(《怀沙》),吾固知其鉏铻而难入。闵奇思之不通兮,凭郁郁其安极(《九辩》)。顺风波以从流兮(《哀郢》),人群而遁逸(《远游》)。

已矣哉!国无人莫我知兮,愿依彭咸之遗则(《离骚经》)。楫齐扬以容与兮(《哀郢》),冈芒芒之无纪(《九章·悲回风》)。凌阳侯之氾滥兮(《哀郢》),气于邑而不可止。凭昆仑以瞰雾露兮(《悲回风》),魂一夕而九逝(《九章·抽思》)。令五帝以折中兮(《惜诵》),愿一见兮道余意(《九辩》)。

乱曰:览相观于四极兮(《离骚经》),涕潺湲兮下沾轼。去白日之昭昭兮(《九辩》),哀见君而不再得(《哀郢》)。绝氛埃而淑尤兮(《远游》),冀壹反之何时(《哀郢》)?借光景以往来兮(《悲回风》),怀椒糈而要之(《离骚经》)。

道锋按:此篇辑自光绪八年(1882)刻本《何子清先生遗集》附录,亦大概作于此时。据《清人诗文集总目提要》,《遗集》著者何忠万生于道光二十一年(1841),卒于光绪六年。字子清,号蜀州,江苏上元人。咸丰九年(1859)举人,任宿迁教谕,加国子学正衔。《遗文》二卷,附录一卷,前有江宁汪士铎撰传及碑,凡书谕序跋等文三十三篇。末有光绪十年甘元焕跋,光绪八年甥翁长森跋。

薛氏此诔文乃集《楚辞》而成,集句盛于宋,明清时代持续发展,但集杜诗者多,而集《楚辞》者少。薛氏熟读《楚辞》,将其中之精华部分重新组合,更其表现对何氏之哀思,文风婉转曲折,一唱三叹。

三十一、《尊经书院课艺五刻》序①

辛巳之岁,予构庐乌龙潭之阳,诸生亦筑永今堂息予。其地面山俯潭,景物明瑟。潭久不治,茭葑纵横,水浅盈寸。明年,始集畚挶,荡涤而疏浚焉。又一年,建诸葛忠武、陶靖节祠于潭西之蛇山,杂莳梅竹松柏之属,扶筇探幽,苍翠四合,予顾而乐之。春秋佳日,载酒从游者踵接也。会太守鄞县赵公嘉惠多士,以己卯迄癸未课艺续刊为请。予乃召诸生而告之曰:

今夫蹄涔之水,不足以资灌溉也。必去其障,通其流,然后原泉混混,渣滓去而清光来。文之洁净犹是也。今夫濯濯之山,不足以快登眺也,必葱茏而绿缛,幽秀而深邃,然后明靓淡冶之态,顷刻万变。文之藻采犹是也。诸生能知山水之乐,则文境当日进。由是而黄河泰岱,蔚为宇宙之大观,吾乌能测其所至哉!课艺之刻,将传世而行远,诸生其勉旃。

癸未孟冬,全椒薛时雨序于薛庐之蛰斋。

道锋按:此篇辑自光绪九年(1883)刊刻《尊经书院课艺五刻》卷首,作于是年十月。所录起自光绪五年,止于光绪九年。包括《大学》二题六篇,《中庸》六题二十三篇,《论语》三十四题一百一十篇,《孟子》二十三题七十八篇,有评点。薛氏此序劝告诸生为文需"洁净",亦需辞藻,此乃文道合一之观念的阐发,犹可见桐城派之余韵。

---

① 薛时雨:《尊经书院课艺五刻》卷首,国家图书馆藏清光绪九年(1883)刻本。

三十二、《射雕词》后序①

予交敏斋在癸丑之春,时同客辇下,与朱修伯大理学勤、黄孝侯侍郎钰文谠无虚日。年少气锐,视天下事无不可为。酒酣耳热,论议蜂起,常盖其坐人。敏斋时为小词,付旗亭歌之,予知敏斋词自此始。嗣予出,需次杭州。敏斋寄寓省垣,踪迹更密。既而敏斋官吴,予奉今相国李奏调至沪,时在壬戌、癸亥之交。上海戎事方急,幕府英英,鱼颃而鸟昒,敏斋柴立期间,不激不随,或有龃龉之者,予为解之,且数称其贤,时少少知敏斋。

敏斋又时为小词,音节凄紧,比于古塞上塞下诸曲,敏斋词之一变也。其后予守杭州,敏斋备兵沪上,相违不一舍,舆论藉藉,予益异敏斋。己巳,予蛰健康,敏斋名位日隆隆起。每游吴中,过敏斋,为十日饮。予亦时为小词,敏斋擘笺和之,翛然脱尘埃,不以薄领故脱其素也,予又益异敏斋。今敏斋襄羊鉴湖,予结庐盉山麓,屏迹外物,后会不可量。回忆觅举燕南、参军海曲,与敏斋浅斟低唱时,忽忽如前日事。同游若修伯、孝侯辈久为陈人,予与敏斋亦垂垂老矣。

李甥景卿初为敏斋属官,敏斋廉其才,礼异之,事必咨而后行,非有阿于予也。甥感敏斋之知,为刻其《射雕词》两卷,爰举三十年聚散之故,书之简端。敏斋读之,曾亦念白首故人相望于三山二水间,而为之歌淮南《招隐》、陶公《停云》耶? 至敏斋之词,抑孙秦柳,吐纳苏辛,识曲听真,正无待予之举似矣。

甲申秋七月,全椒薛时雨。

道锋按:此篇辑自光绪十年(1884)刻本《射雕词》卷首,作于光绪十年七月。《射雕词》著者应宝时(1821—1890)字敏斋,浙江永康人,道光二十四年(1844)举人,精通英语,为清末洋务派代表人物之一。薛氏与应宝时初识于咸丰三年(1853),后三十年间过从甚密。

此序论及应词四个时期的变化,对于应氏文学创作受人生际遇的改变进行了高度概括,其中饱含二人数十年风雨交谊之感慨。由此看来,薛氏的词学

---

① 见应宝时:《射雕词》卷首,国家图书馆藏清光绪十年(1884)刻本。

观到了晚年越发开放，从早年的"词别是一家"过渡到了无不可为词的境界，此时更接近东坡之观念。

三十三、《西云札记》叙 ①

《仓颉篇》为籀篆之畛限，下至李（季）长、杜林、刘略所著，作者七家。其佚乃时时见于许君所甄述。

> 道锋按：此篇辑自平步青《霞外攟屑》，此书卷六《玉树庐芮录（斠书）》，《西云札记》即在其列。《西云札记》著者李枝青（1799—1858），道光举人。字兰九，号芗园，别号西云，福建福安阳头人。薛氏所言谓《仓颉篇》乃是篆文与籀文之分水岭，马融、杜林、刘略诸人亦曾著有关于《仓颉篇》之作，惜其湮没无闻，但可从许慎《说文解字》中窥得一斑。

三十四、致谭献书 ②

循分守素，坚忍待时……吾辈穷措大，处亦穷，出亦穷。志在处，不必更言出；志在出，不必更言处。

> 道锋按：此篇辑自张舜徽《爱晚庐随笔》，创作时间不可考，标题为编者所加。谭献（1832—1901），原名廷献，一作献纶，字仲修，号复堂，浙江仁和（今浙江杭州）人。同治四年（1865）入薛氏门下。张氏谓："薛时雨遗谭氏札中，勉之'循分守素，坚忍待时'，最为扼要。即对其少年浮躁之其而下针砭者也。其言有曰：'吾辈穷措大，处亦穷，出亦穷。志在处，不必更言出；志在出，不必更言处'。此实切中当日士大夫装模作样、患得患失之病。"谭献同治六年中举，此书所作当不晚于是年。故此书之创作年代当在同治四至六年之间。
>
> 薛氏此书，张舜徽从钱基博处得而观之。钱氏《〈复堂师友手札菁华〉题

---

① 平步青：《霞外攟屑》卷六，清光绪八年（1882）刻本。

② 张舜徽：《爱晚庐随笔》，华中师范大学出版社 2005 年版，第 15 页。

记》曰:"辛亥之春,袁爽秋太常夫人年六十。亡友徐君薇生以谭紫馏之请,属予为文寿之。而以余不受润金,因检紫馏所藏先德谭复堂先生师友存札一巨束,相授以为报。忽忽二十年未及董理,而徐君墓草宿矣。今夏杜门,讫一月之力,装帖成册,凡九百余页,以人为汇。其中则有名臣如杨昌濬、易佩绅、张荫桓、陶模、冯煦、袁昶、薛福成、梁鼎芬、樊增祥之伦,皆以名士而为达官;儒林则有杨岘、戴望、李慈铭、孙诒让、陶方琦、庄棫、章炳麟,皆以文士而为学人;其他经生有俞樾、黄以周。循吏有陈豪、李宗唐,才士文人有薛时雨、叶名澧、王尚辰、周星誉、星诒兄弟、马赓良、王诒寿、孙德祖、秦缃业、金安清、叶衍兰、邓濂、三多,校雠目录有陆心源、杨守敬、萧穆,磊落而英多,皆一时之选。而乡先辈则有秦缃业、薛福成、邓濂三人与焉。"

薛时雨家族世系述略

柴发华(全椒县政协文史委)

摘要:全椒薛氏非土著,是外来姓氏。自远祖薛文用至薛时雨的儿侄辈,历经四百多年,全椒薛氏已经蕃延了十七代。本文从历史文献的角度论述桑根山是全椒薛氏的祖居地,是其家族文化蓬勃发展的发祥地,也是全椒薛氏后人述宣先人功德的新的郡望。同时以全椒上分薛一支为中心,对薛环以下昭穆进行分析论述,并且在"全椒薛"大宗范围内,把薛文用作为全椒薛氏第一代,依次记录,特别是重点厘清十二世祖薛廷相(薛时雨高祖)后辈的历史脉络。

关键词:薛时雨;家族;世系流变;家族文化传承

薛时雨(1818—1885),字澍生,一字叔耕,号慰农,晚年又号桑根老人。安徽全椒人,出生在全椒县复兴集薛村。据薛氏家谱记载,明朝初年,薛氏远祖薛文用率族人由四川峨眉山迁至全椒西北乡卧龙寺坊老薛村,标地围田,筑屋生产,繁衍生息,人口逐渐增多。全椒薛氏原有上、中、南三支,薛时雨九世祖薛环(字景华)为上分薛,自西乡薛村迁于桑根山下北关。所居之处,到十二世祖薛福星(字澹园,又名廷相)的时候,薛氏子孙甚蕃,并且家族昌隆,遂名为福星集,后因音讹为复兴集,一直沿用至今①。

---

① 薛荫桢、薛葆栓等纂修:[民国]《福星薛氏家谱》,民国十六年(1927)铅印本。以下简称《家谱》。

本文以全椒上分薛一支为中心,对薛环以下昭穆进行分析论述,并且在"全椒薛"大宗范围内,把薛文用作为全椒薛氏第一代,依次记录,特别是重点厘清十二世祖薛廷相(薛时雨高祖)后辈的历史脉络。

一、全椒薛氏以"桑根山"为新的郡望

弄清全椒薛氏的郡望流变,对于探寻薛时雨家族的起源有着重要的意义。所谓郡望,取自该族祖先受封之地的地名,或是显赫祖先住过的地名。历史上,几乎所有姓氏都有自己的郡望,以彰显家族本身的正统和曾经的社会地位。

全椒薛非土著,是外来姓氏,其始祖上溯至"黄帝四妃所生",后有奚仲受封于夏禹子姓,或居薛地(周代诸侯国,在今山东滕州东南),或徙挚列为侯伯,经历六十四世,是为薛氏得姓之所。汉代的时候,有竹邑(古县名,在湖北省西北部,堵河中上游,邻接陕西省)薛氏从齐国孟尝君之薛地分出,薛永之守蜀为薛氏入蜀之始;薛齐之守巴(周代诸侯国,在今重庆东部一带)为薛氏至巴之始。而薛齐后归晋,仕为河东守,于是家居汾河之南,家声日益显赫。薛齐之二子以蜀薛著闻,宗族日益繁硕。晋室东渡之后,分为三支。隋唐时期,流离转徙,至宋,薛世映率领族人返回蜀地,而后常居此地。明初,薛文用又举家迁至全椒,插占落业、版筑营造①。

"吾先人由西蜀来兹,启十七世门楣,只耕读相传,不敢远引皇祖奚仲;予小子自古杭罘郡,承五百年堂构,愿本支勿替,常思勉为善士居州。"②此为晚清名吏薛时雨曾自题薛氏支祠一联。联中其以奚仲为"皇祖",是因奚仲为史书所记载的薛姓始祖,自远祖薛文用至自己的儿侄辈,历经四百多年,全椒薛氏已经赓延了十七代。

民国十六年(1927),薛氏十七世孙薛荫桢、薛葆桴等纂修的《福星薛氏家谱》称:"薛氏郡望曰河东、新蔡、沛国、高平,而河东最著,皆奚仲后,系出上古禹

---

① 《家谱》。

② 薛时雨:《题薛氏支祠》,《藤香馆小品》,政协全椒县委员会编:《薛时雨集》第13册,国家图书馆出版社2018年版,第40页。

阳。"又"吾宗自巴县东迁,世以望出河东。"① 以此可知,薛氏的郡望分为河东、新蔡、沛国和高平,薛时雨家族郡望为河东,尊薛齐为全椒薛始祖。河东郡在今山西省夏县西北,辖晋西南地区。史书载河东郡为秦时置,有县二十三,如安邑、汾阴等。

此外,唐代汾阴人薛无敬,少年时与叔父薛收及族兄薛德音齐名,当时号称"河东三凤"。清咸丰年间,薛暄黍、薛春黎、薛时雨三兄弟,皆科场正举及第,名噪一时,故全椒薛氏题家庙堂号,名曰"三凤堂"。

唐代始著郡望。由于某一姓氏的姓源或发祥、聚集、变迁之地非止一处。于是,一姓常常不止一个郡望,但通常以其中一个郡望为主,以区别主从及尊卑。郡望现象到现在尚不绝迹,归因于人们的寻根念祖的观念意识。姓氏郡望成为他们窥寻家世渊源,谒祖朝宗的重要依据。从明代到清代,薛氏八代都聚集生活在山高林密的桑根山下,可以说桑根山是全椒薛氏的祖居地,是其家族文化蓬勃发展的发祥地,也是全椒薛氏后人述宣先人功德的新的郡望。

然而,桑根山是古地名,早就被历史的尘埃所湮没。考察桑根山的位置对于了解和研究薛氏家族在全椒的兴起和消退,具有很强的现实意义。据史料记载,梁高祖大同二年(536),割徐州、北谯,立南谯州于桑根山西。宋绍兴(1131—1162)初,"金人破滁州,掠全椒鄚城湖,镇抚刘光世遣统制王德领兵击金人于桑根山,胜之,获女真……一人,千户十余人。"② 斗转星移,时过境迁,桑根山早就成为历史遗迹,到清乾隆年间,吴敬梓曾在《移家赋》中喟叹道:"寻桑根之遗迹,过落叶之山房",今人更无从辨识。

清代著名学者顾祖禹《读史方舆纪要》卷二十九载"桑根山,县西北四十里。宋白曰:'梁大同三年,割北徐州之新昌郡谯州之北谯郡置南谯州于桑根山之西。'是也。或曰故城在山西南二十里新高村,其相接者曰石楼岘(hóng)。"

查[民国]《全椒县志》,桑根山位于全椒县治西北四十里,为宋朝王德败

---

① 《家谱》。

② 见[泰昌]《全椒县志》,全椒县地方志编纂委员会点校注释本 1992 年版。

金处。又有石楼岘,与桑根山合水涧相连,上有双石若岑楼。旧志载"三隐"云:"桑根山下有三隐山,南隐、中隐、北隐,相去十余里,皆古隐者所居。有泉池,石室。"

而明[泰昌]《全椒县志》载,三隐山在"县西北五十里桑根山下。南隐、中隐、北隐相去皆十余里。昔有隐者居焉。遗址尚在,有泉台、石室。其名氏世次,老莫得知。盖高世之士,以耕钓自娱,不求闻达者也。"石楼岘在县"西北四十里。与桑根山合,水涧相连,上有双石耸峭如楼,故名。"按岘为两山之间的缝隙处,即山洼。又据汉代典籍《遁甲开山图》:"石楼山在琅邪,昔有巢氏治此山南。"著名历史学家钱穆《史记地名考》考订:"越勾践琅邪在今安徽滁县西南。"

其实,全椒西部的山都属于滁州琅邪山脉,位于滁县西南,因此与史籍记载吻合。明代著名乡贤戚南铉创南谯书院时,大学者罗洪先流寓全椒,主讲书院。闲暇之时,曾作三隐山之游,并且留有诗作"石存尚类羝羊状,地僻犹多麦饭家。洞口飞泉春带月,屋前古树晚栖霞。"①从诗中可以看出,三隐山具有羝羊石、洞口飞泉、古树等自然风景。

据全椒学者叶松先生实地考察,认为三隐群山中的羝羊石为垂山石,洞口飞泉为水帘洞,并且位于今名长洼(或张洼)中,此洼是全椒最大山谷,长约十里,中有大溪,流入马厂沙河。上有双石垂下,酷似公羊须下垂,又耸峭如楼。洼中泉、池、石洞较多,山高谷深,溪水潺潺,古木参天,景物幽邃。因此,推论桑根山与三隐山同为一山,其范围应该以石楼岘为中心及其周围的高山,也包括龙王尖、车毂尖。

综上所述,桑根山的确切位置应该与三隐山有很大关联,或为绵延几十里的三隐山,或为其中的一座山峰,石楼岘就在其中。

不管桑根山是否在漫长的历史长河中,被逐渐模糊、被淡忘,但其确实存在,并且高耸在那里,在许多典籍中留下了清晰的痕迹,尤其在薛氏后人心中更是无法忘

---

① 见[康熙]《全椒县志》卷二《舆地志》,全椒县地方志编纂委员会点校注释本1993年版。

记的灵魂归宿地。晚年薛时雨对游踪宦迹感到疲倦,渴望回到家乡,为了寄托乡愁旅恨,因祖居桑根山,便自己取号为桑根老人,以表达羡慕古代名士以及其祖先淡泊明志的情操。所以说,桑根山已经成为全椒薛氏家族子孙一种刻骨铭心的乡愁记忆,也是一种吸附性很强的家族文化地标,随着时间的推移,已经演变成全椒薛氏家族新的郡望,成为薛氏后人追述家族历史的地理根脉。

二、全椒薛氏家族分爨概述①

薛文用为全椒薛一世祖,早期居住在四川巴县蓼子沟。在明洪武年间,因从龙东下,授屯田长,于是率族至安徽省全椒县,世居县西北乡卧龙寺坊桑根山之西老薛村,清代重臣左宗棠曾为此老薛村薛氏五百年老宅题名:"五百举成"。此地距福星(复兴)集三里。薛文用从巴蜀迁至全椒,到薛环已有九世,中间七世无考。

明朝末年,薛氏家族分三支,薛环为上分薛,举家迁至福星(复兴)集。而早期的中分薛和南分薛世次因为年代久远不可考,无从记述,且不在本文考察的范围,故不赘述。

九世祖薛环,字景华,被征为乡饮大宾(即"乡饮宾",乡饮酒礼的宾介。乡饮是古代一种庆祝丰收尊老敬老的宴乐活动。一般乡饮都选德高望重长者数人为乡饮宾,与当地官吏一起主持此活动),颁赐冠带。其年少之时,崇尚侠义。中年业儒,乐善好施,受到乡里人推崇。薛环还谦让家产与中分薛和南分薛,迁居于福星(复兴)集北关,建造房屋,购买田产,即后来薛时雨出生地。原配林夫人,继配彭夫人,生有一子,为薛天爵。

十世祖薛天爵,字玉卿,处士,娶同邑杨公之女,享年96岁,钦赐粟帛。生有一子,为薛国柱。薛氏其他房分十世祖还有薛天训、薛天谟、薛天浩、薛天璧,其中薛天浩为庠生。

十一世祖薛国柱,字楚材,为附学生员,娶廪膳生华调元之女,生有一子,为薛

---

① 本节内容均参考《家谱》相关内容。

廷相。薛氏其他十一世祖还有薛国采、薛国翰、薛式周、薛秉彝、薛国钧、薛国豹,其中薛国翰、薛秉彝、薛国钧为附生;薛式周为增广生。

需要说明的是,十一世以下薛氏世系为"五服"之内,即薛时雨和十六世薛氏子孙共有高祖。按所谓五服,是指《仪礼·丧服》篇中所制定的五等丧服,由重至轻分别为斩衰、齐衰、大功、小功、缌麻,每一等都对应有一定的居丧时间。死者的亲属根据与死者关系亲疏远近的不同,而穿用不同规格的丧服,以示对死者的哀悼。"五服"之亲明显是父权制下的产物,一切规制皆以男子为中心。

十二世祖薛廷相,薛时雨高祖,字吉人,号澹园,又名福星。[民国]《全椒县志·隐逸》有传,称其"读书尚志,不乐功名,隐居邑西山薛村,背山面溪,结茅数椽,以著述自娱,终其身不入城市。县令闻其名,往就见之,逾垣遁。令徘徊门外,瞻眺久之。著有《雅俗赏》若干卷。"① 娶邑附生汤宾尹之女,生有二子,长为薛芳,次为薛芬。薛氏其他十二世祖还有薛廷策、薛廷奏、薛廷表、薛廷献、薛光复、薛光清、薛三凤,其中薛廷奏、薛廷献、薛三凤均为附生。

十三世祖薛芳,薛时雨曾祖,字馥久,号柳川。其读书修德,隐居深山中,终身不参与外面的事务,娶附生汪懋椅之女。生有一子,为薛凤翥。迨薛凤翥生育五子成名之后,门庭光耀,家室隆昌。

薛芬,字馨久,子早殇,立薛凤翥之次子薛以宾为孙。薛氏其他十三世祖还有薛邦贤、薛士敏、薛长庚、薛邦基、薛邦韬、薛邦略、薛翰英、薛邦俊,其中薛士敏、薛长庚为附生;薛邦基为增广生;薛邦韬为国学生。

十四世祖薛凤翥,薛时雨祖父,生于乾隆五年(1740)五月十六日,卒于嘉庆某年十月十五日。字孚敬,号赤轩,专心治学,异常刻苦,有大志,却蹭蹬场屋,终身未售,开馆授徒。著有《赤轩文稿》。娶康熙戊午年举人冯雯孙女,生育五子,分别为薛金台、薛金铬、薛金鳌、薛金銮、薛金兰。被朝廷赠文林郎,又诰赠奉政大夫五品衔安庆府学教授,累赠中议大夫翰林院编修,掌山东道监御史,晋赠荣禄大

---

① [民国]《全椒县志》卷一《人物志》,见全椒县地方志编纂委员会办公室点校注释:《全椒县志》,1999年版。

夫浙江杭州府知府二品衔记名道。薛时雨旁系十四世祖还有薛琪、薛琏、薛琯、薛肇勳、薛肇修、薛奎、薛壤、薛埔,其中薛琏为乡饮大宾,赐冠带;薛肇勳、薛肇修为附生。

十五世薛时雨家族共有五大房,分别为薛金台、薛金辂、薛金鳌、薛金銮、薛金兰,为薛时雨父辈。下文将从大到小分房陈述,主要以第五房薛金兰(薛时雨父亲)后代为考察对象,叙及家族人物。

大房薛金台,字燕筑,号近泉。生于清乾隆二十年(1755)十一月二十日。嘉庆年间举人,会试被推荐拣选知县,敕授文林郎,名震江淮,擅于经史,与弟耀(金鳌)、鑫(金兰)一起研治《三礼》(即《周礼》《仪礼》《礼记》)之学,终老不倦,著有《周官注疏撮要》《近泉诗稿》。晚年客居无为县,后归故里。卒于嘉庆十四年(1809)三月十四日,享年55岁。原配江氏,继配吴氏、汪氏。生有二子,为薛丞、薛泰粲。

薛丞,字晋藩,早殇;薛泰粲,字虞尊,又名露粲,为庠生,亦能文,尤其精通天文推步之学。与同堂兄弟薛希冉、薛煦堂、薛敏夫、薛暄棽、薛春黎、薛时雨并称"七薛"。薛泰粲育有三子,为薛植崙、薛荫桢、薛调梅。

二房薛金辂,字以宾,立为薛芬之孙,生有一子为薛求。据[民国]《全椒县志》记载,"薛求,字希冉,增生,苦学能文,好手抄史事。晚年隐居西乡。"太平天国运动之时,其督办西乡团练,太平军频繁进入全椒境内,薛求率领团练堵住山口,进行抵御。不料某日,大批太平军抵达,西乡团练奔溃,薛求被乱矛刺死。待太平军退去十日之后,家人才寻觅到其尸首,居然未毁,众人称异[1]。薛求有嗣子二人,为薛荫柯、薛葆楠。薛荫柯本为四房薛敏夫之子,薛葆楠本为五房薛暄棽之子。

三房薛金鳌,字丙峰,号海门,后更名为薛耀。嘉庆年间,被推荐为增广生。诰赠武义都尉、江苏候补游击,赏戴花翎生。生有五子,为薛荥、薛盟、薛冰阳、薛晋康、薛绍禄。

四房薛金銮,字贤坡,为国学生,有一子,为薛躬逮。薛躬逮,字敏夫,号春晖,

---

① 见[民国]《全椒县志》卷十一《人物志》。

附生,有子三人,为薛荫杬、薛荫棠、薛荫柯,均无后。

五房薛金兰,字纫秋,号任杭,后更名为薛鑫,生于清乾隆四十年六月十九日。嘉庆戊午癸酉科被推荐为增广生,著有《念鞠斋时文剩稿》行世。自束发之时,就开始发愤治学。薛鑫孝敬母亲不厌其烦,与兄弟友爱。兄薛金台去世,其累月痛号不止,并焚烧书卷,放弃科举考试,终身不入场屋。与薛金台、薛金鏊同治《三礼》,手抄成卷。并且开馆授业40年,以成就后学,被时人推崇为祭酒。大学士吴鼒曾聘请薛鑫做家庭塾师,两人关系十分友洽,并且结为儿女亲家,赠诗评价其曰:"味经得隽如甘露,谈艺无欺见古风。五代史才传旧学,一门经术负时名。"其卒于清道光十二年五月二十日,享年58岁。娶本县增广生叶楷之女,生有六子,伯仲叔三人早殇,其余三人为薛暄黍、薛春黎、薛时雨。生女二人,一女早夭,一女嫁国学生李国华。

全椒薛氏十六世核心人物为薛暄黍、薛春黎、薛时雨三兄弟。

薛暄黍,字洪生,一字伯耕,号艺农,人称"薛长公",生于清嘉庆十五年十二月二十二日。道光丙午(1846)举人,其性格刚毅,言行遵从正统儒学规范,讲究实际而鄙薄程朱理学,文笔泼辣雄健。父亲过世后,居家侍奉老母,没有出去做官。自幼聪明好学,受到过父亲良好的教育,父亡后,继承父业,严格教训两弟(即春黎、时雨),两弟后来中同科进士。因此,慕名前来就学者数十人。后来,朝廷授薛暄黍为知县,其一再推辞不就。薛时雨向朝廷进言:"兄长性方正,风尘吏让其去担任很不相宜,如果能改任学宫司铎成就人才,也是儒者的一番事业"。遂以教职选任英山县。薛暄黍自订"经义"和"治事"两门功课进行教学,竭心尽力,寒暑不避,成就许多人才。湖北巡抚胡林翼镇压太平军时驻军六安,很赏识薛暄黍,提升他任安庆府学教授。同治十年(1871),安庆府举行童生考试,几千名考生不满舞弊行为,举行集会示威。安庆知府何家聪无计可施,请出素来在生员中有一定声望的薛暄黍出来做工作,数千集会童生果然散去。可何家聪见事已平息,不肯省事,呈报抚军,秘密逮捕十余人入狱,安庆府七县童生群情激愤,相约罢试,并包围何家聪的官署,声势浩大。抚军见势不妙,只得派人许诺,对闹事的童生一律免于处理,诸童生不相信,说:"得薛公一言乃可。"抚军立即派人去请薛暄黍劝解,聚会的童生皆散去。薛暄黍治学主张经世治用,反对宋儒的道学,著有《龙桧山房集》等。卒于同治九年十月十六日,享年61岁。原配孟氏,生有六子,长子早殇,后有薛葆樟、薛葆楠、薛葆桐、薛葆楗、薛葆桩;生有七女,为薛芮珠、薛二珠、薛三珠、薛葆橡、薛龙珠、薛桂珠、薛葆棣,其中薛桂珠嫁本县进士张德霈①。侧室杨氏,生一女早殇。

薛春黎,字淮生,一字仲耕,号雅农,生于清嘉庆十八年正月初五日。自幼聪明好学,得到先达王廉的赏识。清咸丰初年,取得乡试第一名,联捷进士,改庶吉士。太平天国事起,假归在乡的薛春黎组织民团保卫全椒。假满散馆,授翰林院编修,寻补御史。遇事敢言,不避权贵。咸丰十年(1860)七月,英法联军占领天津,薛春黎上定战守策。英法联军进攻北京城,薛春黎约同志联名上书,伏阙力谏,弹劾端华、载垣、肃顺等罪状。八月初七,警报日逼,徒步抬棺到宫门,将以死谏,请诛三奸,以清君侧。并将后事托付朋友。然清晨到宫,咸丰、慈禧已夜间逃走热河,于是痛哭而归。咸丰临逃时下诏,以大学士周祖培等人为留守大臣,薛春黎等十人副(协助)之。薛春黎负责北京西城危局,表现出非凡的忠诚和勇敢。清政府与英、法等国议和成功,咸丰病死,同治登基,慈禧垂帘,杀肃顺,令载垣、端华自尽。薛春黎以功叙四品卿衔。后任江西主考,卒于任上,未及大用,天下惜之。著有《味经得隽斋律赋》《秦汉魏晋大事表》等。卒于同治元年闰八月初九日(《藤香馆诗删存》作八日),享年50岁。常熟相国翁同龢题墓门曰"古之遗直"。光绪元年,祀乡贤。原配王氏,生一女名为薛瑞芬,适本县国学士许曾镕;继配吴氏,为同邑原任翰林院侍讲学士吴鼒之女,生一子为薛永林;继配郭氏,为岁贡生候选训导郭士荣之女,生有四女,为薛仪庄、薛仪慎、薛仪祥、薛仪娟,其中薛仪祥适光绪丙子科进士袁昶,薛仪娟适山西浮山县知县熊方燠。郭氏还立长兄薛暄黍之子薛葆桩为嗣子。

---

① 参见[民国]《全椒县志》卷十《人物志》。张德霈,字叔涵,号瀚堂,又号菡潭。同治进士,授内阁中书,官云南云龙州知州,改凤阳府教授。参与纂修[光绪]《云龙州志》及《全椒县志》等,又续纂[光绪]《凤阳府志》

　　薛时雨,字澍生,一字叔耕,号慰农,晚年号桑根老人①,生于清嘉庆二十三年十月二十七日。自幼博览群书,尤善诗文,道光二十八年获安徽乡试第一名,咸丰三年和仲兄薛春黎同登进士第二甲(共 107 人)。其仲兄薛春黎是第 38 名,薛时雨则是第 84 名。薛时雨中进士之次年,获授浙江嘉兴知县,勤政爱民,招集流亡,复兴生产,建东城讲学所,时浙人曰:“清官者,首推薛嘉兴。”咸丰七年,薛时雨署嘉善县令。十年,离职赴吏部引见,归途闻杭州为太平军所克,遂流寓南昌,曾谒曾国藩军中论兵事,后赴上海,入李鸿章淮军佐幕。同治三年(1864)为左宗棠荐补杭州知府,后又署粮储道,代行布政、按察两司事,并赏赐顶戴花翎。后罢官,浙江巡抚马新贻聘其主讲杭州崇文书院,浙人于西湖旁为其建“薛庐”。三年之后,他又到南京主讲江宁尊经书院和惜阴书院,并在清凉山麓建“薛庐”。光绪七年(1881)五月募资修建滁州醉翁亭。著有《藤香馆诗删存》《藤香馆词》及《藤香馆小品》等。卒于光绪十一年正月二十二日,享年 68 岁,归葬于全椒卧龙寺青龙岗周庄新茔,清两江总督曾国荃题墓门曰“江表儒宗”。薛时雨一生交游甚广,门生众多,对其盍然离世,“弟子服心丧者甚众,挽联中有‘八百孤寒齐下泪’之语,盖纪实也。”原配杨氏,为本县籍山东沾化县知县杨金墀之女,立长兄薛暄黍之子薛葆桐、薛葆楹为嗣子,并且抚养薛暄黍之女薛葆橡、薛葆棣。薛葆橡适江苏后补道李庆云,薛葆棣适通州举人胡秉銮。侧室沈氏;又侧室汪氏,生一子为薛葆柽。

　　全椒薛氏十七世日臻式微,除薛葆楗、薛葆楹、薛葆柽在科举治学方面稍有建树,其他薛氏子孙或早殇,或不见经传,故本文加以剔抉不论。

　　薛葆楗,字理园,一字慕庐,号慕淮,生于清咸丰四年六月初十日。光绪科举人,庚寅科会试堂备考取八旗官学汉教习,历任正红旗、蓝旗官学汉教习,光禄寺署正加二级大官等。其在京与张预、袁昶、冯煦等驰骋文坛,于骈散文、诗歌、经义无不精通,尤乐征考文献,著有《仍园诗稿》《慕庐日记》等,曾参与增纂[光绪]《全

---

　　①　关于薛时雨的名号,各类文献记载不一,本文根据[民国]《福星薛氏家谱》,并联系薛氏昆仲三人表字而得此结论。

椒县志》。清光绪二十八年,薛葆桩、邱景章、叶尧阶等人禀准抽提盐厘票费,多方筹措银钱三千元,改"襄水书院"为"县立中学堂",为现代安徽建校最早的六所中学之一,学生两班,另附设高等小学堂一班。卒于光绪二十九年十一月二十九日,享年50岁。娶同邑国学生陈蓄渠之女,生有一子,为薛彭年;嗣子二人,为薛壮、薛闻煜;生有三女,为薛禧孙、薛敏贞、薛敬贞。

薛葆楹,字饴澍,号书堂,又号觉庭,生于清咸丰七年二月初十日。幼学拔萃,十一岁入县庠,补廪膳生,光绪乙卯科进学优贡,庚申朝考一等,钦用知县分发江苏加同知衔,赏戴花翎,署理江苏荆溪县知县,诰授奉政大夫。其"下车未数月,积牍以次剖决,廓然一清。士民称曰:'薛一堂言一鞠知曲直也。'"大旱之年,其带病立于烈日中祷告求雨多日,众人劝其停止不成。卒于光绪二十八年八月初一日,享年46岁,荆溪县士民合意立木主祀之。著有《五杏山房诗稿》。娶本县贡生候选训导江晟之女,生有七子,为薛纶炜、薛耕、薛殿焜、薛宸焖、薛壮、薛闻煜、薛平直;生二女,为薛能子(幼殇)、薛婉贞(适七品京官许甄)。

薛葆楗,薛时雨之子,原名葆木,字圣木,一字子青,号柳溪,生于清光绪元年三月十三日。光绪癸卯科乡试被推荐候选中书科中书分部郎中,戴三品花翎,衔指分江苏试用知府,诰授通议大夫。原配刘氏为台湾省首任巡抚刘铭传之女,生一子,为薛庭勳;生有二女,为薛静如、薛逊成,其中薛逊成适刘铭传之孙刘朝望。侧室沙氏,生有二子,为薛肇煌、薛企荧。

全椒薛氏的初拓者为薛文用,其先随从帝王创业,后至桑根山下,筚路蓝缕,开荒造田,成就殷实家业。然而,薛氏门庭的改换,应从薛廷相始,其以儒为业,是"全椒薛"以读书立志、恢弘家声的奠基人。然而,自古"椒介江淮,美秀而文,风犹仍楚""待诏金马而翱翔雁登,登名贤书而彬蔚鹿鸣,若乃明经奋乎里选,鼓箧游乎成均,而于子即于其身,纶恩旌宠……椒士勖哉。"([泰昌]《全椒县志》)正因为此,薛时雨的父亲薛鑫在其家族由乡间农家逐渐演变成科举世家的漫漫时间长河里起着关键性的作用,是形成后来"耕耨讲诵,父子相勉"([民国]《福星薛氏家谱》)家风强有力的实践者。到薛时雨三兄弟之时,薛氏家族在科举发迹方面已经取得了傲人的成就。其家族都是热衷进学的儒林人士,崇文重教、礼敬文化,敢于担当社会责任,具有浓厚的家庭文化氛围、持续的文脉传承的特点,从而形成了以家族群体呈现全椒地域文化的格局,在自古文风昌盛的全椒历史进程中可谓时代之翘楚。

探明薛时雨墓葬遗址及发现碑刻考

张祥林（滁州市地情人文研究会）

全椒薛时雨（1818—1885）为晚清名宦、文化教育家、一代诗词楹联宗师,晚年重建醉翁亭和丰乐亭。清光绪十一年逝后归葬故里。2018年适逢先生诞辰200周年,滁州市地情人文研究会开展薛时雨学术研究活动,同时考察薛时雨故里及墓葬遗址。4月份,到全椒县复兴集老薛村进行调查访问;9月22日至23日又组织文史工作者,深入实地考察,探明了薛时雨墓葬遗址,并发现墓主人碑刻。

一、关于薛时雨墓址文献记载

据［民国］《福星薛氏家谱》（以下简称《家谱》）卷一记述:薛氏祖于明洪武中"家遂皖之全椒,世居西北乡卧龙寺坊桑根山之西邑,人称其地曰老薛村,东距福星集三里。福星集即今地志所称复兴集是也。"①

老薛村有老茔墓地,薛时雨祖、父辈及伯兄薛暄黍均葬于斯。清康熙二十九年立有碑石。其仲兄薛春黎与侧室郭夫人（采卿）葬于马厂罗梁山赵村,翁同龢题墓门曰"古之遗直"。

《家谱》卷二"薛时雨"条下记:卒后"葬本邑青龙冈周庄新茔。两江总督曾国荃题墓名曰'江表儒宗'"。其正室杨氏、侧室汪氏同葬茔下;侧室沈氏葬福星集北头屋基山下。《家谱》卷二页十八记载,薛时雨嗣子薛葆楹卒于光绪二十八年八月,

---

① 薛荫桢、薛葆桎等纂修:［民国］《福星薛氏家谱》,民国十六年（1927）铅印本。

"与(夫人)江氏合葬本邑卧龙寺下堡青龙冈""江氏卒于宣统二年七月,年五十有六,生子七,曰纶炜……曰宸烊曰闾煜……曰平直(原名屏炽)……"页二十一"葆楹子(宸烊配彭氏)"条下又载,宸烊生于光绪八年,殁于光绪二十六年十二月二十七日,年十有九,妻彭氏年二十,饮药殉夫,咏为节烈,夫妇"同厝周庄慰农公茔下。"

据[民国]《全椒县志》[民国九年木活字本(以下简称《县志》)]《舆地志》二"冢墓",知府薛时雨墓在县西卧龙寺坊青龙冈。御史薛春黎墓在县西马厂坊罗梁山。

按《县志》卷一《舆地志》之《坊区·西北区》载:"由马厂集北行至卧龙寺坊(坊界东西广三十里,南北长二十五里)有复兴集街,距城六十里,街长一里,俱市肆。"另据《县志》卷二《舆地志》之《古迹·碑刻》载,薛公墓志铭为正书,光绪年间由谭献撰铭,张謇书丹,在薛氏仍园(按,仍园今未知何处)。

二、薛墓遗址实地探察概况

民国以后,薛时雨的名气与影响随着历史变迁渐渐淡去,其墓葬地在何处也鲜为人知。

2014年,薛时雨后裔寻根复兴故里,也未找到祖先坟茔。近两年,全椒乃至滁州文史研究者们对相关文献进行了深入研究和田野调查,周庄坟茔地逐渐进入了人们视野。

按照《家谱》记载,薛时雨、薛葆楹、薛宸烊祖孙三代都葬于周庄茔地。薛茔位于周庄村民组(原属孤山乡白庙村),距离复兴集东北约3公里、三合集西北约1.5公里(今属全椒县石沛镇)。从三合集北行再西折,沿村路到达周庄。入周庄村居地西行小径百余米,按照村民引领指认,薛墓遗址位于一片冈垅之上,与村居田畴相对高差约15米,方圆数亩蜿蜒向北,冈上遍植松树。冈西下隔一冲稻田,对面又是一道山垄。冈南前一片原为周庄老村宅地,东南可远眺龙王尖山脉。周庄村民大多是20世纪60年代以后陆续从远近迁来,经过口耳相传对薛氏茔地来龙去脉仅知一鳞半爪。据村民回忆,大墓墓主是清朝官宦薛氏家(并不清楚薛时雨名字),墓前原有凉亭、墓碑、石桌石凳,民国以前曾有看墓人。大墓在"文革"前即被扒开

（据曾在周岗乡工作过的、现今 93 岁的陈老先生回忆，周庄拆坟墓大概在"大跃进"时期即 1958 到 1959 年间，当时村民将墓中扒出来的珠宝陪葬物件用箩筐送到周岗乡政府）。20 世纪 70 年代以后，冈上圈为牛场。55 岁的村民吴守友回忆，七八岁时常到冈上玩，见过许多石板石条杂乱放置。村民张玉红说，其丈夫年轻时还掏挖过坟砖，80 岁的村民王运方向我们出示了墓砖。分田到户以后，有人用推土机平整坟包，改成土地。前些年"退耕还林"，冈上全部栽了树。

图 1　周庄村民余德林向考察组指认薛时雨墓地遗址

关于青龙冈地名，周庄人皆不知。82 岁的老队长余德林（见图 1）听传说，薛氏下葬非常隆重，"选葬这块地，传说有 120 名看地先生卜风水"（显然夸张）。从地形来看，薛墓所在位置符合民间所谓"左青龙，右白虎"的地势。据此推测，"青龙冈"可能出于地理先生之口，记入薛氏家谱，并传抄入县志，而当地普通民众并不知晓。复兴、三合周边几十里也无青龙冈之地名流传。

在周庄发现的薛时雨夫妇合葬墓碑和疑似墓志铭上盖残刻，则证实了薛墓遗址确在此处。

三、墓主碑刻的发现

9月22日,考察组约请周庄村民吴守友引领,在距薛墓东约1公里的本村大柳塘西北侧,看到了卧于地面的青石墓碑,清除泥垢,碑文清晰可见。经辨识,此碑为薛时雨与夫人杨氏合葬碑文(见图2),由薛时雨两个儿子葆楹、葆柽率四个孙子立于光绪十九年九月。杨夫人为山东沾化县知县杨金墀之女,薛时雨正室,诰封夫人,晋升一品夫人,生于嘉庆二十三年(1818),与薛时雨同龄,卒于光绪十八年,比夫君晚殁七年,享年75岁,与其夫归葬一处,次年子孙为父母立此碑,碑文楷书。立碑者为薛时雨嗣子薛葆楹,时年37岁,在外地做官。其弟薛葆柽为光绪元年(1875)薛时雨57岁所生,立碑时19岁,尚未婚配。碑上落名的四个孙子均为葆楹之子,与《家谱》记载一致(见图3)。

图2　薛时雨夫妇合葬墓碑

图 3　薛时雨夫妇合葬墓碑碑文示意图

薛墓被毁后,该碑弃置荒野(疑似碑插座石构件今在周庄小谭村)。80 岁的村民王运说,他看过碑文,墓主薛慰农和一品夫人。附近修水利时,村民将这块石碑移至大柳塘作涵板,前两年修理大柳塘时,村民王运堂又将石碑起了上来,这通碑刻才有幸重见天日。现场概测碑身尺寸长、宽、厚度约为 150×90×25 厘米。

9 月 23 日,村民吴守友引领考察人员,在薛墓遗址西坡田埂边搜寻到一块三角形的残刻石,上有"道""薛""先""铭"等篆字,"薛"字上似为"府"字(见图 4),残刻竖边 35 厘米,"薛"字单字约 7×8 厘米。村民反映,见过一块六七十厘米见方、约 2 厘米厚的石块,石块弃置于墓地坡下田边,"上面刻字密密麻麻,有薛时雨字样",复兴薛时雨后人薛启宽、薛广也见过此石块。考察人员认为,这块石疑似谭献所撰、张謇书丹的"皇清诰授资政大夫二品衔署浙江粮储道杭州知府薛先生墓志铭",发现的残刻可能为破碎的墓志上盖。考察组委托周庄村民继续搜寻墓志铭底块,若能发现,将是一件重要文物。

在复兴集街,考察组还发现薛时雨爱妾沈氏的墓碑,咸丰十一年(1861)深秋,沈氏殁于江西。同治五年(1866)春,薛时雨奉仲兄薛春黎及沈氏灵柩回故里安葬,沈氏葬于复兴集北头屋脊山(簸箕山),薛时雨亲立墓碑,文曰:"咸丰辛酉年冬月吉旦清故薛门侧室沈孺人之墓全椒薛慰农立。"楷书,碑身为青石料,长宽厚度约为 70×50×3 厘米。此碑现藏于复兴集薛氏后人薛广家中(见图 5)。

图 4　2018 年 9 月 23 日发现的疑似薛时雨墓志铭上盖残刻

图 5　薛时雨侧室沈孺人之墓碑

四、考察结论和遗址保护建议

综上所述，周庄实地考察与文献记载基本一致，遗存碑刻实物与村民口碑相吻合，可以判定，薛时雨墓葬遗址在周庄冈垅上。清咸丰间兵火以后，直至同光年间，全椒人文传承遭到破坏，薛时雨葬礼虽然隆重，但后世影响逐渐消散。自20世纪50年代以来，由于政治和意识形态的原因，薛氏墓地被作为封建地主阶级的标志，遭到严重损毁，以至无人问津，逐渐湮没。此次考察，探明其墓葬遗址，并发现碑刻文物，具有重要的文化和史料价值。为此，考察组提出以下遗址保护意见：

1. 确认周庄薛时雨墓葬遗址，列为全椒县文物保护单位，文物管理部门介入调查，划定保护范围，继续搜寻墓葬遗存，并予以整理研究。

2. 在周庄建立"薛冢遗碑亭"，将薛时雨墓碑、沈氏墓碑等置于亭中，作为纪念物，供薛氏后人和公众凭吊瞻仰。

2018 年 9 月 28 日

附件

1. 参加考察人员

倪　阳　滁州市地情人文研究会会长、滁州学院原党委副书记、副院长

张祥林　滁州市地情人文研究会副会长、滁州市政协文史委原主任

胡中友　滁州市地情人文研究会常务理事、文史工作者

骆跃泉　滁州市地情人文研究会副秘书长、滁州市委党校处长

王　斌　全椒县文化工作者、摄影师

刘炳江　私营企业家、文艺创作者

2. 考察访问对象：

吴守友　周庄农民（55 岁）

余德林　周庄农民（82 岁）

王运华　周庄小谭村民（80 岁）

王运方　周庄农民（81 岁）

张玉红（女）　周庄农民（64岁）

薛启宽　复兴乡退休干部,薛氏后人（74岁）

薛　广　复兴乡薛氏后人（71岁）

陈祖应　曾在周岗乡工作过的离休老同志（93岁）

3.考察图片（图6—9）

图6　考察人员在大柳塘边发现薛时雨墓碑,现场进行清洗和碑文辨识

图 7　考察人员在周庄小谭村民王运华家访问

图 8　9 月 22 日,考察人员在周庄冈垅前合影,身后是薛氏茔地遗址

图9　9月22日下午,考察组在复兴老薛村前的薛氏祖茔地与薛氏后人薛启宽交流

杭州飞来峰薛时雨摩崖石刻考

张　铉（滁州学院文学与传媒学院）

摘要：2015 年年初，杭州飞来峰发现一方与薛时雨有关的摩崖石刻。石刻内容为清同治四年（1865）十月，薛时雨辞官离开杭州之前，与好友、门生沈景修、高人骥、丁丙、谭献、吴恒等在灵隐寺话别，并游访飞来峰宋元以来题记的记录。该摩崖石刻为目前已知与薛时雨有关唯一之实物。

关键词：薛时雨；飞来峰；摩崖石刻

2015年年初,笔者在杭州飞来峰考察时,偶然发现一方晚清薛时雨留下的摩崖石刻。薛时雨(1818—1885),字慰农,一字澍生,晚号桑根老人。安徽全椒人。清咸丰三年(1853)进士,授嘉兴知县。官至杭州知府,兼督粮道,代行布政、按察两司事。去官后,主讲杭州崇文书院,江宁尊经书院、惜阴书院等,门生甚众。有《藤香馆诗钞》《续钞》《藤香馆词》等传世。

我们将该石刻全文录出,并结合史实稍做考证,以期对薛时雨的研究提供一份较为翔实的历史资料。

全椒薛时雨将去杭州,与沈景修、高人骥、丁丙、谭献、吴恒同宿灵隐话别。明日,山僧东周导访唐卢元辅诗刻,遍观宋元题名记,此时同治乙丑十月七日。

碑文中同治乙丑年为清同治四年(1865)。据朱德慈著《近代词人行年考》之《薛时雨行年考》的考证及《清实录》的相关记载,薛时雨于同治三年三月,经浙闽总督左宗棠推荐,奏补为杭州知府。

《清实录·穆宗实录》卷九十七:同治三年甲子,三月辛亥。……谕内阁、前因杭州府知府一缺。必须为地择人。曾经谕令左宗棠酌筹人员。请补请调。不必拘定资格。要以得人为要。俟奏到再行降旨。兹据左宗棠奏、遴员升署省会要缺知府一摺。浙江尽先补用同知薛时雨。据该督奏、历任繁剧。久著循声。以之升补杭州府知府。可期胜任。并声明与例不符等语。自系该督遵旨为地择人起见。著照所请。杭州府知府一缺。准其以薛时雨升署。仍著该督随时察看。如果整顿抚绥。悉臻妥善。即行奏请实授。

同治四年,因为与布政使蒋益澧政见不合,薛时雨愤而辞官。

[民国]《福星薛氏家谱》卷二:方伯某氏忌公才,与公议事故相抵忤。公遂称疾引退,当道挽留,坚卧不起。

《续碑传集》卷八十顾云《桑根先生行状》:时藩司蒋果敏公颇致不满,相国怒字果敏公,谓曰:"芗泉以军事起家,至于吏道,当学薛慰农。"……四年,充乡试提调官。自念大乱既平,进取者多,而己之政亦粗成,可以退。遂于闱中治告病文书上之,时年未五十。

辞官后,薛时雨由杭州到苏州,沿江而上,在长达一年多的壮游之后,于同治五年秋回到杭州。回杭后,将此期间所为词作编为《江舟欸乃》一册。

《江舟欸乃》第二首为《摸鱼儿》:

> 将去杭州,偕丁松生大令、吴仲英司马、高呈甫广文,谭仲修、沈蒙叔两明经宿灵隐寺话别。次日,登飞来峰,遍访唐宋题名。经十里松,达栖霞,谒岳坟,过西泠桥,吊苏小墓,泛湖心亭,陟孤山放鹤亭小憩,遂循雷峰,访净慈遗址而归。

> 好湖山,十年临眺,襟怀无此闲散。山灵知我身将隐,故放白云舒卷。途未远。借佛座蒲团,暂把尘缘遣。灯残自翦。听粥鼓斋鱼,声声入破,僧定鹤来伴。　　晨钟动,半日浮生留恋。藤萝游迹重践。烟岚水黛天然好,惟有劫灰难变。君不见,剩万点寒鸦,占住斜阳院。峰回路转,看野色苍茫,霜林摇落,似我宜情懒。

该词小序中提到的人物、事迹与上述摩崖石刻中所载完全吻合,可知所记为同一事。

石刻中提及的唐卢元辅诗刻,收录于沈镕彪编《续修云林寺志》卷七《游天竺寺》诗:

> 水田十里学袈裟,秋殿千金俨释迦。远客偏求月桂子,老人不记石莲花。
武林山价悬隋日,天竺经文隶汉家。苔壁娲皇炼来处,泐中修竹扫云霞。

为卢元辅在杭州任刺史期间(813—815)所刻。

丁丙(1832—1899),清末著名藏书家。一字松生,号松存,别署钱塘流民、八千卷楼主人、竹书堂主人、书库报残生、生老。钱塘(今浙江杭州)人。与兄丁申同为诸生。左宗棠以补用知县荐往江苏,加同知衔,而他淡于仕途,不肯赴任。但薛时雨仍以县官的尊称"大令"称呼丁丙,以表尊敬。家世经营布业,富于资财。自幼好学,一生淡于名利,终身不仕,热心公益事业,爱好收集地方文献。家多藏书,著述颇富,事亲以孝闻。

据周膺、吴晶主编《杭州丁氏家族史料》第二卷所收丁立中《宜堂类编》卷十八《先考松生府君年谱第一》记载:"(同治三年)十一月,上救火议于薛太守时雨（杭城自宋迄今多火患，向苦民居辐辏。劫后土旷，薛公拟乘时择地堵垣御之。府君上议四条，薛公韪之。嗣以民贪寸土，不果行）。"可见薛时雨到杭第一年，即与丁丙就火患一事有过交往。

另据陶济《以国为重，以私济公——新论丁丙八千卷楼藏书文化近代化的价值取向》一文所载，"丁丙与其兄丁申带领家人和亲友，趁着寒冬夜色，冒着生命危险，从残存的文澜阁中捡拾残存的《四库全书》。……丁丙通过他的好友、时任杭州知府的薛时雨，把存书及其编目暂存杭州府学内的尊经阁。"由此可知，薛时雨对保存国宝杭州文澜阁《四库全书》也发挥了至关重要的作用。

吴恒（1826—1896），字仲英，号颂音，晚号鹤翁。仁和人（今浙江杭州）。曾任江苏川沙厅同知、松江海防同知。嗜金石，善书画。明清士大夫雅称同知为司马，故薛时雨称其"吴仲英司马"。吴恒与丁丙友善，曾为丁丙作《六十寿言》。

高人骥（1829- ？），字呈甫，号蒋生。仁和人。咸丰元年乡试中式副榜第8名，同治九年乡试中式第92名举人，官山阴教谕。同治四年任崇文书院监院，曾参与编次《崇文书院课艺》。明清时雅称教官为"广文"，故薛时雨称其"高呈甫广文"。

谭献（1832—1901），原名廷献，字仲修，号复堂。仁和人。同治初游福建学使徐树铭（1824—1900）幕。同治六年举人，屡试礼部不售。历官秀水教谕，安徽歙县、全椒、合肥知县，不数年告归。晚主经心书院。著有《复堂文》《复堂诗》《复堂词》《复堂日记》等，另辑有《箧中词》。今人辑有《谭献集》。同治四年谭献拜薛时雨为师，入崇文书院学习，本年秋，乡试未售。清代贡生，别称"明经"，故薛时雨称其"明经"。谭献有《灵隐山游》诗二首亦记载此次雅集：

> 十月六日吴恒仲英招同丁丙松生、高人骥呈甫、沈景修蒙叔陪前知杭州府全椒薛先生宿云林寺，明日遍览岩洞，题名而归。时先生谢病解官，将去杭州矣。

> 虚襟受山色，临崖绚微霜。清泠不成浴，却振芙蓉裳。永夜禅榻侧，意与钟鱼凉。岂无心一寸，共此流离光。随僧问残劫，谋目皆沧桑。荡荡百年同，无萝觉宵长。（其一）

苕苕翠微亭,泉壑遗道真。成功付太虚,师此英雄人。危藤蔓虚栈,孤花毒古春。九衢欹怨埸,一俯皆成尘。师友非近契,非懔在酖分。山霞不可留,胍胍望雄津。(其二)

可知该次雅集为吴恒召集,众人并且在翌日"题名而归",该题名即我们发现的摩崖石刻。薛时雨去世后,谭献为其撰有墓志铭。

沈景修(1835—1899),字蒙叔,一作梦粟,号蒙庐、汲民,又号蒲寮子,晚号寒柯,别署颇罗居士、阿蒙、蒙老等。秀水(今浙江嘉兴)人,居闻湖(今嘉兴王江泾),兵乱后卜居江苏盛泽。咸丰十一年拔贡,同治四年在崇文书院学习,故薛时雨称其"明经"。乡闱屡荐不售,援例为教谕,历署宁波、萧山、分水、寿昌等地。善诗词杂文,尤工书,俯仰古法,有声于时。著有《蒙庐诗存》四卷、《外集》一卷、《井华词》一卷、《闻湖诗三钞续编》。与吴恒、丁丙友善,亦尝为丁丙作《六十寿言》。薛时雨去世后,沈景修为谭献所撰薛氏墓志铭书丹(一说张謇书丹)。

同治四年十月六日至七日的这次雅集,由吴恒召集,参加者或为薛时雨好友,或为崇文书院弟子,为我们呈现出一个以薛时雨为中心的杭州文人小圈子。该圈子成员直至薛时雨去世后仍有联系,各成员之间的其他联系还有待我们深入挖掘。

薛时雨在滁州琅琊山醉翁亭景区共留有四处碑刻或题刻,是他在主持重修醉翁亭期间所作。分别为同治十一年薛时雨书"醉翁亭"门额砖雕题刻、光绪七年(1881)薛时雨书"晴岚叠翠""有亭翼然"砖雕题字,以及薛时雨撰黄思永书《重修醉翁亭记》碑刻。此前却未发现各地与薛时雨有关的摩崖石刻,飞来峰摩崖石刻的发现可谓填补此空白。

雅故世交

——薛时雨与吴棠父子

贡发芹（明光市政协文史委）

有关薛时雨与吴棠关系的相关资料很少，绝大多数人都是从薛时雨《重修醉翁亭记》碑文中得知他们有些关联："盱眙吴勤惠公时任蜀帅，方将移家为滁寓公。时雨雅故，以书干之，慨乎同心。"[①]笔者知之甚少，借以此文简略概述。

一、邻宇雅故

薛时雨（1818—1885），字慰农，一字澍生，因祖居桑根山，晚号桑根老人。清安徽滁州全椒县桑根人。道光二十八年（1848）江南乡试解元，咸丰三年（1853）与其兄薛春黎同榜进士，次年授嘉兴知县，改嘉善知县，太平军起，参李鸿章军幕，以招抚流亡振兴文教为己任。官至杭州知府，兼督粮道，代行布政、按察两司事。晚年主讲杭州崇文书院，金陵尊经书院、惜阴书院，弟子中有进士、湖南学政张预，进士、安徽巡抚冯煦，中国末科状元、近代实业家、教育家张謇等名人。薛时雨是晚清著名词人之一，著作颇丰，有《藤香馆诗删存》《藤香馆词删存》《藤香馆词》，并评选若干种书院课艺类文献等。

吴棠（1813—1876），字仲宣，一字仲仙，号棣华。清盱眙（今属安徽明光

---

① 薛时雨：《重修醉翁亭记》，见熊祖诒编：[光绪]《滁州志》，黄山书社 2007 年版，第169—170 页。

市三界镇）人。道光十五年中江南乡试恩科举人，道光二十四年，大挑一等引见，奉旨以知县用。道光二十九年补江苏桃源县（今泗阳）知县。历任清河知县，署邳州知州、徐州知府，徐州道、淮海道、淮徐道、江苏按察使，江宁布政使署漕运总督，实授漕运总督，署江苏巡抚，署两广总督，补闽浙总督，授钦差大臣等职，官至四川总督、署成都将军，加都察院都御史、兵部尚书衔。吴棠著述亦颇丰，刊行于世的有奏稿、《望三益斋诗文钞》《望三益存稿》五种、《四川巡阅纪行诗》，另辑《韩诗外传校注》，并修［咸丰］《清河县志》。另刊刻四部之书不计其数，编有《崇实书院课艺》《滁泗赋存》《椒陵赋存》，修《盱眙吴氏族谱》等书。

全椒、盱眙均属历史名邑，虽分属于两州，但薛时雨与吴棠居住地相邻距离不过约七十公里，属于邻宇。薛时雨小吴棠五岁，与其仲兄薛春黎作为当时本地最为出色的读书人，名噪皖东大地；吴棠十九岁补生员（考中秀才），二十二岁中举人，江淮闻名。旧时代读书人慕名交游求学虽千里不远，何况七十公里呢？他们之间应当很早就已相识并接触交往，而且交往很多，友谊很深，互相礼遇有加。否则，薛时雨何以称吴棠为"雅故"（即老朋友），并刻石记载呢？

另有一事实可以佐证薛时雨与吴棠交往甚密，今见薛时雨曾经给吴棠从子吴炳仁诗集《约园存稿》题识：

> 奉读大作，五律老练，逼近盛唐；七古矫健，畅其所说，并间有独造之句；五古气体浑朴，苏李陶韦皆有门径；七律七绝，俱近方家。钦佩，钦佩！
>
> 时同治癸亥四月　　世愚弟慰农薛时雨识。[①]

吴炳仁（1840—1921），附贡生，系吴棠长兄吴检次子，曾任上海大胜关税务、上海轮船支应局督办，扬州知府等职，早年一直跟叔父吴棠读书，后参与吴棠四川幕府。"同治癸亥四月"，即同治三年四月，此时，薛时雨正在杭州知府任上。从文中推测，应当是吴棠引荐，二十四岁吴炳仁曾持自己诗稿就教于薛时雨，薛时雨为其诗稿题识。落款中薛时雨自谦为"世愚弟"，说明薛、吴是世交，

---

① 吴炳仁著，吴绍坪编：《约园存稿》，2003年版，第23页。

是邻宇雅故。

二、寄诗明志

除《重修醉翁亭记》外,在薛时雨的著述及相关史料中,清晰地记载了他与吴棠的交往,首先是寄诗明志。如《古乐府寄吴仲仙督部》:

迢迢双鲤鱼,中有寒修书。

寒修隔千里,相思情乃雨。

持书上妆楼,对镜先含羞。

岂无好膏沐,不上飞蓬头。

忆昔年三五,新月䀹眉妩。

生小居长干,未解风波苦。

叩叩接香囊,双江来横塘。

脱我旧时衣,着我嫁时裳。

梳妆讲时世,龋齿折腰眉。

勉强学新人,背面偷弹泪。

汉将出龙城,送欢事长征。

欢去妾何托,井水鉴妾贞。

远望江头渡,日暮鸦啼树。

不怨打头风,但怯沾衣露。

脱我嫁时裳,着我旧时衣。

妾命薄如叶,君情浓若饴。

兔丝附女萝,女萝施乔柯。

乔柯阴自好,憔悴女萝老。

长跽谢寒修,愿言住西洲。

西洲好烟月,消遣懊侬愁。[1]

___

① 薛时雨:《藤香馆诗删存》卷二,清光绪五年(1879)刻本。

这首诗写于同治丁卯年（1867）。是时吴棠任闽浙总督，薛时雨已辞官三年多时间，正主讲杭州崇文书院。据推测，写此诗之前，薛时雨可能收到吴棠致函，薛时雨写此诗回复。这首诗采取借喻手法，将吴棠比作蹇修（传说中伏羲氏之臣，古贤者），吴棠曾致书薛时雨（"中有蹇修书"），薛时雨收到吴棠千里捎书（"蹇修隔千里"），很是激动（"持书上妆楼，对镜先含羞"），但思前想后（"忆昔年三五"），自己出仕（"着我嫁时裳"）杭州以来曾遭"打头风"（"龃齿折腰眉""背面偷弹泪"）之遇，不能适应官场（"生小居长干，未解风波苦"），只好辞官回归布衣（"脱我嫁时裳，着我旧时衣"），感慨自己命途多舛，蹇修（吴棠）仍然垂爱不弃（"妾命薄如叶，君情浓若饴"），自己对此感激不尽，但不愿意再出仕（"长跽谢蹇修，愿言住西洲"），希望寄情山水，消忧解愁（"西洲好烟月，消遣懊侬愁"）。此事在薛时雨《行状》后面部分有印证："（曾文正公）尝欲疏荐于朝，（时雨）笑而谢曰：'昔者吴勤惠公厚意与公等，自维宦浙数载，所忤多要人，其不堪世用亦明矣。'固辞乃止。"[1] 说明吴棠惜薛氏之才，曾致书邀其再度入仕，为国家建功立业，薛时雨才以诗作答，借以明志。

三、题词述怀

薛时雨曾两次为吴棠诗文钞手稿题词，一是应邀而作，一是读后而感。

题吴仲仙督部望三益斋诗稿即送赴川督任

吴公治行天下知，周历牧令跻兼圻。

长淮千里作保障，扫荡枭獐平鲸鲵。

八闽两浙困兵燹，轺车一到甘雨随。

三月大治境内辑，邻疆嫌隙生睚眦。

陈生伯舆各争政，子朱叔向将拂衣。

诏公远涉论曲直，天子所左臣左之。

交怀平勃睦廉蔺，封章上达天颜怡。

---

① 顾云：《桑根先生行状》，见缪荃孙纂录：《续碑传集》卷八十，《清代传记丛刊》第119册，台北明文书局1985年版。

羊城返旆席未暖，去思旋勒南台碑。

湖山花柳近妍好，津亭摇曳迎襜帷。

去年迎公浙民喜，今年迎公浙民嘻，

攀辕卧辙苦惜别，三春风雨停旌麾。

武林旧吏弃簪组，湖楼戢影甘朝饥。

莱公折节礼魏野，鸬鸶有意鸥忘机。

采尊剪韭豫雅燕，酒酣谈笑捻吟髭。

自言疆寄责重大，雕虫小技久不为。

频年行役逾万里，蛮烟蜒雨亲驱驰。

炎荒所见骇心目，艰难时势堪嗟咨。

明珠翡翠遍岛屿，宝贵无补民疮痍。

花田万顷白成雪，东阡西陌荒锄犁。

犬羊骄纵虺蝎毒，腥膻海气熏黔黎。

孙虑遗蘖铲不尽，常恐伏莽惊边陲。

忠君爱国出肺腑，忧思轸结宣之诗。

少年旧作半散佚，东阁补缀资吟披。

吉光片羽自珍惜，要我退笔标新题。

撞钟那可持寸莛？测海未免嗤铜蠡。

生平知己穷感激，长歌聊尔扬清徽。

公今节钺建西蜀，三巴父老瞻旌旗。

成都自古称富庶，胜国以后嗟流离。

贱子家世本蜀籍，水源木本分宗支。

拾遗未克侍仆射，锦江迢递空荣思。

愿公勋业迈晚近，堂堂巾扇名同垂。

文翁化俗只循吏，司马发难多卮词。

韦皋威望足坐镇，豪华声色当时讥。

方今秉节重边缴，川江往往参纶扉。

政成人搞直三殿,休明鼓吹陈彤墀。

浣花剑南集何慕? 赓歌上媲皋与夔。①

这首诗后来收入同治十三年吴棠《望三益斋诗文钞》卷首"题词",名为《仲仙制帅由闽过浙,出望三益斋大稿命题,谨赋长古一章,即送旌麾莅蜀》②。

另外,"题词"中还收录薛时雨《敬题粤游诗卷后》诗四首:

星轺遥向五羊移,万里炎荒迓节麾。

粤秀山前供吊古,皇华使者例陈诗。

老臣虑远忧增杞,盛世筹边守在夷。

荔浦花田空自好,锦囊曾不贮妍词。

封圻何事苦相妨,棨戟巍巍各抗行。

海国苍茫多变幻,疆臣争执费平章。

论功百战推樊哙,不学千秋惜霍光。

物议允孚宸听惬,清风一路拂归装。

闽峤重临岂泽敷,东西川合又分符。

圣恩稠叠邻封忌,新政严明黠吏逋。

仅有苍蝇能玷璧,断无薏苡可成珠。

扶桑日出浮云散,公正从之德不孤。

袭衣萝薜记前缘,长啸湖山手擘笺③。

卿月至今明蜀道,客星长此老江天。

---

① 《藤香馆诗删存》卷三。

② 吴棠:《望三益斋诗文钞》卷首题词,清光绪五年(1879)刻本。

③ 原注:"戊辰春,仲公住节杭州,陪宴西湖累日,出望三益斋诗稿命题。即席赋长古一章,公极许可。"

> 亦思肝胆筹知己，自顾头颅感暮年。
>
> 丛桂淮南公忆否？心香遥爇锦城边。①

前一首诗应当写于同治七年初。上一年九月，吴棠受命任钦差大臣前往广州查办广东巡抚蒋益澧案件，十二月回到福州。本年春节刚过，正月初八视事，没有几天，就接到调补四川总督御旨。月底疏请陛见。二月初启程北上，路过杭州。据薛氏《敬题粤游诗卷后》自注，吴棠开春到杭州以后住节杭州，等待朝廷陛见回复。期间，由于地方官僚曾连日邀请吴棠乘画舫游览西湖美景，并在湖上设宴款待吴棠，吴棠顺便邀请在杭州崇文书院任主讲的薛时雨一同赴宴，故薛时雨有"陪宴西湖累日"句。席间，吴棠出示了自己编选的《望三益斋诗稿》请薛时雨题词，薛时雨"即席赋长古一章"，即《仲仙制帅由闽过浙，出望三益斋大稿命题，谨赋长古一章，即送旌麾莅蜀》（这个题目可能是原名，后应由薛氏自行改名后选入《藤香馆诗删存》）。薛时雨称吴棠当时非常看好他的题诗（"公极许可"），吴棠不大可能改别人所题诗名。其次，吴棠《望三益斋诗文钞》刊刻早于薛时雨《藤香馆诗删存》七年，改名者为薛氏符合客观实际。该诗开篇八句意在颂扬吴棠从牧令到封圻的业绩（"吴公治行天下知，周历牧令跻兼圻。长淮千里作保障，扫荡枭獍平鲸鲵。八闽两浙困兵燹，轺车一到甘雨随"）。接着写吴棠受命钦差赴广州查处两广总督瑞麟控告广东巡抚蒋益澧滥支案，吴棠充分平衡了总督与巡抚之间的关系，能使用汉相"陈平""周勃"交集于心之法，能叫赵国"廉颇""蔺相如"将相和睦相处，令圣上满意（"交怀平勃睦廉蔺，封章上达天颜怡"），叙述了浙人惜别吴棠情形（"去年迎公浙民喜，今年迎公浙民嘻，攀辕卧辙苦惜别，三春风雨停旌麾"）。之后，记述了吴棠自己对《望三益斋诗稿》的看法，忙于"疆寄"，无暇顾及"雕虫小技"（"自言疆寄责重大，雕虫小技久不为。频年行役逾万里，蛮烟蜒雨亲驱驰"）。之后薛时雨希望吴棠履职川督之后，与羽扇纶巾的诸葛亮一样名垂青史（"愿公勋业迈晚近，堂堂巾扇名同垂"），还认为杜甫（"浣花翁"）、陆游（有《剑南诗稿》）诗集不值得羡慕，而吴棠的酬唱和诗，能与"皋陶和夔"的才华

---

① 吴棠:《望三益斋诗文钞》卷首题词。

媲美("浣花剑南集何慕？赓歌上媲皋与夔")。虽属过誉之词,但肯定博得吴棠"许可"。

《敬题粤游诗卷后》一诗,记述了吴棠就任钦差赴粤办案情形("星轺遥向五羊移,万里炎荒迓节麾")、担当("老臣虑远忧增杞,盛世筹边守在夷")和效果("物议允孚宸听惬,清风一路拂归装"),并表示歉意("亦思肝胆筹知己,自顾头颅感暮年")。想来,吴棠曾盛情邀请薛时雨襄赞戎幕,被薛时雨婉言谢绝了。薛时雨在《藤香馆诗删存》没有收录此诗,可能薛时雨自己对这首诗不太满意,删去未存。但一品大员吴棠还是很重视薛时雨的评价的。

四、同赏少荃

薛时雨在《藤香馆诗删存》中还提到了吴棠《望三益斋诗稿》中收录的李鸿章(字少荃)明光题壁诗一事:"旧日题吴仲仙督部诗稿,内有和李少荃爵相丙辰明光题壁诗韵",并附载原诗两首:

> 四年牛马走风尘,浩劫茫茫剩此身。
> 杯酒藉浇胸磊块,枕戈试放胆轮囷。
> 愁弹短铗成何事,力挽狂澜定有人。
> 绿鬓渐凋旄节落,关河徒倚独伤神。
>
> 巢湖看尽又洪湖,乐土东南此一隅。
> 我是无家失群雁,谁能有屋稳栖乌。
> 袖携淮海新诗卷,归访烟波旧钓徒。
> 遍地稿苗待霖雨,闲云欲去又踟蹰。[①]

薛时雨在《藤香馆诗删存》中说明了从吴棠《望三益斋诗稿》转录李鸿章明光题壁诗缘由:"盖其时爵相从戎四载,大江南北到处烽烟,故声情激越如此。异日封疆将相毕露。笼纱韵事连远轶,前人深恐兵燹之后,逆旅主人罔知护惜,明光村镇

---

① 《藤香馆诗删存》卷三。

亦未必有传播之者,谨录原诗于右,并作貂尾之续,寄呈爵相一粲。且以备词林采择云尔。"随后和诗两首:

> 短衣匹马起烟尘,莽莽乾坤系一身。
>
> 出岫但随云变化,挚天终藉柱轮围。
>
> 十年仗剑题诗客,万里犁庭扫穴人。
>
> 试向旗亭翻旧什,悲歌字字见精神。

> 攀鳞附翼遍江湖,落拓何人独向隅。
>
> 北伐功成归战马,南飞翻倦冷楼乌。
>
> 穷支大府新祠禄,老作高阳旧酒徒。
>
> 拟上鹤楼访崔颢,楚天遥望重踟蹰。①

李鸿章明光诗共六首,吴棠和诗计四首。咸丰六年,李鸿章回乡办团练已四年,虽然叙功行赏加按察使衔,但功高易遭妒忌,一时之间,谤言四起,李鸿章几不能自立于乡里。李鸿章只好离开团练,另寻出路。他想到了此时正好奉讳里居三界的吴棠,李鸿章先到明光,住进明光一旅店,在墙壁上作《丙辰夏明光镇旅店题壁》二首,之后,到距离明光约三十公里的三界拜会了吴棠,并将明光题壁诗抄赠吴棠。李鸿章首次到明光,只带着几十匹人马来,实际上是逃难,从老家庐州(今安徽合肥),跑到明光是寻求吴棠帮助的,人单势孤,窘态万状,但仍狂傲自负不可一世。诗首概言自己作为朝廷牛马回籍办理团练,对付太平军和捻军,奔走于战火之中,前后已超过四年。但太平军、捻军势头旺盛,家国危亡,安徽团练大臣吕贤基殉难舒州、父亲李文安流离亡故,浩劫之中独余自己一人了。诗中哀鸣:"我是无家失群雁,谁能有屋稳栖乌。"穷途末路,只好"袖携淮海新诗卷,归访烟波旧钓徒。"作为老友吴棠自然被打动,遂作《和李少荃观察丙辰明光题壁原韵》二首相和:

> 眼看沧海竟成尘,同此乡关潦倒身。
>
> 击楫原期涉风浪,取禾甘让檀麏围。

---

① 《藤香馆诗删存》卷三。

可怜战哭多新鬼,无那穷途半故人。

望切天戈勤扫荡,莫教困郁损心神!

那是扁舟泛五湖,中原委贼误偏隅。

恬熙同作处堂燕,纵逸谁砚集弃乌。

但愿旌麾劳大帅,何妨耕钓隐吾徒。

故乡回首他乡远,欲别频教足重蹰! ①

　　咸丰八年七月,太平军陈玉成攻陷庐州,烧了李鸿章宅第,并掘李鸿章祖坟,李鸿章全家逃到明光,再次题壁《戊午七月庐垣再陷重过明光次韵示吴仲仙》,吴棠再作《再叠前韵》二首相和,李鸿章再作《再叠前韵赠仲仙》二首赠和。李鸿章六首诗均收录在吴棠《望三益斋诗文钞》之中。薛时雨在其《藤香馆诗删存》中附录的两首诗,是从吴棠《望三益斋诗文钞》集中转录的。笔者认为,薛氏附录目的是担心旅店主人不知护惜,无人传播("前人深恐兵燹之后,逆旅主人罔知护惜,明光村镇亦未必有传播之者,谨录原诗于右")。吴棠作《和李少荃观察丙辰明光题壁原韵》二首相和,对李鸿章的傲气并不欣赏,但没有直接驳斥,只是委婉地表达了出来。薛时雨看中的是李鸿章在旅店墙壁上作《丙辰夏明光镇旅店题壁》二首,才思博雅,慷慨激越;吴棠看中的《再叠前韵赠仲仙》二首,因为诗中盛赞吴棠为"天子知名淮海吏,苍生属望涧阿人",溢美之词,淋漓尽致。但有一点仍值得肯定,即薛时雨与吴棠都是非常欣赏李鸿章非凡文采和宏大气度的。

五、心系醉翁

　　[光绪]《滁州志》载,咸丰三年,太平天国天官副丞相林凤祥和地官正丞相李开芳率领精兵两万多人,自扬州北伐,途经安徽滁州,在琅琊山和清军决战,作为我国"四大名亭"之首的醉翁亭被踏为一片瓦砾,丰乐亭也同时毁废。这个史实存在

---

① 李鸿章:《李鸿章全集》第 12 册,时代文艺出版社 1998 年版,第 7404 页。

异议，一般倾向于醉翁亭为太平军叛将李兆受占领滁州时所毁，吴棠从子吴炳仁在其《约园存稿》中一再指认毁者为李兆受。毁者是谁不重要，重要的是八百年古老醉翁亭被毁坏了，令文化界有志之士扼腕痛惜。

同治八年，薛时雨离开杭州，移居南京，执掌惜阴书院（我国最早的公共图书馆江南图书馆的前身）和尊经书院。约一年之后，薛时雨借闲暇时间，回到故乡全椒探视，因他自幼就仰慕欧阳修的道德文章、学识品格，就顺便拜谒了醉翁亭，但见醉翁亭亭阁坍塌，断壁残垣；丰乐亭泉息树枯，荒草凄凄，任其下去，不光名亭消失，遗迹也将不存。薛时雨痛心疾首，回到南京后即萌生谋划重修醉翁亭、丰乐亭之意，以此报答故乡养育之恩。

薛时雨虽宦游二十多年，但一贫如洗，且重病缠身，重修醉翁亭又谈何容易？这时他想到了"雅故"，此时任四川总督，加都察院都御史、兵部尚书衔的吴棠，但吴棠与成都将军崇实关系很僵，为崇实龃龉，处处受到掣肘，早已萌生告老还乡回滁州做寓公之意。为此，薛时雨致函吴棠，致函内容不得而知，但肯定言辞恳切，打动了吴棠，吴棠"慨乎同心"。据说吴棠亲友也纷纷捐款，学生们更是倾囊相助，但离动工所需钱款还差很多。传薛时雨万般无奈，只得在南京玄武湖的赏荷亭摆桌设摊，鬻字募捐。游人早闻薛时雨大名，赶来购字者络绎不绝，一时间"洛阳纸贵"。薛时雨不顾年高体弱，经常带病坚持书写十多小时，累得手脚麻木，两眼昏花，仍旧不肯辍笔。一年多时间辛苦奔波，修建工作终于同治十一年动工。

笔者推测，在动工后，薛时雨曾致函吴棠说明情况。这一年的十一月，吴棠认真做了回复：

> 慰农仁兄阁下：顷接九月二十五日手书，祗悉前布寸椷，已邀青及，就维褆躬迪吉，潭第凝厘为颂。承示醉翁亭初秋已经兴工，来正可以竣事。昔贤胜迹，得阁下雅意筑修，俾复旧观，良深忻佩。将来丰乐，渐次补造，需费若干，当祈示及，仍当量为捐助也。弟于中秋后出省巡阅，由梓阆而巴渝，往来匝月。地势民风，沿途□心察访，得小诗廿首，录呈雅教。蜀中近日情形，可以略得梗概。唯况瘁之余，归思甚切，林泉之想，梦寐时萦。安得偕我良友，优游散布于醉翁

亭下，把盏联吟，一顷积愫。想阁下当亦有同情也。手肃布候，即请道安不具。

乡愚弟吴棠顿首。

十一月十五日①

信中，吴棠盛赞薛时雨修建醉翁亭之举，并表示，将来修造丰乐亭需要经费告诉他，他仍然将量力捐助，同时还表达了早日希望与良友薛时雨优游散步于醉翁亭下对弈吟诗之愿望。信中所谓"得小诗廿首，录呈雅教"是指巡视地方吟咏一事。吴棠同治十一年八月十七日出省至川北、川东阅兵，九月二十六日回到成都，沿途感触很深，写下《纪行二十咏》，刊刻时更名《四川巡阅纪行诗》。

可以说，薛时雨集资修建醉翁亭，吴棠捐资修建醉翁亭，两人都心系醉翁，功在当时，利在后人。这样薛时雨才有"底气"在醉翁亭留下千古名联："翁去八百载，醉乡犹在；山行六七里，亭影不孤。"

六、盖棺评定

薛时雨是楹联高手，有许多名联流芳后世。

光绪二年，吴棠病逝于滁州故居，身在南京的薛时雨为"雅故"吴棠撰写了两副挽联：

由牧令起家不十载，简在帝心，而监司、而开府，卅年来勤政惠民，允推柱石勋名，岂仅偏隅资保障；

从成都返旆只九日，身骑箕尾，若闽浙、若江淮，千里外报功崇德，何况葭莩戚谊，曾陪下坐在门墙。②

名在御屏风，由百里历兼圻，朴诚报国，宽厚临民，溯公德极鳌峰雪岭而

---

① 见《清代名人书札》编写组编：《清代名人书札》，北京师范大学出版社2009年版，第1088—1089页。

② 俞樾：《春在堂楹联录存》卷一，《近代中国史料丛刊》第四十二辑《春在堂尺牍》附录，文海出版社1973年版。

遥,边徼同瞻,何止江淮颂遗爱;

　　学推乡祭酒,谢朝簪遂初服,刊误雠书,编年存稿,待我归话丰乐醉翁之胜,典型遽陨,那堪湖舫忆前游。[①]

第一联概述了吴棠仕宦历程,三十年勤政惠民,柱石勋高,千里之外都报功崇德。薛时雨收录时做了注释:"公名棠,以县令起家,官至四川总督,以病乞归,到家九日而卒,亦咸、同间名臣也。余曾承其延,主受尊经书院,以远不赴。今闻其卒,拟一联挽之,因循未果。万小庭大令,其门下士,又有葭莩戚,属余代撰此联,因录而存之。"说明了撰写此挽联原由,有助于世人理解。

第二联高度评价了吴棠的为官("名在御屏风,由百里历兼圻")、为人("朴诚报国,宽厚临民")、为学("学推乡祭酒,谢朝簪遂初服,刊误雠书,编年存稿"),留声边关("边徼同瞻,何止江淮颂遗爱")。可见出生平民的吴棠一生经历不凡。由牧令等上封疆大吏高位,一生忠君报国,宽厚待人,诚心为民,学问执地方牛耳,刊刻大量书籍供给士林,留存后人,不光江淮地区颂扬恩惠,边关都共同瞻仰。

联中再次谈到了吴棠资助重建醉翁亭之事,等待薛时雨介绍醉翁亭重建情况("待我归话丰乐醉翁之胜"),可是未能见面,忆及吴棠当年邀游西湖宴欢之美好往事,真是不堪回首("那堪湖舫忆前游")。综合上述诗歌和本联联末注释("与公西湖别后,遂未觌面。")薛时雨与吴棠杭州一别后,就一直没有再在见过面。

可以这样说,薛时雨的这两副挽联,恰到好处地评价了吴棠一生重要功绩,可谓盖棺论定,客观公允。

七、后侪致谢

吴棠次子吴炳祥(1850—1899),字吉甫,号子仙,廪膳生。同治九年中轼江南乡试恩科第四十二名举人,候选郎中,江苏候补道,曾任扬州知府、署江南巡盐道、金陵海关监督等官职,是吴氏后人中的佼佼者,著有《怡庐诗钞》一书。吴炳祥《怡庐诗钞》中收录了《呈薛慰农丈(时雨)四首(时主金陵尊经书院讲席)》:

---

① 薛时雨:《藤香馆小品》,清光绪三年(1877)年刻本。

东坡官杭州,先生续治谱。

六一爱滁阳,先生接邻宇。

名山有传人,高风宜并举。

当其出守还,匪必轻簪组。

已了济时愿,乃做诗文主。

收拾东南珍,一一贡廊庑。

以人事君心,固不问出处。

钱塘与钟山,薛庐两千古。

忆昔侍先子,西湖泛新涨。

葛巾飘然来,始识丈人行。(戊辰见先生于杭州。)

春光三月妍,花柳笑相向。

樽酒暂句留,二老情话畅。

蜀国望江南,万里以诗靓。

十年在登堂,杖履春无恙。

对我感旧游,未语心先怅。

谓我故人子,许坐谈经帐。

温温陈夫子,非罪陷缧绁。(山阴陈柏堂先生。)

元戎功正高,书生气竟折。

明镜察其冤,下笔为之雪。

爱才出自性,岂惟辩枉切。

叹息述往事,宛转情犹结。

大文表遗编,生死仗贤哲。

感恩兼知己,久闻吾师说。

文字溯渊源,吾亦弟子列。

玉堂望已渺,愧我仕宦初。

壮游既云负,旧学日以无。

父执渐寥落,师门徒歆歔。

南国有乔木,蔚此长者居。

文章重海内,风雅瞻真儒。

永持敬恭念,况何奖眷殊。

善气一熏被,肺腑春风舒。

亲炙良所愿,恐惧弃碔砆。①

吴炳祥这四首诗写于光绪甲申,1884 年。这时吴棠已去世八年,后侪吴炳祥前往南京拜访金陵尊经书院讲席薛时雨,第一首开篇就称赞薛时雨官杭州知府是东坡居士苏轼治理杭州的继续("东坡官杭州,先生续治谱");薛时雨热爱滁州,犹如六一居士欧阳修一样("六一爱滁阳,先生接邻宇。名山有传人,高风宜并举");接着,颂扬了薛时雨对社会的贡献,已经达到"薛庐两千古"。

第二首,回忆同治七年初春,吴炳祥随侍父亲吴棠左右,吴棠邀游薛时雨西湖画舫情形("忆昔侍先子,西湖泛新涨。葛巾飘然来,始识丈人行"),薛时雨夫子风度,非同一般。交谈中,勾引起薛时雨回忆往昔。如今物是人非,感慨万千,因此礼遇故人之子("谓我故人子,许坐谈经帐")。

第三首是赞美薛时雨人品,敢于仗义执言,敢于伸张正义,明察秋毫,为"罪陷缧绁"的陈柏堂先生平冤昭雪。认为自己就是薛时雨弟子("文字溯渊源,吾亦弟子列")。

第四首是赞美薛时雨的文章("文章重海内,风雅瞻真儒"),自己对薛时雨的恭敬,和薛时雨对世人的影响("善气一熏被,肺腑春风舒")。虽是恭维,但一片诚心。

吴棠离世八年之后,其后人仍登门致谢,可见薛时雨与吴棠的交往非同一般,延及后人,世代相交。

综上,薛时雨与吴棠乃"雅故世交",值得后人学习效仿。

---

① 吴炳祥:《怡庐诗钞》卷一,清光绪二十六年(1900)刻本。

薛时雨与谭献交游考述

柴发华（全椒县政协文史委）

摘要：本文着重考述薛时雨与谭献交游的轨迹，从而可以看出谭献曲折的人生深受其老师薛时雨的影响。正因为薛时雨的"清风清廉，重教崇文"的思想、爱生如子的品德和高尚的学识修养所形成的师德魅力，令谭献十分敬仰，受益匪浅。谭献从"屡试礼部不第"的失意，壮志难酬的灰心到后来投薛时雨门下，受其教导、鼓励，在为官、治学、文学创作的道路上成就斐然，最终成就一代美名。

关键词：薛时雨；谭献；交游；教育；影响

薛时雨（1818—1885），曾长期在浙江为官。罢官后，历主杭州崇文、江宁尊经、惜阴三书院。期间，大批门生故旧纷纷造访请益，被清两江总督曾国荃尊为"江表儒宗"①。[民国]《全椒县志》薛时雨本传云："主崇文书院讲席三年，继主江宁尊经书院，注弟子籍数百人。或讽以人才宜鉴择，则曰：'吾培才，非用才也。用才宜严，培才宜宽。'"②

薛时雨从官场退隐之后，主讲江浙等地书院长达二十年之久。薛氏有知人之长，谭献、冯煦、刘寿曾、顾云、张謇等名家皆曾投其门下，"皆于寒畯中一见决为通品"。如蒋敦复《芬陀利室词话》云："朋辈中秦次游、应敏斋两司马，皆为余言：全

---

① 薛荫桢、薛葆柽等纂修：[民国]《福星薛氏家谱》，民国十六年（1927）铅印本。
② [民国]《全椒县志》，全椒县地方志办公室点校注释本 1999 年版。

椒薛慰农明府以名进士出宰百里,有古循吏风,爱才下士,宾至如归。"① 薛时雨办学,主张"经世致用",反对读死书。培育众多人才,尤其是选拔了不少寒士,在晚清东南士林中享有很高的威望,谭献是其众多学生中杰出的代表。

谭献(1832—1901),原名廷献,一作献纶,字涤生,后改字仲修,号复堂,晚年自号半厂(ān)居士,浙江仁和(今浙江杭州)人。是晚清时期在文学——尤其词学方面贡献突出的著名学者,亦是常州词派的殿后人物,被尊为一代宗师,影响深远。

咸丰九年(1859),谭献与薛时雨相识于薛氏"宰嘉善时"。其时薛时雨刚刚由嘉兴知县调任嘉善。[光绪]《重修嘉善县志》载:"时书院课奉行不力,振兴之,捐廉为倡。又于职思堂集文社,尊酒相属,论文不倦,有志者颇得师法。"② 薛时雨任嘉善县令虽仅一年,但努力改变当地书院中教学考试不力的状况,捐出养廉银作为经费,在"职思堂"集文社,设宴动员,并且讲论文章孜孜不倦,能用心读书的人均可以有所收获。此时的谭献"于全椒薛夫子修相见礼在咸丰协恰之年(注:咸丰协恰之年即指咸丰九年)。"③

薛时雨十分爱才,对青年才俊多有帮助和提拔,所以投门求学者甚多。陈作霖在《炳烛里谈》中记载:"全椒薛慰农观察主讲尊经,爱才若渴,凡有一艺之长者,无不加以奖借,故多士归之如流水,当时有'李门高,薛门广'之评云。"④ 在嘉兴,薛时雨善于发现和奖励人才,促其进学,谭献就是其中受惠者之一。

谭献的科举制义之路十分坎坷。其出生在一个破落的士人家庭,父母早逝,是由祖母陈太宜人抚养长大的。由于家境贫寒,"无从师之束修",几乎中途废学,后来倚靠父辈朋友的帮助,"招予读书其家,饮食教诲之",才得以完成学业。同治二年(1863)三月,清军收复杭州,谭献历尽千辛万苦,携眷回到家乡,此时

---

① 蒋敦复:《芬陀利室词话》卷二《薛慰农词》,清光绪十一年(1885)刻本。

② 江峰青修,顾福仁纂:[光绪]《重修嘉善县志》卷十五《名宦·官师志下》,清光绪二十年(1894)刻本。

③ 谭献:《复堂文集》卷四《薛中议蔚农师六十寿言》,谭献著,罗仲鼎、俞浣萍点校:《谭献集》上册,浙江古籍出版社2012年版。简称《谭献集》。

④ 陈作霖:《炳烛里谈》,清宣统三年(1911)刻本。

已过而立之年,万念俱灰的心境可以想见。时任杭州太守的薛时雨与谭献是旧识,对其才能非常赏识,鼓励其继续应举。但是谭献多次蹭蹬场屋,只得"秋闱报罢"。

同治四年,薛时雨已在杭州任知府。是年,谭献正式执弟子礼,拜薛时雨为师,师生二人交往密切,经常歌咏唱和,情谊日增。据《复堂日记》记载:"闰五月望日……薛师招饮,力疾赴之。"又同年"九月望日……同仲英过慰农师,同人咸在,遂同赴闲福居酒楼会饮。集者薛师、仲英、芍洲、呈甫、子虞、蒙叔、颂芝、玉珊、朱亮生、许子曼与予十一人。酒酣。薛师题壁。首倡一诗。予和之曰:'一倚危栏夕照秋,拂衣长啸此登楼。季鹰莫漫思归去,无浪无风且系舟。'于是各一绝句。师又成一诗,予又和之"。①

薛时雨在杭州主政期间,力行崇文重教之风。据清何兆瀛《老学后庵忆语》载:"莲池大师与其配沈夫人同修道,而夫人得道较早。考杭州菜市桥河下向有寺,沈夫人木主供其中,招尼僧常住司香火。州人皆称为沈庵。"沈庵为庆春门内,七十二庵之一。自经乱后,尼僧主持不得其人,时任杭州太守的薛时雨便"逐尼去,又经官葺庵屋"②,创设东城讲舍。薛时雨常常亲自主课制义,兼课经解诗赋,也曾邀请张应昌、张铭斋等名士来此讲学。正如谭献所云:"西湖之上修复书院,月课所业,浙东西知名士著弟子籍数百人。"③

薛时雨卸任杭州知府、主讲崇文书院之时,与同僚开办湖舫诗社。江浙文士慕其名,纷至沓来,求附入社。薛时雨"以嘲风弄月非生徒所宜",教导门徒练习八股文写作。一年四季大约有八次聚集,据《湖舫会课》记载,文会的参与者多为书院生徒,有史鼎、周炳炎、袁建莘、费玉崙、沈荣、李宗庚、张鸣珂、王麟书、张预、董慎言、谭献、陆召南、沈景修、陈豪等人。经其"擢拔为第一者凡九人",其中谭献、张

---

① 谭献:《复堂日记》,《谭献集》下册。

② 以上引文均见丁丙辑:《武林坊巷志》卷三十六,浙江古籍出版社 2018 年版,第4286 页。

③ 谭献:《薛先生墓志铭》,见缪荃孙纂录:《续碑传集》卷八十,《清代传记丛刊》第119 册,台北明文书局 1985 年版。

预皆湖舫文会第一。当时文会的盛况非同寻常，对其周边文人学士的治学、科举产生了很大的影响。

同治五年至六年，谭献往还于杭州与秀水（嘉兴）之间，马新贻任浙江巡抚，重视战乱后的文化重建，开办诂经精舍与刻书机构——浙江官书局。书局的首任总办由杭州崇文书院山长薛时雨和紫阳书院山长孙衣言两人兼任。谭献、张景祁、李慈铭、高均儒等四人为总校，张鸣珂、沈景修等为分校。诸君合作共事，常有诗酒文会，师生或小聚，或邀众人相聚，会宴地址往往都选在船上，足见其风雅至极。"六月初七日……遂同上湖船，陪薛师饮荷花深处久之。"一个月之后，师生将短暂分离，便于七月十一日，谭献"携子再至涌金门"，并且还约上其他文友与老师薛时雨进行"湖舫清集"。谭献在日记里写道，此时"风日清佳，吟啸甚适"，但是一想到"此集为离筵，不禁凄切。"

同治六年，谭献也多次和薛时雨相聚畅饮，"三月朔，赴慰师招饮，集于仰山楼"，到了三月二十二日，因为姚季眉招江浙文士宴于湖舫，集文会，请薛时雨为盟主，师生一起饮酒至日暮。谭献在日记中记载，同年六月初五日、十八日又与薛时雨雅聚，或觞客第一楼，或兰艇夜泛，常常饮酒至深夜才罢。"十二月廿一日，（谭献）灯上谒薛师，适归自上海，遂与蒙叔、子长诸君共饮，聚谈至三鼓始归。"[1]

除了招饮、陪饮、宴饮、饯饮、集饮等形式的相聚和联系交往，薛时雨与谭献常有书信往来，鼓励他要"循分守素，坚忍待时。"同时，他还告诫谭献不要专注于"出处"，说"吾辈穷措大，处亦穷，出亦穷。志在处，不必更言出；志在出，不必更言处。"[2]此年，三十六岁的谭献终于乡试登科，考取举人，后曾与俞樾一同主讲诂经精舍，任监院。以后其又多次入京参加会试，但不幸又一次次"下第南还"。

同治七年，薛时雨常与谭献等一同寻古探幽，品鉴湖光山色。薛时雨《江舟欸乃》集之《摸鱼儿》（好湖山）记载：十月六日，"白云舒卷""万点寒鸦"的秋日，薛

---

① 以上引文均见《谭献集》。
② 张舜徽：《爱晚庐随笔》，湖南教育出版社 1991 年版。

时雨即将离开杭州，便"偕丁松生大令丙，吴仲英司马恒，高呈甫广文人骥，谭仲修献、沈蒙叔景修两明经，宿灵隐寺话别。"次日，薛时雨好友以及崇文书院的师生兴致勃勃地一道登上飞来峰，遍访唐宋题名，后又谒岳坟，再过西泠桥吊苏小小墓，泛舟湖心亭，登上孤山放鹤亭小憩，遂循雷峰访净慈遗址，最后尽兴而归。他面对眼前的寥落秋色，感同身受，于是在词中写道："峰回路转，看野色苍茫，霜林摇落，似我宦情懒"，以此抒发辞官之后超然物外与洒脱磊落之情。谭献也在《灵隐山游诗二首》中记载了此次雅集壮游之事。

同治八年，已任两江总督的马新贻，又聘请薛时雨主讲江宁尊经书院，兼主惜阴书院。薛时雨来南京后，居于南京城西的乌龙潭，遂于湖畔"拓地三弓，筑庐数椽，挈眷居之"。十年后，其门下弟子酿资助力，将其居所改建为园，取名"薛庐"。又因为昔年"桑根先生有惠政于杭，既解郡符，去杭之日，市民歌咏不忘，卜筑湖上，榜曰'薛庐'，以志去思"。南京士子袭用薛时雨杭州宅名称其新居，"盖欲师之居江一如居浙耳。"光绪六年（1880）薛庐落成，群士辐辏。汪士铎、陈作霖、顾云、谭献、袁昶、刘寿曾等多位学者名流、薛门弟子作《薛庐记》以贺①。同治十三年，四十三岁的谭献"自顾渐老"，决定放弃应举。可能是为了家庭生计，同时也心有不甘，"欲以民事自试"，稍稍实现自己的政治抱负，便向亲朋告贷，入赘到安徽担任地方官员。薛时雨在赠其信中说，皖地远不及杭州繁华，尤经战乱，日常枯寂，了无生趣，然物货价贱，要其安于寂寞，认真做事，希冀其做一任好官。光绪五年七月，谭献调至其师薛时雨的家乡——全椒任县令。在全椒期间，其遵师言，殚精竭虑，为官勤政，上司对其有"政简刑清"的赞语。同时，其也仿照薛师，重建学宫，并"月评书院课艺，黜俗崇雅，谆示以为学门径，并勘梓张氏《輶轩语》，颁给诸生"②，以致士知向学。

薛时雨从事教育多年，在育人方面形成了自己独到的见解，他常勉励学子加强道德文章的修养，努力做有用的真才实学，"扩其器识，酌古今之通，待用于世。上

---

① 见顾云：《菦山志》，南京出版社 2009 年版。
② ［民国］《全椒县志》，全椒县地方志办公室点校注释本 1999 年版。

之匡时弼教，郁为右文之志；次亦出其所业，待诏阙下，备天子之顾问。"①这对谭献后来的从政、治学、为人等各方面都有及其深刻的影响。他在南京生活了十几年，交游甚广，身体健硕，饮酒数斗不醉。优游山水，色益晬然。六十岁后稍衰，然健饭谈笑，不异畴昔。

薛时雨因为事务繁忙或其他原因，谭献多次为师代笔，撰写各类文章，如校讲舍的课卷、他人的诗文集的序言，甚至还为老师代作诗。以此可见，薛时雨对学生谭献的高度信任，也反映出他们师生之间十分融洽的情谊。

光绪七年，薛时雨来滁州游琅琊山时，集资重建醉翁亭，后又重修丰乐亭。其学生谭献为其代笔撰写《重修醉翁亭记》。光绪十年冬末，薛氏突生疾病，精神衰颓。当时，"（谭）献宰合肥，方欲渡江视疾"，不料，第二年正月，薛时雨辞世，葬于全椒桑根山青龙冈，"二孤来告哀矣。"对其溘然离世，"弟子服心丧者甚众，挽联中有'八百孤寒齐下泪'之语。"谭献日记载，光绪十一年二月初二日，当金陵书信传来"薛先生正月廿二日归道山矣。廿年师事，襟抱交推，谊同休戚。"谭献浩叹"山颓木坏。永无见期，如何可言！"面对恩师的猝然离世，谭献如感风木之悲，以自己与薛师交往的经历和对老师的敬重之情作挽联，表达哀思："循吏儒林同列传，许我从游函丈，湖坊论久，由来无忝事师，有如昨日；离群索居又三年，方期再坐春风，薛庐请益，岂料临江不渡，此恨千秋。"

"作吏十六年，主讲十六年，壮志销磨，借一角溪山娱老。"薛时雨主政一方恪尽职守，声名卓著；主讲书院滋兰树蕙，满园芬芳。尤其在办学培养人才方面更是誉名远播，其"名遂身退，峻不绝物，而和不俯仰，超然燕处，以为人伦表仪，未有如先生者也"②，诚乃言为士则，行为世范，并且努力践行"与满城桃李同春"的理想。

薛时雨也是一位在清代诗词史上享有盛誉的诗人，一生留下了大量的诗词、楹联等文学作品，"先后行世二千篇"，历来都有很高的评价。徐世昌的《晚晴簃

① 《惜阴书院西斋课艺》薛时雨序，清光绪四年（1878）刻本。
② 以上引文均见《谭献集》。

诗汇》称，"其诗亦如西湖山水，清而华，秀而苍，往往引人入胜。"陈衍则以为薛时雨"治行循良，而宦流勇退，诗境故自时近随园。"金鸿佺云薛时雨以为"拈毫托兴，贵在遇事即书，直抒胸臆"，故"激而改弦，力洗柔靡之习"，而"能挥洒如意，一气卷舒。"①谭献为报答老师知遇之恩，亲自为其删定诗文《藤香馆诗删》四卷，并且给予极高的赞誉："先生诗歌，博大如乐天，超逸如子瞻……海内谈者皆谓先生之文之事媲白苏二公，知言也哉！"

薛时雨去世后，谭献在撰写《墓志铭》中说："献识先生卅年，受业于门亦二十载。"②可见，其与薛时雨交往不断，终身追随先生，风风雨雨几十年，师生情谊历久弥坚，堪称世间典范。

光绪十六年，谭献往日的座主，时任湖广总督的张之洞，在江夏开办经心书院，聘请谭献担任书院院长，年近六十的谭献欣然赴命。此后也培养了一批新才。闲暇之余还从事学术研究和诗词创作，专心著述。两年后其终于举家回到故乡杭州，与一批旧友徜徉湖山，吟诗作赋，研讨学术，整理旧稿，直至七十岁去世。

"道之所存，师之所存也。"谭献在《石城薛庐记》中说："诚义欲用于世者，奉教先生，如古经生家法焉。"③由其可以看出，谭献人生轨迹深受老师薛时雨的影响。正因为薛时雨"清风清廉，重教崇文"的思想，爱生如子的品德和高尚的学识修养所形成的师德魅力，令谭献十分敬仰，并受益匪浅。正因此，谭献才能不辜负老师的厚望，秉承老师遗志，继续在进学、重振文化、研究学术方面独树一帜。谭献从"屡试礼部不第"、壮志难酬的失意到后来投薛时雨门下，受其教导、鼓励，从而坚定了人生目标，走上了为官、治学、文学创作的道路，最终成就一代美名。

---

① 金鸿佺：《藤香馆词跋》，见薛时雨：《藤香馆词》卷首，清同治七年（1868）刻本。
② 谭献：《薛先生墓志铭》。
③ 见顾云：《盋山志》。

薛时雨生平年表和地图

周文业（首都师范大学）

摘要：本文先整理出薛时雨生平年表，再根据年表绘制出薛时雨生平地图，由此可清楚展示薛时雨的一生。

关键词：薛时雨；年表；生平地图

薛时雨一生可分为五个时期：

一、读书全椒、考取举人、进士。

二、任嘉兴知县、嘉善县令。

三、流寓南昌、安庆拜谒曾国藩、上海任李鸿章淮军佐幕。

四、任杭州知府、江西乡试提调官。

五、主讲杭州崇文书院、江宁尊经书院、惜阴书院。

一、年表

时期		皇帝纪年	公元	岁数	地点	经历
读书35年	出生	嘉庆二十三年	1818	0	安徽全椒	出生
	读书35年	道光二十三年	1843	25	安徽全椒	中举人
		道光二十八年	1848	30	安徽全椒	安徽乡试第一
		咸丰三年	1853	35	北京	登进士第

续表

时期		皇帝纪年	公元	岁数	地点	经历
任职嘉兴嘉善	任职嘉兴4年	咸丰四年	1854	36	浙江嘉兴	浙江嘉兴知县,咸丰六年(1856)遭罢官
	任职嘉善2年	咸丰八年	1858	40	浙江嘉善	浙江嘉善县令
流寓南昌任职淮军3年	流寓2年	咸丰十年	1860	42	江西南昌	流寓南昌
		同治元年	1862	44	安徽安庆	拜谒曾国藩
	任职淮军1年	同治元年	1862	44	上海	李鸿章淮军佐幕
任职杭州江西7年	任职杭州1年	同治三年	1864	45	浙江杭州	杭州知府
	任职江西3年	同治四年	1865	48	江西南昌	江西乡试提调官
主讲书院17年	主讲杭州书院3年	同治五年	1866	50	浙江杭州	主讲崇文书院
	主讲南京书院14年	同治八年	1869	53	江苏南京	主讲江宁尊经书院、惜阴书院
		光绪六年	1880	68	江苏南京	众弟子集资为其在乌龙潭筑薛庐
		光绪七年	1881	64	安徽滁州	五月复建醉翁亭正式动工
	逝世	光绪十一年	1885	67	江苏南京	病卒

注:薛时雨的生平,各种文献记录略有不同。

二、生平地图总图

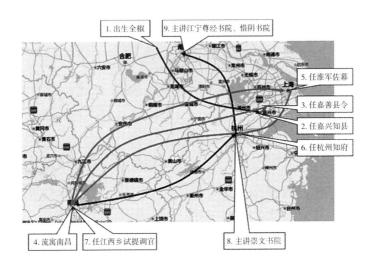

1. 出生全椒
9. 主讲江宁尊经书院、惜阴书院
5. 任淮军佐幕
3. 任嘉善县令
2. 任嘉兴知县
6. 任杭州知府
4. 流寓南昌
7. 任江西乡试提调官
8. 主讲崇文书院

三、任职嘉兴、嘉善

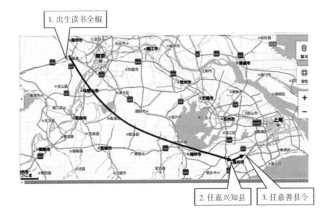

1. 出生读书全椒
2. 任嘉兴知县
3. 任嘉善县令

四、流寓南昌、任职淮军

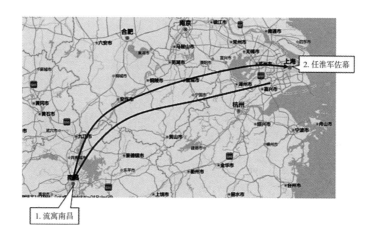

五、任职杭州、江西

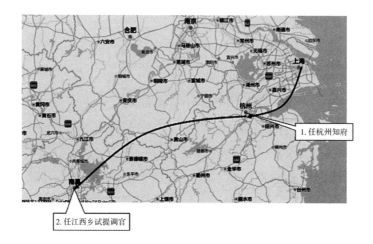

六、主讲杭州、南京书院

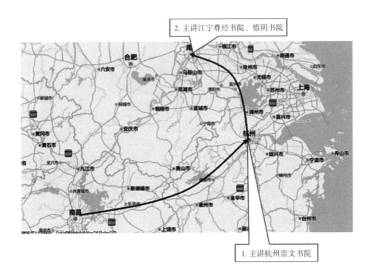

沉浸式体验视角下全椒文学名人资源的旅游开发刍议

——以吴敬梓与薛时雨为例

赵鹏风（东南大学人文学院旅游学系）

摘要：在全椒县被评为全国全域旅游示范区的大背景下，如何对全椒境内历史上涌现的诸如吴敬梓、薛时雨等文学名人进行形象包装，并成为城市旅游发展和城市形象建设的重要助推，是学界和业界需要思考的问题。该文从当前旅游发展关注的旅游体验入手，将吴敬梓故居、薛时雨故里两处地点作为研究对象，对其文学资源进行了分析，并根据调研实际和分析结果对其旅游开发提出相关建议和思考。

关键词：文学旅游；沉浸体验；旅游开发

一、背景

旅游体验是在旅游规划设计、项目开发、市场营销、学术研究等贯穿旅游业的各个领域都为人所关注的话题。在体验经济的大背景下，如何在旅游资源开发当中做好体验文章，并成为招徕游客的重要亮点，也是资源开发与项目规划设计的难点所在。文学名人资源一直以来容易被旅游开发者所忽视，相关研究也较为小众，亦或者说被认为是相较于自然资源和文化资源大类下关注较少的领域，在开发中或多或少已经涉及但却鲜有将其作为重点来进行打造，随着研学旅游的政策热潮和社会关注度的提升，文旅融合的道路走得越来越深入，城市发展对文化竞争力日益受到重视。基于此,文学名人资源应当且必须在文化建设当中加以利用,而利用的最好方式之一便是融入旅游产业,因为旅游本身就是文化解说的重要方式,是文化传播的重要途径,是文化传承的重要手段。

二、文献回顾

伴随着消费升级与同质化竞争的加剧,市场营销已经从单纯的销售商品转向通过以附加体验来提升竞争力,并且十分关注与消费者之间的互动。与此同时,沉浸式体验这个名词出现在公众视野的频率也显著增加。就旅游体验而言,学界研究涉及广泛且多元,达到了较深入的水平,其集中体现在基础理论研究、体验质量评价研究、体验开发方式研究这三个维度,而沉浸式旅游体验多见于网络报道与市场宣传,相关研究在正式的学术领域则较为空白。沉浸式旅游体验脱胎于沉浸理论与沉浸体验,学界关于这两者的探讨则较为深入。

沉浸理论的研究始见于心理学界,美国心理学家 Csikszentmihalyi 于 1975 年提出心流(flow)的概念,心流也被译作沉浸,他将沉浸描述为"当人们全情投入时,获得的一种贯穿全身的感觉,在这种状态下,动作与动作之间似乎受到一种内在逻辑的指引,而无须行为主体进行有意识的干预。"[①] 而后其又和 Jackson 一起提出了沉浸九因子结构模型,阐明了沉浸体验包括了清楚的目标、自觉体验、挑战与技能的平衡、潜在的控制感、专注于任务、明确的反馈、行动—意识融合、时间感扭曲、失去自我意识这 9 个维度[②]。上述观点成为沉浸理论和沉浸体验的首倡,也得到了广泛的接受和认同,与此同时,还提出了当使用者的挑战与技能平衡,个人就会进入沉浸状态,此外,沉浸体验为一主观且暂时的经验,这也是为何个人愿意继续进行某种活动的原因。

---

① CSIKSZENTMIHALYI. Play and Intrinsic Rewards. Humanistic Psychology,1975,15(3):41-63.

② JACKSON S A, CSIKSZENTMIHALYI. Flow in sports: The keys to optimal experiences and performances. Sociology of Sport Journal, 1999, 31(3):417-418.

就沉浸理论的应用研究而言,国外学者已在运动、阅读、工作环境、网络环境等不同领域对"沉浸"进行了探索①,国内学者的研究集中于网络电子产品与游戏、教育教学这两大领域②,在旅游领域,刘燕等基于沉浸理论探索了旅游消费者在线体验对再预订的影响③,杨甜丽基于沉浸理论构建了旅游体验品质测量模型④,可见沉浸理论应用于旅游研究,多见于依附旅游信息化与旅游电子产品的研究,而在旅游开发与项目设计等方面虽然与沉浸体验具有天然相关性,相关论述与研究成果却较为少见。

文学资源的旅游开发研究在国内虽起步较早,从整体范围上看,学界对文学资源概念界定较为一致:认为文学资源包含两部分内容,第一部分是与作家相关的故居、纪念馆、宗祠、墓地及与其生前密切相关的事物,第二部分是与作品相关部分,比如作品的诞生地,作品内容的背景之地,以及文学作品本身⑤。广义来看,文学资源的范围大于可供旅游开发的文学资源,本文重点讨论具有旅游开发价值的文学名人资源。在文学资源的旅游开发研究领域,国内学者的研究有三个维度:首先是基于地域进行区域文学资源的旅游开发探索,较有代表性的有付立红、贾鸿雁等人对南京文学资源旅游开发的研究⑥;其次是结合某一理论指导文学资源的旅游开发,较有代表性的有贾鸿雁、王金池等人将建构主义真实性理论引入指导并结合项目实操,是

---

① 景娟娟:《国外沉浸体验研究述评》,心理技术与应用, 2015 年第 3 期。

② 马颖峰,胡若楠:《不同类型电子游戏沉浸体验研究及对教育游戏设计的启示》,《电化教育研究》2016 年第 3 期;钱明才:《沉浸式教学及其对我国英语教育的启示》,《国外外语教学》2003 年第 3 期。。

③ 刘燕,蒲波,官振中:《沉浸理论视角下旅游消费者在线体验对再预订的影响》,《旅游学刊》2016 年第 11 期。

④ 杨甜丽:《旅游体验品质测量模型的构建》,东北财经大学硕士论文,2011 年。

⑤ 王军华:《试论我国文学旅游资源的概念及分类》,《桂林师范高等专科学校学报(综合版)》2005 年第 1 期。

⑥ 付立红,贾鸿雁:《南京市文学资源旅游开发初探》,《东南大学学报(哲学社会科学版)》2008 年 S1 期。

较为具体且具有实践性的代表[①];再次是基于文学人物对相关资源的旅游开发进行分析,较有代表性的有李维维等人对高密"莫言"文学旅游资源开发进行的可行性研究[②]。以上三个维度均注重理论与观念的深入,除贾鸿雁等人结合汪曾祺故乡的项目策划实操案例外,较少见到对文学资源相关旅游开发的具体项目设计与开发的研究,这也是本文所希望达到的目的:即结合沉浸理论和调研经历,对文学资源利用方式与文学旅游目的地做出策划式的实践构思。

三、案例地概况与资源分析

(一)案例地概况

全椒县,隶属于安徽省滁州市,地处安徽省东部,介于合肥市和南京市之间,紧邻国家级新区南京江北新区。全椒历史上素有"江淮背腹""吴楚冲衢"之称,历史文化悠久,境内古迹众多,较有代表性的文学名人有清代安徽大文豪、《儒林外史》的作者吴敬梓,以及晚清著名词家、联坛领袖薛时雨。

笔者于 2018 年 9 月与团队一起赴全椒吴敬梓故居及纪念馆、襄河景观带、太平文化广场、滁州花博园、滁州古城及护城河区域、琅琊山等地进行旅游资源调研,期间实地考察了古城遗址、山岳及动植物类、园林类、历史古迹类、湖泊类、泉点溪涧类、古诗词、古代名人、古建筑类、纪念馆类、现代造景类、宗教类等多种类型的旅游资源,同时对综合性景区的旅游资源开发模式、开发中存在的问题进行了深入细致的调研,在本文的研究对象选择上,选取吴敬梓与薛时雨这两位全椒文学名人,通过文学名人的物质文化、精神文化遗存的挖掘,从而对文学名人资源旅游开发进行深入探讨。

在深入调研的基础上,我们了解到全椒当地吴敬梓的相关遗存与开发比较多,

---

① 贾鸿雁,王金池:《从建构主义真实性看文学资源的旅游开发——以界首镇"汪曾祺水乡风俗园"项目策划为例》,《旅游学刊》2009 年第 5 期。

② 李维维,朱峰:《高密"莫言"文学旅游资源开发可行性研究》,《旅游世界·旅游发展研究》2014 年第 1 期。

有吴敬梓故居、吴敬梓纪念馆等,而薛时雨出生地老薛庄的知名度相对较低,且开发仍未进行。本文试着对这两处景点进行资源情况分析,主要从自然条件、区位条件、交通条件和区域经济条件、与同一区域的不同类型旅游资源的类型组合和空间组合、特点及利用价值、开发现状、目前存在的问题等方面展开,制得"吴敬梓故居、薛时雨故里开发情况"对比分析表,如下所示:

类目	吴敬梓故居	薛时雨故里	备注
自然条件及资源组合	单体建筑资源,紧邻襄河景观带、太平历史街区等资源	缺乏名人故里必要的历史遗存与相关资源	
交通条件	位于全椒县城,交通便利,距全椒高铁站5公里	位于全椒县马厂镇复兴村老薛庄,地处乡村	
区位条件	全椒县被评为全域旅游示范县,政府对旅游空间打造较为支持	名人故里旅游开发拥有与休闲农业、乡村旅游等融合发展的潜质	全椒地处皖东,江淮脊腹,紧邻南京及皖南其他城市,可依托长三角3小时旅游圈拓展客源市场
开发现状	在吴家祖宅遗园遗址上重建,建筑风格与苏州园林相似,为中国古典园林建筑传统的院落式结构,走进其中如同步入江南民宅大院,故居分为8个展区,分别为正宅东、中、西三进;民俗生活展区、祖祠"延陵堂"、赐书楼、文木山房、西花园散轩。其中陈设还原清代风貌,让人仿佛回到清时人家	农业种植小有成就,拥有古老而闻名的佛山寺庙遗址,是皖东著名的产茶之村	
文学资源要素	著名小说《儒林外史》作者吴敬梓幼年的故居,了解吴氏家族变迁及文学家吴敬梓成长的人生背景	以文学名人薛时雨的人生背景、文学成就等作为主要文学资源要素	

(二)案例地文学旅游资源的层次分析

运用层次分析法(APH)对旅游资源进行定量评价与分析是在旅游资源评价

当中运用较为广泛且成熟的一个方法,层次分析法较为重要的一个节点就是构建评价体系后运用德尔菲法进行权重的专家征询,而后进行定量评价,本文选择层次分析法分析案例地文学旅游资源,一方面是因为这一类资源的评价方式较为单一,另一方面层次分析法也可以定性地评价旅游资源,由于本次报告时间紧张,无法完成专家征询进行定量评价指标构建,所以对案例地的文学旅游资源评价主要采用评价指标建立后根据调研定性描述评价。

根据保继刚、余敏、彭立圣等人运用层次分析法对旅游资源进行评价的研究[①],笔者将评价案例地文学旅游资源设为三级评价层次,如下树状图所示:

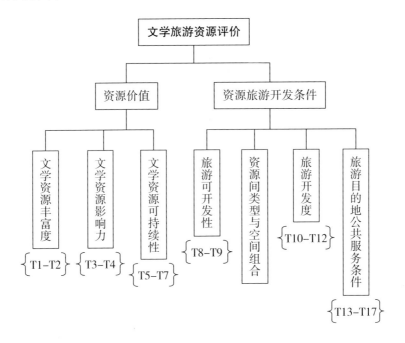

---

① 保继刚:《旅游资源定量评价初探》,《干旱区地理》1988 年第 3 期;余敏:《层次分析法在旅游资源评价中的应用》,《西南民族大学学报(人文社科版)》2003 年第 6 期;彭立圣,牟瑞芳:《层次分析法在生态旅游资源评价中的应用研究》,《环境科学与管理》2006年第 3 期。

三级指标因子评价如下表所示：

三级指标评价因子	全椒吴敬梓故居	薛时雨故里
T1 类型多样（指遗址类、著作类、故居类等文学资源类型）	单体故居类文学资源，较为单调	缺乏名人故居遗存、但具有"原址性"优势
T2 规模成型（能成为"资源"）	结合襄河风光带、太平街区等形成 3A 景区，故居开发可满足观光游览需求	具有古迹遗存、乡村旅游资源，可进行融合规划开发
T3 具有广域的知名度	知名度较低，宣传较少，《儒林外史》具有广泛知名度	缺乏知名度，仅有文学爱好者与薛时雨后人了解
T4 能成为文学旅游目的地	仅仅作为主体景区的一部分，未能发挥文学的带动效应	未成为文学旅游目的地，有待开发
T5 生命周期长	处于成长期，仍有待深入开发、进入成熟，保持稳定	生命周期发展正处于萌芽阶段
T6 具有文学的"经典"特性	故居开发与《儒林外史》经典性相关较少	开发需要紧密结合薛时雨的词学成就、联坛成就
T7 产业链的可打造性	下游产业文创产品等有一定程度开发，仍不成熟	产业链未形成
T8 可进行景观游览、体验项目开发	有资源条件进行景观游览，体验项目开发受空间限制	地处乡村，有较好资源条件进行景观游览，体验项目开发不受空间限制
T9 资源地的旅游环境容量	受旅游场所限制，旅游环境容量较小	地处琅琊山景区，旅游开发条件优越，旅游环境容量大
T10 当前开发程度与模式	公益性博物馆，受地域知名度影响，游人集中在本地市民	当前还未进行旅游开发与总体设计
T11 开发前景与旅游市场	地处皖东，江淮脊腹，紧邻南京及皖南其他城市，可依托长三角 3 小时旅游圈拓展客源市场	同前
T12 开发与管理问题	对文学名人故居的开发局限于名人家庭生活的展览和布景，对著名作品《儒林外史》的文化元素提取后进行开发则较为欠缺	著名文学遗址开发还未进行，开发后需要注重挖掘资源，提升乡村资源与文学资源的组合联结的紧密性

续表

三级指标评价因子	全椒吴敬梓故居	薛时雨故里
T13 交通通讯	见前表	见前表
T14 生活服务设施(食宿)	县级服务设施	镇级服务设施
T15 旅游基础设施	满足基本旅游需求	旅游服务设施缺乏
T16 旅游商品	缺乏,集中在少量书籍,销售情况不容乐观	缺乏
T17 导游服务	可提供付费讲解	缺乏
S5 文学资源与其他旅游资源的类型组合与空间组合	紧邻襄河景观带、太平历史街区等资源	拥有乡村资源、农业资源、文化古迹资源,还有宗教资源相配合
综合评价	文学资源旅游开发合格	文学资源旅游未进行

四、文学资源的沉浸式旅游体验打造

一般而言,根据沉浸理论的几个维度,沉浸式旅游体验可以理解为游客在旅游过程当中通过真实的交互体验,使游客有一种"身临其境"的感觉,简单而言可以归纳为有互动、有参与、有沉浸、有体验、有感应、有认知。现代的旅游沉浸式体验,习惯上采用"创意 + 科技"来展示,利用高科技如 AI、AR、VR 等信息技术为游客打造"时空的穿梭"和"虚拟世界"。

笔者认为既然旅游是一种异地的生活方式,那么游客所追求的就是一种异域化、异时化、异质化的生活化体验,所以原真化的生活方式体验就是沉浸式体验的最高追求,这与通过信息技术营造的沉浸即为"道"与"器"的关系。在这一理念的指导下,文学资源的沉浸式旅游体验打造需要回归文学的生活化与场景化,当然并不意味着排斥信息化,基于此,笔者对文学资源的沉浸式旅游体验打造提出以下几点思考:

(一)抓好旅游演艺,文学作品是天然的剧本

在传统的观念中,演出是在传统的镜框式舞台上进行的,观众面对镜框式舞台,观众保持安静,各自观看舞台上的演出内容,近年来高科技元素与旅游演艺高度融合,如多媒体技术、虚拟现实技术、增强现实技术、三维实景技术、多通道交互

技术或机械数控装置等新科技在舞台上的应用,使得旅游演艺本就成为了沉浸式体验的打造方式,而动辄花费百亿资金打造的旅游演艺项目在市场上却也陷入了市场饱和、叫好不叫座、一味追求声光电等高科技手段所带来的震撼感,而缺乏对地方文化的深入挖掘的窘境。这样的演出难免让观众觉得"除了热闹之外,并没有留下多少让人回味的东西",这也不是沉浸式体验所要追求的。

文学资源最重要的落脚点便体现在文学名人的作品上,经典作品是对时代的回顾、对历史的总结、对地方文化的最好展现,因此文学作品是天然的"剧本",在文学名人相关地、文学旅游目的地、文学创作发生地观赏文学作品,其体验效果会大大高于电视荧幕,也是体验文学旅游的绝佳途径。就案例地而言,吴敬梓故居作为博物馆类的文学旅游目的地有两种发展方式,一种是在故居内开辟小剧场打造小演艺,另一种是依托太平阁广场构造较大规模演艺,而这两者又是相辅相成的(如白天与晚间相映成趣),而在形式上不必过分追求技术,而需要编排《儒林外史》当中的"折子演艺",将人民群众喜闻乐见的故事桥段搬上舞台,文化惠民的同时也可肩负一部分着带动夜游消费、拉动地方经济增长的使命;而薛时雨故里则可以依托乡村资源,打造文化实景项目的演出,也是初创开发营销的可取之策。

(二)还原历史场景,体验文学所描绘的生活

沉浸式旅游体验强调的是游客的切身体验,只有将自身与旅行紧密地联系在一起才能将旅行升华为"旅游"。正是因为将自身融入进了行程中,游客才不会感觉对旅游产品产生疲惫感,所以沉浸式旅游体验是非常自然化的旅游(正如前文所说注重生活化场景的构建)。如我国大型历史文化主题公园清明上河园,就是以还原北宋开封的市井生活为特色,尽管在打造方式上还不尽如人意,但生活化的场景是沉浸式体验所追求的,简而言之,沉浸就是让游客感受到被这些场景所"淹没"。

就案例地而言,吴敬梓故居以其博物馆建制,无法大规模形成大型文学场景的布景和策划,但却可以进行小型场景的建设与构思,如增设蜡像馆(参照现代化的蜡像馆方式,把人物和场景历史化)、建设清朝馆(参照南京博物院的民国馆)等创意形式;就薛时雨故里而言,可根据薛时雨勤俭为官、敢作敢为、著书讲学、回报桑梓等人生主题,进行场景化的布展与相关文学项目设计。

(三)注重活动策划,引爆体验性节事的热点

文学作品是天然的剧本,也是旅游景区活动策划的重要创意来源,而节事活动又是景区营销所较为关注的一个方面,以节为媒,是引发流量长盛不衰的一个方式。全民沉浸式的体验活动,每一位游客都是参与者,也是自媒体时代的传播者,这一体验颠覆了游客与景区之间'观赏与被观赏'的静态关系,让游客成为景区氛围的一部分,且活动策划最理想的状态便是以小投入获得巨大关注和市场转化率。

活动策划较为成功的如宋城景区,该景区曾打出"给我一天,还你千年!""我回大宋"全民穿越活动,游客穿古装、用交子,万人穿越的盛况创行业先河。在这场穿越之旅中,每一位游客可以选择自己喜欢的角色,加入这一场宋代生活的流动画卷中。就案例地而言,活动策划可以与文学相关联,与前文所述还原历史场景相辅相成,就两者而言,薛时雨故里更适合进行类似活动打造:一方面是景区环境容量较大,另一方面则是穿越历史与薛时雨等文人一起放歌醉酒,吟诗作对,具有天然的吸引力与可能性,还可在故里打造薛时雨文学作品朗读研讨会等;就吴敬梓故居而言,更多则是思考分享周围资源节事的红利,如打造合理有效的线路将走太平节事的大量人流引入等。

(四)打造专有IP,借势借力形成独特优势

互联网和移动端的兴起,给旅游营销创造了更多机会,前述三点均是打造深化自身独有特色,深化自身IP产业链的有效途径,而在形成自身品牌与特色的同时,如何借力借势让旅游的开发打造形成多样化的格局,从而提高景区知名度和吸引,力也是值得深思的问题。

就文学旅游目的地而言,一方面可借力文学影视作品提升知名度与打造相关标志物,如薛时雨故里可借力引入文学类综艺节目如《中华好诗词》等节目进行现场录制与实景宣传,此外也可借力娱乐营销,借助自然山水资源与文化资源引入国内热门综艺如《奔跑吧兄弟》《极限挑战》等,将文化与现代真人秀相结合,增加景区曝光度。

五、结语

本文通过回顾沉浸理论、文学资源旅游开发等相关文献,对吴敬梓故居和薛时雨故里进行了文学资源的调查和评价,是笔者对全椒文学名人资源旅游开发的一点不成熟的思考,今后仍可进行更为深入的探索,更多地为全椒文学巨匠故里的文化品牌打造提供助益。

薛时雨研究传播现状与预设

朱德慈(扬州大学文学院)

摘要:薛时雨是清代咸、同年间东南文坛著名的词人、诗家,同时还是一名难得的循吏与教育家,值得隆重纪念,并深入探究。目前对薛时雨著作文献的搜辑已近乎完备,对其家世生平的追寻已有不少突破,对其诗词研究已经深入展开,对其精神世界、教育成就暨为官的政绩理念的研究也都初见成效。未来的薛时雨研究与传播不仅要在学术界持续发力,而且亟需在文艺界、教育界、工商界、政界齐头并进,特别是在观念上更需破除成见,从人性的视角、大历史观去估衡薛时雨的历史贡献与地位。

关键词:薛时雨;文学;循吏;传播

秋末冬初,琅琊山蔚然深秀,幽香烂漫,古滁州又是"红树莲宫接薛萝""野烟浮水掩轻波"①的迷人时节。在如此诗意的季节里,由滁州市地情人文研究会、琅琊山风景区管委会暨全椒县政协文史委员会连续举办了两场"纪念薛时雨诞辰 200 周年学术研讨会",本人受邀参会,深感荣幸。兹谨围绕两会主题,就薛时雨研究、传播的现状与未来可能的走向作些许总结与感想。

---

① 李绅:《守滁阳深秋忆登郡城望琅琊》,见《全唐诗》卷四百八十,上海古籍出版1986 年版,第 1218 页。

一、薛时雨值得纪念，有深入研究的必要

1. 他是一位难得的循吏。自清咸丰三年（1853）成进士后，薛时雨历官浙江嘉善县令、杭州知府，兼署督粮道，并代行布政、按察两司事，每到一处，都能尽忠职守，以民为本，尽最大努力造福于民，赢得百姓的真诚拥戴。在嘉兴，适逢大旱，"因下令停征。既而催科檄屡下，置弗报……而大吏以停征乏军兴，檄代者至，于是先生官罢矣。然浙东西言循吏者，皆曰'薛嘉兴'"。在杭州，则遇太平天国乱平，杭州城新复，一切梦如，无端绪可理，于是他抑强暴，抚流亡，采取一系列措施振兴文教，以恢复城乡生机。"时以文物之盛，虽经寇乱，无异承平时，微先生不及此。"①因此，不仅在民间，即使在当时官吏中，他也口碑极佳。宝山蒋敦复曰："朋辈中秦次游、应敏斋两司马皆谓余言：全椒薛慰农明府以名进士出宰百里，有古循吏风，爱才下士，宾至如归。"②

2. 他是一位杰出的词人。其《藤香馆词》两种（《江舟欸乃》《西湖橹唱》）一百六十余阕，是晚清词坛上的奇葩。时人谓其词"以抑塞磊落之概写缠绵悱恻之情，万感萦回，一气旋折……扫尽时下纤佻柔曼气息"③。今人谓其词"以凄切之笔，描绘太平天国内乱给晚清社会、经济带来的巨大戕害，以灵敏之心感受社会动乱所造成的时代创痛，也以悲凉之雾遍于华林式的感伤，倾诉着其心灵的不尽痛楚"。在为时代歌哭时，"对视觉、听觉、触觉、味觉均有灵敏而细腻的感受，尤其善于倾诉凄怆悲郁的情怀"④。

3. 他是一位优秀的诗人。其《藤香馆诗钞》四卷《续钞》一卷，一千二百二十余首诗，亦是乱离时代知识分子的典型心声。秦缃业谓其诗"如西湖山水，清而华，秀而苍，往往引人入胜。……伤时感事之作，沉郁顿挫，且骎骎乎入杜陵之室。"⑤汪

---

① 以上引文均见顾云：《桑根先生行状》，《盋山文录》卷四，清光绪十五年（1889）刻本。

② 蒋敦复：《芬陀利室词话》卷二《薛慰农词》，见唐圭璋编《词话丛编》第4册，中华书局1986年版，第3660页。

③ 蒋敦复：《藤香馆词跋》，见薛时雨：《藤香馆词》卷尾，清同治五年（1866）刻本。

④ 莫立民：《近代词史》，人民文学出版社2010年版，第423页。

⑤ 秦缃业：《藤香馆诗钞序》，见薛时雨：《藤香馆诗钞》卷首，清同治七年（1868）刻本。

鸣銮曰:"托兴言情,灵均之微旨耶? 感时纪事,杜老之殷忧耶? 不染一尘,兼及众美。先生之诗,其移我情乎! 集中如《海塘行》《漕仓行》《踏灾行》诸什,关心民瘼,蔼然仁者之言。"① 纷纷比之于屈原、杜甫。我们虽未必定要等量齐观,然其诗歌中记录着咸、同江南社会众生相,跃动着仁者之心、沉郁之情,却也着实坚硬地存在。

4. 他是一位名闻遐迩的楹联家。其别集《藤香馆小品》,收录楹联 320 余副,遍布安徽、浙江、江苏诸多古迹名刹。所拟联大多"蕴藉风流,专以神韵取胜。……真如太羹醇醪,醰醰有味"②。"犹如江南风雨中的柳条,婀娜多姿,清新自然"③。"遗构溯欧阳,公为文章道德之宗,侑客传花,也自徜徉诗酒;名区冠淮海,我从丰乐醉翁而至,携云载鹤,更教旷览江山。"(扬州平山堂欧阳祠联)我每至平山堂,必在此联前驻足流连,遥想桑根先生与六一先生隔空对话的动人情景。

5. 他是一位成就卓著的教育家。薛时雨卸官后,历主杭州崇文书院、江宁尊经书院、惜阴书院,"讲业名山,主持风雅"④。门人敬爱之,先后为其结"薛庐"于西湖凤林寺边与清凉山东侧乌龙潭边。入室受教者数以百计,仅主江宁尊经书院期间,注籍弟子就达数百人⑤。其中出类拔萃者,如谭献、张景祁、汪鸣銮、冯煦、刘寿曾、顾云、张謇等,或在清末政界叱咤风云,或在文坛独领风骚,皆足为桑根先生声名增辉添彩。

二、薛时雨研究现状

薛时雨在政教、文艺多方面都有突出的贡献,理应得到后学的高度重视,但事实却刚好相反。本次会议以前,我们能够看到和知道的研究成果仅有限几种。全

---

① ④ 汪鸣銮:《藤香馆诗钞跋》,见薛时雨:《藤香馆诗钞》卷尾。

② 陈方镛:《楹联新话》,见龚联寿主编《联话丛编》,江西人民出版社 2000 年版,第2743 页。

③ 张小华:《风流蕴藉——读安徽联坛翘楚薛时雨的楹联》,载《辽宁行政学院学报》2013 年 12 期。

⑤ 张其浚修,江克让、汪文鼎纂:[民国]《全椒县志》卷十《人物志》,民国九年(1920)木活字本。

椒相关部门组织的这两场研讨会,学者们集中贡献了一批质量甚高的学术论文,大大拓宽了薛时雨研究、传播的视域,令人惊喜。兹特综述如次,供学界参酌。

1. 家世生平。笔者早年有《薛时雨行年考》,作为《近代词人行年考》之一部分①。近见鲁小俊发表《晚清回族名儒薛时雨书院经历考论》②,对薛时雨的从教活动进行了初步考察。本次会议上,柴发华的《薛时雨家族世系述略》,依据薛氏后裔提供的《福星薛氏家谱》及地方志,将薛时雨先世及裔嗣传承脉络一一厘清;张祥林的《探明薛时雨墓葬遗址及发现碑刻考》,依据文献记载、出土碑刻、田野勘察与民间口述史料,相互印证,确认薛时雨墓葬遗址在全椒县石沛镇周庄村青龙冈;陈昌云的《薛时雨杭州行实与创作》,将咸丰四年(1854)至同治八年(1869)间三次杭州之行的赴离时间、因由梳理得较为清晰;徐雁平的《薛时雨杭州、金陵文教活动考述》,对薛时雨在杭州、金陵的教育活动的时地、成果等,进行了更为细致的爬梳。就交游活动而言,骆跃泉集中考察了薛时雨与晚清政要间交往;徐茵与贡发芹分别重点考察了薛时雨与漕运总督吴棠之间的交往始末;柴发华考察了薛时雨与大弟子谭献之间的交往始末,均推进了薛时雨生平研究。

2.《藤香馆词》。两场会议前,于专著中涉及且独抒己见者,有严迪昌的《清词史》、莫立民的《近代词史》;专论有李睿《薛时雨及其〈藤香馆词〉》③,从版本、内容、艺术、与蒋春霖《水云楼词》之比较几方面,对《藤香馆词》进行了较为全面的描述与探究。本次会议上,陈水云发布《〈藤香馆词〉中的世变、风景与人物》,从世变之景、山水游历与交游酬唱三个视角,对《藤香馆词》进行深层探究,认定:"从时代整体来看,其中有关太平天国之变,尤其是以忠于朝廷的视角记录了相关历史;从个人视角而言,亦有关其自身行游与风景见闻,可见薛时雨个人思想变化发

---

①　朱德意:《近代词人行年考》,当代中国出版社 2003 年版。

②　《西北民族大学学报》2018 年第 1 期。按,称薛时雨为回族人,根据不足。会议期间,笔者特就此向薛时雨嫡孙薛肇煌、薛企荧两人求证,他们均坚称未闻祖先为回民。

③　《词学》第二十七辑,华东师范大学出版社 2012 年版。

展的历程;而从社会交往角度来看,薛时雨与他人的交往使其成为个体与群体相连接的点,其与后辈的交往更是直接帮助了他们的发展。"李庆霞《薛时雨的仕宦生涯与〈藤香馆词〉的情感内涵及词史地位》,着重从薛时雨的仕宦生涯与辞官心态这一视角,缕析《藤香馆词》的情感内涵,主要有乐友朋酬唱之欢愉、感仕宦生涯之羁绊、忧家国民生之离乱。据此,她认定《藤香馆词》的词史地位为:继承浙西词派的流风遗韵;播扬稼轩豪放词风;丰富"离乱词"的文化意蕴。

3.《藤香馆诗》。本次会议前,薛时雨诗仅见吴建伟主编《中国回族文学史》第四十五章有概论,认为薛时雨诗"紧紧围绕时局的变化,以现实主义的手段,写自己亲历亲见的人和事""写得最好,数量最多的诗是述怀诗"。在艺术方面,"突出了人格力量和气质美""对事物的细致观察和对感情的关注""讲究格律,用典贴切"[①]。两场会议中,王亚斌《温柔敦厚与爱民恤物的理想人格形态——读薛时雨藤香馆诗》一文,认为薛时雨诗体现了良好的个人修养:谦和、淡泊、乐观;体现出人间情爱的温暖;具有关心民生疾苦的仁德之心和勤俭的为官之道。秦亚坤《藤香馆诗的纪实特征》,认为薛时雨诗具有直面现实的精神:其一,反映社会实际;其二,反映自己的遭遇;其三,反映战争的影响。"与白居易和苏轼的风格相近,简洁生动,议论纵横,'以文为诗',具有鲜明的纪实特征。""寄寓着作者对各种社会弊端的深刻批判,一定程度上反映了动荡的晚清社会给中国传统知识分子的心灵带来的触动。"尧育飞则就薛时雨早年自编《藤香草堂诗稿》六十首,"全本香奁,写闺情愁思",而在其后来编印《藤香馆诗钞》时连一首也不存的特异现象,揭示了清代隐存一"香奁体诗传承及演进脉络"。

4. 楹联。本次会议前,仅见张小华《风流蕴藉——读安徽联坛翘楚薛时雨的楹联》[②]一篇专论,概说薛时雨楹联的内容与风格。两场会议中,贾鸿彬《从〈藤香馆小品〉看薛时雨人生行状与艺术情怀》一文,从纵横多维度剖析了薛时雨联语的题材与情趣。黄玉才的《清联大家薛时雨》则专就廉官儒士笔、非凡"朋友圈"、滁

---

① 吴建伟主编:《中国回族文学史》,宁夏人民出版社 2007 年版,第 482—483 页。
② 《辽宁行政学院学报》2013 年 12 期。

山总关情、魂归桑根山四个方面集中讨论薛时雨楹联的奇情妙趣。

5. 教育成就。两场会议前专论几无。会议上,鲁小俊的《薛时雨与江浙书院》一文,就薛时雨任杭州暨金陵诸书院山长期间任教的个性展开论说,揭示其山水景观与造士为文;"吾培才也,非用才也";主持考课与编刊课艺等方面的特色。蔡洞峰的《薛时雨与清代书院教育刍议》,揭示薛时雨采取美育方式教育学生;注重夯实基础,追求学问本源;定期举行考课,精心批阅点评等特色。

6. 政绩与为官理念。本次会议前未见论说。孙光耀、关佩的《才明守洁:薛时雨仕宦生涯考论》,从声名渐起——前期仕宦经历、投笔从戎——幕僚经历、惨淡经营——后期仕宦经历、历史合力——去官原因探析四个方面,详论薛时雨的从政经历与作为。王荣亮的《薛时雨诗词作品及为官思想的历史影响和社会价值研究》,对薛氏诗词作品体现出的官思想对后世的影响作了介绍,颇具特色。

7. 性格情怀。文学研究,归根结底即人情性的研究。本次会议上,张祥林《从藤香馆诗词管窥薛时雨的精神世界》,提出薛时雨的精神世界是:以仁民为本心的家国情怀;爱憎鲜明的直士品格;追求精神自由的人生价值取向;以育才救世之道平衡内心冲突。张剑《日常生活中的薛时雨》,从散碎文献中勾勒还原出薛时雨具有嗜于酒、深于情、懒于文、妙于联的独特情性。裘新江《薛时雨的诗意与醉意》的演讲,勾绘了薛时雨醉意的生活状态与诗意的情感状态,交织并存的放达人生。胡中友《漫说薛时雨景欧崇道情怀》一文,则着重探究薛时雨景仰欧阳修,崇尚道家思想的现象与根源。

8. 著作文献。一切研究依赖于可信的文献,薛时雨研究的文献首要为薛时雨本人的著述。本次会议上,王浩远的《薛时雨杂著考述》、张道锋的《薛时雨佚文辑考》,提供了部分新辑的薛时雨佚作,颇值得重视。尤为可喜的是,由政协全椒县委员会主持编纂、国家图书馆出版社出版的大型文献影印项目《薛时雨集》,收集了现存薛时雨所有的著作、批注等,不仅给薛时雨研究带来前所未有的便利,而且必将促进薛时雨研究产生新的突破。

9. 文化传播。鉴于薛时雨为重建醉翁亭所做出的巨大贡献,琅琊山风景区特于薛时雨诞辰 200 周年之际,在醉翁亭稍偏,为薛时雨筑亭纪念,名曰"时雨亭"。滁州纪念会期间举行了隆重的揭牌仪式,有力地推进了薛时雨声名的传播。会议上,赵鹏风《沉浸式体验视角下全椒文学名人资源的旅游开发刍议——以吴敬梓与薛时雨为例》一文,从沉浸式旅游体验的视角,为宣传薛时雨提供了有益的建议。

三、薛时雨研究与传播如何突围,走向良性循环?

鉴于学界目前的研究现状,本人对未来的薛时雨研究与传播试作以下预设与建议:

1.学术界

(1)不定期举行薛时雨主题学术研讨会。本次研讨会只是一个良好开端,不可有头无尾,成为"烂尾工程"。

(2)在核心期刊办一期薛时雨研究专栏,以壮声势,而后不定期邀约发表薛时雨研究论文,渐次在学术界扩展开去。

(3)尽快整理出版《薛时雨集》校注本。影印本固然有提供原始文献之效,但一般人阅读起来仍有困难,不利于薛时雨诗词文的推广普及。所以校注本宜尽快跟进,以便薛时雨研究的尽早深入与迅速传播。

(4)撰成《薛时雨年谱长编》,以应研究之需。闻青年学者郝腾正在从事《薛时雨年谱》的撰作,但愿其及早面世。

(5)开展对薛时雨诗词联艺术的研究,使薛时雨文学的研究更具文学特征。

2.文艺界

(1)每年举办一次面向海内外的以吟咏滁州为内容,以薛时雨(或时雨、慰农、桑根、藤香馆等)冠名的诗词楹联大奖赛,通过各种媒体向海内外诗词楹联作者征稿,扩大薛时雨与滁州在当代文化界的影响;

(2)成立以薛时雨命名的地方诗词楹联社乃至小说、戏曲、书画社团。

3.教育界

在滁州地区大中小学,设立多种形式的以薛时雨命名的奖学金或大奖赛,让地方学子了解并热爱先贤。

4. 工商业界

动员地方知名企业以薛时雨冠名品牌,知名商品经销流通单位以薛时雨命名,由地方政府负责协调率先落地,其后自然跟进。

5. 政界

大力支持各种薛时雨研究与宣传活动,在市政建设(诸如道路、楼宇等)方面积极以薛时雨冠名。

6. 破除执念

以历史唯物主义的视野,以人性的理念去观照薛时雨,尤其是将眼光着眼在评判太平天国运动视域中的薛时雨行为与创作过程中。

戋戋琐言,诚望同道批评指正!

二、纪念乡贤

江山代有才人出,重建人文添胜迹

——琅琊山水文化的重要传承人薛时雨

王　勇(滁州市地情人文研究会)

一

薛时雨(1818—1885),字慰农,一字澍生,晚号桑根老人(祖居桑根山下)。咸丰三年(1853)考中进士,第二年补浙江嘉兴知县,后任嘉善知县,同治三年(1864)官至杭州知府。从同治六年始,去官先后主讲杭州崇文书院、南京江宁书院、惜阴书院。薛时雨晚年回顾后半生,概括为:作吏十六年,主讲十六年。

薛时雨三十五岁前在家乡生活、读书,后半生在浙、苏为官、讲学。据有关文献记载,薛时雨在嘉兴时,逢大旱之年,他体恤农民疾苦,不惧知府压力,果断停征税粮,遭到罢官。在做杭州知府时,时遇战乱之后,他千方百计召集流民,发展生产贸易,兴办教育,虽大权在握,但律己甚严。自撰楹联一副挂在官署上警醒自己:"为政戒贪,贪利贪,贪名亦贪,勿务声华忘政本;养廉宜俭,俭己俭,俭人非俭,还崇宽大保廉隅。"薛时雨在浙江三地为官,颇有政声,人去后,时人评价说"清官者,首推薛嘉兴(对薛时雨的尊称)"。而薛时雨在主讲三个书院期间,不拘一格,殚精竭虑,培养了包括张謇在内的大批人才。

薛时雨是一位深受百姓爱戴的好官,也是一位孜孜于文化传承的教育家,还是创作成果丰硕的文学家。薛时雨自幼聪颖好学,九岁能诗,在外做官、讲学之余,写出大量反映现实和抒发内心感受的优秀作品。今天读来,仍感余味无穷,确有极大的史料和审美价值。保留下来的诗作有《藤香馆诗删存》、词集有《西湖櫓唱》《江舟欸乃》,楹联别集《藤香馆小品》等。薛时雨的楹联成就更高,他被公认为有清一代楹联十大家之一。当代研究学者张小华认为,清代安徽的楹联创作位居全国前列,特别是中晚期出现了一批楹联作家,薛时雨是他们中的优秀代表①。

笔者看法,薛时雨固然在江浙有政绩、在文坛名声卓著,但他晚年对家乡的传统文化复兴贡献更大,达到了人生事业的辉煌顶点。薛时雨是名副其实的琅琊山水文化的重要传承人,是不可埋没的心系家乡、鼎力建设家乡文化工程了不起的乡贤和功臣。

十九世纪六七十年代,滁州与江浙同样经历了太平天国运动,琅琊山兵燹过后,人文景观破坏殆尽。劫后有谁能承担起重建这一宇内名胜、传承汩汩流淌的琅琊山水文化、使之不致中断的历史重任? 薛时雨毫不犹豫、挺身而出,他不惜以退隐之身、衰病之年,毅然决然肩起大任。

这是一副常人绝难挑起的重担,按说薛时雨并不具备条件。薛时雨既不是地方官,又退出仕途十多年,无权无势,主持重建工作协调难度大;更难的是,此属民间行为,薛时雨两袖清风,囊中空空,工程需要巨资投入而无来源,再加上他此时已过耳顺之年,在南京养疴讲学,能否胜任这一耗费巨大心血和体力的重任,不确定因素很多。古人在此阶段,一般以颐养天年为主了。因此,薛时雨奋不顾身,主动抢救性重建醉翁亭的担当勇气和信念智慧,实在令我辈后人钦敬不已。薛时雨完成醉翁亭、丰乐亭所有的重建工作后两年,就与世长辞,死而无憾。家人最懂得他的心意,灵柩回全椒归葬时特来醉翁亭辞行。

笔者分析,薛时雨之所以能克服重重困难,成功完成醉翁亭、丰乐亭人文景观重建工作,是因为得益于三个原因。

一是薛时雨入仕以来,十分重视兴办教育、文化传承和人才培养,后半生

---

① 张小华:《风流蕴藉——读安徽联坛翘楚薛时雨的楹联》,《辽宁行政学院学报》2013 年第 12 期。

以此为终身使命，充满了浓厚的人文情怀，也给他带来了源源不断的精神动力。晚年他重建醉翁亭、丰乐亭人文景观，是他身体力行地实践人文理想的必然选择。他为劫后的琅琊山带来一场复兴的"时雨"，为后代带来滋润心灵的"化雨"。

二是薛时雨有意继承欧阳修流风善政，把重建两亭、复兴传统文化作为自己有生义不容辞的责任。薛时雨前半生在家乡度过，一生对家乡、先贤怀有解不开的情结。虽然后半生在外，但始终不忘家乡养育之恩。他在离乡赴任路上作《舟发椒城两首》，其一："杨柳丝丝漾客舟，襄河春涨碧于油。十年诗思分明在，积玉桥头旧酒楼。"其二："抛却田园治薄衣，一琴一鹤一诗囊。明知此去湖山好，游子终应恋故乡。"诗言志，我们找到了他报答桑梓的答案。薛时雨奉欧阳修为先贤典范，终身崇敬和追随。在《琅琊寺山门联》中，表达心愿："愿将山色供生佛，修到梅花伴醉翁"；在《平山堂联》中直抒胸臆："遗构溯欧阳，公为文章道德之宗"。充满了对欧阳修的敬仰之情。

三是得益于欧阳修对后世的影响力和薛时雨自身能力形成的合力。薛时雨作为一介清官、乡贤和楹联大家，出面向公卿募资重修醉翁亭，慷慨解囊者大有人在，曾国藩、李鸿章、吴棠等一时风云人物纷纷响应，而滁州士子和薛时雨弟子也乐意襄助盛事，为薛时雨分担压力。薛时雨为弥补资金缺口，不顾老弱病体，常常在南京玄武湖畔荷花亭摆摊卖字，从早到晚挥毫不停。

我猜想，今天我们看到的醉翁亭景区格局和特色，应即当年薛时雨重建时的形制和风格，彰显徽派建筑和江南园林特色的有机融合。依山傍溪，精巧灵动的布局组合与含蓄别致的造园手法，使得山水亭台碑林石屋融合成为一个整体。薛时雨重建的醉翁亭系列人文景观是吸收江南园林文化的一个杰作。

二

薛时雨虽与欧阳修相隔八个世纪，但都努力接受和吸收儒家传统文化的滋养和熏陶，在许多方面有共同之处，他们都是充满理想的传统优秀文化杰出的传承者。

　　两人皆进士出身,虽入仕途,却无权欲利欲,性格刚正,都有被贬职罢官的经历;两人为政风格类似,以民为本,实行宽简政策,重视发展生产,关心百姓疾苦,所到之处留下良好政声;在培养人才方面,两人同样不遗余力,欧阳修培养拔擢曾巩、苏轼等,后代传为佳话,薛时雨也是桃李满天下,赢得后人称颂;两人都敢于担当,政治理想同为建设政治清明、天下太平的理想社会;两人的文学抱负、美学情趣大体一致,皆追求清新自然、高雅蕴藉的艺术品位,期冀有精品流传后世。因此两人心灵相通,神交已久。

　　薛时雨深知欧阳修的道德文章足以为后世的宗师和楷模。他在家乡滁州任上流风善政、与民同乐、佳作名篇成为宝贵的精神遗产,后世必须要学习和传承。薛时雨重建醉翁亭人文景观有着深刻的用意。他在《重修醉翁亭记》中说:"岂徒以山林寒寂中,增此流连觞咏之区,亦愿宰治良吏皆观感欧阳公之流风善政。而疆域乂安,民物殷盛,天下之太平,长若醉翁之世。于是乎酒甘泉冽、啸咏名山,气象如斯,亦不美乎?"这一段话,说明了薛时雨重建醉翁亭的目的,充分揭示了以民为本的思想是古代知识分子阶层的重要认知,以及醉翁山水文化人与自然和谐、与民同乐的本质,琅琊山水文化融入和寄情山水、继承先贤、保护名胜、追求和谐幸福的理想。薛时雨在《重修丰乐亭碑》中告诫:"滁之有醉翁、丰乐二亭,如人之有眉目,剔眉矐目,而其人不全。"表达了对两亭关系和保护古迹的远见卓识。这一观点已融入山水文化的内涵。

　　自古以来,山有名文传播,亭有名联增辉,已成传统。琅琊山因欧阳修《醉翁亭记》蜚声海内,后世陆续增添了许多亭景,但缺憾之处在于亭有名而无楹联相映衬,总让人觉得有不完整之感。醉翁亭在等待一个后来人,终于薛时雨从历史的风雨中走来了,因缘才情卓识没有比他更合适了,因为他是欧阳修在滁州的旷世知音和最重要的传承人。薛时雨十分珍惜这一机会,尽展才华,高起点重建两亭人文景观,精心构思撰题亭联、山门联七副、门额三副,加上他记述重建两亭碑文两篇,于是琅琊山水从此深深嵌下薛时雨的足迹和印记。薛时雨成为清中晚期复兴琅琊山水文化的代表人物,值得大书特书。

　　琅琊山七副楹联为薛时雨晚年作品,属咏名胜联,皆含英咀华,脍炙人口,为琅琊山水增添靓丽而又厚重的人文色彩。这些楹联经得住时间的检验，不愧为大家的传世之作，可与《醉翁亭记》经典妙句相映媲美。由于《藤香馆小品》结集刊印在前，这之后创作的楹联不在其中，外地研究者很难看到，所以，我们也未见到有关薛时雨琅琊山楹联评析文章。

其中，醉翁亭联一共四副，属于薛时雨一生所作楹联中的精品。1989年版《琅琊山志》把其中上下各两句的三副楹联作者列为佚名，不知何故。但笔者仔细分辨其文意、情感和风格，觉得应是一人所撰，且非薛时雨莫属。试想，在欧阳修大名大作之下，后辈谁又能轻易具备因缘才情和相仿的政声德泽与之相配？

为叙述方便，现将上述《琅琊山志》所载薛时雨的七副楹联作品，按顺序抄录如下。重点就醉翁亭联，谈谈自己的理解。

三

醉翁亭联：

甲、人生百年，把几多风光琴尊等闲抛却；

是翁千古，问尔许英雄豪杰哪个醒来？（原书标为"佚名"）

乙、翁去八百载，醉乡犹在；

山行六七里，亭影不孤。（原书标为"佚名"）

丙、并未成翁，到处也须杖履；

不能一醉，此来辜负山林。（原书标为"佚名"）

丁、翁昔醉吟时，想溪山入画，禽鸟亲人，一官迁谪何妨？把酒临风，只范希文素心可证；

我来凭眺处，怅琴操无声，梅魂不返，十亩蒿莱重辟，扪碑剔藓，幸苏子瞻墨迹长存。

影香亭联：

戊、距石而饮，扣槃而歌，最难得梅边清福；

环山不孤，让泉不冷，何须恋湖山风光。

意在亭联:

己、同洛社遗风,杯渡轻便增酒趣;

仿山阴雅集,波纹曲折像文心。

琅琊寺山门联:

庚、愿将山色共生佛;

修到梅花伴醉翁。

薛时雨另题醉翁亭院子里外门额三副:醉翁亭、有亭翼然、晴岚叠翠。

以上醉翁亭联,雄视今古,抚今追昔,立意高远,境界阔大,从不同视角表达了后世对欧阳修的崇敬、怀念、仰慕和继承之情,主题一以贯之,文字清新自然,词句风雅,内容含蓄,意蕴丰富,写作技巧令人折服。这些楹联、门额撰成,标志着醉翁亭的表、里修整全部完成,恢复胜景,并增添人文底蕴。

甲联与"英雄豪杰"作对比,赞扬欧阳修一生建筑道德文章高地,德匹日月,文传后世,惠及子孙后代,为后世所敬仰。含而不露指出,"醉翁"是醒翁、千古之醒翁。此联揭示了欧阳修为后世赞誉和纪念及醉翁亭屡毁屡建的真正原因。此联正符合陈方镛《楹联新话》评论所言:"至慰农先生,蕴藉风流,专以神韵取胜"[1],可作一个例证。

乙联不同于甲联写法。甲联从价值观和人生观上判断,以历史人物作比较,给人全时空的印象。乙联,从欧阳修与滁州的关系着眼,集中笔墨,描写他的流风善政在这一地的影响。联中呈现出时空变与不变的交错、融合,经典回忆和现实交织,引人思绪和感慨万千。上联"翁去八百载",读之想到"风流人已远"、思念到如今;"醉乡犹在",似乎看到当时滁州依然宛如欧阳修笔下百姓"安于畎亩衣食,以乐生送死"[2]的图景,物是人非的沧桑感油然而生。下联,"山行六七里",直接用欧公原句,既唤起欧阳修与民同游的情景再现,也点出历来山形地势未变,游人一

---

① 陈方镛《楹联新话》,见龚联寿主编:《联话丛编》,江西人民出版社2000年版,第2783页。

② 欧阳修《丰乐亭记》,见《琅琊山志》编纂委员会编:《琅琊山志》,黄山书社1989年版,第150页。

直沿当年的山路而行，让人有亦真亦幻之感；"亭影不孤"这是一个变迁的动态过程。请注意此四字是警句，一联中的联眼，我理解有四层含义：一是自欧公去后，琅琊山游人不绝，逐渐成了游览和寄情山水的名胜；二是后人陆续按欧公之意依山沿溪建了一大批亭子，与三亭遥相呼应，蔚成风气；三是醉翁亭屡毁屡建，矗立不倒，亭影相伴山石林泉，后世学子瞻仰膜拜，欧公事业薪火相传；四是在这次浩劫后，醉翁亭又得以重建，重现盛景，薛时雨作为首倡者、主持人，有文有联记题盛事，其喜悦和告慰之情溢于言表。他最有感触而传神般地挥写"亭影不孤"。这一蕴含无限的妙联，令人常读常思常新。可以说，此联力压群芳，是薛时雨琅琊山楹联的代表作。

丙联，写出一般学者士子在当世和后世对欧公崇敬之情。暗含自己虽达不到欧公那样的成就和风范，但愿追随欧公，愉快地融入自然，陶醉山水，洗去胸中块垒，焕发新的生命活力。薛时雨作为一个颇具吏才、卓有政绩、不为腐败官场所容的清官，两次被迫离开官场，最终选择一条矢志教育、传播传统文化的人生路子。他对人生的起伏体验可谓深矣。欧阳修受贬后不作"戚戚语"、逆境有为的榜样形象，给了他极大的精神慰藉和启发。在此联中可以体会薛时雨传承琅琊山水文化的自觉性。

丁联，与上述三联不同之处，一为长联，上下各六句，共六十二字（前三联中甲联最长三十字）；二是增加人物细节描写，内容包容丰厚。上联描述欧阳修把酒吟诗的情景和复杂心境，下联回忆自己重建前来此凭眺所见所闻所感。两幅历史文化画面的呈现，引人深思感慨。此联前后串起与欧公有密切关联的三个历史文化名人，时代的悲歌、历史的回响、文化的传承，一幅幅画面在眼前闪现，他们中间发生的故事，为后世称道不已。此联气势恢宏，境界深邃辽阔。该联一直挂在醉翁亭内石础木柱上，也是导游提示游客知晓的名联。

上联概括和浓缩了欧阳修受贬知滁后的潇洒形象和内心活动，描写中夹杂议论，一反问一旁证，语意贯注，文辞严密，蕴含三折，寓意回味再三。第一层，"翁昔醉吟时，想溪山入画，禽鸟亲人"。接触了淳朴的滁州乡风民俗，融入美丽的琅琊山水，带给欧公极大的精神安慰和视听享受，"醉能同其乐，醒能述以文"，奇思妙句、千古美文喷涌而出。第二层一转,"一官迁谪何妨",将此坏事变好事,受贬个人不能左右,而逆境不屈、积极进取的心态可以自我主宰;受贬是暂时的,由此激发的诗文创作将得以流传;个人虽受打击,但琅琊山水"得欧公之文而愈光",流风善政浸润影响,实滁州之莫大幸焉。第三层升向更高境界,"把酒临风,只范希文素心可证"。欧阳修从政刚正敢言,先上书支持范仲淹革除弊政,后又积极参加"庆历新政",受到保守派打击,两次被贬而不沉沦,他们是君子之交,是与天下共忧乐的志同道合者。范仲淹《岳阳楼记》以乐写忧,欧阳修《醉翁亭记》以忧写乐,视角不同而旨归一致。另欧阳修善理政事,政宽事简,促进社会安定、物阜民丰。闲暇之时,欧公喜与宾客游览州城旁的琅琊山水,与民同乐。明代苏茂相赞道:"为政风流乐岁丰,每将公事了亭中。泉声鸟语还依旧,太守何人似醉翁?"①此诗虽有些夸张,也表明了欧公的潇洒风骨深深地感染后人。

下联由喜转忧。自己老了再来此处瞻怀,年轻时熟悉的景象已消失,所见只剩下瓦砾堆堆,蒿草没人的惨败场面,所幸埋没荒草中的"苏子瞻墨迹"刻石还在。这前"怅"后"幸",生动地再现了薛时雨目睹醉翁亭名胜毁灭后的痛心和劫后重逢镇山之宝——苏轼手书《醉翁亭记》碑刻的欣喜之情。

下联所叙意在言外。"凭眺"所"怅"内涵应用心体味。"琴操无声",当年欧公《醉翁亭记》流传天下,音乐大师沈遵慕名来游琅琊山,心动而作《醉翁操》琴曲,后由苏轼依声填词而可歌咏弹唱。随着这些风流人物的作古,这后世的知音在哪?历经劫难,这妙音仙乐恐怕早已失传久远。"梅魂不返",一场战火蔓延,百姓生灵涂炭,流离失所,文物古迹惨遭毁坏,象征欧阳修人格政绩丰碑的醉翁亭和高洁品行的古梅花竟遭毁灭和戕杀厄运,这是谁之罪?一种痛心和无奈情绪弥漫胸中。从"十亩蒿莱重辟"转入一个新的意境。薛时雨年轻时,常由全来滁,"往来策蹇,凭欧梅之亭,拓子瞻之碑,悠然有怀当日宾客之游"②之情景恍如昨日。如今盛景不在,甚至拨开层层茅草,才慢慢找到曾经熟悉的景物遗址。两相对比,岂不

---

① 明代苏茂相诗,见琅琊山醉翁亭前东侧所立石碑。
② 薛时雨:《重修丰乐亭碑》,见《滁州市志》,方志出版社2013年版,第1695页。

令人痛哉！薛时雨是一个知行合一的学者,在这里已经透露出他定要重建醉翁亭人文景观的信息了。

四

薛时雨琅琊山楹联,观察细致,情景交融,联想翩翩,语言通俗易懂,雅俗共赏,注重精心选择,富有表现力、动态性、有内涵解读的词汇,有机组合成一幅幅形象感新鲜感极强的、耐人寻味的画面,给人巨大的想象空间。感情赤诚而隐藏其间,构思奇巧,表达以含蓄为主,内涵丰富,令人回味无穷,避开了一览无余的尴尬,如食饮"太羹醇醪,醺醺有味"。

在艺术构思上,立意新、高,境界雄浑。在表现手段上,丰富灵动,避入窠臼,进一步增强了欣赏效果。在《影香亭联》里,薛时雨借眼前景物,淋漓尽致地表现了欧公融入和陶醉山水之乐趣,实则也暗喻自己不恋官场、砥砺节操的人生态度。从孔子赞赏的"沂水之乐",到欧公体验的"醉翁之意",再到薛时雨向往的"梅边清福",是一脉相承的。自古以来,山水田园就是知识分子的精神家园。

1. 变咏亭联为咏人物联。醉翁亭四联,从不同角度写欧公,并不是一般写景抒情,也不提重建醉翁亭之事,使得敬仰、怀念、继承欧公的主题更集中、精练、深化。

2. 追求意境。薛时雨擅长诗词,其楹联往往以境界和韵味取胜。写欧阳修对滁州的影响,仅八个字,"醉乡犹在""亭影不孤",字少意多,含义深远。"八百载"时空飞转,"六七里"过客匆匆,然而,欧公治滁仅两年多,就赢得了滁州人永久的怀念。他开创的醉翁山水文化,融入了源远流长的琅琊山水文化,并提升了其境界和水平。读薛时雨的楹联,给人峰回路转、渐入佳境之感,他的下联往往新意迭出,让人眼前一亮。

3. 善用对比、烘托手法。甲联用"英雄豪杰哪个醒来？"凸显欧公"是翁千古"核心意义。丁联用"范希文素心""苏子瞻墨迹",衬托欧公道德文章和潇洒风骨与世长存。

4. 揉入典故,包容量大。楹联特点为字少意多,风格隽永,值得反复诵读回味。恰到好处的用典,可增加楹联的内涵、品味和情趣。前述"幸苏子瞻墨迹长存",暗含滁人辗转邀请苏轼以大字书写《醉翁亭记》刻石立碑的故事,那一丝不苟、厚重遒劲的楷书字体,正是展现出他对老师的一片深情。意在亭联,"同洛社遗风,杯渡轻便增酒趣;仿山阴雅集,波纹曲折象文心。"由意在亭、欧阳修联想到开曲水流觞先河和记叙兰亭雅集盛事的王羲之,又引出"文心"一说,令人眼前浮现出,继往开来的文化大师和他们千古流传的巅峰作品的一幅幅画面。由此,我联想到薛时雨醉翁亭楹联的"文心"是什么,我以为就是"山行六七里,亭影不孤"。欧公和薛时雨的警句联手,取得了"1+1 > 2"的效果,无意中揭示了琅琊山水文化发展中一个永恒不变的现象,同时也启示人们,这个世界,不会放弃人与自然的和谐相处、自然景观与人文景观有机统一的追求。不是吗? 我们今天把琅琊山水风光融入城市,建设美丽亭城,也是自觉传承发展琅琊山水文化,惠及广大市民的题中应有之义。

　　5. 结构精巧紧密。丁联虽长,但句意渗透绵密,并未有拖沓之感。上下各联第四句,"一官迁谪何妨?""十亩蒿莱重辟",均发挥承上启下作用,非大家难能如此结构。

　　6. 句式多样化。叙述、白描、议论、反问等句式镕为一炉,使得联语变化多姿。

　　7. 修辞手法丰富。除对偶外,比喻、借代、拟人、对比、引用、用典、层递等交织使用,显得句子内部摇曳活泼。

薛时雨与清末民初的全椒布业、当铺和钱庄

江文林（全椒县教体局）

提要：清同治九年（1870），苏帮商人陈蔚文（钧甫），经杭州太守薛时雨和全椒知县周春暄的引荐，在全椒县城开设"鼎泰钱庄"，生意兴隆，财源茂盛。苏帮商人陈蔚文的成功示范，为大批苏商、浙商进入全椒市场起到领头羊作用。他们不只是经营钱庄、当铺，还把京广货业、布业、五洋业同时引入全椒，为繁荣当时的全椒市场，起到引领作用。可以说，薛时雨是全椒招商引资的先驱。

主题词：薛时雨；布业；钱庄；当铺

一

明清以来，全椒地方乡民都是以穿木机自织布（俗称家织布）为主的。这种木头制造的织布机，几乎遍及各个村庄。城镇的官、绅、商、地主等，穿着的绸缎绫罗也是木机织造的。全椒没有这种木机，全靠从金陵、苏州、杭州等地进货，而打通从杭州进货这一渠道，时任杭州太守的薛时雨功不可没。

全椒县最早的木机布匹是从古河集发展起来的。据县志记载，县西有栏杆集，通庐州（今安徽合肥）大道，木机织布业极为发达。为了开拓市场，布商首先进入了古河集，从设摊销售到开设店铺，从行商逐渐成为坐商。

随着江浙沿海纺织业的发展，木机布逐渐被淘汰，市场行销"洋布"。而洋布行销，全椒除了自南京到全椒间便捷的黄金水道：长江——滁河——襄河外，薛时雨引介苏商陈蔚文（钧甫）等也是重要原因。

　　陈蔚文是江宁（今江苏南京）儒商，早就听闻薛时雨在杭州、江西从政为官清廉，经常慕名到江宁尊经书院，聆听自同治七年（1868）掌教书院的薛时雨讲学，师生关系融洽。同治九年秋，苏商陈蔚文经薛时雨的引荐到全椒经营钱庄、米店，得到县令胡鉴（江西南昌人）、知县周春暄（河南人）的先后支持。一开始，这些苏、浙商人经营钱庄、米店，为地方解银进京，由南京水路带回洋布、绸缎，批发、分销给地方坐商，再二次三次销售。货船到达全椒后，船只停泊龙王庙码头，由搬运工人卸货，再由脚力（混穷的小工）用独轮车送往县城各商家。解放初，我县东、西、南门大街，均为青石板路，中间车辙历历可见，最深处达四五厘米。由此可见当时商运之盛。明清之际，全椒布业一直垄断在苏商之手，及至咸丰、同治年间而未衰。

　　因为引进了钱庄，曾任杭州太守的薛时雨同时也为全椒引进了布业。苏商后裔吴佩珊在袁家湾开设"元丰布庄"，另一位苏商后裔胡瑞成在西门大街开设"胡隆昌布号"，这两家布庄是当时城区上、下埠最大的布店。除了经销苏州、丹阳等地织造的各色棉布外，还经销南京、苏州、杭州等地的绸、缎、绫、罗，有的商家还从四川运来蜀锦等销售。与此同时，古河的"仁和太布号"、赤镇的"太康祥""肖益大""吴庆和"布号也越做越大，共显一时之盛。这些布店都拥有二十名以上的"朝奉"（店员）和"相公"（徒弟），对周边小的集镇还担负起批发的业务。还有邻近的定远县的布商赶来批购古河"仁和太布号"的布料、绸缎。

　　由于苏商、浙商在全椒布业市场的地位越来越巩固、强大，本地及其他地区的布商也跃跃欲试。本县布商邱功祥（止庵）在袁家湾开设了"沅盛布庄"，江寿嵩在南门大街开设"恒茂布号"（俗称"江恒茂号"），江益斋在西门大街开设了"恒大布号"（俗称"江恒大号"）。"胡隆昌布号"由于经营不善而倒闭，苏帮后裔万有三立马买下了原址，开设了"万全泰布号"。不到几年时间，"马益兴""曹永泰""栾恒兴""张大昌""裕和祥""王复盛""叶怡记""马义和"等几十家布号遍及东、西、南门大街，真称得上是"万商云集"。苏商、浙商的兴起，有力地刺激了本地布商的崛起。

　　值得一提的是"马益兴布号"。庐州马盛骥带着三个儿子：马敦鳌（赢洲）、敦龙（海青）、敦野（芸生）一家人来全椒谋生，在袁家湾先摆设木机土布摊，进而由行商变成坐商,开了一家较大的布店,牌号为"马益兴布号"。后来又增加了绸、缎,几年以后又兼营京广洋货。店铺门头上大字写着"马益兴号　绸缎布匹　京广洋货",并用对联"处世和平终有益;居家勤俭自能兴。"把"益兴字号"发家致富的秘密标榜出来。后来,"马益兴号"终于发展到机米厂、木行,营业面之大冠于全县。

二

全椒早在唐朝中叶就有了经营银、钱保管业务的"柜坊"。北宋时期开始有专门经营银钞的"钱铺"。后来随着贸易的发展,市场货币流通量的增加,苏帮商人的介入,"钱庄"应运而生。钱庄的业务主要是对县内工商户发放贷款,办理汇兑,替官府解运银款等。

清同治九年,苏帮商人陈蔚文(钧甫)亦经薛时雨和全椒知县周春暄的介绍,在县城西门(今宝林桥附近)开设"鼎泰钱庄",钱庄规模不小,设有管事、管账、朝奉(店员)、相公(徒弟)十多人。生意兴隆,财源茂盛。

苏帮商人陈蔚文的成功示范,为大批苏商、浙商进入全椒市场起到领头羊作用。他们不只是经营钱庄、当铺,还把京广货业、布业、五洋业同时引入全椒,为繁荣当时的全椒市场,起到引领作用。一些本土商人也跃跃欲试,不甘心本地的钱被外商赚走,纷纷仿效。一时间全椒商业进入鼎盛时期。

民国七年(1918),县城内又开设一家"坤生永"钱土店,既经营钱庄生意,又兼营鸦片和大烟土业务。不久因店铺老板吸食鸦片、烟土破产倒闭。后来该店管事江寿松另创"通裕钱庄",钱庄地址在今宝林路凤凰街。钱庄集资六股,每股二百元。庄内有经理、司账、相公、解款、勤杂,计六人。各负其责,各司其职。后来钱庄发展壮大,地址迁至西门大街(今小苏果超市对面)。"通裕"改为"同裕",股东由六人减为三人,每股一千元。由于"同裕钱庄"资金雄厚,在商家和百姓心里信誉好,生意兴隆,年存款额最高达四十万元。其中私人存款达万余元,年利润四五千元。"同裕钱庄"与中国银行、中南银行、南京下关的上海银行,以及与江苏六合县(今南京六合区)的"余记"、南京下关的"裕丰"等私人钱庄,均有业务往来。民国二十六年,因日寇入侵、全椒沦陷而停业。

民国十二年,倪栋丞创办了"聚源钱庄"。地址在现在西门宝林西路原玩具厂后面,资金一千元。开始业务尚可,后因与"同裕钱庄"的竞争,生意日渐冷落。遂由股东黄古愚任经理,并重新组股,仍起色不大。最后由江中文任经理,再次组股六股,每股二百元,地址迁至今小苏果超市(原县政府小礼堂),在"同裕钱庄"的斜对面,两个钱庄隔街相望,直线距离不到五米,竞争激烈可见一斑。但最终仍扭转不了萧条局面,终于民国二十二年倒闭。

钱庄与"当铺"是的一对孪生姐妹。典当行业的货币流通离不开钱庄。早在道光年间,全椒县就有"当铺",主要以经营实物押贷为主,兼营高利贷等。通常以低估实物价格、并在收取急着用钱人的实物后,付给贷款。另外还在有铺保的情况下,以月息分半至三分发放短期贷款。一般人家在生计困难时,将房屋、家具、衣物、契约拿去典当。有时富裕人家、做生意人家,在资金周转不灵时,也会将金银首饰、古玩字画、珠玉珍宝拿去抵押。当价一般为物品实际价值的百分之三十,当期为三个月、半年不等,最多不超过十八个月。过期不赎的,就丧失了回赎权,谓之"倒当"。天灾、人祸,实物损失时,当铺不负赔偿责任。当铺按月收利,月利在百分之十至二十之间,并规定"月不过五"(即一个月零六天即为满两个月)。县内典当业没有正式牌号,仅有一两处抵押交易(俗称"小押")。当铺内一般有管事、管钱、管饰等分工。

在一般人看来,典当业似乎是一个"只赚不赔"的行业,但是一遇兵荒马乱,再殷实的当铺也会遭遇灭顶之灾。据县志记载,道光年间,全椒知县赵晖璧为了办学,曾筹集三千串制钱,存在当铺生息。咸丰年兵燹后,当铺无存。民国五年,古河镇开了一家张姓当铺,店员十一人,资金三万元,于民国十五年遭土匪抢劫倒闭。据说该当铺系李鸿章嫁女儿时的陪嫁。

现在,每当从电影上看到旧时代的知识分子或穷苦人,冒着纷飞的雪花,向着墙上写着一个大大的"当"字的建筑物走去时,我就会想到爷爷曾经告诉我的话:"那写着'當'字的高墙大屋叫'当铺',那是穷人不能去的地方。"可能是因为当时年龄太小,不解其中的含义。其实爷爷跟我说这话的时候,"当铺"早已渐行渐远。斑驳的石灰墙上,一个用蓝色写成的早就退了色的大大的"當"字,只隐隐约约留下了半个身躯。原先的"当铺"早改作他用。但是在隐约中似乎还看到"當"字中残存着当年的繁华和悲伤。

值得一提的是,全椒布业、钱庄业和典当业的兴起,与时任杭州太守的全椒人薛时雨有直接关系。按照现在的说法,早在一个半世纪前,薛太守就为家乡全椒招商引资,引进了陈蔚文等苏、浙商人到全椒开设钱庄。可以说,薛时雨是全椒招商引资名副其实的先驱。

晚清名士薛时雨

薛来彩（南京师范大学）

　　我带着无限期待的心情，用寻觅历史踪迹的目光，穿过一卷卷发黄的书卷，在一行行文字中寻找。终于在清末的诗词丛林中，找到四卷本的《藤香馆诗删存》和二卷本的《藤香馆词删存》，最终目光落在一个须发飘然、目光睿智的老人的画像上，他就是我要寻找的 200 年前晚清名士薛时雨。

薛时雨画像

薛时雨是清代文学家、教育家,安徽全椒人。字慰农,号澍生,晚号桑根老人。父亲薛鑫谨遵"积金积玉,不如积书教子;宽田宽地,莫若宽厚待人"的家训,严格教育子弟成才。薛时雨在父亲的教导下,专攻诗文,博览全书,九岁便能作诗。清道光二十九年(1849)他在安徽乡试获第一,咸丰三年(1853)和仲兄薛春黎同登进士第,一时传为佳话。

一、循吏为民

咸丰四年,高中进士的薛时雨获授浙江嘉兴知县。恰在此时,太平军占领了南京,陆路不通,准备赴任的薛时雨只得从水路绕道海上,坐船辗转到达嘉兴。因为路上耽搁,未能及时上任,吏部准备将他降职。浙江巡抚罗遵殿为他求情,才免除了处分。

咸丰五年冬,薛时雨正式上任嘉兴知县,第二年便遇嘉兴大旱,草木枯黄,田地干裂,百姓无粮可缴税,上面却催得很紧。薛时雨出衙巡察,满目饥荒,心中不安,丰年尚不饱食,大旱哪有粮可缴?思索再三,便拿来纸笔给嘉兴知府写了一封信,如实通报旱情,要求停征税粮。知府却不予理睬,还给他发来催科檄,限他五日内交齐税粮。薛时雨也犯起犟脾气,亲自拿起鼓槌击鼓升堂,向众衙役宣布:"知府刚送来催科檄,令我五日内交齐税粮!百姓受灾如此,我于心何忍?现本官下令:即日起停征税粮!"众人几乎不敢相信自己的耳朵,一个年老的差役上前跪问道:"薛知县,上面催得这么紧,您下令停征,上面怪罪下来,如何担当得起!"薛时雨拍着胸口说:"我一人做事一人当,大不了挂冠回家。"果不出所料,第二天知府下令,将薛时雨撤职罢官。百姓闻讯结伴挥泪相送。后来浙江人都说:"清官者,首推薛嘉兴(对薛时雨的尊称)。"

被罢官的薛时雨第二年又被改任嘉善知县,嘉善人非常高兴,互相庆祝得到了一个清官。晚清时期,官场腐败,庸官懒政众多,政务近于瘫痪。薛时雨一上任,便终日坐堂,处理积案,解决狱讼。经过数月集中处理后,当地几无诉讼。他还深入田野调查,帮助乡民解决了"嵌田"这个田亩统计不实的老大难问题。与此同时,他还主持兴修水利、兴办教育、振兴文化等,赢得了当地百姓的爱戴。其时太平天国运动已经席卷大半个中国,浙江大部分地区已被太平军占领。眼看形势越来越危急,清政府只得颁布诏令,鼓励各地成立团练、民军等地方武装,参与剿灭太平军。曾国藩因丧母在家守孝,也在家乡湖南一带依靠师徒、亲戚、好友等复杂的人际关系,建立了一支地方团练"湘军",来对抗太平军。同治元年(1862),湘军到达安徽安庆,在江西避难的薛时雨与曾国藩同为进士,便到安庆拜谒曾国藩,向他分析当前形势、讨论应对策略,慷慨论兵事,他的果敢胆识、足智多谋赢得了曾国藩的赏识,被曾国藩收为幕僚。在曾国藩的府衙,他结识了曾国藩的得力将领左宗棠,并得到了左宗棠的器重。此时,江苏巡抚李鸿章在家乡合肥也组织了一支地方团练武装"淮军"。淮军在上海郊区,与太平军展开了第一次激战,首战告捷。李鸿章便借此向朝廷上奏《奏调冯桂芬等片》,力邀薛时雨做幕僚,得到了清廷允准。进入淮军做幕僚的薛时雨,帮助李鸿章襄办厘捐,筹募粮饷,参与军机策划,襄理军务,很得李鸿章欣赏。在淮军,薛时雨与李鸿章手下大将刘铭传相识,两人相谈甚欢,并很快成为好朋友,后来还结为儿女亲家。湘军成立较早,淮军新立,两军将帅壁垒相望。在两军都做过幕僚的薛时雨便从中调停,化解了淮军和湘军的矛盾,使两军会合一处。此时驻守在嘉兴的太平军被围数日,已成孤军,在里无粮草、外无援兵的情况下,太平军首领听王陈炳文遂起叛降之心,但受英王陈玉成严责,正犹豫不决。薛时雨主张"攻心"为上,便利用自己在嘉兴的声望,冒着生命危险,只身前往劝降。淮军和湘军很快攻下被太平军占领的嘉兴,随后又攻下杭州。时任闽浙总督的左宗棠奏请咸丰帝,补授薛时雨杭州知府,执掌浙江粮储道,赏赐顶戴花翎。

薛时雨到任杭州知府时,杭州战乱初停,百业凋敝,尸横遍野。他在《哀杭州》中写道:"杭州十万良家子,可怜困守危城里。揎臂难收一战功,尸骸枕藉西湖水。西湖之水何潺潺,昔时旖旎今烦冤。烦冤无告鬼夜哭,苦雾愁云塞山谷。天竺峰颓鹫岭秃,菩萨攒眉狮象伏。吁嗟乎,佛若有情佛亦哭!"他一到杭州,便召集流亡,鼓励百姓复业,经济有所恢复。他还建东城讲舍,发展地方教育。一次上司将一百多名被俘的太平军交给他,命令他斩尽杀绝,他不忍杀戮,偷偷将他们释放了。浙江省最高行政官布政使和最高司法官按察使随军公差,他代行两司事,并且左宗棠授他特权，"可以先行决断，然后再报告他"。薛时雨实际代行了浙江省的行政长官之职，身兼四职，公务非常繁忙。由于杭州长期被太平军占领，收复后，"庐井荡然，孑然无人色"，散兵游勇寻衅滋事，他每天要处理众多公务，每日公文一尺多高，还要接待上访的民众，处理灾民匪患等等，但他才智过人，应机立断，处事果决，往往一人干几个人的事，都能应付自如。

此时，杭州诈骗偷盗猖獗。他上任不久就遇到这么一件案子：一个骗子将一只仿制古砚送进当铺，隔几日拿钱来赎，店主将古砚还给他，他却一口咬定当铺调包，还给他的是件仿制品，要求赔偿，双方争执不下，告到知府衙门。

薛时雨接到案子后，颇感为难，不知从何下手，便拿着那只古砚微服私访。一日于一幽僻小巷碰见一人，那人盯着古砚问："先生此砚可卖？"薛时雨一愣，忙问："你出多少钱？""100文银。""这是只古砚，怎么只值100文银？"那人讥笑道："这是什么稀罕物？钱塘巷里有专门造这种砚的。"薛时雨便跟那人来到钱塘巷，果然看到一家专制这种砚墨的店铺。他眉头一皱，计上心来，从店铺里又买了一只和那只一模一样的砚。

翌日开庭，薛时雨厉声喝问骗子："你说当铺老板把你的古砚换了，那你一定能分辨出古砚和仿制砚喽？"骗子愣了一下，心想：若我说不能分辨，岂不是自相矛盾；若说能分辨，其实自己如何能分辨得出，便硬着头皮说："能。"薛时雨将两只古砚放在他面前："这里一只是真正的古砚，一只是仿制品，令你把它们分辨开！"骗子暗暗叫苦，眼珠一转，挑了只较旧的举起说："这只是真正的古砚。"

薛时雨哈哈一笑，猛地一拍惊堂木喝道："大胆骗子！这两只都是仿制古砚，何为真？何为假？还不快快从实招来！"骗子自知难以抵赖，只得招出以砚行诈的事实。次日差役押着骗子游了杭州城，人们看了无不拍手称快。"薛时雨智断古砚案"一时传为美谈，杭州人无不佩服薛时雨的机智。

杭州收复后，清兵驻防初归营，士兵贫穷，但很嚣张，到处滋事。杭州有一个叫张富贵的人，仗着姐姐嫁给八旗兵营总管，做了官，到处欺压百姓，强占民女，盘剥民财，老百姓早就恨之入骨，只是敢怒不敢言。一天，他见一个农民挑着一担西瓜走到他前面，便伙同八旗兵把他的西瓜都抢吃了，还将那个农民打得鼻青脸肿，并将他告到知府,说挑瓜的农民骂了他。薛时雨早知他的恶行,决心治治他为百姓出气。他指着那个农民厉声喝道:大胆刁民竟敢辱骂朝廷命官,罚你掌嘴80次。农民打完后,薛时雨指着正暗自得意的张富贵问:"你是几品官?"张富贵骄傲地说是六品官,薛时雨正色道:"按大清律例,辱骂五品官才该掌嘴80次,六品官只该掌嘴40次,他现在多掌了40次,你该还给他。"便命张富贵掌嘴40次,他不肯,薛时雨喝令衙役掌了他嘴40次,百姓见了无不拍手称快。

经过薛时雨两年多的整治,杭州逐步恢复了生产和经济,百业复苏,文人墨客常聚会于西湖和灵隐寺,赏玩景色,吟诗作画。在西湖中央,有一座小岛,岛上建有湖心亭,为中国四大名亭之一。站在湖心亭极目四眺,湖光山色,美丽无比。在岛的南面有一块平整的山石。大家提议请文人墨客题字,可请谁呢?人们早知薛时雨文思不凡,便恳请他题字。

推辞不过的薛时雨端坐亭中,略加思索便站起来,挥笔写下了两个遒劲的大字"虫"和"二"。写完便欣然离去。众人不解,猜测议论纷纷,有一位秀才,干脆找到杭州府来,"薛大人,不知您为湖心亭前所书'虫'和'二'是何意,请指点指点。"薛时雨哈哈一笑道:"'虫'者,是"風"去掉几,意为风无边,'二'者,是'月'去掉'月',意为月无际,'虫'和'二'合起来便是'风月无边'之意啊。"秀才听了连声赞绝,薛时雨智题湖心亭的传说,很快在人们中流传开来,至今在湖心亭的岛南仍留有这块石碑。后来,光绪二十五年(1899)历下人刘廷桂将其题镌于泰山登山道旁的一块摩崖石上,使其发扬光大。

薛时雨在杭州任知府,卓有政绩,深得百姓爱戴,却受到了同僚的嫉妒和诋毁。"贤声既昌,而忌者日众"。因为他对教育的重视,巡抚急调他任乡试提调官。想到不久前任御使的二哥薛春黎曾任江西乡试主考,却在试院中暴病身亡,不禁悲从心来。和二哥亦师亦友的往事历历在目。他想到和二哥一起在父亲薛鑫的学堂里学习,15岁时父亲去世后,便和二哥一起跟随大哥学习,同窗共读,朝夕相伴,情同手足;想到和二哥一起参加科举考试,同登进士第;想到二哥只比自己大四岁,便英年早逝,不禁悲从心来。他曾在二哥的葬礼上挥笔写下了挽联:"棘院病弥留,忧负君,忧负士,忧负寅僚,卅一朝医药沉绵,忍死论文,绝口不谈家室事;荆株中忽断,失我兄,失我师，失我族望，三千里京华迢递，羁魂恋阙，伤心无复对扬时。"悲痛之情溢于言表。

想到二哥就想到江西，想到江西就想到病逝于江西的爱妾沈姬。沈姬是浙江东阳人，聪慧贤淑，原也是书香世家，因为家道中落，从小康之家坠入困顿，咸丰八年嫁给他做了侧室，两人琴瑟和谐，恩爱有加。在杭州被太平军攻占后跟随他避难到江西，却不幸染病，不久病逝。沈姬自嫁给他后，就多次说想跟他到全椒的老家看看，但一直没有实现。想到沈姬一个弱女子，在战乱年代，一直跟随他颠沛流离，红袖添香；想到沈姬刚和他团聚还不到三年，便不幸去世，他不禁潸然泪下，挥泪写下了心语："助箧仅三年，可怜萍梗飘流，巾帨相随，细数欢娱曾有几；和颜承大妇，才到荔枝年纪，么弦忽断，伤心病状竟无名。"后又写下了《惆怅行悼沈姬作》赞颂沈姬贤惠聪明，"苏堤偶说朝云墓，灵心慧舌工参悟……房空人去不胜愁，落花委地芳林悴"，更写下了《薄幸·追悼沈姬》和《悼沈姬之亡藉以书痛》"叹逝水无情，罡风太恶，人与落花并葬。""暮云千里，凝眸犹恐看朱误。哀思欲诉。伤玉瘗香埋，墓门深护。"江西是他的伤心地，他越想越觉得悲愤。

沈姬墓碑

家门的不幸,使他倍感失落,身心疲惫;官场的腐败,钩心斗角,嫉妒诽谤,又使他对厕身官场产生了极大的厌恶。"故园久阁芰荷衣,宦海沉浮与愿违。"于是,他在乡试试院做了一个惊人的决定——愤然托病辞官,这一年他才48岁。后来,他在《挂冠二首》中说自己是"性情不宜官,勉强学官样。""责重思息肩,宦久防腾谤。"

二、晚清师表

浙江巡抚马新贻深知他的学识才能,以二品衔候选道解来挽留他,但他坚辞不授。为了挽留薛时雨,马新贻提出聘他于杭州主讲"崇文书院",薛时雨竟欣然答应了。因为薛时雨的祖父薛凤翥、父亲薛鑫,都是以一介寒士教授乡里,对他的影响很大,他曾在为父亲《念鞠斋时文剩稿》作序时说自己家是"寒门累世舌耕",所以他愿意成为像父辈那样的教书先生。正是这种家教的渊源,他早在嘉兴做知县时,就非常重视教育,嘉兴有一座"魏塘书院"已经荒废数十年,他看到鸟鼠穿楹桷、尘网挂房屋的景象后感到十分痛心,于是和一些名士大儒商量,倡议大家捐款重修,恢复书院,使之焕然一新,"清池泛芹藻,别馆罗花药。叠石成山丘,种树当帷幕。"他还特意为此写下了《魏塘书院考课偶述》一诗以记之:"俗吏虽风尘,造就意良愍。聆兹雅颂音,怡然顾而乐。教养宰官职,士民无偏驳。琴堂重听察,鳣堂重磨琢。作诗遗后人,笙簧永酬酢。"

他在杭州主讲崇文书院三年,在崇文书院的大门旁自题楹联曰:"讲艺重名山,与诸君夏屋同栖,岂徒月夕风晨,扫榻湖滨开社会;抽帆离宦海,笑太守春婆一梦,赢得棕鞋桐帽,扶筇花外听书声。"他对书院的环境建设非常重视,要求书院景观诗意化、环境人文化,充分发挥书院环境的潜移默化、润物无声的熏陶功能。认为"境幽心自静,艺林欣有托。"他亲自设计崇文书院的校舍,"讲舍筑湖滨,杞梓罗俊杰",使书院环境达到育人效果。

他教学不拘泥于形式,常常在西湖的木船上讲学,和学生一起赏景,一起探讨问题,歌咏唱和,潜移默化,被称为西湖十景的"西湖课舟"。有时在西湖上搞月课比赛,命舟十多艘,准备好吃食,日出时发题,然后各自乘舟散去,日落时鸣钲交卷。

他还和学生一起成立"湖舫诗社"和"湖舫文社",将他们的优秀作品编印成《湖舫会课》,为我们留下了大量文史资料。他培育了许多人才,最著名的有谭献、张预、冯熙等人。同治六年秋,他到嘉兴时见到浙江乡试登科录,名单中有许多他的学生,如解元朱彭年,还有吴超、周鸣春、刘金赞、褚成亮、丁家骏、魏塘等9人榜上有名,最小的钱鸿业才14岁。他兴奋地写诗云:"红旗摇漾出晴烟,帖写泥金驿路传。五色石占文字瑞,九茎芝耀榜花鲜。欧梅校艺罗名士,和范传衣得少年。笑我宦情如水淡,长途偏盼祖生鞭。"由于他兴办教育做出了巨大成绩,浙江人在杭州西湖凤林寺后为他建造宿舍,取名"薛庐"。

正当他倾心教育之时,一天早晨,他忽然收到急报:大哥薛暄黍病卒于安庆。他忽闻噩耗,痛心疾首,想到父亲过世后,大哥居家侍奉老母,没有出去做官,而是继承父业,严格教育二哥和自己及乡里子弟,使二哥和自己后来同中进士。他悲愤地执笔写道:"仲无儿,叔无儿,弟有儿,兄转无儿,庭诰分承,忍见诸孤称降服;侄长逝,嫂长逝,孙天逝,祖旋长逝,家门太謇,可怜后死最伤心。"家中连遭不幸,使他思乡心切,遂辞去了崇文书院的山长(院长),决定回归故里。

一直赏识薛时雨学识人品的马新贻,由浙江巡抚升任两江总督,对薛时雨离去甚感惋惜,于是又劝说他到南京执教。薛时雨考虑南京离家乡全椒一百多里,风土民俗相近,既可以照顾家里,抚慰思乡之情,又可以从事自己非常热爱的教育事业,于是便同意到南京做尊经书院的山长,后又任惜阴书院山长,在南京执教长达16年多。在这期间,他开课授徒,所教的学生达千人,有人称他为"晚清师表""再造孔子"等。他爱才若渴,对学生关爱有加,不论贫富、不论贵贱、不论老少,只要愿意来学的,他都收下,有教无类,甚至有个曾经做过盗贼的人也来求学,他照样收下了。有人指责他"不分尊卑,滥收弟子,败坏学风,竟然收盗贼为徒,书院成猪圈喽!"薛时雨却不以为然,他说:"我培养人才并非是使用人才,教化在先;培才宜宽,用才宜严。"他还主张经世致用,反对读死书。教学方式也是因地制宜,因人制宜。他为人"和厚旷远,不持仪节",和蔼可亲,是学生的良师益友,一时投入他门下求学的人趋之若鹜,时称"石城七子"的顾云、秦际唐、陈作霖、朱绍颐、何延庆、蒋师辙和邓嘉缉,皆出其门下。他有知人之鉴,特别是对一些出生寒门的学子尽力资助,在晚清东南士林中享有很高的声誉。正如他为惜阴书院题词所言:"学校毓菁莪,愿诸生经训菑畬,昔此分阴,毋负长沙乐育;山城接龙虎,期他日文章台阁,蔚为大器,足彰钟阜英灵。"

他不仅对考中的学子给予关心鼓励,更对那些落榜的学子给予宽慰勉励:"角艺如棋局外明,当场偶尔见输赢。名山可占千秋在,国士相期一第轻。"他希望学生们不要囿于科举速化之术,要通经学古,务为有用之学,这样无论科举考中或不中,人生道路都是广阔的。如他对三赴进士考试不第的落榜学生陈作霖(1837—1920)就多次写信安慰,还登门看望,希望他不要囿于科举,多学有用之学。后来,陈作霖以主动放弃参加科举考试,专心于教育、文学和史志学,以授课、校书、修志、著书为业,最终成为南京著名的教育家和藏书家,后世学者尊称其为"可园先生"。有人曾半开玩笑说如果范进遇到了薛时雨,就不会喜极致疯。他的师长仁心,由此可见一斑。

值得一提的是有一个叫张謇的学生,是南通人,慕名投考薛时雨主讲的惜阴书院,以第一名的成绩被薛时雨录取。张謇家贫,薛时雨不仅免收他的学费,而且还免费安排他和自己的儿子一起食宿,甚至还给他的家庭以资助。张謇在惜阴书院住读三年,与薛时雨师生情谊深厚,离开惜阴书院后,张謇还常去拜访求教。在张謇日记中可以看到诸多薛时雨对他关怀的记载,如在光绪三年(1877)3月1日中他记载:"薛师招往询近状,欷歔者再。卒乃诏余曰:'谋生急于读书,张杨园之论,熟思无忽。但事皆有命,毋役于境,斯为养气之学耳。'"由此可见薛时雨对他的关怀备至。光绪二十年,张謇参加恩科会试高中状元。他主张"实业救国",一生创办了20多个企业,370多所学校,尤其是创办了中国第一所纺织专业学校,开中国纺织高等教育之先河;与马相伯在吴淞创办的复旦公学,成为复旦大学的前身。他为中国近代民族工业的兴起、教育事业的发展做出了宝贵贡献,被称为"状元实业家"。

还有一位学生叫袁昶,他是浙江桐庐人,同光体的代表诗人。乡人传薛时雨的二哥薛春黎去世后,家中有一女薛仪祥(自号檐林居士,工书画)未嫁,二嫂郭淑人便托薛时雨择婿。薛时雨故意严肃地问她:"二嫂择婿选有德的、有才的、还是有貌的女婿？"二嫂答当然选有德有才的女婿。于是，薛时雨哈哈大笑说："我这里正有这么个人，德才兼备，不知可否？"说着，从袖中拿出袁昶所写文章递给二嫂，二嫂很高兴。于是由薛时雨做主，择袁昶为婿。此事在《太常袁公行略》中有所记载："杭郡太守薛公时雨，识公于未遇之先，袖所取课业，入告嫂氏郭淑人，议妻以兄子，遂成聘。"袁昶相貌不佳，肥胖且陋，但才华横溢。早在袁昶 22 岁时，在杭州的湖上书院初见薛时雨，其学识才华就为薛时雨所赏识，遂被薛时雨录入东城讲舍学习。后来袁昶于光绪二年中进士，殿试二甲，曾任徽宁池太广道的道台，在任六年，兴利除弊，有多项改革，政绩斐然，官至太常寺卿（正三品）。光绪二十三年发生曹州教案，德国借机出兵强占胶州湾，光绪帝征求大臣意见。袁昶怀着满腔爱国热忱上了二万言的条陈，分析当时的形势，做了详细论证，认为德国占胶州湾"祸急事小"，而"俄国自西北至东北，与我壤地相错""其祸纡而大"。直指俄国才是大患，其后果然如此。光绪二十六年（1900）夏，义和团兴起，高呼"扶清灭洋"，大快慈禧之心。慈禧在徐桐等主战派支持下，决定利用义和团，向十一国宣战。袁昶、许景澄依据当时清政府的国力竭力反对与列强开战，认为义和团不可恃用；既然要向列强宣战却不做任何调兵部署，是"以天下为戏"。其远见卓识可见一斑。但他的上奏触怒了慈禧，最终被问斩。据徐珂《清稗类钞》载：袁昶就刑时，峨冠博带，笑着对剑子手说："且慢，待我吟完一首诗：爽秋（袁昶字爽秋）居士老维摩，做尽人间好事多。正统已添新岁月，大清重整旧山河。功过吕望扶周室，德迈张良散楚歌。顾我于今归去也，白云堆里笑呵呵。""呵呵"余音未了，即被白刃加身。

据说袁昶是被腰斩的，情景甚为惨烈。不久，事态果然如袁昶奏折所言，北京城很快被多国联军攻破，义和团一战即溃。慈禧急命李鸿章议和，终以割地赔款了事，袁昶等被昭雪议恤，赐谥"忠节"。后世治史者称："袁昶名臣也，以忠谏至祸，同罹惨刑。丹心未泯，碧血长埋。"友人樊增祥作诗《再答节庵并怀袁忠节》痛悼云："堂堂忠节人中凤，元自龙天佛地来。今剩檐林老居士，松江雪夜写寒梅。"檐林老居士即薛时雨的侄女薛仪祥。

由此可见，薛时雨在教育上做出了杰出贡献。他倾心教育，滋兰树蕙，人才辈出，桃李芬芳。两江总督刘坤一为表彰他在南京办学的功绩，特意在薛时雨住所旁的乌龙潭上为他建了"宛在亭"。光绪六年,薛时雨来宁已10年有余,他的学生们考虑先生居无定所,于是纷纷醵资助力,慷慨解囊,在乌龙潭畔、惜阴书院对面扩建宅院,将其原居所改建为园,因乌龙潭被称为"小西湖",并仿杭州人,将其住所取名为"薛庐"。

薛庐内最著名的建筑便是书房"藤香馆",这是仿薛时雨全椒老家的"藤香馆"而建,以慰思乡之情。他曾在《多丽·暑夕思乡》词中描写故居:"暑天长。客窗愁思茫茫。想招凉、吾庐最好,草堂旧署藤香。一庭花、芳馨徐送,满园竹、热恼俱忘",此后他便将自己的诗作结集为《藤香馆诗删存》《藤香馆词》《藤香馆小品》等。除藤香馆外还有美树轩、永今堂、冬荣春妍室、有叟堂、小方壶亭、半壁池桥、杏花湾等建筑与景点,花繁树葱,亭馆清旷,置身其间可观赏清凉山岚影,聆听乌龙潭波音。薛庐落成后,文人雅士常聚于此,诗酒宴游,名噪一时。薛门弟子张謇、汪士铎、陈作霖、顾云、袁昶等众多学者名流纷纷作"薛庐记"以贺,薛时雨也自题一联曰:"白下富莺花,旁人错比谢安石;青山狎猿鸟,此地曾栖雷仲伦。"谢安石和雷仲伦都是六朝风流儒雅的名士,雷仲伦还是一位著名的教育家,齐高帝萧道成是他学生,从中可以看出薛时雨的自许,期望自己也成为像他们一样的教育名士。

薛时雨的好友左宗棠也特意将从美国带来的树种转赠给他,栽种在薛庐里。左宗棠所撰《薛序美树轩题额跋尾》云:"广厦未启,先储众材,有度之山林者,有取之异地者,惟其材之适于用而用之,彼此奚择焉。……人称薛庐用美树,而断不能薛庐为美屋也,断可知矣。"左宗棠希望薛时雨大力培养人才,多学习欧美先进知识,而不能使"薛庐"成为一个安乐窝。

三、诗文建树

薛时雨不仅在教育上成绩斐然,而且文学造诣也很高,在晚清诗坛享有很高的声誉。11岁时便以诗一首名噪一时,曰:"道隐何人窥圣涯,但传巷里自金华。不存尚类羝羊状,地僻犹多麦饭家。洞口飞泉春带月,屋前古树栖晚霞。疑君即是前身业,换骨何劳一粒砂。"他文思敏捷,诗词歌赋文样样精通,著述丰厚,作诗不下2000首、词600多阕、楹联1000余副、文论课艺更是不计其数,留传下来的有《藤香馆诗删存》《藤香馆词》（即《西湖櫓唱》《江舟欸乃》）、《藤香馆小品》等。时人描述他爱诗、爱酒，"往往酒后能诗数十，后晕晕而睡"。文学评论家、同治年无锡观察使秦缃业评价他的诗词"如西湖山水清而华秀而苍，往往引人入胜，趋向固不外白（居易）、苏（轼）一二家，而伤时感事之作沉郁顿挫且骎骎乎入杜陵之室……"他喜与文朋诗友相交，在杭州时和他们一起建"西湖诗社"，半月一集，他很快就写成，同人皆羡慕不已。人谓之"为白苏之诗，官白苏之地，而即行白苏之政。"

　　薛时雨文学创作大概分三个时期，青年时期以写诗为主，结集为《藤香馆诗钞》，后来他让自己的学生谭献大加淘汰删削，"凡缘情绮靡及酬应之章悉弃去"，删去近半，留存四卷；中年时期以写词为主，主要是到浙江从政的十几年间写了500多阕词，留存的《西湖櫓唱》大抵是他从咸丰四年到同治四年十年间所作的词，而《江舟欸乃》收录的是他同治四年到同治五年两年间所作的词；晚年时期他主讲几大书院，非常繁忙，写诗词较少，而主要以为文、撰联为主，所写的文章以课艺、教育札记之类为多，所撰写的楹联结集为《藤香馆小品》。

　　薛时雨的诗词作品，尤其是在浙江为吏的这一时期的作品能直面现实、关注纷乱时世、关心人民疾苦，这在极少批判时局之作的晚清时代殊为难得，《续修四库全书总目提要》评价其"集中佳作，不减苏（苏轼）辛（辛弃疾）"。如他所写的《玉山县》一诗，就是其亲历太平军起义后战乱不已、民不聊生的情景——"暮宿玉山县，茅店积尘垢。气象何萧条，逡巡问老叟。叟言军事急，裹粮各奔走。一夕迁常三，十室空其九。剩我衰迈身，老屋誓相守。今宵客暂息，小压茅柴酒。"（见《藤香馆诗钞》），此诗很有杜甫《石壕吏》的味道，以写实的手法将民生疾苦白描出来，充满同情和忧思。其中《满江红·金陵（感事用鄂王韵）》一词，最为慷慨激昂，词曰："虎踞龙蟠，争一霎、繁华消歇。问谁启、东南门户，火炎冈烈。皖水先期归战舰，秦淮从此无风月。展吟笺、愁谱望江南，音凄切。／虚声诮，谁能雪。家国恨，难磨灭。把金樽斟满，玉壶敲缺。斫地歌哀襟溅泪，忧天心赤腔凝血。问何人、遗世独遨游，朝仙阙。"以诗言志，抒发对战乱后南京家国破碎、"秦淮从此无风月"的感慨，悲愤之情溢于言表。他在《藤香馆集》自序中说自己："律疏而语率，无柔肠冶态以荡其思，无远韵深情以媚其格，病根仍是犯一直字。"亦可略窥其词格。英国汉学家翟理斯曾经编选翻译过一部中国诗选本——《古今诗选》，所选的诗作不多，薛时雨竟有诗选入，殊为不易，也可见其在晚清文学史上占有一席之地。

薛时雨撰写楹联堪称大家，上乘之作居多。他退隐之后，潜心从教，常与文人雅士游览山水，题咏的佳对妙联较多。尤其是对江浙皖一带胜迹，大多留有他的题联。薛时雨为官清廉，刚正不阿，养廉戒贪，专心吏治，在原杭州府署他曾写下这样一副楹联告诫世人："为政戒贪：贪利贪，贪名亦贪，勿骛声华忘政事；养廉唯俭：俭己俭，俭人非俭，还从宽大保廉隅"。至今仍被广为传诵。

在扬州平山堂欧阳修祠堂仍然保留着薛时雨撰写的楹联："遗构溯欧阳，公为文章道德之宗，侑客传花，也自徜徉诗酒；名区冠淮海，我从丰乐醉翁而至，携云载鹤，更教旷览江山。"表达他对欧阳修的尊崇。在苏州沧浪亭的五百名贤祠前，他写下了："千百年名世同堂，俎豆馨香，因果不因罗汉证；廿四史先贤合传，文章事业，英灵端自让王开。"来表达自己对前贤事业的景仰之情。他陪同台湾首任巡抚刘铭传游览镇江焦山自然庵时留下了："鹤去难回，留片石孤云，共参因果；我来何幸，有英雄儿女，同看江山。"在南京的名胜古迹中，他的题联就更多了。在秦淮河停云榭，他自比前度刘郎，云："一曲后庭花，夜泊销魂，客是三生杜牧；半边旧时月，女墙怀古，我为前度刘郎"；在清凉山扫叶楼，他留下了："一径风声飞落叶，六朝山色拥重楼"的楹联。在莫愁湖的胜棋楼，他幽默风趣地写道："说什么盖世功名，丞相空留遗像在；且消受一湖风月，莫愁正是善愁人。"还有清凉寺的"四百八十寺，过眼成墟，幸岚影江光，犹有天然好图画；三万六千场，回头是梦，问善男信女，可知此地最清凉"。更有至今悬挂于玄武湖古阅武台的楹联："三百年方策犹存，剩凫渚鸥汀，时有烟云入图画；四十里昆明依旧，听菱歌渔唱，不须鼓角演楼船。"至今仍悬挂在夫子庙淮清桥桥门的："都是主人，且领略六朝烟雨；暂留过客，莫辜负九曲风光。"等等，写景抒情，吊古怀今，富有哲理，耐人深思。

最能体现薛时雨才情的，是他为台湾首任巡抚刘铭传撰写的一副楹联，也是他写的最长的一副楹联，达 148 字之多，可以说是刘铭传最短的传记："应运毓劳臣，未冠从军,已冠登坛,起淮南,清皖北,纵横于吴楚宋郑齐鲁燕赵之交,以西窥秦陇,阵必善,战必克,彤矢分封顺昌,旗帜照戎行,懿铄哉,当今名将;多材兼众美,始精技击,继精艺事,喜缓带,爱投壶,涉猎于琴棋医卜阴阳奇遁之学,而壹意诗歌,用则行,舍则藏,黑头高隐安石,莺花娱岁月,归来兮,与我同心。"

但薛时雨在《藤香馆小品》序中谦虚地说:"楹联小道也,酬应之作,无当学问",百年而后,我们读着这些楹联,仍然被这些对仗工整、平仄有致、用词精准、发人深省的词句所启迪、所感染、所醒悟,常常有"蓦然回首,那人却在灯火阑珊处"之感。难怪《近代名人小传》称,薛时雨"为联语箴铭,皆有精思,而词不晦奥,如其为人"。

四、热爱家乡

薛时雨十分热爱家乡,他在各地名胜古迹题词撰联,都写着"全椒薛时雨撰"。晚年,他非常思念家乡全椒的桑根山,便自号"桑根老人",表达热爱家乡之情。他为全椒城隍庙戏台、孝节义祠、贞烈祠等都写过楹联,为襄水书院(全椒中学前身)捐款,修葺门楹屋宇。

值得一提的是,他与好友金和一起集资刊印了同乡吴敬梓的《儒林外史》。吴敬梓写出《儒林外史》后,交同乡好友金兆燕。金兆燕和吴敬梓在全椒是几代的老亲,金兆燕的父亲和吴敬梓既是表兄弟又是连襟,吴敬梓在生前曾得到他许多帮助。金兆燕以举人出任扬州府学教授,得到吴敬梓的《儒林外史》手稿后,即在扬州刊刻出版,使这部皇皇巨著得以面世。可惜太平军占领扬州后,战乱不堪,使这本书的刻板散佚无存。薛时雨觉得非常可惜,便和金和商量,准备重新出版这部著作。因为金和的外祖父是吴敬梓的堂兄,对吴敬梓的身世和创作非常熟悉,所以薛时雨便嘱咐他作跋。

同治八年,在薛时雨和金和的共同努力下,《儒林外史》在苏州群玉斋得以重新出版,重见天日。金和在"跋"中说,"薛慰农观察知(吴敬梓)先生于余为外家,垂询及之"。可见,薛时雨为这部中国"古典文学名著"的出版行世,立下了汗马功劳,这也体现了他对家乡人文的重视和热爱。

他还与书画家梁肇煌一起出资为全椒文学家吴鼒编订《吴学士文集》(文四

卷、诗五卷）出版，使吴鼒诗文得以留传。这是他为家乡的文化传承做出的又一贡献。

他在浙江嘉善任知县时，太平军攻陷全椒，乡亲纷纷逃至嘉善来投奔他，由于来的人太多，官舍不够住，他就自己掏钱租房安置他们，使他们得以躲避战乱。在《悲吟秋窗悼逝诗并序》中，他专门记述了此事，"一时全椒陷，挈眷往嘉善，依余避乱世"。清朝时滁州的母亲河——滁河因年久失修，多次泛滥成灾，身在南京心系家乡的薛时雨，先后向时任两江总督的沈葆桢和左宗棠上书，要求开凿朱家山河，使滁河有一条通往长江的快捷泄洪通道，以消除水患。沈葆桢和左宗棠都根据他的建议派出大量士兵加入兴修队伍，尤其是左宗棠甚至还动用军费以支持挖河工程，终于使朱家山河的开通，根治了肆虐江北数百年的洪涝水患，造福了家乡百姓。

薛时雨年轻时经常到琅琊山赏景作诗，并写下了众多楹联诗词，"踞石而饮，扣盘而歌，最难得海边清福；环山不孤，酿泉不冷，何须恋湖上风光"（影香亭联），他甚至要"愿将山色共生佛，修到梅花伴醉翁"（琅琊寺联）。但咸丰三年（1853），林凤祥和李开芳率领的太平军两万多人，从扬州北伐，途经安徽滁州，在琅琊山和清军决战，作为我国"四大名亭"之首的醉翁亭被毁为一片瓦砾，丰乐亭也同时被毁。薛时雨从南京回全椒时，看到醉翁亭已经亭倒阁塌，一片荒凉，丰乐亭泉竭树枯，毛草丛生，非常痛心。他从小就十分仰慕欧阳修的道德文章、学识品格，尤其是他的为政"宽简""与民同乐"的思想。作为滁州人，难道能让欧阳修所建的醉翁亭、丰乐亭从此销声匿迹吗？他决心重建醉翁亭、丰乐亭，以拳拳之心报答故乡养育之恩。

薛时雨虽做官十几年，官至四品，但因为清廉方正，家中并无积蓄，况且当时有病在身，要重修醉翁亭、丰乐亭谈何容易。他找到好友曾国藩、鄂帅李喆第、原四川总督吴棠，请他们资助。因病乞归滁州的吴棠，是薛时雨的雅故世交，在杭州时他们就来往密切。吴棠被他的一番诚心所感动，答应捐助。还有皖大府英果敏、浙闽制府何小宋，更有他的亲家刘铭传等巨宦名流都捐资相助。薛时雨的亲友知道他的心愿后，也纷纷捐款，学生们更是倾囊相助，就这样离动工所需的钱款还差很多。实在没办法，他只得在南京玄武湖的赏荷亭摆下字摊，为来往游人题诗写字，以此募捐。人们早闻薛时雨的大名,前来购字的人络绎不绝,大有"洛阳纸贵"之势。而此时薛时雨已年近花甲,又有病在身,常常每天接连为人写字10多个小时,到最后手脚麻木,两眼昏花,眼泪直往外流,却不肯辍笔。

薛时雨题写的醉翁亭门匾

经过几年的辛勤奔波筹措,光绪七年(1881)五月重建醉翁亭正式动工。薛时雨不顾有病在身,亲自督工,并提笔为醉翁亭书写了"翁去八百载,醉乡犹在;山行六七里,亭影不孤""翁昔醉吟时,想溪山入画,禽鸟亲人,一官迁谪何妨,把酒临风,只范希文素心可证;我来凭眺处,怅琴操无声,梅魂不返,十亩篙莱重辟,打碑剔薛,幸苏子瞻墨迹长存"等许多楹联匾阁。至今"醉翁亭"三字门匾,意在亭旁的"晴岚叠翠"、二贤堂院门的"有亭翼然"等仍为薛时雨手迹。他在亭馆四周建花墙,并在院内添建一座小楼,登楼可观醉翁亭全景,后来人们为了纪念薛时雨,称小楼为"薛楼"。

修好醉翁亭,他又在好友和门徒的资助下,于光绪九年底动工修建丰乐亭,开凿紫薇泉。他还抱病请学生谭献代拟《重修醉翁亭记》,为了让碑文发扬光大,更让醉翁亭名扬天下,他特意邀请好友清末状元、书法家江宁人黄思永书写碑文,勒石为碑(今碑存于醉翁亭的"宝宋斋"内)。

晚年他回顾自己一生,说自己:"作吏十六年,主讲十六年,壮志消磨,借一角溪山娱老;种竹数百本,植松数百本,岁寒苍翠,与满城桃李同春",还说自己"两浙东西,十年薄宦;大江南北,一个闲人",流露出一种无奈和从容,更有壮志未酬的不甘和对桃李满天下的欣慰。

薛时雨原来身体很好,给学生讲课声若洪钟,与文人雅士聚会,能一饮数斗不醉,醉后能挥笔写出数十首诗,传为文坛佳话。但到了晚年,连遭不幸,先是嗣子薛葆桐不幸早逝,年仅41岁。晚年丧子,白发人送黑发人,对他打击很大,他锥心滴血地写下了挽联:"十三龄经史粗通,誉满公卿,始信虚名能折福;卅一载迍邅迭遘,默参因果,将无造孽是居官。"接着便是亲侄子薛葆楠(薛暄黍之子)早逝,一连串的不幸打击,使他一病不起,肝、胃、疝气多病复发,无法医治。光绪十一年正月22日病卒于南京,享年68岁。

薛时雨临终前对家人说:"我总算对得起家乡了。我生前长期在外,没有看够滁州的山水,死后也要与琅琊山色为伴。"薛时雨遗体从南京抬回全椒时,吊丧者甚众,哀悼的挽联不计其数,挽联中有"八百孤寒齐下泪,一时南望薛慰农"之语。他的学生谭献听到老师去世的消息,悲痛欲绝,涕泪交流,在日记中写下到:"廿年师事,襟抱交推,谊同休戚。山颓木坏,永无见期,如何可言!"他的学生张謇含泪撰写了《薛慰农墓志》,顾云撰写了《桑根先生行状》,"闻先生之丧,莫不异情同悼"。学生们将这些挽诗、挽联等编印成册,开雕印行,书名《桑根遗爱录》。家人遵照他的遗嘱,路过琅琊山,扶棺绕醉翁亭和丰乐亭走了一圈,最后葬在全椒的青龙冈。两江总督曾国荃题写墓门曰"江表儒宗"。

薛时雨逝世后,为了纪念他,浙江嘉兴南湖的烟雨楼和安徽滁州的醉翁亭都曾悬挂他的画像,供人瞻仰。

椒邑乡贤薛慰农

苏克勤（南京艺术学院）

安徽全椒,古名椒邑,汉时始称全椒,因地理位置重要而素有"江淮背腹""吴楚冲衢"之称。椒地山清水秀,人文荟萃,明清时期先后走出了憨山大师（1546—1623,俗姓蔡,字澄印,号憨山,法号德清,谥号弘觉禅师）、吴敬梓（1701—1754,字敏轩,一字文木,号粒民,清代最伟大的小说家之一,著有《儒林外史》等）和薛时雨（1818—1885）三位名震全国的文化名人。上面所说的这三大文化名人,鼎足而立,相映生辉,为椒人增光不少,可以称得上是全椒的"三贤"。本人常居南京,从事南京地方文化研究 20 余年,两年前即开始《憨山大师传》的创作,中间曾多次到椒地实地采访,兼作吴敬梓、薛时雨等椒地的文化名人调研。今有感于桑根先生诞辰200 周年,以及他对南京的文化教育所做的突出贡献,特撰是文,谨作纪念。

薛时雨是安徽全椒马厂镇老薛庄人,字澍生,又字慰农,因祖居全椒桑根山而晚号桑根老人,清末杰出的教育家、学者和诗人。他晚年居南京 16 年,并在清凉山的支脉盋山山麓筑室以居,址在乌龙潭畔龙蟠里 4 号,名曰"薛庐",一面教书育人,一面读书著述。

薛时雨出身于书香门第,祖父薛凤翥,父亲薛鑫,皆为教授乡校。他幼承家教,读书勤勉,博览群书,诗词文史,无不烂熟于胸,清道光二十三年（1843）中举。十年后的咸丰三年（1853）,薛时雨与仲兄薛春黎又同时进士及第,并与另一位进士出身的同门堂兄并称为"薛门三凤",在当地被传为佳话。

薛时雨进士及第后的翌年,被授予浙江嘉兴知县,后历任嘉善知县、杭州知府兼督粮道、代行浙江布政使、按察使等职,与安徽肥西同乡、台湾首任巡抚刘铭传是亲家。

薛时雨到嘉兴上任伊始,恰遇当地大旱,草木枯黄,田地龟裂,百姓无粮可缴,但州官却催促甚紧。薛时雨出衙巡察,但见满目饥荒,心甚不安,丰年尚不饱食,大旱哪有粮可缴?他思索再三,只得给知府写信,如实禀报旱情,要求停征税粮。知府不予理睬,发信催促,并限他五日内交齐税粮。这时,薛时雨犯起了犟脾气,亲自拿起鼓槌击鼓升堂,向众衙役宣布:"知府刚送来催科檄,令我五日内交齐税粮!本官下令!即日起停征税粮!"属下不敢相信,一个年老差役跪问:"大人,上面催得紧,您却下令停征,若上面怪罪下来,如何担当得起!"薛时雨拍着胸脯说:"怕传播以!我一人做事一人当,回家的包袱我已收拾好了!"果不出他所料,翌日知府即下命令,将薛时雨撤职罢官。百姓闻讯,结伴挥泪相送。后来,浙江人即有"清官者,首推薛嘉兴"的传言。

翌年,薛时雨被改任为嘉善知县。清同治元年(1862),他到安庆拜谒曾国藩,慷慨论兵,深得曾氏器重。是年,他设法降嘉善太平军守将投清未果。后经左宗棠奏补任杭州知府。翌年,清军收复杭州,左宗棠奏请清廷授予他为杭州知府,并执掌浙江粮储道,赏赐顶戴花翎。他上任时,适逢杭州大战结束,百业凋敝,尸横遍野。

他在杭州下车伊始,便召集流亡,奖励农耕,提倡文教,辟建学堂,发展文教。一次,上司将百余名被俘的太平军交他,令他斩尽杀绝。但他为了稳定局面,偷偷将他们释放。浙江布政使和按察使随军公差在外,他代行两司职事,每天处理公文一尺多高,再加上接待来访,处理灾民匪患,公务非常繁忙,但他才智过人,应机立断,处事果决,应付自如。经过他的整治,杭州逐步恢复了生产和经济,百业兴旺,文人墨客常聚会于灵隐寺,赏玩景色,吟诗作画。距灵隐寺不远有座"风月亭",风景殊佳,亭旁有块山石,大家恳请他题字。推辞不过的薛时雨,端坐于风月亭中,略加思索便写下"虫""二"两个遒劲大字。写完字,放下笔,飘然离去。众人不解,猜议纷纷,有个秀才来到杭州府,问:"薛大人,不知您为风月亭前所书'虫''二'是何意,请指点我等。"薛时雨笑道:"'虫'者,是'风'去掉几,意为风无边,'二'

者,是'月'去掉'月',意为月无际,'虫'和'二'合起来便是'风月无边'啊。"秀才听后连称绝妙,薛时雨智题湖心亭的传说,很快流传开来,至今在风月亭旁仍留着这块石碑。

薛时雨任杭州知府三年,深得百姓爱戴,但同僚却对他百般诋毁。恰在这时,其仲兄薛春黎病殁于江西主考乡试任上,有司急调他任江西乡试提调官襄赞。充任提调期间,他看透官场腐败,愤然托病辞归,这年还不到50岁,浙江巡抚马新贻深知他才干出众,以二品衔候选道挽留,他坚辞不授。最后,马新贻又提出聘他为杭州崇文书院主讲,他这才答应。主讲崇文书院三年,他写下了大量的诗词歌赋,评论家秦湘业评曰:"如西湖山水清而华秀而苍,往往引人入胜,趋向固不外白苏一二家,而伤时感事之作沉郁顿挫,且骏骏乎人杜陵之室……"他培育了许多人才,著名的有张预、冯熙等人。鉴于他兴办文教成绩突出,浙江人在杭州西湖凤林寺后为他建造住舍,取名"薛庐"。

清同治八年,素来器重薛时雨的浙江巡抚马新贻调任两江总督,聘他来宁掌教。薛时雨考虑江宁(今江苏南京)距家乡全椒仅有百里之遥,风土相近,遂欣然应允,就领江宁尊经书院山长,后又主讲惜阴书院,直到终老,前后十六年。尊经书院位于南京夫子庙之北,惜阴书院则位于城西盋山之麓,盖陶澍当年所建。

史载薛时雨为人"和厚旷远,不持仪节",对学生关爱有加,视门生若子弟,吸引了众多的江南才俊前来求学。对此,其弟子陈作霖在《炳烛里谈》中即写道:"全椒薛慰农观察主讲尊经,爱才若渴,凡有一艺之长者,无不加以奖借,故多士归之如流水,当时有'李门高,薛门广'之评云。"掌教期间,他日劝于学,桃李弟子,更盛于浙江,门生中之翘楚者,有南通张謇、金坛冯煦、无锡秦缃业、仪征刘恭甫、嘉兴张鸣珂等,时称"石城七子"的顾云、秦际唐、陈作霖、朱绍颐、何延庆、蒋师辙和邓嘉缉等人,皆出于他的门下。特别是清末状元张謇,在南京求学期间,执掌惜阴书院的薛先生不但对他予以学业上的悉心指导,生活上又得体贴的照顾,一度还让他寄居于书院之中。对此,张謇一直感恩戴德,在日记中多次提及"慰师"对自己的关爱,并写下了"噫!不才安得培九万里风,扶摇直上,报我生平知己耶!"的感慨。

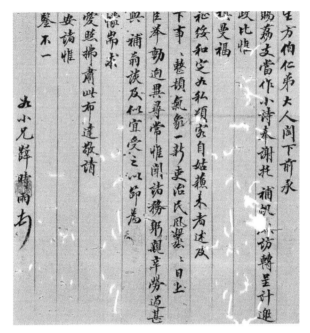

薛时雨手迹

　　薛时雨擅长诗联,文思敏捷,南京胜迹多有其题咏,题《西岩杂咏同赵季梅教授翠微亭》诗云:

　　　　清凉名胜地,空翠锁郊坰。一线江光白,万家烟火青。

　　　　废兴更八代,寂寞此孤亭。欲共山僧话,松关入暮扃。

　　翠微亭雄居清凉山巅,视野开阔,此诗写出了亭子的风光特色,既见长江一线,又见烟火万家,且发出与众不同的兴亡感慨,并在自注中云:"六朝,为唐人语。今合南唐、前明,宜称'八代'。"他精擅撰联,又为清凉寺和玄武湖分撰对联如下:

　　　　四百八十寺,过眼成墟,幸岚影山光,犹有天然好图画;

　　　　三万六千场,回头是梦,问善男信女,可知此地最风凉。

　　　　三百年方策犹存,剩凫渚鸥汀,时有烟云入图画;

　　　　四十里昆明依旧,听菱歌渔唱,不须鼓角演楼船。

　　上面两联切景入情,气势宏大,既有哲理,又发人深省,其过人才情见于一斑。他又为赵观察在秦淮河畔的河厅题"停艇听笛"牌匾。贴切高雅,河厅对岸不远处即是古邀笛步,令人遥想到东晋桓伊为王徽之吹笛的典故。而今为吹笛而停艇,笛声何等美妙,河厅主人又何等高雅!再细读之,四字恰又暗合古声调之平上去入四声,真是妙不可言!

　　清光绪六年(1880),薛时雨来宁已满十年,南京城西乌龙潭,花木扶疏,山水清澈,薛时雨为这里的水木清华所吸引,众弟子也醵资助力,遂于湖畔"拓地三弓,筑庐数椽,挈眷居之",址在惜阴书院对面,即原明末归安人茅元仪的寤园旧址。薛时雨扩之而为别墅,取名"薛庐"。有心人即云:"桑根先生有惠政于杭,既解郡符,去杭之日,市民歌咏不忘,卜筑湖上,榜曰'薛庐',以志去思。"南京士子袭用他在杭州的宅名称其新居,"盖欲师之居江一如居浙耳"。

　　原来,薛时雨在杭州主讲崇文书院时,士民感念其德,遂于西湖之滨凤林寺为其筑宅,名为"薛庐",如今南京士子为其营构新居,也有竞比之意。乌龙潭虽无西湖之阔,亦无其盛名,却也风景殊美,特色别具。江苏巡抚陶澍曾夜游于此,有"乌龙美景,秀色可餐!"之叹;魏源也有"有此妙处,何必西湖!"之对。自此,乌龙潭又有"小西湖"的美称。两个薛庐,前在杭州西湖之滨,后在南京小西湖之侧,为师者有门生若此,亦不枉一番辛苦了。

　　薛时雨的门生弟子,题咏龙蟠里薛庐诗文者甚多。弟子陈作霖在《金陵琐记》中说:园内有藤香馆、永今堂、冬荣春妍室、双登瀛堂、仰山楼、吴砖书屋、寤园、夕好轩、抱膝室、蛰斋、有叟堂、小方壶亭、半璧池桥、美树轩、杏花湾、半潭秋水、房山等建筑与景点。另一个弟子顾云在《薛庐记》中,对薛庐的分布与格局及其规模更是述之详备,不但亭馆清旷,花树繁殖,身居园中还可观赏清凉山岚影,聆听乌龙潭波音,并云:"门对盋山麓。入之,修竹被径,植杂卉其下。历一室,有门,题曰西岩招隐。入之,曰永今堂,轩楹靓旷,阶梅时花,四座为馨逸。堂后曰冬荣春妍之室。室西隅,构木方丈,雕髹之,笼以纱,先生石刻小象在焉。东隅有门,入之,曰双登瀛堂。冠以楼,曰仰山。堂之东,曰吴砖书屋,此先生别构之者(其门,榜曰全椒薛氏试馆)。冬荣春妍室后,有石介然立竿,削如危峰。幽草环蓺,与庭蕉竞绿。依石海棠一,花时香色俱酣,如赤城霞起。又入,曰疁园(用茅氏旧名)。界竹篱,为径篱下,植荼蘼,旁行斜上,所在延缘,当其既花,如千万散金,星缀碧纱,幪直篱之中。编竹门如月,倒栽槐一,亭亭如张盖,四时之卉翳焉。入月门……拾级上,曰有叟堂(用旧名)。堂东,室一轩其前,曰夕好。直夕好轩有甓门,题曰'山光潭影'。堂西,室一界其中,前题曰'抱膝',后曰'半潭秋水一房山'。又西,曰'蛰斋',室小而幽,庋四部书为屏障,榻于其间,热名香,啜苦茗,蠲尘梦所也。斋后,曰'美树轩'。堂枕乌龙潭,隔潭虵山几焉。琉璃轩窗之山水佳胜,莫不介柳色苹香,来晤坐客。外甃雨花石子为堤,纳潭水其中,俾朱鱼宅焉,曰'半壁池桥'。堤之西偏,榜曰作濠濮间想。其阴曰'杏花湾',有海鹤二,循堤雅步,自饶尘外姿。过桥曰'芳草闲门',美树轩垣门也。垣外有水如塍,隔水榜曰'作两家春',则比邻所宅。东偏栅堤为门,榜曰'山光照槛'。水绕廊堤,植以阑,而疏笼卉木于内。……堤舣画船一,题曰薛舫。时一放棹,容与沈潭,遊然与烟波俱远矣。美哉,薛庐!"

薛庐既成,薛时雨诗酒宴游,极盛一时,称誉咏赞薛庐及其主人的诗文甚多。文有汪士铎的《薛庐记》《薛庐第二记》,谭献的《金陵小西湖薛庐记》,袁昶的《金陵小西湖薛庐记》,刘寿曾的《金陵薛庐记》,王廷训的《金陵薛庐图记》,顾云的《薛庐记》,左宗棠的《美树轩记》和许景澄《薛舫记》等。诗则有韩弼元的《金陵薛庐歌》《寄薛庐主人》,宝恕的《金陵薛庐歌,用东坡石鼓韵》,杨晨的《薛庐歌》,张鸣珂的《道经金陵桑根夫子留宿薛庐敬赋三律》等。此外,称赞薛庐美景的还有范志熙、赵彦修、冯煦、秦际唐诸人的《薛庐十咏》。诗文之盛,可见一斑。

白云苍狗,风雨沧桑。遥想当年,薛庐和陈作霖的"可园"、缪荃孙的"艺风楼"齐名,是金陵有名的学士园,吸引了众多的文人雅士来此聚会吟诵,诗酒宴游。遗憾的是,仅过百余年,这座精致幽雅的私家名园便已消失不存。薛时雨殁后,家人还乡,薛庐为其弟子顾云所得;顾云于清光绪三十二年去世,其宅园售予他人。20世纪80年代,龙蟠里4号的薛庐还存有砖木结构的厅楼两层8间,楼前有茶厅一进5间,另有院三进,每进5间,原小桥、荷花池等也尚存在,建筑面积约4000平方米,于1983年列为鼓楼区文物保护单位,惜于1991年因城建拆除不存。

薛时雨主讲江宁的尊经书院、惜阴书院期间,又收有很多学生,不论贫富、贵贱和老少,只要愿意来学,他都收下,有个盗贼来学,他照单收下。对此,有人指责他"不分尊卑,滥收弟子,竟然收盗贼为徒,书院成猪圈喽!"他却不以为然地说:"我培养人才并非是使用人才,培才宜宽,用才宜严。"他还反对读死书,主张经世致用,南京人因他在文化教育上所做的贡献,对他莫不感恩戴德。

薛时雨热爱家乡,年青时常到琅琊山赏景作诗,并写下了许多楹联诗词,如"踞石而饮,扣檠而歌,最难得梅边清福;环山不孤,让泉不冷,何须恋湖上风光。"(影香亭联),甚至"愿将山色共生佛;修到梅花伴醉翁。"(琅琊寺山门联)。咸丰三年(1853),太平军勇将林凤祥、李开芳等率军两万从扬州北伐,途经滁州时,在琅琊山与清军大战,致使名列"四大名亭"之首的醉翁亭成为瓦砾,丰乐亭也遭毁圮。薛时雨从南京回全椒时,看到醉翁亭已亭倒阁塌,丰乐亭也泉竭树枯,荒草丛生,非常痛心。他从小就仰慕欧阳修的学识人品,作为滁州人,难道能让欧阳修所建的醉翁亭、丰乐亭从此销声匿迹吗?于是决心重修醉翁、丰乐二亭,以拳拳之心报答故乡。

薛时雨做官十六年,两袖清风,清贫如洗,时又患病在身,要重修醉翁亭谈何容易!他只得找到同乡盱眙藉人吴勤惠,吴时任四川兵部元帅,值刚迁家于滁州,被薛时雨的诚心感动,遂允诺资助,亲家翁刘铭传等人也从中襄赞,其他亲友和学生也纷纷慷慨相助,就这样离所需钱款还差不少。实在无法,他只得在南京玄武湖赏荷亭摆下字摊,为来往游客题诗写字,募捐筹款。游人早就闻桑根先生的大名,前来求字者络绎不绝,大有洛阳纸贵之势。此时,先生已过花甲之年,且又有病在身,每天为人写字直到手脚麻木,两眼昏花乃至眼泪外流,虽然如此,却不肯辍笔。

经过一年多的辛苦奔波,薛时雨重建醉翁亭终在光绪七年五月动工。当时,他不顾病身,亲自督工,还为醉翁亭写下"翁去八百载,醉乡犹在;山行六七里,亭影不孤"等楹联。至今,"醉翁亭"门匾,还有亭旁的"晴岚叠翠",以及二贤堂院门的"有亭翼然"等,仍是薛时雨当年的手迹。后来,他在亭馆四周又辟建花墙,并在院内添建小楼一座,登此楼即可畅观醉翁亭全景。人们为了纪念他,称这座小楼为"薛楼",并把醉翁亭前让泉上的一座石桥也改名为"薛老桥"。

　　薛时雨生前为乡邦文献做了不少的益事,又与安徽肥西名将、台湾首任巡抚、抗日民族英雄刘铭传是姻亲,还为他写了不少对联,直到今天还为人称道。据[民国]《福星薛氏家谱》记载,薛时雨一生凡三娶,正室杨夫人,侧室沈孺人、汪孺人,共育有葆桐、葆楹、葆樟、葆桱 4 子。其中,少子薛葆桱便是他 57 岁时所生。而薛葆桱的原配刘氏,便是台湾第一巡抚刘铭传的掌上明珠。刘姑娘嫁给薛葆桱后,育有一子庭勋(早卒无后)和二女静如、逊成。刘氏病故后,薛葆桱续娶沙氏,又有有薛肇煌、薛企荧二子。薛时雨少子薛葆桱这一支,孙辈则有薛国刚、薛国安、薛国骏及薛晋、薛倩等。

　　需要说明的则是,薛时雨与刘铭传(1836—1896)是安徽老乡兼儿女亲家,他们这对皖省同乡,一文一武,都在南京生活并留有遗迹。刘铭传,字省三,号大潜山人,安徽肥西刘老圩子(今属合肥)人,兄弟 6 人,他排行第六,读过几年私塾,因脸上长有稀疏麻点而人称"刘麻子",亦称"六麻子"。他少时贩盐,18 岁从军,后参加李鸿章的淮军,创办团练,号"铭字营",以骁勇善战著称,在镇压太平军中脱颖而出,并因功屡得升迁。光绪十年,中法战起,刘铭传率"铭字营"击败法军舰队,得朝廷器重与恩宠。日军进犯台湾时,刘铭传又以福建巡抚身份兼督台湾,成为中国历史上第一任台湾巡抚,他治台六年半,立功殊多,后人誉之为台湾的"现代化之父"。刘铭传虽然读书不多,但脑子颇为灵光,行军打仗之余,喜欢吟诗作联,他为南京愚园清远堂撰有一联,云:"地近杏花村,栏槛留春,潇洒林泉新画稿;我来梅子雨,琴樽消夏,清凉世界小神仙。"薛时雨大刘铭传 18 岁,且又是正宗的科第进士,故刘铭传对这位乡贤前辈极其尊崇,并将自己的爱女许给了薛时雨的少子薛葆桱。当年,刘铭传因战事创伤,曾两次病休,并置南京夫子庙东秦淮河畔的原明末清初丁继之的"丁字帘"河房,改"丁厅"为"刘厅",在此养病(刘铭传去世后,该房改为"刘公祠")。特别是同治八年后养病长达十五年,直到光绪十年再次奉诏起用。是年 7 月,刘铭传被朝廷征召,率军抗击法军。当时,薛、刘俱在南京,患病在身的薛时雨,自知来日无多,却对亲家翁寄予厚望,特撰联题赠亲家率军出征,保家卫国。他对刘铭传寄了美好的祝愿,但最后却笔锋一转,说你的归里与我的思想颇为相同,表达了他对官场仕途的厌恶之情。联中,薛时

雨又借刘铭传的告假养病,表达自己对官场的厌恶,这才是他作此联的真实情感。联云:

> 应运毓劳臣,未冠从军,已冠登坛,起淮南、清皖北,纵横于吴楚宋郑、齐鲁燕赵之交,以西窥秦陇,陈必善,战必克,彤矢分封,顺昌旗帜照行间,懿铄哉当今名将;

> 多材兼众美,始精技击,继精艺事,喜缓带、爱投壶,涉猎于琴棋医卜、阴阳奇遁之学,而壹意诗歌,用则行,舍则藏,黑头高隐,安石莺花娱晚岁,归来兮与我同心。

后来,刘铭传果然不负亲家所托,率军抗敌,有功于国。但是,他走后仅数月,薛时雨即病卒于龙蟠里"薛庐"。

据载,薛时雨身材健硕,饮酒数斗不醉。辞官后优游山水,色益晬然。57 岁那年尚生一子,60 岁后身体渐衰,然仍健饭谈笑。光绪十年冬,薛时雨突染风寒,精神衰颓,延至翌年正月,卒于南京,享年 67 岁。临终前,他对家人说:"总算对得起家乡了。我一生长期在外,没看够滁州的山水,死后要与琅琊山色为伴。"他的遗体从南京运回全椒路过琅琊山时,家人遵其遗嘱,灵柩环绕醉翁亭和丰乐亭一周,最后安葬在全椒桑根山青龙冈卧龙寺。薛时雨殁后,家乡人为了更好地纪念他,在醉翁亭中悬挂其像,让游人瞻仰。盖其殁也,桃李门生弟子服丧者甚众,故挽联中又有"八百孤寒齐下泪"之语。

薛时雨生前主要从政、从教和从文。他从政为官时,数次主政一方,恪尽职守,声名卓著。从教期间,先后又主讲于杭州的崇文书院和南京的尊经书院、惜阴书院,滋兰树蕙,满园芬芳。而从文读书,却是他毕生的执着追求,念兹在兹,从未间断。在生命的晚年,他尝撰联总结自己的一生:

> 作吏十六年,主讲十六年,壮志销磨,借一角溪山娱老;

> 种竹数百本,植松数百本,岁寒苍翠,与满城桃李同春。

薛时雨博学多才,著述闳富,传世作品有《藤香馆诗》《藤香馆诗删存》《藤香馆词》等。这些珍贵的诗文著述,是中华传统文化宝库中的富贵财富。此外,他还与全椒的另一个文人金和,为全椒先贤、著名小说家吴敬梓的《儒林外史》的重版付梓出力甚多,使这部奇书得以广泛流传,并为重版作序云:"是书为全椒金棕亭先生官扬州府教授时梓以行世,自后扬州书肆,刻本非一。""发逆乱后,扬州诸板散佚无存,吴中诸君子将复命手民,甚盛意也。"而金和在是书的"跋"文中也称:"薛慰农观察知(吴敬梓)先生于余为外家,垂询及之。"薛时雨与金和为吴敬梓的《儒林外史》的重版付梓,也为文坛留下了又一段佳话。

清联大家薛时雨

黄玉才（南谯区文化和旅游局）

楹联,滥觞于晋,作为一种新的文学体裁而受到文人墨客的喜爱,随着五代后蜀皇帝孟昶和明朝开国皇帝朱元璋两位帝王的倡导和身体力行,使得楹联艺术在宋明间日趋成熟,在清代达到巅峰。唐诗、宋词、元曲、明清小说、清代楹联,构成中国古典文学一道亮丽的风景。同时,楹联又与书画、诗词、园林、民俗联系紧密,在中华优秀传统文化的星空交相辉映。

在清代楹联"百花园"中,全椒乡贤薛时雨的楹联言辞典雅,手法丰富,用典妥帖,文采斐然,充溢着浓郁的忧国爱民情愫,堪称大家。

薛时雨(1818—1885),字慰农,号澍生,晚号桑根老人。安徽全椒人。出身书香门第,祖父凤翥,父亲鑫,皆教授乡校。他自幼苦读诗文,博览群书,清道光二十三年(1843)中举,咸丰三年(1853)与仲兄春黎同科登进士第,传为佳话。历任嘉兴、嘉善知县和杭州知府。同治五年(1866)引退后,讲学于杭州、江宁等地书院。著有《藤香馆诗删存》《藤香馆词》等。

一、廉官儒士笔

薛时雨登进士第二年授嘉兴知县,咸丰六年夏,嘉兴大旱,百姓无粮纳税,薛时雨深入乡间调查后,下令停征科税。嘉兴府的催科檄一连下了几道,他置若罔闻,被革职。因之,浙江人都说:"清官者,首推薛嘉兴",一时美名在浙江传颂开来。任嘉善知县时,他坚持每天在县衙坐班,连续治庶狱三百,数月之后,几无诉讼。升任

杭州知府后,他招抚流亡,振兴文教,政绩显著,府署大堂有他手书一联:

> 为政戒贪,贪利贪,贪名亦贪,勿骛声华忘政本;
>
> 养廉惟俭,俭己俭,俭人非俭,还从宽大葆廉隅。

廉隅,本指棱角,后比喻端方不苟的行为品性,语出《汉书·杨雄传》:"不汲汲于富贵,不戚戚于贫贱,不修廉隅以邀名当世。"薛时雨在这副联中,对为政清廉提出新解:贪图利禄是贪,而沽名钓誉也是贪。他的这个观点,对于今天的官员而言,仍有教育意义。

薛时雨48岁时称病辞官。浙江巡抚马新贻再三邀请,薛时雨始答应留任杭州崇文书院山长。三年中,由于他在兴办教育方面做出成绩,浙江人为他在西湖之滨凤林寺建造住舍,名"薛庐"。他题薛庐联:

> 白社论交,留此间香火因缘,割半壁栖霞,暂归结十六年尘迹;
>
> 青山有约,期他日烟云供养,挈一肩行李,重来听百八记钟声。

同治八年(1869),薛时雨应新任两江总督马新贻之邀,来到南京执掌江宁尊经书院,后又主讲惜阴书院,直到终老,前后共16年。光绪六年,考虑到薛时雨来南京已10年有余,居无定所,门下弟子合力集资,在乌龙潭西侧、惜阴书院对面,为老师新建一处宅院,仍名薛庐。后来薛时雨将这个宅子不断扩建,渐成园林式别墅,置有藤香馆、冬荣春妍室、双登瀛堂、吴砖书屋、夕好轩、抱膝室、蛰斋、小方壶亭、仰山楼、半壁池桥、美树轩、杏花湾、半潭秋水一房山、寐园等,临潭设有叟堂,方便诗酒宴游。时有名士雅集,加之追随者众,其时的薛庐迥别于西湖之薛庐,已然跻身金陵名园。

《实用对联三千副》(金盾出版社1992年版)收入薛时雨题呼和浩特长白书院联:

> 盛世本同文,合左云右玉封疆,息马投戈,朔漠浸成邹鲁俗;
>
> 将军不好武,萃黑水白山俊彦,敦诗说礼,边关长此诵弦声。

将军不好武,指的是定安,字静书,满洲镶黄旗人,姓叶赫那拉,同治七年授绥远城将军,任期六年。此联称赞定安将军在沙漠边关兴建长白书院,使八旗学子接受文化沾溉的功绩。这副对联的特殊性在于,撰联者对于民族团结、文化熏陶的肯定。

二、非凡"朋友圈"

太平军攻下浙江后,薛时雨曾与刘铭传同在李鸿章麾下,二人既是同乡,又是儿女亲家,他不但写了《赠刘省三爵帅》的长联,还应刘铭传之嘱,为合肥刘氏宗祠题联:

自受封得氏以来,唐社分支,夏廷疏爵,周家食采,汉室称藩,世禄相承,华胄遥遥光史乘;

有文德武功可溯,阁中蔡焰,帐外笳声,堂上蒲鞭,军中旗帜,宗风递衍,同枝密密盛淮淝。

薛时雨曾经做过曾国藩的幕僚,对于曾国藩经国济世的才能十分景仰,甚至为人为文也深受其影响。在他的文集中,写曾国藩的对联竟有十余副之多。如题曾文正公遗爱坊联:

偃武遽骑箕,系亿万家父老讴思,堕泪碑宜留岘首;

削平等开创,挽十二载干戈劫运,大功坊合配中山。

浙江巡抚马新贻礼贤下士,知人善任,也是薛时雨罢官后引荐崇文书院的知己。马新贻去世时,薛时雨亲书挽联,读来令人动容:

朝廷以艰巨任公,中外以安攘期公,肘腋变非常,饮恨骑箕,合江左右、浙西东,遐迩惊传同一哭;

作吏则国士待我,罢官则宾师礼我,生成感知己,挝门寄痛,怅石城隅、钟阜侧,旌骕过访更何人!

同治七年正月,闽浙总督吴棠奉调四川总督,在疏请陛见、等候消息的间隙,招薛时雨游宴于西湖数日。吴棠有意请薛时雨出山相助,为薛婉辞;吴棠捧出自己的文稿请薛时雨赏读,薛以诗酬贺。此后两人未再谋面,但保持着书信来往,尤其是醉翁亭重建筹款,薛时雨第一个想到的是吴棠,并且得到了他的支持。光绪二年闰五月,吴棠病逝于滁州。时任金陵惜阴书院山长的薛时雨闻讯,挥泪写下三副挽联。其一:

名在御屏风,由百里,历兼圻,朴诚报国,宽厚临民,溯公德极鳌峰雪岭而遥,边徼同瞻,何止江淮颂遗爱;

学推乡祭酒,谢朝簪,遂初服,刊误䜩书,编年存稿,待我归话丰乐醉翁之胜,典型遽陨,那堪湖舫忆前游。

薛时雨的"朋友圈"多为重量级人物:当初举荐他出任杭州知府的左宗棠,后来以东阁大学士任军机大臣;他担任幕僚时的淮军主帅李鸿章,后官至文华殿大学士,总理政事多年;他的进士同年丁宝桢,官至四川总督,持太子少保兵部尚书衔。卸任后于两地三院兴办教育,门下桃李芬芳,较有影响的是"石城七子":即顾云、秦际唐、陈作霖、朱绍颐、何延庆、蒋师辙和邓嘉缉。薛时雨心系教育,赢得了学生和社会的尊重。陈作霖在《炳烛里谈》回忆:"全椒薛慰农观察主讲尊经,爱才若渴,凡有一艺之长者,无不加以奖措,故多士归之如流水,当时有'李门高,薛门广'之评云。"对老师的称赞溢于言表。

三、滁山总关情

薛时雨晚年受聘主持南京尊经、惜阴两所书院,方便经常往来于家乡,当他看到醉翁亭、丰乐亭毁于兵燹,十分痛心。他一生倾慕欧阳修的道德文章,以为榜样,遂暗下决心恢复两座名亭。他四处奔走游说募捐,甚至不顾年迈之躯,在玄武湖畔鬻字筹款,乃于光绪七年实现重建醉翁亭之夙愿。他亲书门额并撰联:

翁昔醉吟时,想溪山入画,禽鸟亲人,一官迁谪何妨,把酒临风,只范希文素心可证;

我来凭吊处,怅琴操无声,梅魂不返,十亩蒿莱重辟,扪碑剔藓,幸苏子瞻墨迹犹存。

上联"希文"是范仲淹的字,素心指"先忧后乐"之典;下联以"琴操"谓《醉翁操》,梅魂指欧阳修手植梅,墨迹即"欧文苏字"碑。全联格调高古,情韵兼美,隐见作者高怀。

题影香亭联:

踞石而饮,扣槃而歌,最难得梅边清福;

环山不孤,让泉不冷,何须恋湖上风光。

题曲水流觞亭联:

沿洛邑遗风,杯渡轻便增酒趣;

仿山阴雅集,波流曲折见文心。

上联典出白居易当年在洛阳组织的"九老会",下联典出王羲之《兰亭序》。

题欧梅亭联:

行乐处草木可欬;

会心时鱼鸟相忘。

题欧苏神龛联:

师生文字同千古;

香火因缘共一龛。

就着剩余的木石和资金,薛时雨又着手重修丰乐亭,理由是:"滁之有醉翁、丰乐二亭,如人之有眉目,剔眉矐目,而其人不全。"(《重修丰乐亭碑》)光绪九年5月16日,丰乐亭重修工程告竣,时雨欣然题联:

十年兵燹,略同五代干戈,幸迅扫浮尘,山高水清,余孽不留皇甫;

百步州南,犹剩数弓亭址,望后来太守,疏泉凿石,鸿文更续欧阳。

上联意思是说,太平军所到之处与五代时皇甫晖、赵匡胤的滁州之战何其相似,如同历史重演;下联写不远处的绎思亭、御碑亭、时若亭、甘霖亭仍是一片废墟,寄希望于后来的州官们重整河山,效仿当年欧公勤政爱民,再谱新篇。

四、魂归桑根山

晚清官场的腐败与倾轧,薛时雨早萌辞官归隐的念头。在南京清凉山薛庐,他筑住处名"藤香馆",落成之日,感慨唏嘘,写联多副,其中藤香馆落成自题联:

服官易,致政难,解组归田,收拾一生事业;

学稼劳,为圃逸,闭门种菜,消磨千古英雄。

薛时雨的清廉与政声,在他的家乡全椒众口相传,并且引以为傲,乡亲们在修缮城隍庙和节义祠时,以专程邀他题联为荣,他的楹联与书法之长亦使家乡人大饱眼福。如他题全椒城隍庙戏台联：

> 休怪他快意登场，也须阅世根基，才能够屠狗封侯，烂羊作尉；
>
> 姑借尔寓言醒世，一任堂前煊赫，总不过草头富贵，花面逢迎。

题全椒忠孝节义祠联：

> 三纲为百行本原，卓尔完人，足令襄水釜山增色；
>
> 千古由一时论定，懋哉祀典，宜与贤关圣域同休。

题全椒贞烈祠联：

> 守身保贞，捐生保名，彤史遗徽无缺憾；
>
> 茹蘗成节，饮血成烈，襄河终古是清流。

公元 1885 年，薛时雨病逝于南京。临终前他唯一的遗嘱，是希望再看一眼他亲手修建的醉翁亭和丰乐亭。家人遵从他的嘱托，抬着棺木从醉翁亭、丰乐亭缓缓走过，最后归葬于祖居地桑根山。山下的薛氏宗祠从此多了一个名字。而宗祠的楹柱上，恰是先生生前手书的一联：

> 吾先人由西蜀来兹，启十七世门楣，只耕读相传，不敢远引皇祖奚仲；
>
> 予小子自古杭罢郡，承五百年堂构，愿本支勿替，常思勉为善士居州。

薛时雨:扶筇花外听书声

金　锐（北京市楹联学会）

一

薛时雨,字蔚农,号澍生,晚号桑根老人,安徽全椒人,生于清嘉庆二十三年（1818）。道光二十三年（1843 年）中举人,咸丰三年（1853）举进士,历任嘉兴、嘉善知县,后任杭州知府。薛时雨曾主讲杭州崇文书院,后于光绪七年（1882）主持重修醉翁亭。光绪十一年（1885 年）,薛时雨因病卒于南京,遗体被运回故乡,安葬于全椒。①

薛时雨著《藤香馆集》,内附《藤香馆诗抄》四卷、《藤香馆诗续抄》二卷,《藤香馆词》二卷。亦有联集二卷传世,收于《藤香馆小品》之中。②

二

薛时雨的联集中,收录了自己 320 余副作品③,题材包括题署、酬赠、庆贺、哀挽等等,句式字数上,既有单分句的五、七言,二分句的四四结构、四七结构等,也有多分句的中长联,甚至百字以上的长联。

---

① 　按《咸丰癸丑会试录》,薛时雨生于十月二十七日。

② 　薛时雨去世后,其子薛保楹、薛保桎增补薛时雨生前联作,记续上、续下二卷,与《藤香馆小品》合刊。

③ 　重刊的《藤香馆小品》补录薛氏所撰楹联 139 幅。

可以看出,薛时雨的作品,题材宽泛、句法多变、数量可观、风格明显,又有名作流传、联集行世,可以算是十分重要的联家。甚至从某种意义上来说,薛时雨比一些题材单调(有些人的作品中几乎全是挽联,或全是集句、集字联)、句法单调(全是五、七言,或全是清言小品似的四六结构),或没有联集传世、作品张冠李戴现象严重的联家,更值得重视,也更值得研究。

三

薛时雨的对联有江浙文人之风。虽然全椒不属江浙,但是薛时雨仕宦、游历,多在江苏、浙江二省,其联风亦近。这里要岔开一句,在古代,对联被视为小道,茶余饭后,难登大雅,文人大多余力为联,所以收集者少,研究者更少,严格的风格论自然也就很难形成。但是若放松一些,其实还是很容易感受到地域对联风的影响——与江浙一带的联风不同,湘楚之地的联风则是典雅厚重,王闿运、曾国藩都是其中代表。当然,地域仅是影响联风的一个因素,经历、身份等方面也不容忽视。若彭玉麟、胡林翼之武将手笔,梁章钜、俞樾之学人手笔,林则徐、左宗棠之名臣手笔,李渔、袁枚之才子手笔,吴恭亨、钟云舫之村塾手笔,不一而足。依然回到薛时雨。对于联,薛时雨仍未脱时人囿界,并未十分看重,其《藤香馆小品》中,开篇便言"楹联小道也,酬应之作,无当学问",便连结集也是"友人杨晓岚文学,代为掇拾",不得不说是一种遗憾。

前面说了江浙联风,这里不妨再多说几句,总体来看,有清一代,江浙联家中有盛名者,俞樾乃集大成者,或不宜以地域论;李渔处明末清初之间,联语毕竟尚未成熟;袁枚才子气甚重,然其联似未成风格;郑燮以险怪取胜,联则稍有未尽人意处。如此看来,真正江浙联风的代表者,大概要数薛时雨与范当世二人了。当然,这也是我的一家之言,未足深究。①

---

① 关于楹联流派,民国著作《古今楹联名作选萃》的序言中有一段话颇有见地,我将其摘录于下,遗憾我当时并未注意:清之中叶,上有彭纪、下有袁梁王郑,颇多可颂之作。论者犹谓彭纪王郑浸浸乎已合联体而未尽粹;袁梁则琢句安辞尚不脱五言七言诗(下转)

四

薛时雨传世之联甚多，尤以山水、酬赠诸作为佳。其联有青衫文士之风，清雅蕴藉，风致翩然，重才思、重情韵，往往无挖空心思之想，亦无百斧千凿之句，然信手而成，即能左右逢源，齿颊留香。《晚晴簃诗汇》中称薛时雨"其诗亦如西湖山水，清而华，秀而苍，往往引人入胜"，窃以为移用至其联作，亦甚妥帖。此处，仅举薛时雨题崇文书院与沧浪亭二联为例，略见一斑。

题西湖崇文书院

讲艺重名山，与诸君夏屋同栖，岂徒月夕风晨，扫榻湖滨开社会；

抽帆离宦海，笑太守春婆一梦，赢得棕鞋桐帽，扶筇花外听书声。

薛时雨曾任崇文书院主讲，故有联于此。书院联一般庄重典雅，崇圣贤、明教化。此联却略有不同，风流偶傥，文韵翩翩。可见，薛时雨非昌黎般夫子，却似东坡一流人物。上联以"讲艺"开篇，"夏屋同栖"言学问之切磋，第三分句一转，"月夕风晨"便生文韵，"扫榻"二字尤见风流。下联则更加大胆，"春婆一梦"和"棕鞋桐帽"都是苏东坡之典，见作者豁达之胸襟，收句"扶筇花外"四字更是风雅非常，"书声"二字则照应上联的"讲艺"与"名山"，扣回主题，不离书院。全联布局精妙，仿佛信马由缰，却能回环照应，给人以层次感。文字则回味绵长，翩然得韵。至于细节之处，若"山"与"海"、"夏"与"春"等处的精巧对仗，更不必多言。

题沧浪亭

百花潭烟水同清，年来画本重摹，香火因缘，合以少陵配长史；

万里流风波太险，此处缁尘可濯，林泉自在，从知招隐胜游仙。

沧浪亭为苏舜钦故宅，四万贯购园一事所传甚广。薛时雨却不从此落笔，而是

（上接）之余习。咸同两朝为楹联极盛之时代。曾左彭郭，干戈之余未尝忘情于此事，勾心斗角，各擅胜场。而曾尤自负雄而能浑，文正有焉。同时薛、俞独能别辟町畦，洒脱自喜，以风致取胜。唯俞晚年之作，纯任自然。学之不善，致流入率意一路，要皆一代之作者也。继此有南通、晋陵两派：南通一派，范氏肯堂、张氏啬翁，异军突起，能以气魄制胜群雄，直可前无古人，后无来者。晋陵一派，群贤辈出，清奇浓淡，无体不备，无语不道。于以上踵洪赵、下蹴咸同，洋洋乎有观止之叹焉。

上联直取四川百花潭。百花潭在杜甫草堂畔,杜甫曾有"百花潭水即沧浪"之诗。薛时雨此联即由此发端,巧用"沧浪"之名,故有"烟水同清"语。"画本重摹"承起句,言景,"香火因缘"启结句,言人。作者将杜子美与苏子美同置沧浪亭中,自显身价,而二人同字子美,更是一般妙处。想到"子美"的立意不难,但能将其与"百花潭"捏合到一处,情景相生,殊非易事。下联依旧从"沧浪"二字做文章,引《渔父》诗中"濯缨濯足"之意,再反用左思"濯足万里流"一句,言风波太险,不若归隐山林、忘情山水。全联构思巧妙,几个典故奇趣横生,出人意料却无刻意之嫌,作者信手拈来,仿佛中军帐中运筹帷幄,足见胸中丘壑。

五

古代文人对联语不甚重视,像彭玉麟、张之洞均有结集时自删联稿之举,《楹联丛话》的作者梁章钜、《古今联语汇选》的作者胡君复都未有联集传世。同时,研究者对联语亦不甚重视,这从对联不入文学史、对联系统性评论甚少、对联文献整理极不规范等方面都可看出。而研究对联最基本的——对联集的整理工作,更是举步维艰。这有几方面的原因,一是流传至今的联集少而难见,二是拥有资料者不愿意共享,三是缺少整理联集的人力、物力等。当然,这些都是客观存在的原因,所以也只能期望广大研究者同心协力、不私所有,共同为对联文化传薪继火。[①]

---

① 此文写作,前得张小华博士特将相关资料讯息相告。已故江苏省楹联学会副会长郭殿崇老在得知我要撰写此文后,不辞辛劳,多次至南京图书馆中抄录相关资料与我,并加以勉励。念及昔日郭老的音容笑貌,颇有"木犹如此,人何以堪"之感。

雪舞春堂化时雨

姜培忠　路云飞（天长市作家协会）

江南的早春遇上雪，总会给人带来无穷的诗意。江南的雪不如说是江南的花，飘飘洒洒，有着别样的美丽与繁华。我去江南并不是为了欣赏雪花，冥冥之中，上苍像是知道我去江南之意，让我巧遇这场大自然的神来之作，还有他。

雪花印着我的足迹行走在扬州的平山堂，行走苏州的可园，行走在杭州的西湖，行走在南京的莫愁湖、清凉寺……其实我的江南行，只为寻找一个一百多年前的足迹——他爱家乡全椒的一山一水，也爱杭州的一草一木，更爱南京的一亭一阁；他通讲学，精诗词，擅对联——江南名胜处，人们往往可以看到他的对联。

他有一个春风化雨般的名：时雨；有一个悯恤苍生的字：慰农；更有一个乡愁绵绵的号：桑根老人。瑞雪春风及时雨，他就是我们安徽全椒人薛时雨。

让我记住薛时雨这个名字是在浙江嘉善。我去嘉善查阅天长人陈以刚就任知县时的资料，在历任知县排名中一眼看到一熟悉的名字：咸丰六年的知县，全椒人薛时雨。我想起滁州琅琊山醉翁亭的对联和题名，那仿佛因溢出酒香而醉倒的"醉翁亭"三个字，落款正是薛时雨；我记起游览扬州平山堂欧阳修祠堂时，正堂上"遗构溯欧阳，公为文章道德之宗，侑客传花，也自徜徉诗酒；名区冠淮海，我从丰乐醉翁而至，携云载鹤，更教旷览江山"那副对联，落款处又是薛时雨……从滁州到扬州，他一路追随着一代文宗欧阳修。

"薛时雨"三个字深深地落在了我的脑海，我要寻找他的踪迹。

一、十年薄宦梦一场

全椒文风鼎盛,有着深厚的文化底蕴。宋代建学宫孔庙,明代设书院,崇文重教,培养大批人才;科举年代有"一桐城,二全椒"的美誉;特别是清朝中晚期以《儒林外史》作者吴敬梓的吴氏家族、金兆燕家族、薛时雨兄弟等为代表,形成了当时全椒独特的文化现象。

这其中薛时雨弟兄的出现相对晚一点。薛氏弟兄出生就不同凡响,哥哥出生是正好春雷一声又是黎明之际,很有文化的父亲给儿子起名就叫春黎;而薛时雨出生时,久旱逢雨,所谓"好雨知时节",故名"时雨"。

道光二十九年(1849)薛时雨参加安徽省乡试,取得了第一名的好成绩,让他一时赢得不少风光;更让薛家高兴的是咸丰三年(1853)薛时雨和哥哥薛春黎同登进士第。带着踌躇满志和文人的满腔热血,薛时雨在次年踏上官场,就任浙江嘉兴知县。

嘉兴是鱼米之乡,但命运弄人,薛时雨上任不久便遇上了大旱,老百姓几乎颗粒无收。薛时雨将情况上报知府,要求停征税粮,而知府却置若罔闻,依旧发催科檄。薛时雨十分体恤百姓,拒不执行知府的要求,因此被免去官职。为此,浙江人赞美说"清官者,首推薛嘉兴"。

咸丰六年,朝廷改任他为嘉善知县。此时太平天国正风起云涌,嘉善县也是太平军必攻之地,薛时雨审时度势参加淮军李鸿章所部,做了一名幕僚。咸丰十一年太平军攻克杭州,眼见战火纷飞,百姓流离失所,而湘、淮两军又配合不佳,薛时雨赶到安庆拜见曾国藩,慷慨陈词,对局势做出了正确的分析,并认为只有在太平军中去做瓦解分裂,才能使百姓少受伤害,得到了曾国藩赏识和认可,促使两军力量整合。第二年左宗棠奏请补授薛时雨为杭州知府,执掌浙江粮食储备。薛时雨上任时清军刚刚收复杭州。才经战乱,一片凋敝。他的诗作《哀杭州》写到的杭州城是"烦冤无告鬼夜哭,苦雾愁云塞山谷""彼时旖旎今烦冤,佛若有情佛亦哭"。为此,他召集流民恢复生产,鼓励百姓重建家园,让黎民居得以安,心得以定;他兴办东城讲学所,明教化,修礼义,弘扬文化;为稳定局面,他善待俘虏,有一次甚至释放上司要他处死的一百多名太平军。

薛时雨为官清廉,刚正不阿,养廉戒贪,专心于吏治,杭州府署上他曾写下这样一副对联告诫世人:"为政戒贪:贪利贪,贪名亦贪,勿骛声华忘政事;养廉唯俭:俭己俭,俭人非俭,还从宽大保廉隅。"他的书房中也高悬着"太傅佛,内翰仙,功德在民,宦迹胡承私向往;道州诗,监门画,疮痍满地,虚堂危坐独彷徨"这副对联。他以联自勉自警,时时告诫自己不耽声色,少想图谋私利,多思民生疾苦。

杭州城在他任期,被治理得井井有条,百业俱兴,但是,薛时雨的时代,清朝统治已风雨如磐垂垂老矣;他的个性,又一直保留着中国传统知识分子的那份经时入世的理想,书生意气自也得罪了不少同僚,他遭到同僚的诋毁。同治五年(1866)他的兄长薛春黎在江西主持乡试时暴病身亡,朝廷让他临时接任江西乡试提调官。理想的破灭、兄长的死亡,让他心灰意冷,更让他看够了官场的种种把戏、厌倦了宦海的诸多游戏。于是,他长叹一声"两浙东西,十年薄宦;大江南北,一个闲人",脱下官袍,转身而去。那年他不到五十岁,在官场上正好十年。

我曾疑问,身居此位,又有理想,他怎么如此轻易地纵身化外? 从他的同乡、道员张保衡的诗歌中我们得到了答案:"自谓官职卑,实为民生系。地限一隅偏,命惜万民死。关心悯夏畦,敛手征秋税",一颗仁善之心,为民生抗税罢官,这样的官员,在晚清官场怎能有立身之地。

二、半百人生归去来

薛时雨离开官场时,不是没有人挽留,但他婉拒了。时任浙江巡抚的马新贻,也就是清朝十大疑案的"刺马案"主角,向他伸出橄榄枝,他坚辞不受,深知他才华的马新贻只好说:"那你来崇文书院主讲吧。"终不愿碌碌此生的薛时雨,于是走向讲坛。

讲学中,他真正做到"有教无类":他的书院所收的学生,无贵无贱,无长无少,但凡是想来求学的,他都敞开大门欢迎。在杭州的时候,甚至一个曾经的盗徒来求学,他也收下,毫不理会一些人对他"不分尊卑,滥收弟子,收盗贼为徒,变书院为猪圈"的指责。

薛时雨在杭州主持崇文书院三年后,其大哥薛暄黍卒于安庆,薛时雨归乡之意更浓,便通过已调任两江总督的马新贻,到江宁尊经书院任院长。后来他又主持惜阴书院,直至终老。江宁离全椒仅一百多里,风土习俗接近。薛时雨后半生在江宁乌龙潭潜心从教,培养了大量人才,这其中包括我国著名实业家张謇。

浙江人在西湖凤林寺后为他建造住舍,取名"薛庐";南京人在钟山山麓也建造一座"薛庐"纪念他,这些都是人们对他最大的敬仰。

薛时雨是师者,也是晚清的著名诗人,在主讲书院的生涯里,他写下了大量诗词歌赋。《藤香馆诗删存》《藤香馆词》等作品集里,有对国事的忧虑、对民生的关爱、对故土的眷恋、对历史的思考、对现实的无奈,这些作品有屈子老杜忧国忧民的沉郁,有东坡稼轩豁达豪放的气概,像一朵朵盛开在黄昏的、淋着雨的花,饱满、湿润,穿越了百年时空,至今摇曳、飘香。

乡愁是薛时雨诗歌中永恒主题,特别是看到家乡遭遇战争的创伤,他更是忧心如焚。"菱湖称巨镇,乱后景凄清。华屋将军帐,荒村壮士营……"他一直把百姓系之于怀;"家垦五亩天,无牛自开掘""租赋县官催,差徭写战乱,他记下正讦。终岁无一饱,反受不毛罚",悯农之心,溢于言表。当代著名清诗词研究学者严迪昌在《清词史》中,感慨地说:"翻一翻道咸同光四朝浩如烟海的词别集和各类词选,有多少不止于靡靡者,差强人意的则还有薛时雨的《藤香馆词》。"

薛时雨诗文写得好,他的对联即便在当代中国,超过他的恐怕也为数不多,大江南北的湖山名亭、古刹、楼阁留下他大量佳对妙联。杭州府署题联"受一文分外钱,远报儿孙近报身;做半点亏心事,幽有鬼神明有天。""铁面无私,凡涉科场,亲戚年家须谅我;镜心普照,但凭文字,平奇浓淡不冤渠。"堪称廉政醒世。一位封建时代的官吏竟有如此高尚操守,对于今天的官员仍有深刻的教育意义。

薛时雨在杭州励精图治,也在杭州心灰意冷,他题在林逋墓前的"大节匹阎公,取义成仁,青史从今尊县尉;忠魂依处士,补梅招鹤,孤山终古属林家"这副联,赞林逋有取义成仁的大节,也讴歌归隐山林志高质洁的品性,更恰好写照了自己的心境。

站在苏州沧浪亭前,薛时雨的心情是复杂的。沧浪亭的原主人、北宋苏舜钦离开官场后领悟到"近水远山皆有情"的人生境界,触动了薛时雨的心,于是他在明道堂上题道:"百花潭烟水同情,年来画本重摹,香火因缘,合以少陵配长史;万里流风波太险,此处缁尘可濯,林泉自在,从知招隐胜游仙。"百花潭为成都杜甫草堂所在,"年来画本重摹"指同治十二年巡抚张树声第三次重修沧浪亭,这样上联并写字为"子美"的杜甫和苏舜钦的因缘巧合,也暗指两人均政治不得志;下联则直言世路崎岖,处处风险,而赞此处有山有水,可濯缨洗尘,可远避政治风波,寻到自在人生。

然而,自幼就受儒家思想濡染的中国知识分子,血液里渗透了"修身""入世""有为"的理念,这样的理想就与现实的严酷产生巨大冲突。薛时雨也不例外。他自认为"杜陵广厦构胸中",却白首无成,因此,在沧浪亭数经兴废后起的五百名贤祠前,他写下"千百年名世同堂,俎豆馨香,因果不因罗汉证;廿四史先贤合传,文章事业,英灵端自让王开"来表达自己对前贤事业的仰慕:五百名贤虽未成佛证果,但受到后人景仰,四时享祭,亦为盛事;"让王"泰伯与二弟仲雍将王位让与三弟季历,到吴地开启了精彩的吴文化,吴地人才辈出,至今集五百名贤至此,可谓洋洋洒洒中彰显其志:知不可而为之,何必一定要证阿罗汉果?前有古人,后有来者,活过一场,有文章事业,便能无憾了。

自杭州至苏州再到南京,一路走来,薛时雨的心路轨迹也渐渐呈现在我们眼前。他怀古忧今,秦淮河畔嬉笑戏谈自比前度刘郎:"一曲后庭花,夜泊销魂,客是三生杜牧;半边旧时月,女墙怀古,我为前度刘郎";惜阴书院离清凉寺很近,他徜徉其间,不著衣冠,只谈农圃,被清凉寺的禅音敦化,面对佛陀,他留下"四百八十寺,过眼成墟,幸岚影江光,犹有天然好图画;三万六千场,回头时梦,问善男信女,可知此地最清凉"这参破兴亡律的楹联,让人想起电影《清凉寺的钟声》。

人生有始终,江山有代序,这一副副对联至今还挂在江南的山山水水间。百年而后,我们读着他撰写的既有儒法入世精神、又兼佛老出尘之念的对联,无法不沉浸在他的精彩笔墨里。

三、修到梅花伴醉翁

咸丰三年太平天国激战滁州,作为我国"四大名亭"之首的琅琊山醉翁亭与丰乐亭同时毁废。薛时雨从江宁回全椒时,看到醉翁亭亭倒阁塌,丰乐亭泉竭树枯,非常痛心。他犹记苏东坡曾言"醉翁行乐处,草木亦可敬",遥想自己幼时便"凭欧梅之亭,拓子瞻之碑""抚滁山之草木,有生敬于昔贤",于是发下宏愿,定要重修醉翁亭!

光绪七年(1881),重建醉翁亭的工程动工。薛时雨亲自督工,并欣然题写"醉翁亭"三字门匾、"有亭翼然""晴岚叠翠"以及"翁去八百载,醉乡犹在;山行六七里,亭影不孤"等楹联匾额。清风两袖的薛时雨先后争取到湘帅曾国藩、鄂帅李喆第、皖大府英翰、安家于滁的四川兵部元帅吴勤惠等人的帮助;他的同乡、亲友、学生知闻消息,也纷纷解囊;他自己更是不顾重病枯躯,在玄武湖畔的赏荷亭摆字摊,每天站立近十小时,向往来行人售字募款。在《重修醉翁亭记》里他这样写道:"时雨养疴石城讲院,蓄此耿耿又七年矣。今年复布书问当路巨公,得裕寿山中丞、庐艺圃方伯、胡履平廉访提挈群贤,再畀兼金。时雨缮完之志,至是而始遂。挈挈十余年,不惜以退废之身,数数于当轴公卿"。重新建成的醉翁亭,是薛时雨人生的圆满之作。

滁州人感恩薛时雨。在醉翁亭畔,人们建了登楼即可观醉翁亭全景的薛楼,并把醉翁亭前让泉上的一座小桥称为"薛老桥"。

我常想,薛时雨无怨无悔地恢复一个"亭",也许更为了圆一个"愿"——"愿将山色供生佛,修到梅花伴醉翁"。

我相信世人一定与我一样,最爱他题写在琅琊寺的这副名联。欧阳修曾在醉翁亭前手植一棵梅树,无限追慕斯人的薛时雨常常"行到亭西怀太守,扪碑亲扫绿苔封",宁做一名"末座追陪者",于是他借琅琊寺题联寄托心愿:我愿将这一片青山供奉我佛,愿自身化为梅花永伴着醉翁!

1885年,薛时雨在南京病逝,遗体归寝故里。回乡路过琅琊山时,家人抬着他绕醉翁亭和丰乐亭走了一圈,让他与醉翁作最后的告别。

　　漫步在琅琊山的青山秀水间,聆听着台湾中台禅寺录制的仅以"愿将山色供生佛,修到梅花伴醉翁"这一句为词的佛乐《禅诗组曲》第三曲,仿佛有山涧清流浅浅流淌,洇出一片梵呗禅吟,浴净身心。

　　步过薛老桥,观梅醉翁亭,拈香琅琊寺,一路走来,我相信,薛时雨已然修到梅花,长伴醉翁了。

薛时雨在南京执掌书院

朱炳贵（南京市文化研究中心）

晚清数十年，南京城西的乌龙潭一带，聚集了许多学者名流，筑庐湖畔的文人薛时雨即是其中之一。薛时雨在官场沉浮十六载后，宦流勇退，先后于杭州、南京的书院教书课徒。在南京惜阴书院、尊经书院担任山长时，他心系教育，爱惜人才，一时从学者众。为感谢师恩，他的弟子助力将他的居所改建成了一座精致、幽雅的私家园林。

一、宦流勇退，书院任主讲

薛时雨是在官场沉浮了十六载后，称病引退到书院担任主讲的。他先是在杭州主持了三年的崇文书院，清同治八年（1869）又移居南京，执掌惜阴书院和尊经书院。

薛时雨字慰农，又字澍生，晚号桑根老人，出生于清嘉庆二十三年（1818），安徽全椒县人。他自幼刻苦攻读，博览群书，道光二十三年（1843）中举。咸丰三年（1853）他和仲兄薛春黎同榜考中进士，分发浙江，授嘉兴知县。咸丰七年又任嘉善知县。

同治三年经左宗棠疏荐，薛时雨出任杭州知府。他初到杭州任职时，太平军刚刚败走，各业凋敝，百废待兴。他召集流亡，鼓励复兴，建讲学所，培育人才，深得杭城百姓爱戴。他既勤勉干事，也恪操守道。他曾为杭州府衙题写一联，以劝勉各位官员戒贪尚俭，也对自己加以警醒："为政戒贪，贪利贪，贪名亦贪，勿骛声华忘政事;养廉惟俭,俭已俭,俭人非俭,还从宽大保廉隅。"①

　　然而,在那个社会和时代,薛时雨这样的官员是难以见容于官场的,尽管政声卓著,他

　　还是遭到了同僚的嫉妒和诋毁。48 岁那年他宦流勇退,称疾辞归。浙江巡抚马新贻对他的能力和才华颇为欣赏,便邀请他在杭州主持崇文书院。

　　马新贻调任两江总督移署南京后,仍惦记着薛时雨,欲聘他来宁执教。南京与薛时雨的家乡全椒相距只有百余里,且两地风俗相近。他自是十分愿意,乃于同治八年移席江宁,担任了尊经书院和惜阴书院的山长,直至光绪十一年(1885)因病辞世。

二、有教无类,桃李芳满园

　　惜阴书院坐落在清凉山南麓,由两江总督陶澍于道光十八年创立,是我国最早的公共图书馆江南图书馆的前身;尊经书院位于夫子庙,设立在嘉庆年间重修后的尊经阁中。薛时雨在两座书院担任山长时,心系教育,爱惜人才,学生不论贵贱、老少,只要有志向学,他都愿意接收,可谓有教无类。

　　薛时雨为人"和厚旷远,不持仪节",对学生关爱有加,吸引了众多江南才俊追随在他的周围。其学生陈作霖在《炳烛里谈》中记载说:"全椒薛慰农观察主讲尊经,爱才若渴,凡有一艺之长者,无不加以奖借,故多士归之如流水,当时有'李门高,薛门广'之评云。"他潜心从教,努力培养人才,育得桃李满园芬芳。南通张謇、金坛冯煦、无锡秦缃业、仪征刘恭甫、嘉兴张鸣珂等均为其弟子中之翘楚,而时称"石城七子"的顾云、秦际唐、陈作霖、朱绍颐、何延庆、蒋师辙和邓嘉缉则皆出自他的门下。清末状元张謇求学惜阴书院时,薛时雨对他不仅在学业上悉心指导,生活上也非常体贴照顾,一度还曾让他寄居在书院里。

　　教学之余,薛时雨常与文人学士游赏山水,吟诗唱和。任官期间,他关注纷乱时世,作品直面现实、关心民瘼,"伤时感事,沈郁顿挫",这在极少抑扬时局之作的

---

　　①　蔡见吾:《西湖楹联集》,西泠印社出版社 2000 年版,第 254 页。

晚清时代殊为难得。退隐以后,酷爱山水的他则流连山川,醉心自然,常以自己擅长的对联抒发情怀。他和寓居南京的同乡吴敬梓一样,对这座兼有山水之美的古都充满了感情。南京的清凉山、玄武湖、莫愁湖等众多名景胜地都留下了这位制联大家的佳作。其联熔经铸史,雅擅风骚,又用典自然,清新俊逸。如他为秦淮停艇听笛水阁所题的一副对联"六朝金粉,十里笙歌,裙屐昔年游,最难忘、北海豪情、西园雅集;九曲清波,一帘梦影,楼台依旧好,且消受、东山丝竹、南部烟花"[1],文辞雅丽,韵味悠长。

三、学子感恩,助力建薛庐

那时的南京城西乌龙潭,花木扶疏、山水清澈。薛时雨来到南京后即被其水木清华之境所吸引,遂于湖畔"拓地三弓,筑庐数椽,挈眷居之"[2]。十年后,其门下弟子醵资助力,又将其居所改建成了一座园林,取名"薛庐"。昔年"桑根先生有惠政于杭,既解郡符,去杭之日,市民歌咏不忘,卜筑湖上,榜曰'薛庐',以志去思"[3]。南京士子袭用薛时雨杭州宅名称其新居,"盖欲师之居江一如居浙耳"。光绪六年薛庐落成,汪士铎、陈作霖、顾云、谭献、袁昶、刘寿曾等多位学者名流、薛门弟子齐作"薛庐记",以贺其喜。

据陈作霖《金陵琐记》介绍,园内有藤香馆、永今堂、冬荣春妍室、双登瀛堂、仰山楼、吴砖书屋、寐园、夕好轩、抱膝室、蛰斋、有叟堂、小方壶亭、半壁池桥、美树轩、杏花湾、半潭秋水、房山等建筑与景点。它们的空间分布与格局,顾云的《薛庐记》中有详细的描述。薛庐不但亭馆清旷,花树繁殖,身居园中还可观赏清凉山岚影,聆听乌龙潭波音。

当年,薛庐是和陈作霖的"可园"、缪荃孙的"艺风楼"等齐名的金陵学士园,

---

① 杨克泉编:《中华名阁经典对联荟萃》,金盾出版社 2013 年版,第 13 页。

② 徐珂编撰:《清稗类钞》第 1 册,中华书局 1984 年版,第 200 页。

③ 袁昶:《薛庐记》,见陈作霖、陈诒绂:《金陵院墅志》,《金陵琐志九种》本,南京出版社 2008 年版,第 491 页。

曾吸引了众多文人学士来此聚会吟诵,诗酒宴游。遗憾的是,仅仅过了 100 余年,这座精致、幽雅的私家名园,便在历史的风雨中被冲刷得干干净净了。

薛时雨主政一方恪尽职守,声名卓著;主讲书院滋兰树蕙,满园芬芳。晚年他撰联总结自己的一生道:"作吏十六年,主讲十六年,壮志销磨,借一角溪山娱老;种竹数百本,植松数百本,岁寒苍翠,与满城桃李同春。"① 其中既有壮志未酬的不甘与无奈,也流露出了对自己质如松竹、桃李满园的欣慰与自豪。

---

① 胡君复编辑:《古今联语汇选二集》第 4 册,商务印书馆 1926 年版,第 30 页。

"薛氏家训"漫谈

薛国骏（薛时雨曾孙）

我家其实没有真正意义上的家训。我的曾祖父薛时雨,安徽全椒人,年轻时与哥哥都中了进士。一门二进士,在当地被传为美谈。

您一定听说过醉翁亭,"醉翁亭"三个字就是他老人家写的。因为宋代的醉翁亭早已毁坏。您现在看到的醉翁亭,是他用毕生积蓄重新修缮的。

他做过杭州知府,在杭州府署留下了几副楹联。其中一副写的是:"受一文分外钱,远报儿孙近报身;做半点亏心事,幽有鬼神明有天。"另外一副写的是:"为政戒贪,贪利贪,贪名亦贪,勿骛声华忘政事;养廉惟俭,俭己俭,俭人非俭,还从宽大保廉隅。"

第一副楹联的含义,非常直白。曾祖父以决绝的誓言,告诫自己不能贪一文钱,不能做亏心事。如果做了,不但自己要受到报应,而且还会祸及子孙。

我陪同父亲和叔叔去滁州寻根的时候,没有寻访到任何祖产,不但没有深宅大院,连一间祖屋都没有。他用一生的行为践行了自己的誓言。

对于第二副楹联,说实话,我一开始没有看懂。后来慢慢琢磨,觉得曾祖父对于廉政的思考,相比第一副楹联,又上升了一层,达到了一定的境界。

第一层境界:贪利与贪名都是贪

"为政戒贪,贪利贪,贪名亦贪,勿骛声华忘政事。"世人一般都认为:贪图财产才是贪,只要不贪财,就是清官,就是好官。但薛时雨认为,贪图财产,当然是贪官,但还有那么一些官,虽然不贪图财产,但却贪图名声,也是贪官。有不少贪图名声的官员,就是喜欢追求轰动效应,他们只追求政绩工程,领导看不见的工程不做,任期内不能完成的工程不做,没有新闻价值的事情不做,再加上宣传上舍得下功夫,一时间名声大噪,说到底,这个名声还是为了今后的升迁,升迁之后,以前的工程如何,会不会烂尾,那就不管了。这种官员即使不贪利,其给社会和百姓造成的危害并不低于贪利的官员。所以说,贪名也是贪。

曾祖父的教导,就是不要贪利,也不要贪名,不要为了追求名声,而忘了自己从事的政务。一切应该以政务为重,即使这项工作不能取得上级和同行的赞赏,只要是有利于一方百姓的事情,就去认真地做好。

第二层境界:如何正确地做到简朴

"养廉惟俭,俭己俭,俭人非俭,还从宽大保廉隅。"我的理解是:简朴就是应该对自己简朴,这才是真正的简朴,对别人简朴,就不是简朴,那就有可能是小气了。所以,简朴只能对自己。如果一味地要求下属简朴,给的待遇很低,不能让他们和家人过上体面和幸福的生活,就有可能保不住他们的廉洁。但很多人不明白这个道理。他们总是以为,官员只有过着简朴的生活,才不会有腐败的念头,其实并不尽然。简朴其实有两种:自觉的简朴,被迫的简朴。看似都是简朴,其实大不相同。

自觉简朴的人,早已悟出了人生的真谛,不再追求奢华,不再让人羡慕。他们的简朴,是觉得简朴的生活是最适合自己的生活方式。他们对简朴甘之如饴,而不认为这是一件痛苦的事情。他们的这种简朴,才是廉洁的保证。被迫简朴的人不是从内心真正想过简朴的生活,而是没办法,没钱,只能过简朴的生活,他们最想过的,就是不简朴的生活。所以对于这一类人来说,简朴的生活非但不能保证他们的廉洁,反而更加促使他们生出贪婪之心。

即使我们达到了一定的境界,可以简朴地生活,但我们不能要求别人都甘于清贫。还是应该对下属宽大一些,尽量给他们提供相对优裕的生活条件,如果正常的俸禄不能让他们和家人生活得体面和有尊严,那等于是逼他们走上腐败的道路。

曾祖父的两副楹联,被我视作家训。我时常默诵这四句话。恰巧,我正在从事着反腐倡廉的工作。他老人家在写下这些文字的时候,似乎也在冥冥之中,给我一些启示。

山路隐隐，乡野莽莽

——纪念薛时雨诞辰 200 周年

薛　倩（薛时雨曾孙）

安徽我其实已是第三次来了。

最早是在我六七岁的时候，与祖母一起来的，去了大柳镇。具体的印象已经不多，只记得有一天步行，和祖母去见她的婶婶。好像是一条山路，路两边的草很高，几乎没过了我的头。风一吹过，草就向一边倒过去，我就可以看得更远一些。这个场景是我在江南从来没有见过的，跟了我一生很久。小的时候只是记得这一景象，长大以后，就越来越有感觉，这种旷远而苍苍茫茫的山野风景，好像同我的情感和心性有某种契合。我有时候会想，为什么会总是用一种很奇特的感觉去回忆那条山路，大概有什么寓意或天意在这里面吧。

2014 年第二次来安徽的时候，距我离开中国去美国已有 20 年之久。年岁大了，人就总是怀旧，特别希望找到一种归属，不仅仅是地理方面的，更重要的是精神上的。所以与父母商量来安徽寻找薛时雨故地的时候，就特别的激动。

我们怀着很大的希望和兴致，可是做了零准备，就到了全椒。真的是不可想象！去哪里，找谁，又想做什么，全都没有想清楚，就那么来了。可是一切却出乎意料的顺利，先是在公交站遇见发改委的陈昌乐先生，他后来骑了自行车找到我们，指点我们去找档案局的程耕局长。这个场景让我们很是感动，大概会记住一辈子，也会念叨一辈子。见着程局长后的第二天，程局长又带我们去老薛村见到了薛氏族人。那些日子，我们又是高兴，又是感动。大概上天真的是眷顾我们，而安徽也真的是我们的故乡。

2014 年以后，与安徽的一种关联就那么真实而具体地建立起来了。安徽自有一种纯朴平静的人文气息，在举世皆是喧嚣浮华的时代，滁州和全椒方面的官员和学者，在文化的发掘与传承方面，所做的一切，辛苦而漫长，点点滴滴却皆是指向快要被遗忘和湮没的历史成就，实在是特别的感人和珍贵。今年九月，当我们全家闻知薛时雨及夫人和侧室的墓碑被发掘之时，我们的感激和感动，不唯是出于薛氏后人，更是出于这个历经动荡和苦难的民族。文化的复兴和传承，需是要假以时日，假以毫无功利心的涓涓努力，方才可以持续下去。

我今年夏天去英国旅游，无意间在一个没有什么名气的小镇过夜，看到小镇中心立有一方巨大石碑，是小镇在二战以前置备的，其上列出小镇在二战以前各种战争中阵亡的军人名字，包括时间和战役，我就特别地感慨。在英国，即使是小而不起眼的村镇，也是如此细致认真地对待自己的历史。而若需要了解某一个历史阶段的某一事件，某一特殊习俗，也尽可以在当地，郡县市镇的档案资料馆中尽数获得，内容详尽到包括村民之间的纠纷，决斗的起因和过程，而这些记载，均是留存于那个年代的纸质文件。

英国的贵族承载着不列颠的历史。我在英国的几个庄园所流传下来的清晰记载中，非常震撼地看到了这些大家族怎样在战争，死亡与灾难之中，苦心经营，将文化的核心保存下来，将一种自尊而崇高的精神传递延伸，直至走到了今日的文化辉煌。所以文化及传统的传承总是伴随着艰辛，而越是显赫的家族，越是承担着艰难重任。

泱泱中华，历史宏大而达上下五千年之久，但是在文史资料的保存、考证等方面，至少就目前来说，尚不完善、不完美。所以滁州及全椒在这方面所做的努力，就有特别的意义。

也所以作为薛氏的后人，我们就特别地感谢安徽的父老乡亲，感谢滁州和全椒方面，在薛时雨的研究与发掘方面所做的诸种努力。薛氏族人多少只是在承恩祖先的光辉与荣耀，而安徽方面，却是踏实认真地做着一份文化方面的事业。

我和张祥林主任有过不多的文字交往，但每读张主任的文字，皆是感佩万分。

张主任学识深厚，治学严谨，然而为人却是谦和贤礼。此种良善深厚，诚士大夫文化映现在当今中国的一抹温暖晖光。

我想在这里分享一段张主任的文字："这许多年来，我就一直倾注于文史和区域文化。由此生出对传统文化和诸先贤的感恩之心、敬畏之心和担当意识，从而做一点力所能及的事情，也无愧于当代士人的一点良知。"——说得真是太好了。

所以当我读到滁州在去年整理王阳明在皖地的文化遗产相关资料之时，我就非常清晰地看到了安徽的官员及文化学人的那份尊崇，敬畏和自豪之心。始自王阳明的游学之风，敬拜文明的真诚之心，心性澄明的宇宙观念，就是如此浸润了皖地的山水人文。

由此我就想再说一点传统文化，虽然这和关于薛时雨的研究，好像有点渐行渐远。

我曾经是非常急功近利地读书，速度很快，却不甚理解，也无甚记忆。近年来读书的速度开始变慢，有的时候甚至会重读一些书籍，包括古典诗词也会慢慢地去读。这些当然纯粹是为了消遣，但还是让我生出许多想法。去年我读了好几本胡兰成的著作，现在正在读丰子恺翻译的《源氏物语》。这两个人，皆是新文化开始后的文人，但是他们的语言特色，在我来看，虽然是新文化以后的文字，却皆有特别深的中国古典文学气质在里面，所以有一种超乎寻常的美。他们的文字给我一种启示，就是传统文化可以如何裨益我们的现代生活。随着时代变迁，传统文化渐行渐远，而在文字这方面，则是文字的苍白而全无情感，更不要说是文字的气质，精神和灵魂。

之所以提起胡兰成，是因为我觉得他对于传统文化，有着深且充满了灵性的理解和热爱。当然，胡兰成的为人见仁见智，并且总体来说还颇受后人诟病，他的历史问题也不容掩盖，但这大概并不影响读他的作品。胡兰成讲禅，讲中国文学，讲中国历史，讲世界历史，甚至讲他自己的历史，无一不是变着法儿写他眼中的华夏文明之美。他的有些历史观和文化观，在我来看，非常的荒唐。然而观点无关紧要，却是美好得让人真心赞叹喜欢。所谓风和日丽，所谓春服既成，所谓天清气朗，等等，等等，皆是且读胡兰成即可。

丰子恺的许多文章非常的口语,亲切而接地气,可就是有一种令人感动的东西在其中。再看丰子恺翻译的《源氏物语》,华丽俊美,灵动飘逸,方知丰子恺不仅仅是温厚,却原来还是这样的美。他的才气和坦诚自是显而易见,但传统文化更将一种风雅,华美和雍容濡染了他的作品,所以无论其文章的风格作浓妆或是作淡抹,皆是摄人心魂。所谓腹有诗书气自华,他们这一代浸润了传统文化的文人是也。

当然,文字,文学作品只是文化的一个部分,传承历史,远非仅只是读书忆文,把玩诗书,更当感悟过往历史的种种深义和启示,并且以此确立自己在历史中的责任,使历史的悲剧不再在我们手中重演,使传统的荣耀不因我们而中断消失,使文化的辉煌更其深邃而宏阔。

先祖薛时雨,为官之时明慧警惕,于人性方面洞若观火,于官场政事清廉耿直,其留于杭州府署的对联,“为政戒贪:贪利贪,贪名亦贪,勿鹜声华忘政事;养廉惟俭:俭己俭,俭人非俭,还从宽大保廉隅。”直抵人性深处,对于各级官员,至今都是一种尖锐而有益的警示。而他深以黎民百姓的生死疾苦为重,以自身的官职前途为轻,抗命朝廷,拒征粮赋之义举,高风亮节,无论何时何地,都足以警醒那个时代。

薛时雨的官场失意,成就了皖地一位文化教育界的翘楚,不幸又是大幸。其教育理念,其播扬的文化流风,洋洋洒洒,辉照了时代的一个瞬间。而今日我们若能以其教育教化之诚,之善,之豁达,之风雅,点化万千学子,则实在是先人的灵天之慰也。

忆昔时景象,山路隐隐,乡野莽莽,仿佛映现着无数庄严崇高的历史时刻。在这片土地上,先祖薛时雨和先贤们次第走过,如长风过处,草低而天地愈阔,而世间的途路遂穿过无际的荒草乱丛,指向了天地间一个又一个的群山之巅。

感谢安徽,感谢这片闪耀着人文之光的古老美丽而又至仁至善的土地。

附录一:"纪念薛时雨诞辰 200 周年学术研讨会"发言

董光林(全椒县政协主席)

今天,我们在薛时雨家乡集会,隆重纪念晚清名宦、诗词楹联名家、文化教育家、醉翁亭丰乐亭重建者薛时雨先生,共同缅怀薛时雨的人格魅力和历史成就,重温薛时雨为官清廉、为民情怀和文学作品。

薛时雨出生于 1818 年,距今整整 200 周年了,但在他身上孕育出来的"强烈的文化自信、持续的文脉传承、果敢的社会担当"精神品质仍在中华传统文化中闪耀光芒。

薛时雨一生为官清廉,关爱民众。咸丰三年(1853),高中进士的薛时雨赴任浙江嘉兴县知县,初到任上恰逢大旱,薛时雨出衙巡察,满目饥荒,置个人安危于不顾,毅然下令停征税粮,并做好了丢官罢职,回全椒桑根山"吃老米饭"去的准备。薛时雨罢官后,老百姓闻讯,三五成群赶到嘉兴城里,他们聚集于县衙门外,挥泪相送。他作为一个"七品芝麻官",在嘉兴任职期间,以果敢的行动,尽最大的努力为民说话、替民做主、为民请命,赢得黎民百姓的拥戴。时人评价:"清官者,首推'薛嘉兴'"。在嘉兴丢官后,他由于受到百姓拥护,却"仁闻大起"。后又被任命为嘉善县令,终日坐堂,处理积案,解决狱讼。数月之后,境内安定,百姓乐居。46 岁时,由县令升迁为杭州知府。期间,他也常常撰写楹联告诫自己不贪名、不贪利;要从廉从俭做事做官。正因为薛时雨为官正直、廉洁、明断、仁爱、干练,使得所任境内的经济得到发展,社会治安良好,百姓安居乐业。虽然时迁鼎革,但他以清流循良,勤政爱民的形象而彪炳青史、流芳百世，永远值得人们爱戴和敬仰。

薛时雨一生创作了大量的优秀文学作品，"先后行世二千篇"。其楹联独树一帜，作品遍布大江南北，如今杭州、南京、滁州等地风景名胜都存有他的楹联；他为诗、为词直抒性情，以真情取胜，力矫空滑之弊，颇有反映现实之作。他以词反映太平天国时期动荡的现实，堪称"词史"。历来文学界对此都有很高的评价，晚清词学家谭献赞誉他的诗歌胸怀博大如唐朝的白居易，风格超逸如宋朝的苏轼。因此，薛时雨的诗词在一定程度上"为清代词苑开出了一串幽艳的晚花。"19 世纪英国汉学名家翟理斯曾经编选过一部中国诗选本，这里面居然收录了薛时雨的诗歌，足以见他已经蜚声世界，从而我们可以看出他在当时的文坛上享有很高的地位，这是我们全椒人的骄傲。

薛时雨一生崇尚文化、重视教育。尤其是他在文化传播方面，殚精竭虑，不遗余力，曾主讲杭州崇文书院、江宁尊经书院、惜阴书院等，广收门徒，不论贫富，不论贵贱，不论老少，只要愿意来学的，他都收下。有人议论他滥收弟子，薛时雨却不以为然，他说："我培养人才并非是使用人才，培才宜宽，用才宜严。"薛时雨办学，主张"经世致用"，反对读死书，培育众多人才，选拔了不少寒士，在晚清东南士林中享有很高的威望，由于他在教育上做出杰出贡献，所以江浙一带的学士分别在杭州西湖、南京清凉山麓等地建造"薛庐"，嘉兴的烟雨楼、滁州的醉翁亭都曾收有他的画像，以此来纪念他。

薛时雨一生礼敬先贤，热爱家乡。他为募资重修滁州醉翁亭做出重大贡献。1853 年，由于战乱，作为我国"四大名亭"之首的琅琊山醉翁亭与丰乐亭同时毁废。薛时雨从江宁回全椒时，看到醉翁亭、丰乐亭倒塌，非常痛心，于是发下宏愿，一定要重修醉翁亭。1881 年，重建醉翁亭的工程动工。薛时雨亲自督工，不顾重病枯躯，在玄武湖畔的赏荷亭摆字摊，每天站立近 10 小时，向往来行人售字募款，最终重新建成醉翁亭，圆了薛时雨"愿将山色供生佛，修到梅花伴醉翁"的梦想。并欣然题写"醉翁亭"三字门匾、"有亭翼然""晴岚叠翠"以及"翁去八百载，醉乡犹在；山行六七里，亭影不孤"等楹联匾额。薛时雨毕生热爱自己的家乡，到了晚年，还自号为"桑根老人"，体现了他礼敬先贤、热爱家乡的情怀和精神品质。

薛时雨是一个洁身自好、学识超然、理想坚定、敢于担当的一代文人。薛时雨的"清风清廉,重教崇文"的思想、海人不倦的品德和高尚的学识修养所形成的为政形象和师德魅力,浓墨重彩地塑造古代文人的道德价值体系,成为众多文人仰慕和追求的标杆,成为人类社会一座耀眼的文化和精神灯塔。他身上折射出的很多思想和价值取向,对当今社会仍有极其重要的现实意义。

今天,我们相聚在这里,举办"薛时雨诞辰 200 周年学术研讨会",得到了全椒县委、县政府的高度重视。这是因为薛时雨的学术思想是全椒文化体系中最为重要的内容之一,是全椒文化宝贵的资源和财富,是实施"文化全椒"建设,提升全椒知名度和促进县域旅游经济发展的主要载体,是繁荣全椒文化事业的重要支撑点,也是增强全椒文化软实力的重要组成部分。我们作为全椒人应该以更豁达、开明、宽容的心态,更开阔的视野面对我们引以为傲的乡贤,更加深入挖掘和研究全椒本土文化,增强文化自信,打造文化品牌。

传承和弘扬薛时雨的学术思想,是当代全椒人的职责和使命。是全椒的文化工作者、教育工作者的重要任务,就是把薛时雨的学术思想研究好、弘扬好,学术研究以达到至深、至精、至微的境界。要通过对薛时雨的学术思想研究,对其所体现的内涵和精神进行不断挖掘、提炼、丰富、拓展,形成独具地域特色的历史传统文化。同时,还应该加大宣传力度,彰显地方文化特色,多方位、多角度地弘扬地方文化内涵,以及其现实意义和作用,真正做到对真知的不懈追求,对真与善的赞美和对假恶的鞭挞,对独立人格的肯定和礼赞。

习近平总书记强调:"中国优秀传统文化的丰富哲学思想、人文精神、教化思想、道德理念等,可以为人们认识和改造世界提供有益启迪。"只有坚持从历史走向未来,从延续民族文化血脉中开拓前进,我们才能做好今天的事业。我们要以这次"薛时雨诞辰 200 周年"为契机,开阔视野,深入发掘,敢于扬弃,善于创新,与时俱进,推陈出新,使优秀的传统文化不断发扬光大。要甘于淡泊,耐得寂寞,潜心付出,多出成果,多出精品,把传统文化和当代文化的研究有机地结合起来,充分发挥文化育人的作用,以文化人,塑造灵魂,启迪智慧,陶冶情操,促进人的全面发展,增进吸引力,增强号召力,扩大影响力,提升文化的软实力,为全椒的经济社会发展贡献智慧和力量。

历史的车轮滚滚向前,传统文化需要传承和守望。先贤们崇尚文化,重教廉政,心系民生,关爱民众的仁者情怀,虽历经岁月的风雨,却凝固成了全椒饱满而丰繁的历史文化遗产。追慕先贤,立足现实,面向未来。我们要以史鉴今,启迪和教育后人,高扬时代主题,踏准时代节拍,服务发展大局,致力改革创新,不断开拓薛时雨学术思想研究工作的新局面,为弘扬中华传统文化做出新的更大的贡献。

附录二:"纪念薛时雨诞辰 200 周年学术研讨会"发言

张爱芳(国家图书馆出版社)

　　今年是薛时雨诞辰 200 周年,政协全椒县委员会组织纪念薛时雨,并组织出版《薛时雨集》,有非常重要的意义!

　　薛时雨,全椒名贤,清咸丰三年进士。担任嘉善知县、杭州知府期间,护惜民生;晚年投身文教,从事教育活动达二十年之久,其著述以诗词集为主。人们常说:睹乔木而思故家,考文献而爱旧邦。薛时雨是全椒地域文化的杰出代表,他身上孕育出来的"强烈的文化自信、持续的文脉传承、果敢的社会担当"的精神品质仍在中华传统文化中闪耀光芒。具有强烈历史责任感与文化担当精神的政协全椒县委员会组织实施了《全椒古代典籍丛书·薛时雨集》的编纂,并由国家图书馆出版社出版。通过系统梳理薛时雨的著作,既是追寻根源、继承传统文化的切实作为,也是宣传地方文化特色、推动地方文化建设的有效措施。

　　国家图书馆出版社成立于 1979 年,原名书目文献出版社,1996 年更名为北京图书馆出版社,2008 年改为现名。我社是文化和旅游部主管、国家图书馆主办的中央级出版社。2009 年评估定为一级出版社,"全国百佳图书出版单位",国家社科基金后期资助项目推荐申报出版机构。建社近四十年来,形成了两大专业出版特色:一是整理影印各种稀见历史文献;二是出版各种书目索引等中文工具书。此外还编辑出版各种文史著作和传统文化普及读物。我社自 1979 年成立以来,经过多年不懈努力,已整理出版历代珍稀文献近三万种,承担过《中华再造善本》《永乐大典》《国家图书馆藏敦煌遗书》《原国立北平图书馆甲库善本丛书》等多项超大型古籍整理国家项目。通过专题分类、原貌影印的方式,很多深藏秘阁的珍稀文献得以化身千百,不仅让更多的读者特别是专业研究人员得识这些文献的"真面目",便捷地为其所用,也使原来的珍贵文献原件有了再生性替代品,从根本上得到了切实的保护。自 2007 年始致力于开发民国资料文献,截至目前,总计出版 260 多部专题资料集,全 5000 多册,包含文献子目 6000 余种。我社出版的民国资料文献中,尤其是"对日战犯审判文献丛刊"系列如《远东国际军事法庭庭审记录》《远东国际军事法庭证据文献集成》的出版,不仅是实现了对民国文献的再生性保护,也服务了外交现实的需要。

我社出版的古籍,曾多次作为国礼,被国家领导人赠送给国外友人。2014 年 12 月习近平主席将我社的《北京大学图书馆藏稀见方志》《永乐大典》赠送给澳门大学;2011 年 8 月时任国务院副总理的李克强同志将我社的《中华再造善本》赠送给香港大学;2001 年时任国务院副总理的李岚青同志将我社的《赵氏孤儿》赠送给法国总统。

我社作为图书馆系统唯一一家中央级出版社,与图书馆血脉相连,具有文献获取优势。在多年的工作中,与国内外各公共图书馆、大学图书馆、专业图书馆均有频繁的交流和密切的合作,不仅熟悉各馆馆藏,而且有良好的合作先例。建社近四十年来,培养出一支高素质的人才队伍。

近年来,先后承担的地方文献有《衢州文献集成》及《提要》,《遵义丛书》及《提要图录》,《台州文献丛书》《天一阁藏历代方志汇刊》《四川历代方志集成》《云南丛书续编》《朔方文库》《黑龙江历代方志集成》等项目。

今年 9 月,通过宣扬老师网上推介,通过全椒县政协领导多次调研考察,选定我社承担《全椒古代典籍丛书》的出版工作。首期出版的《薛时雨集》,收录目前所见薛时雨全部著作及其编辑、鉴订作品 26 种,成书 40 册,底本来自于国家图书馆、上海图书馆、南京图书馆、宁波天一阁博物馆、山东莱阳市图书馆等馆藏单位。为赶在薛时雨诞辰 200 周年这个特殊的日子之前出版,在社领导的大力支持下,挑选了骨干编辑成立了专门的编辑出版小组;突破常规的出版方式,一边搜集文献,一边编辑整理；鉴于与文献合作单位多年的合作关系，有的文献先申请拍照，再进行合同的签署；有的文献是直接派人去拍照。从 2018 年 10 月开始，经查找资料、拍摄底本、修图排版、编辑整理、印刷装订等各个流程，经过近两个月左右的时间，日夜赶工，终不负所托，赶制出了两套样书，供各位专家学者批评指正。

非常感谢政协全椒县委员会的信任！感谢专家学者多年来对我们的大力支持！

附录三:"纪念薛时雨诞辰 200 周年 学术研讨会"发言

薛企荧(薛时雨嫡孙)

在今天这个如此值得纪念的日子里,能够被邀请参加这个会议,感到非常荣幸。首先谨让我代表来参加会议的薛时雨第三代第四代的后人,向组织并承办了此次大会的全椒县政协、政协文史委和一切参加工作的人员,表示真诚的感谢,也向与会的各位专家嘉宾表示由衷的谢意!

1818 年的全椒,诞生了一位将来会在晚清文坛上留下深深足印的文人,他就是我的祖父——薛时雨。1853 年,即咸丰三年登进士第,1854 年实授嘉兴知县后,薛时雨开始了他一生中着意民间疾苦,从而违逆上司昏命,被罢官免职的逆境。他的敢于担当又具豪侠情怀的仕途生涯。薛时雨在杭州任上身兼四职,显露了充满睿智的执政才能。而后造化弄人,又使他转入振兴文教的事业,担任了崇文、尊经、惜阴书院的山长。比之仕途,总算差强人意,终于有了发挥才能的一席之地。

薛时雨与江南文人名士交游日广,一时文人汇集,奖掖后进,学风清正,一派文治之风习习而起。致使门下名人辈出。其时的状元及兴办实业之张謇,即因他的慧眼辨识,精心哺育,脱颖而出,成为一代名人。

及至晚年,薛时雨亲睹了与一代宗师几乎结为一体的醉翁亭,在劫后颓败之惨象,遂恻然感伤,郁结于心。却也自此催动修复醉翁亭与丰乐亭之壮志,从此一发不可收。薛时雨苦心孤诣,不顾染病之身,鬻字游说,多方筹募,惨淡经营数载,终于成就此事! 他虽曾以:"两浙东西,十年薄宦;大江南北,一个闲人。"描画胸中从容的流恨。但使醉翁丰乐重立于琅琊山麓,文亭相映,终于完成了生前最后浓墨重彩的一笔。此亦差可略慰生平,长眠而无憾。

自古以来,世上文明古国,至今或已湮没,或经强邻侵蚀,而难振元气! 唯有我国,虽也有外族侵略,内乱频仍,朝代更迭。至今环顾四周,屹立于东方,这当然是依靠深厚文化积淀的维系,因为文化的积淀是一个国家民族生存延续的内核。真所谓开国依武,治国依文,文治武功,自古不移! 而文化的力量,自是不可小觑!

惜乎! 我生也晚,未能亲见祖父之风流潇洒,及其锲而不舍的办学情状,修复古亭的矢志不渝。近代历史上又出现了明显的文化断层。以致我对祖先的精神财富陷入难以承继的尴尬境地,诚是一憾事! 所以今天在这里纪念先祖,辨明遗产中的积极正确的部分,讨论遗产中的文化价值,力挽以往之缺失,匡正填补历史的阙疑,是一大幸事! 这并非只是薛氏家族的私有,而是属于深厚的中华文化共有遗产的一个组成部分,更是举国人民的共有财富。

特别要感谢全椒县政协、政协文史委以及有关部门,和一切有关人员,多年来细致、单调、繁琐的辛勤劳动。尤其是今年的寻觅,使湮没之墓碑,墓志铭等文物一一重见天日,堪称重量级别的出土考证。再有甚多的专家学者,多年来对先祖父的关注,发现、研究、论述,推动了这个领域的深化。这一切我们都铭感于心。可因为我们对此并无些微之贡献与建树,而心生愧疚,倍感汗颜!

现在谨让我代表这一支薛时雨第三代第四代的后人,在此一并向大家致以深深的敬意,并感谢组织者的深情厚谊,祝大家心想事成,著述丰收,事业有成!

附录四:"纪念薛时雨诞辰 200 周年
学术研讨会"综述

2018 年 12 月 1 日至 2 日,由政协安徽省全椒县委员会主办、全椒政协文史委承办的纪念薛时雨诞辰 200 周年学术研讨会在全椒举办。主题为缅怀先哲,共话情谊,增进交流,推进薛时雨研究的发展,深度挖掘全椒地域历史文化,弘扬中华传统文化的正能量。来自国内三十多家知名高校和科研机构的近百名学者出席研讨会,并提交了相关论文、纪念文章数十篇。

开幕式上,政协全椒县委员会党组书记、主席董光林、中国儒林外史学会会长、中国人民大学文学院教授、博导朱万曙,国家图书馆出版社重大项目编辑室主任张爱芳,薛氏后裔代表、薛时雨嫡孙、苏州大学艺术学院教授薛企荧先后致辞。

董光林在致辞时说,薛时雨是全椒地域文化的杰出代表,他身上孕育出来的"强烈的文化自信、持续的文脉传承、果敢的社会担当"的精神品质仍在中华传统文化中闪耀光芒。举办学术研讨会是实施文化全椒建设、提升全椒知名度和促进县域旅游经济发展的主要载体,是繁荣全椒文化事业的重要支撑点,也是增强全椒文化软实力的重要组成部分,作为全椒人,应该以更豁达、开明、宽容的心态,更开阔的视野面对我们引以为傲的乡贤,更加深入挖掘和研究全椒本土文化,增强文化自信,打造文化品牌。

朱万曙教授说,今天这个研讨会不但对全椒来说意义重大,而且对研究中华文化来说也是意义非凡。这次研讨会让更多人了解薛时雨,让更多的人知道全椒不仅有吴敬梓、憨山大师,还有薛时雨。希望全椒一点一滴地,扎扎实实地挖掘历史文化遗产,然后深入认识与研究,不断增强我们的文化自信,这样我们才能从历史走向未来,为中华民族伟大复兴做出我们力所能及的贡献。

会议上举行了薛氏三兄弟画像捐赠、《全椒古代典籍丛书》首批成果——《薛时雨集》发布仪式。

开幕式由政协全椒县委员会副主席张华主持。

第一场报告会由北京大学中文系教授、博导张剑主持、点评。本场共 8 篇论文,徐雁平、鲁小俊、蔡洞峰等 3 篇论文都是围绕薛时雨与书院活动来写的,多维度展现出薛时雨在书院建设和人才教育上的贡献;陈水云、裴新江、陈昌云、李庆霞等 4 篇论文主要围绕薛时雨的文学创作来写,凸显出薛时雨高超的诗词创作成就,有助于人们重新认识薛时雨的文学地位;吕贤平的论文虽未以薛时雨为中心,但展示了清中后期全椒文人的群体活动,有利于人们了解薛时雨处身的文化背景。分述如下:

南京大学文学院教授、博导徐雁平作了题为《薛时雨杭州、金陵文教活动考述(附录两种)》的演讲,对薛时雨在杭州、金陵的文教活动作梳理,以展现他对两地人文风气的贡献。武汉大学文学院教授、博导鲁小俊作了题为《薛时雨与江浙书院》的演讲,阐述了薛时雨在书院史上的贡献,一是将书院景观与造士为文相联系,赋予书院景观以象征意义,在文学地理的微观理论方面独树一帜;二是有知人之鉴,培育人才众多,尤其是选拔了不少寒士,在晚清东南士林中享有很高的威望;三是编刊书院课艺总集达十种之多,这些总集保存了不少东南名士的书院习作,在书院文献方面具有重要价值。安庆师范大学文学院副教授、博士蔡洞峰作题为《薛时雨与清代书院刍议》的演讲,介绍了薛时雨的书院教育特点归纳为注重培养学生的道德和学术修养、审美能力的培养指导、根据实际情况对书院教育进行创新改革,并在培养人才方面取得巨大成功,作为传统教育思想的优秀代表,薛时雨的书院教育实践在今天仍具有现实意义。武汉大学文学院教授、博导陈水云作了题为《〈藤香馆词〉中的世变、风景与人物》的演讲,阐述了《藤香馆词》以写世变、风景和人物为主。写太平天国之变,多战后今昔对比之景,然在词人刻意的削弱个人情感的写作方式中,仍可感受到乱世中的私人化情绪;写风景则多为词人山水游历之实录,除了单纯的喜爱山水,写行游之中的闻见和情绪外,亦可见其退隐之思;写人物交游,据其经历,可分为为官时期、避乱时期、退游时期以及和亲人的往来。淮阴师范学院文学院教授、博士陈昌云作了题为《薛时雨杭州行实与创作》的演讲,介绍薛时雨于咸丰四年至同治八年有过三次杭州之行,其居杭期间创作诗词近千首,艺术价值较高,部分纪游纪行之作描述杭城“庚申之乱”前后的兴衰景象,具有“诗史”“词史”价值。三次杭州之行成就薛时雨“循吏”“诗人”“良师”之名,是其辉煌人生的重要阶段。滁州学院文学与传媒学院教授裘新江作了题为《薛时雨的诗意与醉意》的演讲。合肥学院文学院副教授、博士李庆霞作了题为《薛时雨的仕宦生涯与〈藤香馆词〉的情感内涵及词史地位》的演讲。闽南师范大学文学院副教授、博士吕贤平作了题为《清中后期全椒文人群体述略》的演讲。

第二场报告会由南京大学文学院副院长、教授、博导徐雁平主持并点评。发言与评议结合,交流气氛较为热烈。本场报告人除北京大学中文系教授、博导张剑外,多为博士生、硕士生,是研究的新生力量。本场论文论题多样,同时展现了薛时雨为人的多个层面以及文学成就的多个面向,而不是止步于一个平面的文学画像或单一的文学成就标签。分述如下:

张剑教授《日常生活中的薛时雨》一文,展现了薛时雨作为人的多面性,利用书札、日记及诗词文献,对薛时雨的好酒、深情、懒于文进行十分有趣味、有文化意义的梳理论说。如果说张剑教授的文章展现了薛时雨的明月清风、青山白云的一面,湖南大学文学院博士秦亚坤的论文则揭示薛氏对社会的纪实与批判一面。作者利用文学史上的“诗史”概念为论述脉络,评说薛诗对太平天国战争如何影响社会的批判性书写。南京大学文学院博士尧育飞的文章,从《香奁绮语》的润饰、删存入手,从文学文献以及香奁体的角度展开深入论述,揭示一种诗风与社会现实的关联,选题和论说十分出色。与秦亚坤论文并观,可见一位文学家作品的多样性。上海社科院历史研究所硕士孙光耀的论文以薛时雨“仕宦生涯”的细致考订为论说脉络,用“历史合力”说论析薛时雨不得不辞官的多种因素。《全椒古代典籍丛书》编辑部张道峰的《薛时雨佚文辑考》,主要辑录薛时雨佚文,是一种十分重要的文献工作。同时,可对张剑老师所说薛氏“懒于文”一说作一回应。当然,这一工作还可深入。东南大学人文学院旅游学系硕士赵鹏风论文以田野调查与城乡规划理论与经验为基础,提出薛时雨等文学资源如何转化为"沉浸"式文学旅游,对全椒的文化旅游建设有一定参考作用。

此外,特别要提一下这本论文集中其他论文,如内蒙古大学文学院博士王荣亮的论文《薛时雨诗词作品及为官思想的历史影响和社会价值研究》,论述了薛时雨为官思想的核心是儒家民本思想,主张把人民视为社稷根本,统治者需视民如伤,有仁心,为政以德,施行仁政,以得民心。爱人节用、取用适时、安抚农民、使民有常产,目的是为了休养生息,使百姓安居乐业。重视传播理学思想,培养各类人才,主张知人善用,人尽其才。他的民本思想在当今社会仍有借鉴意义。柴发华的两篇很实在的论文,对薛时雨家族研究以及他与谭献关系,有重要作用。张祥林等的田野考察,对薛氏家族文物的清理也有抢救性作用。贡发芹的论文,对研究薛时雨与吴棠父子的关系,同样有着重要作用。

由于研讨会交流时间短暂,无法展开深入讨论,让与会者意犹未尽。

最后,政协全椒县委员会副主席张华对会议进行了总结。他认为本次会议对薛时雨的研究更加丰富,认识更加全面。所有发言的学者都很年轻干练,研究薛时雨后继有人,只要能够理性反思,积极开拓,一定能够开创全新的学术局面。他还郑重感谢 89 岁的薛肇煌先生和 83 岁的薛企荧先生以及从美国、苏州赶来参加盛会的薛时雨后裔代表。他真诚的盼望与会学者在全椒古代典籍搜索和研究上提供支持帮助。

综上所述,这次会议有三个特点:

一是学者发言精彩,论文有较高质量。

二是会议主办方发挥出扎实、务实、充实的"三实"精神。首先是工作扎实,安排精心,专家和参会人员都有代表性,都是对薛时雨有所研究或有所爱好者;其次是议程务实,不弄玄虚,没有冗长的客套仪式,将时间都留给了实质性纪念薛时雨的活动;再次是会议内容充实,董光林主席的欢迎辞真诚有味,朱万曙会长的致辞高瞻远瞩,其他如出版方介绍情况,薛氏后裔讲话并捐赠画像,薛时雨集发布展示,专家学者论文发表等,更是以丰富多彩的内容,提升了这次纪念会的学术品格。

　　三是不论《薛时雨集》的整理与研究,还是《全椒古代典籍丛书》的启动,都前景灿烂,未来可期。其原因主要有以下几个,第一是领导的高度重视,一个并不算很富裕的县,能投入这么多的资金,来做一项利在当代、功在千秋的文化事业,不仅显示出领导的文化水平和人文关怀,也是对习近平总书记重视传统文化相关指示的大力践行,应该点赞。第二是出版方值得信赖,国家图书馆出版社与各地图书馆的良好关系,还有他们多年从事古籍整理与影印行业的丰富实践经验,为全椒的这项文化大工程提供了有力保障。第三是有着强大的专家团队,《全椒古代典籍丛书》的学术委员会由相关行业的知名学者组成,且都热心文化事业,这将为该项工程提供可靠的学术指导。第四是全椒本身留下的古代典籍数量丰富,成就斐然,除吴敬梓、薛时雨、憨山大师外,还有金兆燕、金榘、吴鼒等一大批人留下了很有价值的著述,比如薛时雨、金兆燕的诗文集都将收入由杜桂萍教授主持的国家社科基金重大项目《清代诗人别集丛刊》,相信《全椒古代典籍丛书》这一盛世文化工程不是无米之炊,而必将成为一座光彩夺目的七色宝塔。

　　中国网新闻中心今日头条、凤凰新闻、中国创新文学网、滁州电视台、滁州日报、全椒报、全椒电视台、县政府网、美好全椒等新闻媒体对此次会议给予了报道。

（宣扬整理）

附录五:"薛时雨重修醉翁亭"
全国对联征集作品

清光绪七年(1881),薛时雨于滁州重修醉翁亭,并作《重修醉翁亭记》,请以此为题,作联一副。可代薛时雨题联,可拟当时人口吻题联,亦可以今人之视角发怀古之幽情。切入角度不限。

以下为活动征集作品:

冠军作品

白国成

人事恨犹多,三千里间,负故乡好水好山之约;

我身来也晚,八百年后,从太守一觞一咏而游。

亚军作品

吕可夫

林壑美东南,六七里复起翼然,且从容与坐夕朝,乐山乐水;

琅琊新杖履,八百年同归醉矣,任旷放遑分今古,忘宋忘清①。

---

① 代薛时雨拟重建醉翁亭联。

优秀作品

李燕

风物厚名山,把酒思废立几时,梅边谁欲称亭主;

文章识旧友,读碑幸谪迁无事,天下才知有醉乡。

刘华荣

心照从行藏契阔,状何等风流,继太守文章,有才人词笔;

宴游佐山水清欢,趁几回醒醉,说此间乐事,认襟上酒痕。

骆华荣

风水一亭,诸峰以俟,想太守来时,把酒不疑山可饮;

文章百代,三径同俦,问诗人去后,凭谁坐到月将阑。

张潞

清在后以宋在前,异代契同怀,亘古亘今几醉客;

亭如新而山如故,浮生适素志,惟公惟我两幽人①。

阳华

数十里林泉依旧,忆太守当年,群山犹醉;

是几番楼阁重新?论琅琊履迹,千载不孤。

王洪

翁僧去远、棋酒凉深,风霜合劫灰,致前八百载名亭,流亏气象;

宦旅浮归、乡恩念报,桑梓逢时雨,教后三千年骚客,继射文光。

---

① 此联拟薛时雨自题。

入围作品

卢凤华

此间曾有苍颜白发,伴林壑鸣声,闲赏云霏妙韵,频斟新酒;

一记足倾君子贤人,引德邻时雨,漫听山水余音,再续风流。

潘丽媛

何忍欧亭失,劳筋力杰构新时,允我清歌供酒冽;

但欣梅萼芳,遣形骸翁心乐处,欤谁燕坐寄藤香。

李冰儿

环滁拱一亭,犹思槐国桃源,酒在何妨随处卧;

流水听千古,为遇醉翁迁客,山青依旧待人来。

孙虹

绿醪春服,到此觉醉乡欲死,叹梅树千年,琅琊一路;

野鸟溪云,许吾来吟骨顿生,想陶然不及,爱晚何如。

孙燕

泉去六七里犹清,亭石其间,长有文章遗胜迹;

翁乐八百年安在,光阴寄者,惟将尘事付烟霞。

张洋

四围草木足清谈,遑论它世味何深、浮名太幻;

千载风流当再造,请续此鸢翔凤集、酒冽泉香。

杜丙申

叹千载沧桑，文物骥颓，诗酒滁州，重寻太守；

乐诸峰林壑，兹亭增建，琴棋溪上，又醉山翁。

王维灏

醉去亦何妨，为官为吏，但教怀政以仁，知华岳先生自能高卧；

乐之犹未竟，既宴既觞，更待群贤纷至，看庐陵太守复作颓然。

其他作品

潘红

处世不随波，藤香儒骨，山秀薛庐，风怀遥寄醉翁意；

文才以载道，日薄宦途，屐追苏柳，尘梦归来诗老乡。

潘可玉

登高应有诗，惊绝重怀，纵然为千古声名，终归过客；

欲醉何须酒，疏狂意气，依旧是一亭风月，亦可成仙。

梁庆

孤嶂史篇，历八百年风雨，依旧溪壑林泉，素心名节；

一亭醉意，愿二十载功名，化作清风陶沐，往事酣眠。

荷砚

呵笔篡金酬契阔，以托我肝肠，醒斯草木；

栽梅营筑补文章，留醉翁之意，诗酒之香。

汪诗涵

杰贤壮斯地嘉名,一千年知己频招,题壁证在宋崇欧,于清昭薛;

山水润才人青眼,七八里携壶重访,振衣看流风如是,亭影不孤。

张兰香

藉兹太守风标,发彼新亭气象,认取旧琅琊,拟将啸咏同翁在;

及寄之于酒盏,而放之以襟怀,亲于闲野鹤,自有行藏示己焉。

蒋昌典

美矣记犹存,邀游策蹇,会真意山水其间,得心寓酒乐方醉;

翼然亭又见,奔走呼号,续流风兵燹而后,鸠字募金苦亦甘。

崔颖

去国共为游宦人,亦经魏阙风波,黜陟未同朝、知交存异代;

离群应有寄怀处,故复宋时亭馆,追陪文字饮、醉忘海桑哀。

吕兰旺

泉石故知交,鱼乐鸟亲,曲水曾浮高士斝;

欧苏重管领,云兴霞蔚,幽林复拥一亭秋。

易善月

山水感清游,何能酬卧酒文章,庐陵真意?

亭台欣再造,终不负经年辛苦,桑梓老怀。

刘芍襄

水列眼波,山聚眉峰,七百年醒醉犹存,高洁风霜一斛记;

荆榛雾塞,院亭云访,十六座纵横重整,荒寒烟雨几家诗[①]。

孙叶

所劫在人心,纵慰农酿率于前,何堪修复;
披云寻鹤梦,自太守醉吟而后,未肯醒来。

江志明

太守何其幸也,醉乡犹在,亭影不孤,八百年来尚存知己;
慰农亦是诚焉,数数当轴,孳孳十载,三千里外未负故园。

金锐

望之叠叠,闻之潺潺,一亭间暮唱朝吟,泉酿最知游子意;
悠然而行,颓然而醉,千载下评风弄月,山僧都道主人翁。

彭艳梅

以身至善,为民立命,更有时风化雨,力传广德润穷壤;
山色空濛,梅影轻歌,若非桑梓系心,怎立琅琊慰圣贤。

亢健强

载史播名双善工,鹊起藉斯,人来醉尔;
石溪椽笔两相济,酿泉翁醉,时雨亭明。

何战军

泉水一泓多乐事;
滁山千古两贤人。

---

　　① 此联化自薛时雨诗"苦雾愁云塞山谷。"及其友张保衡《薛慰农鸳水践行》"世路多荆榛"语。

刘东喆

昔贤肇醉乡,于山水之间,舜递南风,天下太平资啸咏;

时雨甘筹酿,圆襟期之美,文追北宋,九垓气象挹台隍[①]。

成都懒猫

两袖共清风,忆花甲当年,玄武湖先生纸贵;

一楼伴亭阁,有醉翁故事,琅琊山魂梦心依。

志刚

欧阳修野宴众宾客;

薛时雨重修醉翁亭。

杨新跃

太守安在哉?醒可述文,醉能同乐,名篇字字藏山色;

滁人无憾矣!智仙首造,知府重修,胜地时时溢酒香。

陈新华

亭寄禅,名脱俗,兴仁里风水,灵动环滁物景;

记抒慨,字含情,合大家才笔,豹窥有宋人文。

注:醉翁亭为寺僧所建,由欧阳修题名并撰记,苏轼书。

飞渔哥

亭台兴雅会,山水涤劳尘,太守宾朋酣酒馔;

筹募竭精思,往来垂德范,老农怀抱鉴桑榆。

---

① 台隍:亭台,此处特指醉翁亭。

雕塑美男

瓦硕间扶一翠亭,吾不知其乐者谁,尔来雨雪滁州,山水早名随太守;

词联外凌诸乱象,公昭应醉翁指顾,晓听燕莺世界,凉荫中继有清风。

罗伟

环滁皆山,故修斯亭也;

与民同乐,不亦醉翁乎?

黄龙洲

永叔欲酩酊,白发苍颜登峻岭。林茂景深,滁泉作酿,醉翁之意君知否?

慰农何慷慨,怡情浩气饰幽亭。心宁志远,琅琊为屏,桑汉悠思世自明。

刘舟

环滁抱四时胜景,酒冽泉香,乐在乎山水亭间,非丝非竹;

阅世怀千古醉翁,流风善政,贤招以清凉居士 [①],或咏或吟。

山野闲人

一记苦琢磨,难谙情趣,未懂卿心,重建新亭求境界;

三生多立破,不惧风云,何忧日月,再斟美酒赋山河。

孙雁翎

太守扣橥歌远畅,醉壑间水泻,天外山浮,不堪劫火斯亭毁;

扶筇卖字欲何为,抱梅径芬芳,让泉 [②] 清冽,好教昔贤风雅存。

---

① 韩世忠罢相后,晚年放意林泉壶觞间,世称"清凉居士",清人赵继刚在题"薛庐"联中亦有喻用。

② 让泉:为滁州醉翁亭下风景点。

赵景谋

亭收风月得时雨；
泉酿文章醉欧阳。

多情明月

非山川气象，因醉翁韵意彰天下；
是风雨亭台，得君子文章见滁州；

赵玉军

携酒赏新亭，莫但图一醉，百战山河，倩国士赓欧公善政；
凭栏思故事，恰遥接千年，万家忧乐，许儒生效庆历佳声。

李菲

旧地景重开，依然朝暮待先生，宴乐萦回人去后；
醉翁名独擅，始信去留随太守，风光明媚我来迟。

韩秀丽

琅琊山水景尤美，昔时乘兴来，赏古树栖霞，飞泉带月，七里云廊聆鸟语；
风雨亭台人不孤，今吾从头越，共欧文行乐，苏字洗心，一樽诗酒润梅花。

张兰香

琅琊林秀，空涧泉鸣，试问醉中天，似翁行未远；
山水风流，新亭气象，辄抛尘外事，任我去弗招。

冷木子

酿资意欲全亭影；

种德忧先护醉乡。

罗毅

买字数朝,仰醉翁之品;

绕亭一转,谢桑梓之恩。

袁鸿

有劳时雨,今亭影不孤,与民同乐传人在;

幸沐德风,此醉乡相续,和酒寄情继者多。

谢志民

宦迹民心,翁亭樽酒;

仁山智水,异代同怀。

薛经杰

饮醉植梅,吐胸浇垒,分几许流觞,群亭次第葛优躺;

枕泉漱石,疏影结庐,得二贤风月,九景均沾花泽香①。

鞠贞会

风沙欺泉石,战火败亭台,空负醉翁妙笔匠心,游人兴叹;

纸墨凑资财,德言感将相,终酬时雨笃情酽念,后世钦能。

水果

名亭盛誉千秋事;

君子美谈万种情。

---

① 花泽香:即日本"网红"女艺人花泽香菜。

戴子喜

醉有贤翁常得意；
亭萦画卷总如情。

杨彩华

坐对江峰，同看云月；
醉乡重筑，亭影不孤。

随风

难能逃俗容狂醉；
莫若忘机结古欢。

李春梅

时雨新来气象；
翼然再览江山。

王娟

翼亭佳构，独此不孤，山水诸峰，欲分明晦；
旦暮往归，乐其所也，觥筹四座，岂醉苍颜。

编后记

全椒历史悠久,崇文重教,名宿代不乏人,著述相当丰富。有记载的就有一百七十多位文人,包括世界级的文化名人吴敬梓、憨山大师等,写出了近四百种著作。中共全椒县委、全椒县政府于2018年批准实施《全椒古代典籍丛书》编纂出版工程,使全椒丰富的文化遗产能够得到有效的保护和传承。

值此晚清文化名人薛时雨诞辰二百周年之际,政协全椒县委员会编纂出版了《全椒古代典籍丛书·薛时雨集》(全40册),同时举办了学术研讨等纪念活动,并将会议论文等编辑成学术研讨会纪念文集,作为《全椒古代典籍研究丛书》之一正式出版。本书所收论文只是在格式上大致作了统一,并按不同类别作了编辑,本着"文责自负"的原则,其他方面不多做改动。对于薛时雨生平行年等存在争议的问题,本书秉持尊重学术争鸣的原则,不再强行统一。

论文征集仅两个月,由于时间仓促,存在错误在所难免,敬请广大读者谅解和批评指正。最后谨向为本书编撰付出辛勤劳动的同志表示感谢!

纪念薛时雨诞辰二百周年活动筹委会

2019 年 3 月 28 日